Werner Konold / R. Johanna Regnath (Hg.)

Flöße, Mühlen, Wasserwege
Historische Wassernutzungen im deutschen Südwesten

Veröffentlichung des Alemannischen Instituts Freiburg i. Br.

Nr. 90

Flöße, Mühlen, Wasserwege

Historische Wassernutzungen im deutschen Südwesten

Herausgegeben von
Werner Konold und R. Johanna Regnath

Mit freundlicher Unterstützung der Stadt Schiltach

Bibliografische Information der Deutschen Nationalbibliothek
Die Deutsche Nationalbibliothek verzeichnet diese Publikation in der Deutschen Nationalbibliografie; detaillierte bibliografische Daten sind im Internet über http://dnb.d-nb.de abrufbar.

Alle Rechte vorbehalten.
© 2024 Jan Thorbecke Verlag
Verlagsgruppe Patmos in der Schwabenverlag AG, Ostfildern
www.thorbecke.de

Umschlaggestaltung: R. Johanna Regnath
Umschlagabbildung: Floß und Fabrik an der Schiltach. Aquarell von Heinrich Eyth, 1863/1923. Original und Repoduktion: Flößerverein Schiltach
Layout und Satz: Alemannisches Institut Freiburg i. Br. e. V.
Druck: PNB Print Ltd, Silakrogs
Hergestellt in Lettland
ISBN 978-3-7995-2095-9

Inhaltsverzeichnis

Historische Wassernutzungen im deutschen Südwesten
Zur Einführung
Werner Konold und R. Johanna Regnath 7

Grußwort
Norman Pohl 13

Historische Formen des Holztransports auf Fließgewässern

„Floßhandel, der mit Lebhaftigkeit betrieben wird"
Die Flößerstadt Schiltach
Hans Harter 17

Vom Riesen, Flößen und Flötzigmachen
Hinterlassenschaften der Flößerei im Einzugsgebiet der oberen Kinzig
Werner Konold 41

Wooge und Riesel am Legelbach
Zur Geschichte der Trift im Pfälzerwald
Wolfgang Fritzsche 77

Wasserhaltung im Bergbau

Wasserhaltung im Schwarzwälder Bergbau
Zur Geschichte des Bergbaus im Schwarzwald
Andreas Haasis-Berner 99

Wasserhaltung und Bewetterung der Gruben um den Silberberg bei Wittichen
(Gemeinde Schenkenzell)
Matthias Zizelmann 129

Mühlen

Historische Wasserkraftnutzung im deutschen Südwesten und im Elsass
Gerhard Fritz 189

Flussbau und Wasserstraßen

Flussbaugeschichte(n) an der Elz – vom technischen Ausbau zur Revitalisierung
Bernd Walser 215

Wasserstraßenplanung im Südwesten (1826–1970)
Standortpolitik und technischer Fortschritt
Wolf-Ingo Seidelmann 239

Autoren und Herausgeber 277

Historische Wassernutzungen im deutschen Südwesten

Zur Einführung

Um das Wasser und die Gewässer rankt sich ein sehr großes Forschungsfeld, welches regelrecht zu einer interdisziplinären Bearbeitung drängt. Es treffen sich Hydrologie, Limnologie, Wasserwirtschaft, Wasserbau, Wassergeschichte/Umweltgeschichte und andere Wissenschaftszweige. Wasser ist der grundlegende und für unser Leben und Überleben wichtigste Bestandteil des Planeten Erde.

Bei einer tiefergehenden Beschäftigung mit dem Thema „Wasser" kommt man also nicht umhin, einen Aspekt aus diesem riesigen Forschungsfeld auszuwählen. Wir haben uns entschlossen, zum einen einen historischen Blick auf das Thema Wasser und seine Nutzung durch den Menschen zu werfen, eingegrenzt auf den Zeitraum vom Mittelalter bis ins 20. Jahrhundert. Die zweite Beschränkung ist die räumliche Fokussierung auf das Gebiet des deutschen Südwestens: vom Bodensee über die Schwäbische Alb, den Schwarzwald und das Oberrheingebiet bis zur Pfalz. Im Zentrum stehen die menschlichen Eingriffe in den natürlichen Wasserhaushalt mit den Zielen, Energie zu gewinnen und Materialien zu transportieren. Zugrunde liegt diesem Band die Tagung „Wassergeschichte(n) vom Schwarzwald und vom Oberrhein", die vom 30. September bis zum 2. Oktober 2021 in der Hansgrohe Aquademie in Schiltach stattfand. Diese Konferenz wurde vom Alemannischen Institut Freiburg e. V. in Zusammenarbeit mit der Deutschen Wasserhistorischen Gesellschaft e. V. und dem Wasserwirtschaftsverband Baden-Württemberg e. V. veranstaltet.

Dass die Wahl auf Schiltach als Veranstaltungsort fiel, war kein Zufall, denn diese Stadt im mittleren Schwarzwald liegt an der Mündung der Schiltach in die Kinzig und ihre Geschichte ist geprägt vom Leben mit und von den beiden Flüssen. Eine Vorführung von Aktiven des Vereins „Schiltacher Flößer e. V." am Abend nach dem ersten Konferenztag machte das sehr augenfällig. Auf der Lehwiese am Zusammenfluss von Kinzig und Schiltach demonstrierten sie die Herstellung von Floßwieden (Bindematerial zum Floßbau) mit einem historischen Wiedofen und das Schnätzen und Bohren beim Zurichten von Floßholzstämmen. Am Gamber (Einrichtung zur Öffnung einer Floßgasse vom Ufer aus) zeigten sie, wie die Stämme im Wasser eingebunden wurden. Wie stark die Flößerei

Abb. 1: Einbinden der Stämme. Foto: Werner Konold.

Abb. 2: Wiedofen. Foto: R. Johanna Regnath.

in der Stadt verwurzelt ist, wird auch daraus deutlich, dass der Gemeinderat am 26. Juli 2023 beschloss, beim Innenministerium Baden-Württemberg den Antrag auf den offiziellen Namenszusatz „Flößerstadt" zu stellen.

Beim anschließenden Stadtrundgang der Tagungsgruppe wurde deutlich, dass auch viele andere Schiltacher Handwerksbetriebe vom fließenden Wasser abhängig waren. An erster Stelle sind hier die Gerber zu nennen, die Wasser zum Spülen der Häute benötigten. Färber und Tuchhersteller brauchten ebenfalls große Mengen Wasser bei ihren Arbeitsvorgängen, das sie anschließend als oft stark verunreinigte Abwässer wieder in die Flüsse einleiteten. In Schiltach wie im gesamten Schwarzwald nutzten zahlreiche Mühlen das Wasser als Energiequelle.

Und schließlich hatte auch der Veranstaltungsraum etwas mit Wasser zu tun, wie der Name „Aquademie" schon vermuten lässt: Die Firma Hansgrohe hat in Schiltach neben ihrem Werk zur Herstellung sanitärtechnischer Produkte eine große Ausstellungsfläche und Seminarräume eingerichtet, in denen sich normalerweise Kunden und Sanitärhandwerker informieren und weiterbilden können. Im Herbst 2021 haben sie uns für zwei Tage ihren großen Veranstaltungsraum für die Konferenz überlassen.

Historische Formen des Holztransports auf Fließgewässern

Die ersten drei Beiträge befassen sich mit historischen Formen des Holztransports auf Fließgewässern. Den Anfang macht *Hans Harter* mit dem Beitrag „Floßhandel, der mit Lebhaftigkeit betrieben wird". Die Flößerstadt Schiltach war seit dem Spätmittelalter für ihr Flößerhandwerk bekannt und profitierte von ihrer günstigen Lage an den Flüssen Kinzig und Schiltach. Bereits im 13. Jahrhundert war die Stadt als Produzent und Lieferant von Holz etabliert. Die Arbeit war zwar nur saisonal, aber dennoch profitabel und brachte bedeutende Geldsummen in Umlauf. Die Schwarzwälder Flößer waren als Spezialisten bekannt und wurden 1864 sogar angefragt, die Flößbarkeit der niederösterreichischen Ybbs zu prüfen. Expansionsbestrebungen der Schiltacher Schiffer im 18. und 19. Jahrhundert scheiterten an äußeren Widrigkeiten und an internen Streitigkeiten. Letztendlich konnte die Flößerei den Anforderungen des Industriezeitalters nicht standhalten und wurde durch die Eisenbahn verdrängt, was das Ende einer jahrhundertealten Tradition bedeutete.

Der Beitrag von *Werner Konold* „Vom Riesen, Flößen und Flötzigmachen. Hinterlassenschaften der Flößerei im Einzugsgebiet der oberen Kinzig" beschäftigt sich mit der Gestaltung der Landschaft durch die Flößerei und mit den heute noch sichtbaren baulichen Überresten im mittleren Schwarzwald. Der Aufsatz beruht auf einer Studie zur Kultur- und Baugeschichte der Holzbringungsanlagen im Einzugsgebiet der oberen Kinzig. Zu diesen Überresten gehören zum Beispiel sogenannte Riesen, Einbindeplätze oder Spannstätten, Ufer- und Sohlenbefestigungen in den Gewässern, Mühlenwehre mit Floßgassen, Uferbegleitwege und vieles mehr. Diese Einrichtungen sind inzwischen seit über 130 Jahren nicht mehr in Gebrauch. Eine Gesamtschau aller Komponenten, ihrer sich ergänzenden Funktionalität und ihrer weiten räumlichen Verbreitung ergibt eine beeindruckende Sachgesamtheit von großer wasser-, technik- und wirtschaftshistorischer sowie heimatkundlicher Bedeutung.

Der dritte Beitrag zu den historischen Transportformen auf Fließgewässern ist von *Wolfgang Fritzsche* und hat den Titel „Wooge und Riesel am Legelbach. Zur Geschichte der Trift im Pfälzerwald". Der Beginn der Trift im Legelbachtal geht auf das 13. Jahrhundert zurück und ihre Ausführung endete erst am Anfang des 20. Jahrhunderts. Der Begriff „Trift" (von treiben) bezeichnet den wassergebundenen Transport vergleichsweise kurzer, nicht miteinander verbundener Holzstämme. Durch die technische Anpassung der Bäche an die Anforderungen der Trift konnten Holzvorräte in entlegenen Bergregionen ausgebeutet und konnte das Transportvolumen erhöht werden. Wolfgang Fritzsche hat

Abb. 3: Schaufloß in Schiltach. Foto: Sabrina Mank.

Werner Konold und R. Johanna Regnath

insgesamt 12 km Bachlauf von Legelbach und Speyerbach begangen, die dortigen baulichen Zeugnisse der historischen Wasserwirtschaft systematisch untersucht und in Wort und Bild dokumentiert. Einen Teil davon präsentiert er in vorliegendem Beitrag. Als Ergebnis seiner Untersuchung wurde die Gesamtanlage als Kulturdenkmal eingestuft und durch den „Trifterlebnisweg Legelbach" touristisch erschlossen.

Wasserhaltung im Bergbau

Einen weiteren inhaltlichen Schwerpunkt bildet die Wasserhaltung im Bergbau. Einen Überblick zur technischen Entwicklung und eine Reihe Beispiele aus dem Schwarzwald bietet der Aufsatz „Wasserhaltung im Schwarzwälder Bergbau" von *Andreas Haasis-Berner*. Der Übergang zum Schachtbergbau im 12. Jahrhundert und das Vordringen der Abbaue unter die Talsohle führten zu dramatischen Problemen mit der Wasserhaltung. Die Kombination von Haspeln mit Körben bzw. Eimern, die auch zum Heben der Erze verwendet wurde, erwies sich beim Wasser als arbeitsintensiv und mit zunehmender Tiefe unwirtschaftlich. Je nach Topografie, Lagerstätte und Größe des Bergwerks wurde mit unterschiedlichen Lösungen experimentiert, wie zum Beispiel der Anlage von Erbstollen. Um die Zeit des 13./14. Jahrhunderts entstand im Schwarzwald eine innovative Technik, bei der Wasserkraft aus Wasserrädern zusammen mit Eimerketten genutzt wurde, um Wasser aus großen Tiefen zu heben. Diese Wasserhebemaschinen kombinierten Mühlentechnologie mit der traditionellen Eimerkunst.

Matthias Zizelmann liefert mit seinem Beitrag „Wasserhaltung und Bewetterung der Gruben um den Silberberg bei Wittichen (Gemeinde Schenkenzell)" eine Detailstudie zu einem bedeutenden mittelalterlichen Bergbaurevier im mittleren Schwarzwald, das ganz in der Nähe des Tagungsortes liegt und bei der sich an die Konferenz anschließenden Exkursion auch besichtigt wurde. Der Jahrhunderte andauernde und intensive Bergbau bei Wittichen hat zahlreiche Grubenanlagen und Halden hinterlassen. Seit dem Hochmittelalter wurde dort Silber abgebaut. Die Gewinnung des ebenfalls vorhandenen Kobalterzes ist ab dem 16. Jahrhundert belegt, wurde aber erst ab 1700 dominierend. Der Autor beeindruckt durch seine intime Kenntnis der Gruben und durch seine zahlreichen Farbfotografien. Heute gewinnen die teilweise noch gut erhaltenen Stollen wieder an Bedeutung, indem sie von Fledermäusen als sehr wertvolle Winterquartiere genutzt werden.

Mühlen

Es schließt sich ein Aufsatz an, der sich mit der Nutzung der Wasserkraft mit Hilfe der Mühlentechnologie beschäftigt. Heute hat sich die Berufsbezeichnung „Müller" auf die Getreideverarbeitung verengt, doch in der Vergangenheit gab es zahlreiche Varianten von Mühlen. Alle Betriebe, deren Maschinen mit der Mühlentechnologie funktionierten, gehörten dazu, unabhängig davon, ob Wind-, Wasserkraft, Tier oder Mensch die nötige Energie dazu lieferten. *Gerhard Fritz* gibt mit seinem Aufsatz einen Überblick über die „Historische Wasserkraftnutzung im deutschen Südwesten und im Elsass". Er stellt grundlegende Antriebstypen, Techniken der Wasserführung und die zentralen Konfliktfelder bei der Wassernutzung vor. Breiten Raum nimmt die Übersicht über die wichtigsten Mühlentypen ein, an deren erster Stelle die Getreidemühle steht. Daneben existierten jedoch auch wasserbetriebene Hämmer zur Metallbearbeitung, Walken zur Bearbeitung von Leder und Tuch, Säge- und Schleifmühlen, Papier-, Öl-, Loh- und Pulvermühlen und vieles mehr. Er fragt, seit wann diese hierzulande vorkommen, was typisch für diese Anlagen ist und wie die Entwicklung bis in die Gegenwart verlaufen ist.

Flussbau und Wasserstraßen

Um das Wasser selbst und seine Fließkraft nutzen zu können, mussten sich die Menschen in der Nähe der Wasserläufe ansiedeln. Das war aufgrund regelmäßiger Hochwasser und Überschwemmungen mit erheblichen Gefahren verbunden. Mit Hochwassermarken als historischen Quellen zu diesem Thema beschäftigte sich der Tagungsbeitrag „Kulturerbe und Informationsquelle: Hochwassermarken an der Kinzig" von *Annette Bösmeier*, der leider hier nicht abgedruckt werden konnte.[1] Historische Quellen wie Chroniken oder Hochwassermarken eröffnen den Blick auf die Schattenseiten des Lebens am Fluss und zeigen, dass es an der Kinzig in den vergangenen Jahrhunderten zahlreiche sehr zerstörerische Hochwasserereignisse gegeben hat, so beispielsweise in den Jahren 1824, 1882, 1896, 1919 und 1990. Bis heute sind im Untersuchungsgebiet außergewöhnlich viele Hochwassermarken erhalten. Annette Bösmeier hat sich im Rahmen ihres Dissertationsprojekts u. a. mit der Frage beschäftigt, wie historische Informationen für eine umfassende Gefahrenbewertung in der Gegenwart genutzt werden können.

Auch die Elz und ihr Einzugsgebiet sind von hohen Niederschlägen und schnellen Hochwasserabflüssen geprägt, besonders im Winter und bei Sommergewittern. *Bernd Walser* beleuchtet in seinem Beitrag „Flussbaugeschichte(n) an der Elz – vom technischen Ausbau zur Revitalisierung" die Flussbaumaßnahmen an der Elz seit dem 19. Jahrhundert. Die Korrektion der Elz begann 1821 mit Faschinenschutzwerken, aber erst 1885 waren die Korrektionsmaßnahmen mit Einführung des Doppeltrapezprofils im Ober- und Mittellauf im Wesentlichen abgeschlossen. Der Ausbau der Gewässer ermöglichte die Intensivierung der Landwirtschaft durch Bewässerung und die Nutzung der Wasserkraft. Parallel dazu ging das 19. Jahrhundert als Hochwasserjahrhundert mit 28 bedeutenden Hochwasserereignissen allein im Einzugsgebiet von Elz und Dreisam in die Geschichte ein. Ab den 1970er Jahren setzte ein Umdenkprozess ein und seit den 1990er Jahren bemüht man sich um die Revitalisierung der Elz mit dem Ziel, durch Maßnahmen zur Verbesserung der Gewässerstruktur einen naturnäheren Zustand herzustellen.

Den Abschluss bildet der Beitrag von *Wolf-Ingo Seidelmann* über „Wasserstraßenplanung im Südwesten (1826–1970). Standortpolitik und technischer Fortschritt". In England und Frankreich wurden bereits im 18. Jahrhundert wichtige Wasserstraßen ausgebaut. Trotz zahlreicher Widrigkeiten gab es auch im Süden und Südwesten Deutschlands im 19. Jahrhundert Schleusenkanalpläne, die jedoch alle zugunsten des Aufbaus eines Eisenbahnnetzes aufgegeben wurden. Erst ab den 1880er Jahren begann mit dem Massengutverkehr von Kohle und Stahl eine Renaissance der Binnenschifffahrt. Technische Fortschritte, insbesondere im Bereich der Schiffshebewerke, führten auch im Südwesten zur Wiederaufnahme bzw. Neuplanung

---

[1] Siehe dazu: Himmelsbach, Iso / Bösmeier, Annette: Zur Hochwassergeschichte der Kinzig, in: Die Ortenau 101 (2021), S. 139–162; Bösmeier, Annette Sophie / Himmelsbach, Iso / Seeger, Stefan: Reliability of flood marks and practical relevance for flood hazard assessment in southwestern Germany, in: Natural Hazards and Earth System Sciences 22 (2022), S. 2963–2979, https://doi.org/10.5194/nhess-22-2963-2022.

Abb. 4: Wiedendrehen. Foto: Werner Konold.

von Kanalprojekten wie dem eines Neckar-Donau-Kanals bzw. einer Verbindung vom Bodensee zur Donau. Letztlich wurde keines der ambitionierten Vorhaben realisiert. Nach 1945 waren weder der Bund noch das Land Baden-Württemberg am Bau eines Neckar-Donau-Kanals mit seinen aufwendigen technischen Lösungen weiter interessiert.

Wir danken den Autoren dieses Buches für ihr Engagement während der Tagung und ihre Bereitschaft, die Texte für die Drucklegung zu überarbeiten. Der Stadt Schiltach und ihrem Bürgermeister Thomas Haas danken wir für die Übernahme der Kosten für den Vortragssaal und für die herzliche Aufnahme, die wir in Schiltach erfahren haben. Der Hansgrohe Aquademie und besonders Andrea Rombach danken wir für die organisatorische Unterstützung und ihre großartige Gastfreundschaft. Die Schiltacher Flößer haben bei den Tagungsteilnehmern unvergessliche Eindrücke hinterlassen. Großer Dank dafür! Auch unseren Kooperationspartnern für die Tagung, der Deutschen Wasserhistorischen Gesellschaft e.V. und dem Wasserwirtschaftsverband Baden-Württemberg e.V., wollen wir an dieser Stelle danken.

Unser Dank gilt auch Angela Salacz-Wizemann, der Lektorin und Setzerin in der Geschäftsstelle des Alemannischen Instituts, die sich professionell wie immer um das Layout, die Abbildungen und Korrekturen gekümmert hat. Unterstützt wurde sie dabei von den studentischen Mitarbeiterinnen Karolin Burger, Saskia Hagenlocher und Katharina Mundt.

Ganz besonders danken wollen wir an dieser Stelle dem Schiltacher Gemeinderat und insbesondere Bürgermeister Thomas Haas, die durch eine finanzielle Unterstützung die Drucklegung dieses Buches erst ermöglicht haben.

Jürgen Weis, der Leiter des Thorbecke Verlags Ostfildern, war von Anfang an bereit, diesen Band in das Verlagsprogramm aufzunehmen. Mit ihm und dem Herstellungsleiter Wolfgang Sailer verbindet das Alemannische Institut eine langjährige und vertrauensvolle Zusammenarbeit, für die wir herzlich danken.

Freiburg im Frühjahr 2024
Werner Konold und R. Johanna Regnath

Grußwort

Mit der Tagung „Wassergeschichte(n) vom Schwarzwald und vom Oberrhein" in Schiltach gelang es auf der 31. Fachtagung der DWhG in beeindruckender Weise, den Teilnehmerinnen und Teilnehmern eine aus der historischen sozialen Situation, den Lebensumständen und den Arbeitsbedingungen resultierende, bis heute nachvollziehbare Prägung der Landschaft zu vermitteln. Konzeption, Planung und Organisation lagen beim Alemannischen Institut Freiburg e. V., wofür Prof. Dr. Werner Konold und Dr. R. Johanna Regnath unser Dank uneingeschränkt gebührt. Sie haben mit Unterstützung von stud. Sabrina Mank die gemeinsame Veranstaltung hervorragend organisiert. Die Unterstützung der Stadt Schiltach und ihres langjährigen Bürgermeisters Thomas Haas ist an dieser Stelle ebenso dankbar zu erwähnen wie die Hilfe der durch Andrea Rombach vertretenen Hansgrohe Aquademie und des durch seinen Geschäftsführer Prof. Dr.-Ing. Stephan Heimerl vertretenen Wasserwirtschaftsverbandes Baden-Württemberg e. V.

Zum Gelingen der Tagung trugen die Referentinnen und Referenten natürlich maßgeblich bei, aber auch all jene Persönlichkeiten, die sich in der Durchführung der Exkursion, der Stadtführung und in der durch die Mitglieder der Schiltacher Flößer e. V. in Szene gesetzten historischen Technik des Floßbaus und der Vorführung des Gampers engagierten. Inzwischen ist die historische Flößerei in das Verzeichnis des immateriellen Kulturerbes der UNESCO eingegangen.

Die in Schiltach diskutierten Fragestellungen berührten die Aktivitäten der DWhG schon früher, so in ihrer 11. Fachtagung – „Wuhren, Kanäle, Runsen – alte Wassernutzung zwischen Schwarzwald und Vogesen" – vom 12. bis 15. Oktober 2006 in Freiburg im Breisgau und in der Weimarer Erklärung der DWhG von 2005 zum Erhalt denkmalgeschützter und denkmalwürdiger wasserbaulicher Einrichtungen im Zuge der Umsetzung der Europäischen Wasserrahmenrichtlinie.

Zu den von der Schiltacher Tagung ausgehenden Impulsen zählen die unlängst vom 18. bis 21. Oktober 2023 durchgeführte 17. Cura Aquarum-Tagung der DWhG in Wolfenbüttel – Dezentraler Wasserrückhalt in Kulturlandschaften: Lernen aus der Geschichte – wie auch der Vortrag von Prof. Dr. Konold im Rahmen einer Veranstaltung des Fördervereins für das Archiv für die Geschichte der Deutschen Wasserwirtschaft (FöVAGWA) in Tambach-Dietharz am 25. März 2022 zum Thema „Der kulturelle Wert von Gewässern".

Die in den Veranstaltungspausen zu besichtigende Ausstellung Badekultur in der Hansgrohe Aquademie vermittelte einerseits sozialhistorische Aspekte, insbesondere der Körperhygiene, bot jedoch auch viele Inspirationen zur Gestaltung des eigenen Wohnumfelds. Sie lohnt auch weiterhin einen Besuch, und mit den in diesem Sammelband vereinten Beiträgen werden die Gäste in Schiltach in die Lage versetzt, die Ergebnisse der Tagung Revue passieren zu lassen wie auch den Spuren der Wassergeschichte(n) im Gelände eigenständig nachzugehen.

Den Dank an die Herausgeber für die Mühen der geleisteten Arbeit begleitet der Wunsch nach einer inspirierenden Lektüre des Bandes sowie die Anregung, historische Technik in einer der Veranstaltungen der Schiltacher Flößer e. V. mitzuerleben.

Dr. Norman Pohl
Vorsitzender der Deutschen Wasserhistorischen Gesellschaft e. V.

Historische Formen des Holztransports
auf Fließgewässern

„Floßhandel, der mit Lebhaftigkeit betrieben wird"

Die Flößerstadt Schiltach

Hans Harter

Schiltacher Schiffer und Flößer im 19. Jahrhundert

Nachdem das alt-württembergische Städtchen Schiltach 1810 dem Großherzogtum Baden zugeteilt worden war, meldete das erste gesamtbadische Lexikon: „Schiltach, ein kleines Städtchen mit 1282 Seelen [...]. Eine Hauptnahrungs-Quelle der Einwohner [ist] der Floßhandel auf der Kinzig, der [...] mit Lebhaftigkeit betrieben wird. Durch diesen Handel, besonders durch das Verflößen der sogenannten Holländerbäume [...] kommen in dieser Gegend bedeutende Geldsummen in Umlauf." (Kolb, 1816, S. 170 f.). 1823 berichtete der Lahrer Pfarrer Christian Ludwig Fecht anlässlich einer Wanderung nach Schiltach über die dortigen „stattlichen Schiffer", wie sich die Holzhändler von alters her nannten: Damals zehn,[1] stehen „alle Herrn Schiffer unter einem Obmann und unter besondern Gesetzen, und haben allein das Recht, auf der Kinzig Holz zu flößen. Sie führen Tannen in Stämmen und Schnittwaren bis Kehl gewöhnlich, doch auch bis in die Pfalz hinunter. Jeder handelt und kauft aber das Holz für sich." (Fecht, 1823, o. S.). Schiltacher Schiffer sind denn auch an den Holzhandelsplätzen Mannheim und Mainz nachzuweisen (Harter, 2021, S. 60, 68).

Abb. 1: „Stadt Schiltach, aufgenommen von Geometer Weber 1843". Auf der Kinzig vor dem Hochmutsteich ein Floß mit zwölf Gestören. Steindruck, 1843. Quelle: Sammlung Harter.

---

[1] Schiltacher Schiffer im 19. Jahrhundert: 1814: 14; 1818: 12; 1853: 8; 1867: 9 (Fautz, 1941, S. 182, 188, 190).

Abb. 2: Flößer beim Floßeinbinden im „Harzwägle" auf der Kinzig bei Schiltach. Foto: Wilhelm Hasemann, 1888; Quelle: Sammlung Harter.

Für 1865 gibt es erste Statistiken: Außer den Schiffern, die „sich teils mit Holzhandel, teils nur mit der Frachtflößerei befassen", gab es sechs „Gespanschaften", Flößer-Teams von elf oder zwölf Flößern, sodass hier mehr als 80 Männer dem Holzhandel und der damit verbundenen Flößerei nachgingen (Jahres-Berichte, 1866, S. 27). Von damals 181 Kinzigflößen brachten sie allein 61 aufs Wasser (Denkschrift, 1866, S. 19),[2] die sie kinzigabwärts flößten, nach Willstätt oder Kehl, den Holzmärkten in Mittelbaden. Der Wert dieser 61 Flöße wird mit 292.800 Gulden angegeben, was im Durchschnitt 4.800 Gulden pro Floß ausmacht (Jahres-Berichte, 1866, S. 27). Diese Zahlen belegen nicht nur die Transportleistungen der „lebhaft betriebenen" Flößerei, sondern auch die Wertschöpfung des auf sie gestützten Holzhandels, sodass hier, wie es 1816 hieß, tatsächlich „bedeutende Geldsummen in Umlauf" gebracht wurden.[3] Von konjunkturellen Schwankungen abgesehen, etwa durch den Deutsch-Französischen Krieg 1870/1871, waren die Holzhändler mit ihrem Geschäft durchaus zufrieden. So schrieb der Schiltacher Schiffer Adolf Christoph Trautwein über das Jahr 1884 für sein Familienunternehmen: „Wir haben [...] ziemlich viel Holz nach Kehl geflößt, und auch ziemlich dabei verdient, so daß am Jahresabschluß jedem der sechs Mitglieder M.[ark] 600 gutkamen." (Trautwein, 1896–1898, S. 176).

Zur Arbeit und zum Verdienst der Flößer notierte der fünfzehnjährige spätere Maler Heinrich Eyth 1866 an den Rand einer Zeichnung: „Länge des Floßes 1.000–1.400 Fuß [300–420 m], Breite 20 Fuß [6 m]. Massegehalt eines Holländerfloßes 25–30.000 Kubik Fuß [675–810 m³]. Ein solches Floß zusammen zu schaffen, brauchen 13 Mann 10 Tag. Taglohn 1 f [Gulden] 12 xr. [Kreuzer]. 9 Uhr und 4 Uhr Brod. 4 f Fahrgeld, der Sperrmann extra 2 f Sperrlohn. Auf der Fahrt frei, guts

---

[2] Von Wolfach gingen 61 und von Gutach-Turm 59 ab, in der Summe 181 Flöße.

[3] Im „Blütejahr 1856" gingen in Wolfach 300 Flöße im Wert von 1,5 Millionen Gulden ab, auf denen Oblasten von weiteren 2 Millionen Gulden verfrachtet wurden. Da der Taglohn eines Flößers bei rund einem Gulden lag, entsprach dies einem Umsatzwert von rund 3,5 Millionen Flößertaglöhnen (Schrempp, 1988, S. 231 f.).

Essen u. Wein gnug, 3–4 Liter pro Mann. Über Nacht Essen. Ein solcher Zehret kostet den Schiffer oder Floßführer 35–40 f. Zur Fahrt von hier nach Willstätt früher 3–6, jetzt, seit die Kinzig korrigiert ist, meist 2 Tage. Erlös aus einem schönen Floß 5.000 f." (Eyth, 1866; vgl. Bühler, 1926).

Zum Lohn heißt es, dass er „ein mit harter und gefährlicher Arbeit reichlich verdienter" war, mit dem Nachteil, dass er „im Sommer auch rasch verbraucht wird", und im Winter, „der nur geringen Verdienst bringt, die Familie Not leidet" (Jahres-Berichte, 1866, S. 27). Flößerei war Saisonarbeit, die meist nebenberuflich ausgeübt wurde, vor allem von Handwerkern, deren Berufe übersetzt waren (Schneider und Kühl, 1994, S. 42 f.). Auch Georg Längin, 1855–1864 evangelischer Pfarrer in Schiltach, hielt fest, dass die Flößerei „keine so günstige Erwerbsquelle [ist], weil sie die Leute nur auf einige Monate des Jahres beschäftigt und die Gefahr nährt, im Hinblick auf den ergiebigen Sommerverdienst, die Wintermonate im Nichtstun und in den Bierhäusern und Branntweinschenken zu verbringen" (Längin, 1880, S. 250; vgl. Harter, 2010, S. 31).

Um sie als Arbeitskräfte zu halten, hatten sie ein Privileg: Schon 1527 durfte in Wolfach jeder Floßknecht, der Bürger war, 100 bis 300 Bort [Bretter] „zu seinem eigenen Nutzen vertreiben" (Disch, 1920, S. 137). Auch in Schiltach war seit 1702 jeder Floßknecht, der „aigen Feuer und Rauch" hat, berechtigt, im Jahr 400 Bort zu kaufen und auf eigene Rechnung zu verflößen (Harter, 2020). Diese sogenannten „Katzenflöße" erlaubten ihnen einen eigenen kleinen Holzhandel. Ansonsten galten Flößer als raue Gesellen, die laut und trinkfest unterwegs waren. 1836 gab es Beschwerden ob ihrer „Eigenmächtigkeit" und „empörenden Rohheit", da sie „sogleich mit Totschlagen drohen" (Stadtarchiv Schiltach AL-508).

So hob die Flößerei für manche Kritiker „ihre Arbeiter weder wirtschaftlich, noch sittlich, noch physisch empor" (Denkschrift, 1866, S. 21). Doch fehlte es ihr auch nicht an Bewunderern, etwa in Gestalt des Kinzigtäler Schriftstellers Heinrich Hansjakob (1837–1916): Er hatte sie noch erlebt, als „Urmenschen an Kraft und Bildung" (Hansjakob, 1986, S. 176), „durstig" und „derb", „die durstigsten waren die von Wolfe, die derbsten die von Schilte" (Hansjakob, 1991, S. 128). Für ihn waren sie Flößer „nicht aus Beruf, sondern aus Lust an der Gefahr, am Ächzen der Floßwieden, am Gischt des Wassers" (ebd., S. 64).

Arbeitsmigration und Floßtechniktransfer an die österreichische Ybbs

Vielleicht akzeptierte der Gespanführer Abraham Koch 1864 auch deshalb ein wohl seltenes Angebot: Er sollte die Ybbs in Niederösterreich, einen rechten, 138 km langen Donauzufluss, daraufhin begutachten, ob auf ihm ebenfalls geflößt werden konnte. Der Auftrag kam von Holzhändlern aus Straßburg, die den Schiltacher Obmann von der Kinzigflößerei her kannten. Sie hatten die Absicht, die bisherige Domäne Waidhofen mit dem Schloss und Forsten von 11.000 ha zu erwerben. Diese zogen sich bis zu dem 1.900 m hohen Ötscher in den Nördlichen Kalkalpen und waren forstwirtschaftlich kaum erschlossen: Gewonnen wurde nur Brenn- und Kohlholz, schönste Stämme verfaulten am Stock, was an den fehlenden Abfuhrmöglichkeiten lag. So schien hier ein lukrativer Holzhandel möglich, vorausgesetzt, dass man den Transport lösen konnte.

Mangels ausgebauter Straßen und Abfuhrwege blieb dafür nur die Ybbs mit der eventuellen Möglichkeit zu flößen. Abraham Koch ging sie fünf Mal auf und ab, um dann sein Gutachten abzuliefern: Anders als die anderen, tiefen und schnellen Alpenflüsse, war sie ein sogenannter Niedrigwasserfluss, 60–90 cm hoch, der Kinzig ähnlich. So schien die Übertragung der Kinzigtäler Floßtechnik, der „Gestörflößerei in der verbohrten Wiede" (Behlen, 1846, S. 162–168), machbar. Weil die Gestörflöße für die Handhabung der Floßstangen und das Bremsen durch Sperren Grundberührung brauchten, waren sie nur für niedrige Wasserhöhen geeignet, dann jedoch mit Vorteilen: Die Einzelgestöre aus 10–15 Stämmen konnten fast beliebig aneinandergereiht werden, in der Regel bis zu 35–40. So entstanden ganze Floßzüge von 400–450 m Länge, die auch noch Oblast (Dielen, Bretter, Stangen) zu tragen vermochten. Dies bedeutete nicht nur eine Transportkapazität von mehreren hundert Stämmen, die Flöße konnten auch von einer relativ kleinen Mannschaft aus 12–14 Flößern gehandhabt werden.

Die Erkenntnisse zur Floßbarkeit der Ybbs hatten Folgen: Das Straßburger Holzhandels-Konsortium André & Götz et Frères erwarb im Februar 1865 die Domäne Waidhofen für insgesamt eine Million österreichischer Gulden. Bezüglich der Qualität und Quantität der zugehörigen Wälder hatte ein elsässischer Förster ebenfalls grünes Licht gegeben, und die Staatsbehörden bestätigten die Eigenschaft der Ybbs als öffentliche Wasserstraße, auf der grundsätzlich Flößerei betrieben werden konnte. Sie einzurichten wurde Abraham Koch übertragen, in der Art, wie er sie von der Kinzig her kannte: mit Gestörflößen.

Nicht, dass man auf den Alpenflüssen wie Lech, Isar, Inn, Salzach oder Enns des Flößens unkundig gewesen wäre, doch hatten sich aufgrund ihrer Wildheit und Tiefe dort andere Floßtypen entwickelt: steif gebundene Holztafeln aus einer großen oder zwei kürzeren Stammlängen, 15–30 m lang und 3–4 m breit, die auch im tosenden Wasser handhabbar waren. Von zwei bis fünf Mann mit Rudern gesteuert, hatten sie jedoch eine sehr begrenzte Kapazität, bei einem Ennsfloß waren es etwa 35 Festmeter (Neweklowsky, 1952, S. 571–601).

Kaum wurden die Pläne der Straßburger ruchbar, „war aber auch schon eine gewaltige Aufregung in das Ybbsthal eingezogen" (Zelinka, 1868, S. 186). Bestritten wurde nicht nur die Möglichkeit des Flößens auf einem Gewässer, das man durchwaten konnte, sondern auch das Recht dazu, da es in die bestehenden Rechte der Wasserwerksbesitzer eingriff. Es gab 22 Mühlen, 19 Wehre, acht Schleifereien, sieben Hammer- und drei Sägewerke sowie Stampfen, um deren ungestörten Gang man ebenso fürchtete wie um die Unversehrtheit der Ufergrundstücke, der 29 Brücken und einer Anzahl von Stegen. Die Ybbs war bereits Energieträger für ein dichtes Gewerbe, das einen weiteren Wettbewerber nur schlecht verkraften konnte.

Sodann musste der Fluss floßbar gemacht, d. h. Bäume und Steine beseitigt, im Flussbett Felsen gesprengt, in die bestehenden Wehre Floßgassen und Rutschen eingebaut werden. Als die Arbeiten begannen, kam es zu Handgreiflichkeiten seitens der Anrainer und Wehrbesitzer, sodass die Polizei tätig werden musste. Errichtet wurden Polterplätze zur Holzlagerung, drei Einbindestätten zum Zusammenbau der Flöße und zwei Schwellweiher zum Aufstauen des Wassers. Für die Verarbeitung des Holzes wurden drei kleinere Wassersägen gepachtet, dazu kam in Amstetten am Unterlauf der Ybbs die „Konkordia", eine hochmoderne Dampfsäge mit zehn Gattern, einem Floßhafen und Eisenbahnanschluss. Für diese Infrastruktur investierten die Straßburger nochmals zwischen 350.000–400.000 Gulden.

Unterdessen engagierte Abraham Koch im Kinzigtal Flößer, Holzhauer und Wiedenmacher, zunächst 28 Mann. Im März 1865 reisten sie mit der Bahn über München und Salzburg nach Waidhofen, für ein Dreivierteljahr, um, wie einer von ihnen, Tobias Weis, schrieb, „eine Flößerei auf der Ybbs einzurichten": „Die Reise hin und her, Geschirr [Werkzeug] und Kost waren frei; neun Schilling Taglohn, dazu vier Saitel Wein [1,4 l] sowie Fleisch und Brot zur Genüge." (Schmid, 1989, S. 551 f.). Dies waren offenbar gute Bedingungen: Zwar war der Taglohn der gleiche wie an der Kinzig (40–42 Kreuzer), mit der „freien Kost" und dem gestellten „Geschirr" wurde er aber kaum verbraucht, sodass man Geld sparen oder nach Hause schicken konnte.

"Floßhandel, der mit Lebhaftigkeit betrieben wird"

Abb. 3: Erstes Ybbs-Floß am 1. März 1866. Von links: Schiltacher Flößer, österreichische Förster, die Straßburger Holzhändler „André & Götz, frères". Foto, 1866. Quelle: Flößerverein Schiltach.

Als die Kinzigtäler eintrafen, wurde gelacht, als sie erzählten, dass sie „auf einmal 600–800 große Stämme fortbringen wollten", und man prophezeite „das sofortige Aufsitzen" (Zelinka, 1868, S. 187). Die Probe aufs Exempel fand am 1. März 1866 statt: die Jungfernfahrt eines Floßes auf der Ybbs. Erstmals sollte der auf den Fluss gestützte Abtransport des Holzes ins Werk gesetzt werden. Bei Hollenstein machten 14 Flößer unter Leitung von Abraham Koch ein Floß aus 33 Gestören mit 600 Stämmen startklar, Ziel war das 25 km abwärts gelegene Waidhofen. Da demonstriert werden sollte, dass Flößerei hier möglich war, fuhren die Straßburger Domänenbesitzer mit, ebenso zwei Ybbstäler Forstmeister. Wie berichtet wird, liefen „von den in Berg und Thal längs des Flusses zerstreut liegenden Häusern die Bewohner herbei, um das für unmöglich Gehaltene mit eigenen Augen anzustaunen" (ebd., S. 191). Zuerst passierte das Floß problemlos, dann fuhr es auf einen Felsen auf, die Gestöre verkeilten sich – machten einen „Ellenbogen" –, der die Fahrt aufhielt.

Sie ging anderntags weiter, und als das Floß Waidhofen erreichte, zeigte die Bevölkerung große Teilnahme. Stadtkaplan Josef Zelger als Augenzeuge: „Eine wahre Riesenschlange wälzte sich [...] herab; [...] Diese Riesenschlange bewältigten nur 11, sage eilf Mann; Männer, die beim Wasser aufgewachsen sind und jede Welle kennen [...]. Die Flößer sind mit Stangen bewaffnet [...]. Unter den Brücken fuhren die Flößer mit so leichtem Spiele dahin, daß man staunte. Nur für das glückliche Weiterkommen über die Wehren [...] fürchtete man, und zwar mit Recht, weil sie einen gewaltigen Wasserfall bilden [...]. Doch bald sah man, wie leicht solchen Wassermännern auch diese Kunst ankomme." (ebd., S. 191 f.). Unter Vivatrufen landete das Floß, und die Flößer

Abb. 4: Flößereibetrieb auf der Ybbs bei Hollenstein. Foto: Amand Helm, ca. 1872; Quelle: Sammlung Harter.

zogen zum Festessen ins Schloss. Am Tag darauf brachten sie ihr Floß zur Säge nach Amstetten. Damit war bewiesen, dass die Übertragung der Schwarzwälder Gestörflöße auf diesen Alpenfluss möglich war – wie Abraham Koch es geplant und nun demonstriert hatte. Der Maler Josef Gabriel Frey aus Weyer an der Enns hielt die Floßfahrt auf einem Gemälde fest, auf dem er anerkennend vermerkte: „Dieweil die Ips bestehet, ist dieses nie geschehen. Ehre und Achtung den Unternehmern." (5ᵉ-Museum Waidhofen an der Ybbs; vgl. Harter, 2016a, Abb. S. 55).

In die Bewunderung mischte sich jedoch auch Kritik, und man fragte, weshalb „die früheren Regierungsmänner, als die Herrschaft Waidhofen noch dem Staate gehörte, ein solches Industriestück zu Wege zu bringen nicht im Stande waren" (Zelinka, 1868, S. 192). Die eigene Rückständigkeit wurde umso mehr empfunden, als „die Industrie der Ausländer (Elsaßer und Schwaben) uns zu Schanden gemacht [hat]" (ebd.). Man erkannte, dass an der Ybbs eine bisher nicht gekannte, industriell organisierte Holzverwertung einzog, unter Einsatz von ausländischem Kapital und importierter Technik. Für Letztere waren die Flößer aus Schiltach zuständig: Ihre Gestörflöße bildeten die Transportachse zwischen den Wäldern und ihrer Verwertung als Langholz, was ohne sie und ihr Know-how in diesem Maßstab nicht möglich gewesen wäre.

Bereits am 8. März kam das zweite Floß mit 40 Gestören, am 13. März das dritte (Harter, 2019, S. 41), die sich 1866 noch auf insgesamt 87 Flöße mit einem Volumen von 33.300 Festmetern summierten. Sie starteten am Oberlauf der Ybbs und fuhren in eineinhalb Tagen zur Dampfsäge nach Amstetten. Bis 1873 steigerte sich ihre Zahl auf 100 jährlich, womit von Frühjahr bis Herbst alle zwei bis drei Tage ein Floß die Ybbs herunterkam. Auch für heutige Verhältnisse stellten die „Schwarzwälder Riesenflöße", wie die Österreicher sie nannten (Wiesbauer, 2015, S. 57, 61), eine äußerst wirksame Form des Holztransports dar, den sie hier tatsächlich revolutionierten.

Eine Zeitung notierte: „Jedenfalls ist diese Art von Schifffahrt über die Ybbs, einem so kleinen Flusse, eine künstliche und noch nie dagewesen." (Südtiroler Volksblatt, 24.03.1866). Stolz meinte Wilhelm von Berg, Forstdirektor in Waidhofen, dass es „imposant ist [...], wie ein Floß von 1.500 Fuß Länge, in welchem 600 bis 800 Stämme mittelst Wieden aneinander befestigt sind, mit Sägeklötzen und Schnittmaterial überdies schwer beladen, von nur 13 Flößern mit überraschender Sicherheit durch die Krümmungen des felsigen Ybbs-Bettes und ohne Anstand über die Wasserfälle der Wehren hinweggeführt wird" (von Berg, 1873a, S. 357 f.).

Besonderes Lob erhielt Abraham Koch: „Ein sehr geschickter Mann" hieß es aus dem Ybbs-Ort Göstling (Volksblatt, 04.07.1875, Beilage; vgl. Harter, 2016a, S. 83, Anm. 8). Eine Wiener Zeitung schrieb von „einem einfachen Floßmeister [...], der die Ybbs [...] auf 12 Meilen Länge schiffbar machen ließ, was die ärarischen Ingenieure und Forstmeister ihrerseits als baren Unsinn erklärten [...]. Was kein Verstand der Verständigen sah, brachte da ein schlichter Holzflößer aus dem Schwarzwalde zu Wege!" (Wiener Landwirthschaftliche Zeitung, 08.10.1881). Das Wiener Ackerbauministerium verwies auf die Ybbs-Flößerei als Beweis dafür, „wie durch verständige Regulierung des Flußbettes und durch weise Benützung des Wassers selbst ganz unbedeutende Flüsse dem Holztransporte dienstbar gemacht werden können" (Holzflößerei, 1871, S. 3). Die Expertise von Abraham Koch war auch weiterhin gefragt: 1869 „richtete er in Nord-Ungarn eine Flößerei ein", an der Usch/Ungh in Transkarpatien, mit „Zuziehung badischer Floßmannschaft" (vgl. Harter, 2016a, S. 58). Sein Sohn Abraham Koch jun. erscheint 1881 als „Flößereiverwalter in Skole, Galizien", wohin damals auch weitere Schiltacher Flößer zogen (ebd., S. 68 f.; vgl. Harter, 2016b).

Dabei war Flößerei ein Transportverfahren, das aus dem Mittelalter stammte: Die Begriffe „vlôz" und „wide" sind im Mittelhochdeutschen schon um 1210 belegt (Gravenberg, 1926, S. 264, 275). Das bis 1880 dauernde Ybbs-Unternehmen zeigt ihre Grundlagen, die sich hier wie in einem Labor bündeln: die Verbindung von Wasser und Holz mit der Tragfähigkeit des einen und der Schwimmfähigkeit des anderen; dazu harte körperliche Arbeit – nicht umsonst werden den Flößern „Bärenkräfte" nachgesagt. Doch genügten eine relativ einfache Technik, handwerkliches Geschick und viel praktische Erfahrung, um immobile, massige Lasten über weite Strecken zielgerichtet zu bewegen. Wichtig waren die zugleich reißfesten wie flexiblen Wieden: hölzerne Trosse, mit denen die Stämme zu Gestören und diese zu Flößen verbunden wurden. Gefährt und Handelsgut in einem, waren die Flöße ökonomisch wie ökologisch höchst effizient: Einmal auf dem Wasser, bedurfte es keines anderen Transport-

Abb. 5: Floßbau auf der „Scheidwaag" in der Kinzig oberhalb Schiltach. Skizze von Wilhelm Hasemann, 1885; Quelle: Museum Schiltach.

mittels mehr, die Antriebsenergie lieferte der fließende Fluss. Am Ziel wurden sie zerlegt und die Wieden als begehrtes Brennmaterial verwertet.

Bedingungen und Entwicklungen seit dem Spätmittelalter

Der Fokus ist nun auf Schiltach zu richten, das für das Flößerhandwerk offenbar so bekannt war, dass sein Know-how samt Manpower exportiert wurde. In Bezug auf die Ressource Holz befand sich das im 13. Jahrhundert gegründete Städtchen mit seinem bäuerlichen Umland, dem Lehengericht, in einer komfortablen Situation: Aufgrund seiner Lage an zwei floßbaren Flüssen, der Kinzig und der Schiltach, sowie inmitten großer Waldgebiete (Landkreis Rottweil, 2003, S. 170–172, 177 f.) war es bei diesen naturräumlichen Gegebenheiten von vornherein weniger Holzkonsument als Produzent und Lieferant.

Wer sich von hier versorgen ließ, zeigt eine Nachricht von 1398: Die Spitalpfleger der Stadt Straßburg schuldeten die Zölle „uf der Schiltach von holzes wegen", was hier erstmals Flößerei belegt (Urkundenbuch Straßburg, Bd. 6, 1899, S. 751). Als nach dem Stadtbrand von 1590 in Schiltach Nahrungsmittel fehlten, bat der Schultheiß den Landesherrn in Stuttgart um die Erlaubnis, solche in Straßburg kaufen zu dürfen, da „wür ein gut Vertrauen zu gemeiner Statt Straßburg haben, das dieselben Unns [...] in dieser unnser Not nit steckhen wurden lassen, sintemal sie von uns mit Baw- und Floßholtz auch versehen werden" (Fautz, 1961, S. 30).

Korrespondierende Nachrichten kommen aus Straßburg: Wohl noch vor 1358 gebot der Rat dem Zöllner, „daz holtz, daz do har komet uffe der Kintzigen", anders als das vom Rhein, zollfrei zu belassen (Urkundenbuch Straßburg, Bd. 4/2, 1888, S. 220, vgl. S. 216). Offenbar wollte die Stadt ihren Holzbedarf auch aus dem Schwarzwald decken, der sich für sie jenseits des Rheins durch das Tal der Kinzig öffnete (Thomann, 2014, S. 842)[4]. Um 1521 schrieb der Humanist Hieronymus Gebwiler, dass man „uff der kintzich [...] gemeinlich alles bawholtz und dilen umb einen zimlichen pfennig" nach Straßburg bringt (Straßburger Chronik, 1926, S. 49 f.; zur Datierung ebd., S. 8). Dass hier fleißig geflößt wurde, belegt 1415 eine Anweisung des Amtmanns auf Schloss Ortenberg, von jedem Kinzig-Floß eine Holzabgabe für Baumaßnahmen zu verlangen (Vollmer, 1986, S. 695). Straßburg, die Metropole am Oberrhein, die stetig an Bevölkerung zunahm und ihr Münster erbaute, war wie andere im Wachstum begriffene Städte „bau- und brennholzhungrig" (Scheifele, 2004, S. 89–92). Der damalige Holzbedarf pro Kopf wird auf jährlich 3–4 Ster Brenn- und ein Ster Nutzholz geschätzt (Scheifele, 1995, S. 230 f.), weshalb der Soziologe Werner Sombart die Epoche bis 1800 als „hölzernes Zeitalter" bezeichnete (Sombart, 1969, S. 1138).

Dies war die Situation, die im hochmittelalterlichen Südwesten Holzhandel und Flößerei aufkommen ließ: auf der einen Seite riesige Wälder, auf der anderen die Städte am Rhein in bereits abgeholztem Umfeld mit ihrem permanenten Holzbedarf. So wird man den Schiffern den Weitblick, aber auch die Risikobereitschaft zubilligen, in ihrer waldreichen Umgebung Holz aufzukaufen und es dorthin zu verfrachten, wo Nachfrage bestand (Harter, 2001, S. 215). Dazu musste ein geeigneter Transport über etwa 100 km entwickelt werden, wofür, bei den schlechten Straßenverhältnissen einer- und den schweren Holzlasten andererseits, nur der Fluss in Frage kam

---

[4] Ebd.: „Strasbourg, en constant développement, a de gros besoins en bois de construction et de chauffage, couverts en grande partie grâce aux forêts de la rive droite; le bois est flotté sur la Kinzig qui se jette dans le Rhin près de Kehl, il est acheminé vers la ville par le *Rheingiessen*."

Abb. 6: Zimmerleute beim Aufrichten eines Fachwerks, das Bauholz wird angeflößt. Holzschnitt von Hieronymus Rodler, 1531. Vorlage: Digitalisat der Bayerischen Staatsbibliothek: Res/2 A.lat.b. 279#Beibd.2.

(vgl. Radkau, 1988, S. 20). Die ersten kommerziellen Langholzflöße werden wohl um die Mitte des 14. Jahrhunderts die Kinzig hinabgefahren sein.

1415 lieferte ein „heinrich kugeler von wolffach" 39 Stämme für eine Arbeitsbühne und einen Kran am Straßburger Münster (Reinhardt, 1939, S. 22, Anm. 4). 1418/1419 bezog die Münsterbauhütte 700 Bretter aus Wolfach sowie Eichenstämme von Gengenbach (Bengel, Nohlen und Potier, 2014, S. 211), die somit als erste Flößerorte im Kinzigtal belegt sind. In Wolfach gab es um 1470 „schiffherren", 1484 beschwerte sich Straßburg, dass diese „ettlich bünntnisse [...] under einander gemacht", wohl Preisabsprachen getroffen haben, was auf ihre wirtschaftliche Stärke schließen lässt (Barth, 1895, S. 35).

1569 erscheinen auch „die Schiffer zu Schiltach und im Lehengericht daselbsten", die ihr Gewässer Schiltach einen „flötzigen Zink" nannten (Graner, 1934, S. 82; vgl. S. 81, 84). Auch sie

Hans Harter

Abb. 7: Flößer mit Balkenfloß in der Kinzigmündung, als Oblast Bretter und ein Passagier, im Hintergrund die Rheinbrücke und Straßburg. Zeichnung, um 1600. Quelle: Staatliche Kunsthalle Karlsruhe.

dürften bereits vor 1500 gewirtschaftet haben, als Graf Wolfgang von Fürstenberg vom oberen Kinzigtal als „dem Waldgang hier am Schwarzwald" sprach, der sich vom „Gewerb des Holzflötzens [...] gemeinlich ernähren muss" (Fürstenbergisches Urkundenbuch, Bd. 4, 1879, Nr. 302). 1570 beschrieb der Vogt in Hornberg die Bedeutung des Holzhandels für Schiltach: Es gebe dort „etliche Kaufleut, die sie Schiffherrn nennen". Sie liehen sich in Straßburg oder an anderen Orten Geld „uff einen Flotz", mit dem sie den Waldbauern das Holz abkauften, es fällen und mit Rinder- oder Ochsengespannen „herab ußer den Bergen und Klingen" ans Wasser schleifen ließen. Zum Binden der Flöße richteten andere „die Bast", wieder andere führten „die Flotz weg". So habe „also jung und alt dieses Flötzens Genießen", zumal es dort „gar wenig Feldbau" gebe (Graner, 1934, S. 86). Im Vergleich zu den Wolfachern erscheinen die Schiltacher Schiffer als wenig kapitalstark, wie das Vorfinanzieren ihrer Flöße durch Straßburger Händler zeigt, die so die Preise bestimmten. Auch sind für sie, anders als für die Wolfacher, damals noch keine „Rheinhändel" bekannt (Harter, 2021, S. 54–58).

Wie die Wolfacher Schifferordnung 1527 vorschrieb, musste man sich ins Schiffertum einkaufen (Disch, 1920, S. 135, 149), was nur begüterte Leute zuließ. Wie im 17. Jahrhundert erkennbar wird, bemühten sich hauptsächlich Wirte um das Schifferrecht: Mit ihren dem Verkehr dienenden Gasthöfen waren sie „Experten in Sachen Transport" (Scheifele, 1996, S. 302), zudem konnten sie dort das zum Holzhandel nötige Kapital erwirtschaften. Er musste ja vorfinanziert werden,

Abb. 8: Isaac Dorner (1726–1796), Schiffer und Engelwirt in Schiltach. Gemälde von Christoph Friedrich Beckh, Reutlingen, 1786. Quelle: Privatbesitz.

mit dem Kauf des Holzes, der Entlohnung von Holzhauern, Fuhrleuten, Wiedenmachern und Flößern, bis zum Warten auf Käufer am Rhein, wobei es ein, zwei Jahre dauern konnte, bis ein im Wald gehauener Stamm veräußert war. Es heißt, dass das Floßwesen „einen gut gespickten Geldsack" voraussetzte (Fautz, 1941, S. 156). Welche Summen im Holzhandel umgetrieben wurden, belegt die Redensart, dass „jeder Floßherr ein Kapital von 300.000 Talern haben [muss]: Ein hunderttausend im Wald, eines auf dem Wasser und eines in der Tasche für mögliche Verluste" (Wildbad, 1852, S. 8).

1527 wurde in Wolfach die Hälfte der Einstandssummen der Schiffer dafür verwendet, „damit man die obweg uff dem wasser", also die Floßstraße, sowie „die wasserwühr", die Wehre und Teiche, „besseren und behalten möge" (Disch, 1920, S. 149). Der Aufwand für die Floßbarmachung ließ die Schiffer sich in „Schifferschaften", zunftähnlichen Vereinigungen, organisieren (Fautz, 1941, S. 151). Auch musste die Floßstraße alljährlich nach den Hochwassern und Eisgängen des Winters in Ordnung gebracht werden: das „Bachräumen" (ebd., S. 172; Scheifele, 1995, S. 16 f.). 1626 wird berichtet, dass auch die Schiltacher „ihr meist und größte Nahrung uff dem Holtzgewerb liegen haben" und „wohl habhaft und vermöglich" sind (Kohlmann, 2003, S. 413 f.). Die Rede ist von einem „großen und starken Holtz- und Flotzhandel", und dass in Schiltach „schier ein jeder ein Schiffer und Flötzer nach Straßburg sein will" (ebd., S. 414). 1720 gab es hier 22 Schiffer, die „den ganzen Sommer über allerhand Bauholz oder andere geschnittene Gezeug von hier nacher Straßburg abflötzen lassen" und die „zu den bestbemittelten Leuten gehören" (Fautz, 1939, S. 218).

Expansionsbestrebungen Schiltacher Schiffer und Holzhändler

Inzwischen offenbar recht kapitalkräftig, wagten sich Schiltacher „Entrepreneurs" auch über die Kinzig hinaus: 1740 schlossen Hans Jakob Dorner, Schiffer und Engelwirt, Abraham Trautwein, Schiffer und Ochsenwirt, sowie Ulrich Trautwein, Schiffer und Traubenwirt, einen Kontrakt mit der Herrschaft Württemberg über die „Floßbarmachung der Gutach", linker Kinzigzufluss, der ihnen dort für zwölf Jahre das Flößerei-Monopol sicherte (Harter, 2008, S. 365 f.). Wie Ulrich Trautwein 1747 schrieb, zielten sie, vor allem für die „vornehmste Holländer War", weniger auf Straßburg, wo Holzüberschuss herrschte, sondern auf Mannheim und Holland (Volk, 2001, S. 150 f.). Das Unternehmen stand jedoch unter keinem guten Stern: Die Herrichtung des Bachs erwies sich als mühevoll, die Region war von Kontributionen und Einquartierungen betroffen, und bis 1747 endlich „lieber Frieden" herrschte, war einer der Schiffer verstorben, der zweite stand vor dem Ruin, sodass ihre Flößerei nie richtig in Gang kam und die Anlagen verfielen (Harter, 2008, S. 374).

Ein Jahrhundert später, 1830, bildete sich unter „Wolber, Vayhinger und Comp." hier erneut eine Holzhandelsgesellschaft mit 20 Mitgliedern. Sie hatte die Zielrichtung Südschwarzwald und die Absicht, die Wutach mit ihrer bekannten Schlucht vom Titisee bis zu ihrer Mündung in den Hochrhein für die Langholzflößerei zu erschließen. Hintergrund war die bis 1834 geplante Eröffnung des Rhein-Rhône-Kanals, der dem Holzhandel um Bodensee und Hochrhein einen enormen Schub verleihen konnte – schienen jetzt doch Holztransporte nach Südfrankreich und übers Mittelmeer bis Algerien möglich (Harter, 2011, S. 31).

Zu den Holzhandelsplätzen am Oberrhein trat nun Mulhouse, und 1838 heißt es, dass „der Handel in das südliche Frankreich und von da nach Algier und Constantine vom Bodensee aus stark betrieben [wird] und zwar mit Bauholz, nicht unter 50' [Fuß] Länge, mit Brettern und

Abb. 9: Flößerei auf einem Schwarzwaldfluss. Illustration nach einem Gemälde von Wilhelm Hasemann, undatiert. Quelle: Sammlung Harter.

Rahmschenkeln" (Gwinner, 1840, S. 79). Bei diesem Geschäft mitzumischen, war das Ziel der Schiltacher Wutach-Floß-Gesellschaft, die die Ausrichtung ihres Holzhandels auf den Oberrhein um eine „Südschiene" zur Rhône erweitern wollte (Harter, 2011, S. 32). Ein großherzogliches Privileg zur „Herstellung einer Floßstraße mittelst der Wutach, des Steinabachs und des Titisees" sicherte ihnen das Monopol auf 40 Jahre (ebd., S. 37). Zugleich konnten sie dort Holz aus bisher unerschlossenen Wäldern erwerben: „Wurden [...] ganze Bauernhöfe [...] angekauft, welche sehr billig waren [...]; auch das Holz in den Gemeinde- und den fürstenbergischen Waldungen in dortiger Gegend war spottbillig und versprach der [...] Gesellschaft eine glänzende Zukunft." (Trautwein, 1896–1898, S. 20).

Seit dem Sommer 1830 zogen Flößergruppen von Schiltach in 14-stündigen Fußmärschen an die Wutach und bezogen Quartier in der Rothaus-Brauerei. Ihnen oblag die Herrichtung der Bäche zum Flößen und das Fällen der ersten Bäume. Zugleich entstanden Floßweiher, Wehre sowie zwei Sägewerke in Stühlingen und bei der Wutachmündung – eine Infrastruktur für Flößerei und Holzverwertung für mehr als 100.000 Gulden und als „vorzügliche Floßeinrichtung" gelobt (Schultheiß, 1843, S. 45). Nach zwei Jahren, im Herbst 1832, wurde mit dem Flößen auf der Wutach begonnen, im Frühjahr 1833 auf der Steina. Doch gab es von Anfang an Probleme: Anwohnerproteste, auch von Schweizer Seite, versickerndes Schwellwasser, schlechte Holzverkäufe, schwierige Marktlage, interne Streitigkeiten und juristische Auseinandersetzungen, die dem Unternehmen 1837 ein ruinöses Ende bereiteten (Harter, 2011, S. 40–45). Bis dahin war es jedoch ein weiteres Beispiel für die in Schiltach vorhandene Finanzkraft, den Wagemut und Geschäftssinn seines Holzhandels, der sich auf das handwerkliche Können und die Fertigkeiten der örtlichen Flößerschaft stützen konnte.

Die Flößer und ihre Floßtechnik

Sie, die „Flözerknechte", die die Flöße zusammenbauten und die Flüsse hinabführten, wurden von den Zeitgenossen des 19. Jahrhunderts durchaus bewundert: „Die Leitung dieser Floze ist eines der schwersten und gefahrvollsten Geschäfte", so ein Urteil (Medicus, 1802, S. 644). Der Wucht der von ihnen mit scheinbarer Leichtigkeit geführten Flöße konnte man sich auch damals kaum entziehen: „Der Anblick eines solchen im Gang befindlichen Floßes hat etwas Munteres und Anlockendes und ladet zum Mitfahren ein. Der Flößer ist denn auch recht stolz darauf, wenn er auf dem stattlich dahinziehenden Floße fährt." (Längin, 1880, S. 249; vgl. Harter, 2010, S. 30). Die Kehrseite waren die vielen Unfälle, von denen die Kirchenbücher berichten: 1853 sprang Christian Fießer „von oben herab auf ein Floß und geriet in ein Sperrloch, das ihm Brust und Rücken also quetschte, dass er anderen Tages starb" (Faßnacht, 1994, S. 46).

Dennoch ist deutlich, dass die Flößer über eine „wohlüberlegte und überraschend gut ausgebildete Arbeitstechnik" verfügten, „die auf einer jahrhundertealten Tradition" beruhte (Scheifele, 1995, S. 164). Sie entstand nicht von einem Tag auf den anderen, sondern war ein Prozess, an dessen Ende das „Gestörfloß" stand (ebd., S. 187–197). Dazu gehörte, aufgrund der unregelmäßigen Wasserstände, eine Bevorratung durch Stauweiher, die, aufeinander abgestimmt, das für die Floßfahrt notwendige „Schwellwasser" erzeugten (vgl. Konold, Suchomel und Hugelmann, 2021). Die Langholzflößerei war, nicht anders als später die Eisenbahn, ein „technologisches System" (Radkau, 1988, S. 20 f.), dessen Entstehung und Funktionieren viel praktischen Sachverstand und Erfahrung voraussetzte.

Abb. 10: Flößer fahren über das Wehr des Schiltacher Kirchenweihers. Skizze von Wilhelm Hasemann, 1888. Quelle: Museum Wolfach.

Im Gegensatz zu den starr gebauten Holztafeln auf den Alpenflüssen und dem Rhein ist es gerade die aus der Vielzahl von Gestören bestehende „Holzschlange", die die Schwarzwaldflüsse mit Flößen befahren und zum Transport nützen ließ. Untereinander durch Wieden verbunden, ist das ganze Gebilde höchst biegsam: Sie lassen es „schlenkern" und so den Wasserdruck ausgleichen, Seile etwa wären gerissen, eiserne Klammern herausgerissen worden. Durch den „Fahrer" auf dem vorderen „Richtgestör" ins Fahrwasser gebracht, gewinnt das Floß eine gewisse Selbststeuerung, die durch die riesigen Energien, die seine Masse aufbringt, verstärkt wird. Ohne diese Selbststeuerung hätten auch die sprichwörtlichen Körperkräfte der Flößer nicht ausgereicht, um es auf dem Bach zu handhaben. So gilt das Gestörfloß als die „größte Entwicklungsleistung" der hiesigen Flößer, ohne die die Langholzflößerei im Schwarzwald nicht möglich gewesen wäre (Schrempp, 1988, S. 229 f.; vgl. Harter, 2001, S. 219).

Die Einführung der Gestörflößerei in Siebenbürgen

Von der Bewährungsprobe der Gestörflöße auf der Ybbs war bereits die Rede, nicht jedoch, wie sehr diese Furore machten. So kamen Flößer aus dem ungarischen Tokay, um „die hier eingeführte Flößerei, die sie als besonders praktisch schildern hörten und als solche auch anerkannten, zu studieren" (Zelinka, 1868, S. 199). 1869/1870 machte die Regierung des ungarischen Reichsteils „die Flößerei auf der Ybbs zum Gegenstande ihrer Aufmerksamkeit" (von Berg, 1873a, S. 357).

Abb. 11: Schiltacher Flößer in Siebenbürgen. Foto, 1871. Quelle: Sammlung Harter.

Grund war die unterentwickelte Wald- und Holztransportwirtschaft in Siebenbürgen, die riesige Forsten unausgebeutet ließ. Auch hier war Einzelflößung mit geringer Kapazität üblich, sodass „jene Flößungsmethode einzuführen getrachtet [wurde], wie sie im Schwarzwalde und in Waidhofen a. d. Ybbs bereits besteht" (Micklitz, 1874, S. 66). Man schickte Forstleute nach Baden und Württemberg, „um die Holztransportanstalten dieser Länder kennen zu lernen", und „engagierte fremde Arbeiter zur Einführung der Schwarzwälder Langholzflößerei, [...] um die in den fast unzugänglichen Urwäldern ruhenden Schätze flott zu machen" (von Berg, 1873b; Harter, 2016, S. 84, Anm. 45).

Das Rekrutierungsbüro war in Schiltach. Von dort zogen die ersten im Frühjahr 1870 in die Fremde, eine größere Zahl nach dem Deutsch-Französischen Krieg, insgesamt mehr als 200 Personen aus mehreren Orten: Grundbachflößer aus dem Wolf- und Heubachtal, Langflößer von Schiltach, Schenkenzell und Wolfach sowie Schmiede, Köhler, Wegmacher und Frauen als Köchinnen (Harter, 2016a, S. 59 f.). An den Flüssen Aranyos und Marosch machten sie „den Bach" und halfen den einheimischen „Walachen" beim Fällen. Sie waren diesen mit ihrem „Geschirr" ebenso überlegen wie mit ihren 35–40 gestörigen „Riesenflößen" (ebd., S. 60 f.). Grund für diese Arbeitsmigration vieler Flößer war der gute Verdienst von einem badischen Gulden 45 Kreuzern, bei freier Kost und Unterkunft, was sie bald Geld nach Hause schicken ließ (ebd., S. 62). Andererseits war es durchaus Pionierarbeit in der Wildnis, abseits jeder Behausung. In den dichten Waldungen war es, wie einer von ihnen schrieb, „oft recht unheimlich", mit Wölfen und Bären, die „zur strengen Winterzeit zu einer schlimmen Plage wurden". Im Juni 1873 brach die Cholera aus, die sie nicht verschone. Einige beschlossen die Heimreise anzutreten, den anderen schickte das Forstamt Rum, den sie „tüchtig" tranken, „und die Pest verschonte uns" (ebd., S. 74–77). In Schiltach schockierte die Nachricht, dass vier Flößer in einem nächtlichen Hochwasser umkamen (ebd., S. 63 f., 71 f.). Nach Ablauf der verpflichtenden drei Jahre kehrten die meisten zurück, nicht ohne den Einheimischen ihre Art des Holzhauens und Flößens gezeigt zu haben, sodass es hieß, dass „die Badenser erst richtig die Flößerei eingeführt und uns das Flößen gelernt [haben]" (Hadbawnik, 1986, S. 73; vgl. Harter, 2016a, S. 65 f.). Ein anderer Autor nannte sie „Künstler in Holztransport und Flößerei, deren Ruf über das Magyarenland hinaus nach Siebenbürgen reicht" (Christiani, 1894, S. 52).

Das Ende der Kinzigflößerei

Damals, 1894, fuhr jedoch auch das letzte Floß von Schiltach ab, es war 600 m lang, mit vier Sperren ausgerüstet und bestand aus 1.000 Festmetern Holz. „Es hieß Abschied nehmen vom Tal, und man wollte nochmal zeigen, daß man sein Handwerk verstand." (Trautwein, 1934, S. 63). Die Flößer hatten es mit Tännchen und Trauerflor geziert, sie und die Zuschauer „winkten sich wehmütig zu, unter Bedauern, dass dieses herrliche Schauspiel für immer beendet sein sollte" (Straub, 1942).

Abb. 12: Das letzte Schiltacher Floß passiert Wolfach. Zeichnung von Georg Straub, 1942. Quelle: Sammlung Harter.

Abb. 13: „Die Schenkenburg" (bei Schenkenzell). Begegnung von Floß und Bahn im oberen Kinzigtal. Stich von Julius Näher, 1888. Quelle: Sammlung Harter.

Was geschehen war, zeigen die Zahlen der Langholz-Flöße, die seit 1873 kontinuierlich zurückgingen: von 160 auf 56 im Jahr 1883 (Großherzogtum Baden, 1885, S. 533) – in einer Dekade eine Schrumpfung um zwei Drittel. 1886 waren es noch 41 (Kinzigtäler, 03.03.1887), wenig später, 1891, hatten sie sich auf 20 halbiert (Barth, 1895, S. 111).

Einer, der den Niedergang miterlebte, war Adolf Christoph Trautwein, der in seiner Autobiografie darauf einging: „Seitdem die Eisenbahnen überall her Anschluß an die Kinzigtalbahn haben, kommen Hölzer aus dem württembergischen Allgäu [...], lauter Fichten von dem schönsten Wuchs und Schlag. Auch die Hölzer aus den fürstlich fürstenbergischen Waldungen bei Löffingen und Friedenweiler [...] machten dem Kinzigholz Konkurrenz", zumal die Sägmüller sie „unserem dickarschigen und rasch zugespitzten, stümpeligen und astigen Holz" vorzogen (Trautwein, 1896–1898, S. 175 f.). Ebenso kamen „Hölzer aus dem badischen Oberland von Pfullendorf und Meßkirch auf der Bahn nach Kehl", mit „einem viel schöneren Wuchs, als unser rauhes und astiges Bergholz" (ebd., S. 174 f.). Schon 1871 hielt er brieflich fest, dass die Baumeister sich nun meist an geschnittenes Holz hielten, das ihnen „von allen vier Winden auf der Eisenbahn zugeführt wird" und überdies „sehr schön und billig" ist. Wurden Balken bisher mit dem Beil zugehauen, griffen jetzt „gesägte Bauhölzer" um sich, man benötigte keine kostspieligen Zimmergesellen mehr, was „unsern Langholzhandel ab dem Markt [vertreibt]" (Harter, 2013, S. 172).

Es fand also eine doppelte Veränderung statt: zum einen im Transport durch die Eisenbahn, nicht nur im eigenen Tal, sondern durch das Bahnnetz überhaupt, das Holz aus anderen Gegenden auf die Märkte brachte. Sodann im Holzhandel selber: Gefragt waren nicht mehr ganze Stämme, sondern Schnittwaren, die jetzt in modernen Dampfsägen erzeugt wurden und wiederum besser und günstiger durch die Bahn zu versenden waren. Zu beobachten war auch eine Abneigung gegenüber dem Floßholz: Es kam durchnässt an und hatte Wertverluste, etwa durch das Anstoßen im Bach und die Bohrlöcher für die Wieden (Denkschrift, 1866, S. 20).

Ein bedeutender Gegner erstand der Flößerei durch die sich am Fluss ansiedelnden Fabriken, die ihrerseits auf die Wasserkraft angewiesen waren. Zwar hatte es zwischen den Flößern und den Mahl- sowie Sägemüllern seit altersher Streit um die Wasserrechte gegeben: Wann immer ein Floß kam, wurden diesen die Kanäle zugeschlagen und sie mussten das angestaute Wasser dem Floß überlassen. Immer wieder standen die Wasserwerke still, worüber es auch handfeste Auseinandersetzungen gab. So drohte der Stadtmüller von Haslach einmal Schiltacher Flößern, er werde sie ins Wasser werfen, wenn sie die Falle herunterließen. Einer von ihnen packte ihn und hielt ihn über den Kanal. Der Müller floh, laut rufend: „Am Teich ist ein Flößer, wenn halb Hasle kommt, den zwinget ihr nit." (Trautwein, 1934, S. 62).

Seit der Mitte des 19. Jahrhunderts verschärften sich die Probleme durch die Fabriken. Musste die Wassereinlassstelle der Schiltacher Tuchfabrik Karlin vor der Durchfahrt eines Floßes geschlossen werden, so lag das Flussbett danach zwei bis drei Stunden lang trocken, was nicht nur Produktionsausfall bedeutete, sondern auch Lohnverlust für die Arbeiter. Karlin hielt dies in der Firmenchronik unter „Schwierigkeiten mit der damaligen Flößerei" fest, wodurch „die gewerblichen Betriebe bedeutenden Schaden hatten" und sich erst nach der Aufhebung der Flößerei „bedeutend vergrößern" konnten (Kinzigtäler, 29.12.1914).

Die Fabrikanten ließen sich jedoch nicht mehr auf Händel ein, sondern wandten sich an die Regierung in Karlsruhe: „Die Flößerei beschädigt den Flussbau, die Landwirtschaft und die Industrie, aber auch staatswirtschaftlich ist sie schädlich, denn es liegt auf der Hand, dass größere industrielle Unternehmungen an einem Canal nicht angelegt werden können, dessen Wasser zeitweise durch einen vorbeifahrenden Floß entzogen werden kann", so die Haslacher Seidenfabrik 1867. Sie betonte, dass neue „großgewerbliche Wasseranlagen" verhindert würden, und verwies auf ein anderes „Beförderungsmittel", „ein vortreffliches, immer parates, rasches": die Eisenbahn (Baden, 1980, S. 87). 1884 forderten die Schiltacher Werksbesitzer, dass das sogenannte Landwasser für die Flöße nur zweimal wöchentlich abgelassen werden dürfe (Fautz, 1941, S. 202). Der Historiker Ludwig Barth sah einen „Gegensatz von Industrie und Flößerei", bei dem es „offenbar [ist], daß ein Teil weichen muss" (Barth, 1895, S. 110). Dies konnte nur die Flößerei sein, wurde sie doch schon länger als „schädlich" und als „Hemmnis" angesehen, von dem man den Fluss befreien müsse (Jahres-Berichte, 1866, S. 27).

Auch zeigte sich, dass die im Mittelalter entwickelte Flößerei als Transportmittel den Anforderungen des Industriezeitalters nicht mehr gewachsen war. Abgesehen davon, dass die Stämme nass und oft beschädigt auf den Holzmärkten ankamen, musste sie auch mit ihren ureigensten Problemen kämpfen, so 1883: Im Winter hatte ein Hochwasser vielerorts die Sohle der Kinzig verschüttet, die Floßstraße musste erst wiederhergestellt werden, sodass das erste Floß erst nach mehrwöchiger Verspätung abgehen konnte. Bis dahin aber war der Holzbedarf am Unterrhein vom Main und Neckar her gedeckt worden, sodass Kinzigholz kaum mehr Absatz und schlechte Preise fand (Kinzigtäler, 06.03.1884). Dazu kamen unvorhersehbare Unterbrechungen durch Hochwässer, Wolkenbrüche oder Trockenheit.

Abb. 14: Floß und Fabrik. Im Hintergrund die „Mechanische Zwirnerei" am Hohenstein bei Schiltach. Aquarell von Heinrich Eyth, 1863/1923. Quelle: Flößerverein Schiltach.

Zugunsten von Fabriken und Landwirtschaft (Wiesenbewässerung) wurden 1867 „Floßferien" eingeführt, vom 1. Juli bis 15. August, wo „die Floßfahrten einzustellen [sind]" (Kinzigfloßordnung, 1867, S. 52, § 5). Dies bedeutete eine unfreiwillige Ruhepause in einer Zeit von noch langen Tagen und warmem Wasser, sodass „der Handelsmann oft [...] Monate lang außer Stand ist, Holz auf die Marktstätte zu bringen" (Denkschrift, 1866, S. 21). Dagegen agierte die Eisenbahn ohne Unwägbarkeiten wie Witterung und Wasserstand, rasch, pünktlich und überallhin. „Sie kannte keine Floßferien im Sommer und keine Winterruhe, sie kannte weder Störungen durch Hochwasser und Eisgänge noch durch Wasserklemme. Gewünschte Lieferzeiten waren ganzjährig und präzise einzuhalten, das Dampfross transportierte das Holz in Stunden so weit, wie das Floß in Tagen" (Schrempp, 1988, S. 235).

Mit dem Ausscheiden der ersten Schiffer wurden für die übrigen die Beiträge zur Erhaltung der Floßanstalten immer höher, sodass zuletzt auch der harte Kern der traditionsbewussten und auf die Flößerei stolzen Schiffer resignierte (Barth, 1895, S. 111), etwa Adolf Christoph Trautwein: „So gab ich im Jahre 1889 den Holzhandel auch auf, da überhaupt nichts mehr dabei herauskam." (Trautwein, 1896–1898, S. 177). Der Schiltacher Buchbinder Gustav Eyth schrieb vom „Sieg des kochenden über das fließende Wasser" (Harter und Rombach, 2010, S. 84 ff.), den Schlussakkord setzte der Wolfacher Chronist Franz Disch: „Über 400 Jahre hatte die Flößerei das ganze Flussgebiet beherrscht, alle Wasserkräfte eigennützig an sich gezogen und restlos für sich ausgenützt und dadurch der Fabrikindustrie, der allzeit fleißigen Tochter des 19. Jahrhunderts, den Einzug in unser Tal verwehrt." (Disch, 1920, S. 147).

Hans Harter

Abb. 15: „Haldewuhr bei Schiltach". Flusswehr mit „Fahrloch" und „Gamber". Kolorierte Zeichnung, vermutlich von Heinrich Eyth, 1898. Quelle: Museum Schiltach.

Nachleben

Man spricht vom „unbetrauerten Ende" der Kinzigtäler Flößerei (Schrempp, 1988, S. 234 f.), die in der Bevölkerung, deren Vorfahren großteils mit ihr verbunden waren, jedoch nicht vergessen wurde. Dazu setzte eine gewisse Verklärung ein, auch touristisch gefördert, etwa durch den Slogan von Schiltach als „Stadt der Flößer", der darauf setzt, dass Flößerei sich mit naturhaftem Abenteuer und mutiger Männlichkeit assoziiert. Literarisches Vorbild ist Heinrich Hansjakob, der von „Waldleuten echtesten Schlags", „Kraftgestalten", „wetterharten Männern" schrieb, „die im Winter im Wald, im Sommer auf dem Wasser ihr Leben zubrachten" (Hansjakob, 1991, S. 61, 128, 130, 134).

Auch einheimische Künstler wie Heinrich und Karl Eyth, Wilhelm Hasemann und Eduard Trautwein haben dafür den Weg geebnet (Flößerei, 2013; Harter, 2017), indem sie die Flößer und ihre Arbeit mit urtümlicher Kraft und einigem heroischen Glanz umgaben. In Schiltach gibt es noch einige bauliche Erinnerungen: an einigen Häusern Zeichen der Schiffer und Flößer, an den Flüssen und Bä-

Abb. 16: Die „Schiltacher Flößer e. V." demonstrieren ihr Handwerk. Foto, 2013. Quelle: Sammlung Harter.

chen Reste der alten Wehre, Einbindestätten und Floßweiher. Im Museum „Schüttesäge" sind Andenken gesammelt: Werkzeug, Floß- und Riesmodelle.

Seit 1998 lassen die „Schiltacher Flößer e. V." das Flößen auch wieder neu aufleben, im Sinne der Erhaltung und Demonstration des alten Handwerks: Sie drehen Wieden, bauen Gestöre, verbinden sie zu Flößen und befahren – nachdem sie in vielen Selbstversuchen die alten Techniken wieder erlernt haben – auch wieder die Flüsse (Harter, 2004, S. 70 f.).

2014 wurde die Flößerei in das bundesweite Verzeichnis des Immateriellen Kulturerbes aufgenommen: als eine in den Flößervereinen „gelebte kulturelle Tradition", die das Wissen um diese alte Handwerkstechnik aufrechterhält und die Bedeutung des Rohstoffs Holz in Vergangenheit und Gegenwart vor Augen führt (Keweloh, 2015). Am 1. Dezember 2022 wurde die Flößerei von der UNESCO in die „Repräsentative Liste des Immateriellen Kulturerbes der Menschheit" aufgenommen (Thiel, 2023).

Literatur

Baden. Land – Staat – Volk, hg. vom Generallandesarchiv Karlsruhe, Karlsruhe 1980.

Barth, Ludwig: Die Geschichte der Flößerei im Flußgebiet der oberen Kinzig. Ein Beitrag zur Geschichte der Schwarzwälder Schifferschaften, Karlsruhe 1895.

Behlen, Stephan: Real- und Verbal-Lexicon der Forst- und Jagdkunde mit ihren Hülfswissenschaften, Bd. 7, Frankfurt am Main 1846.

Bengel, Sabine / Nohlen, Marie-José / Potier, Stéphane: Bâtisseurs de Cathédrales. Strasbourg, mille Ans de Chantiers, Strasbourg 2014.

von Berg, Wilhelm Freiherr: Stammholzflößerei und Klotzholztrift, in: Österreichische Monatsschrift für Forstwesen 23 (1873a), S. 357–365.

von Berg, Wilhelm Freiherr: Weltausstellung 1873. Die Forstwirthschaft, in: Wiener Abendpost, Beilage zur Wiener Zeitung, vom 24.07.1873b, S. 1347 f. [Digital bei ANNO –AustriaN Newspapers Online].

Bühler, J. Friedrich: Heinrich Eyth, ein Begründer und Verkünder der Heimatpflege (*8. Juli 1851. †17. Juli 1925), in: Die Ortenau 13 (1926), S. 99–107.

Christiani, Johannes Georg: Über die Waldarbeiterverhältnisse auf dem badischen Schwarzwald in Vergangenheit und Gegenwart, Karlsruhe 1894.

Denkschrift die Fortsetzung der Kinzigthalbahn betreffend, hg. vom Eisenbahnausschuß in Wolfach, Wolfach 1866 [https://nbn-resolving.de/urn:nbn:de:bsz:31-11937].

Disch, Franz: Chronik der Stadt Wolfach, Wolfach 1920.

Eyth, Heinrich: Schiltach vom Kirchenweiher aus, n. d. Natur gezeichnet von Heinrich Eyth 1866, kolorierte Zeichnung, Flößermuseum Wolfach.

Faßnacht, Wolfgang: Unfälle bei der Flößerei, in: Der Wald als Lebensgrundlage. Eine Studie zur Sozialgeschichte im oberen Kinzigtal, hg. von Felizitas Fuchs (Schriften der Städtischen Museen Schiltach, Bd. 1), Schiltach 1994, S. 53–58.

Fautz, Hermann: Die Handwerkerzünfte in einer Schwarzwälder Kleinstadt, in: Mein Heimatland 26 (1939), S. 211–221.

Fautz, Hermann: Die Geschichte der Schiltacher Schifferschaft, in: Die Ortenau 28 (1941), S. 150–212.

Fautz, Hermann: Die Schiltacher Stadtbrände, in: Die Ortenau 41 (1961), S. 13–43.

Fecht, Christian Ludwig: Fortsetzung der Reisebeschreibung des Lahrer hinkenden Boten durch das Badische Land, in: Des Lahrer hinkenden Boten neuer historischer Kalender für den Bürger und Landmann, Jahrgang 1823, ohne Paginierung [https://nbn-resolving.de/urn:nbn:de:bsz:31-223432].

Flößerei im Bilde der Kunst, Ausstellung im Museum am Markt, Schiltach 2013, Video-Collage [https://youtu.be/4YW0XGOHubk].

Fürstenbergisches Urkundenbuch, Bd. 4: Quellen zur Geschichte der Grafen von Fürstenberg vom Jahre 1480–1509, bearb. von Sigmund Riezler, Tübingen 1879.

Graner, Ferdinand: Der Streit um den Floßzoll zwischen Württemberg und Schramberg im 16. Jahrhundert, in: Württembergische Vierteljahrshefte für Landesgeschichte 40 (1934), S. 79–96.

Gravenberg, Wirnt von: Wigalois der Ritter mit dem Rade, Bd. 1, hg. von J. M. N. Kapteyn, Bonn 1926.

Das Großherzogtum Baden in geographischer, naturwissenschaftlicher, geschichtlicher, wirtschaftlicher und staatlicher Hinsicht dargestellt, Karlsruhe 1885.

Gwinner, W[ilhelm] H[einrich]: Forstliche Mittheilungen, Bd. 2, Heft 5, Stuttgart 1840, S. 22–94.

Hadbawnik, Oskar: Die Zipser in der Bukowina. Anfang, Aufbau und Ende ihres buchenländischen Bergbaues in den Nordkarpaten, München 1986.

Hansjakob, Heinrich: Aus meiner Jugendzeit. Erinnerungen, bearb. von Manfred Hildenbrand, Haslach im Kinzigtal [16]1986.

Hansjakob, Heinrich: Waldleute. Erzählungen, bearb. von Manfred Hildenbrand, Haslach im Kinzigtal [12]1991.

Harter, Hans: Flößerei, in: Spätmittelalter am Oberrhein. Alltag, Handwerk und Handel 1350–1525. Aufsatzband, hg. von Sönke Lorenz und Thomas Zotz im Auftrag des Badischen Landesmuseums Karlsruhe, Stuttgart 2001, S. 215–223.

Harter, Hans: Schiltach. Die Flößerstadt (Beiträge zur Geschichte der Stadt Schiltach, Bd. 1), Schiltach 2004.

Harter, Hans: Schiltacher Schiffer machen die Gutach floßbar, in: Die Ortenau 88 (2008), S. 365–376.

Harter, Hans: Der Bericht von Georg Längin über die Flößerei im Schwarzwald, in: Deutsche Flößerei-Vereinigung. Mitteilungsblatt 17 (2010), S. 29–31.

Harter, Hans: Schiltacher Schiffer an Wutach, Hochrhein, Bodensee und Kinzig, in: Die Ortenau 91 (2011), S. 31–60.

Harter, Hans: „Ich hoffe, daß du dich von den Umtrieben der Internationalen ferne hällst" – Der Schiltacher Schiffer Adolf Christoph Trautwein schreibt seinem Sohn Wilhelm (1871), in: Die Ortenau 93 (2013), S. 169–174.

Harter, Hans: „Durch weise Benützung des Wassers unbedeutende Flüsse dem Holztransporte dienstbar gemacht". Flößer von Kinzig und Wolf richten in Österreich-Ungarn die Gestör-Flößerei ein, in: Die Ortenau 96 (2016a), S. 49–88.

Harter, Hans: „Abraham Koch, Flößereiverwalter in Skole". Schiltacher Flößer in Österreichisch-Galizien, in: Deutsche Flößereivereinigung. Mitteilungsblatt 23 (2016b), S. 32–38.

Harter, Hans: „Vormittag zeichnete ich einen Flößer in verschiedenen Stellungen." – Wilhelm Hasemann und seine Schiltacher Flößer-Motive, in: Die Ortenau 97 (2017), S. 67–90.

Harter, Hans: Kinzigtäler Flößer an der österreichischen Ybbs, in: Menschen in Bewegung, hg. von Juliane Geike und Andreas Haasis-Berner (Lebenswelten im ländlichen Raum. Historische Erkundungen in Mittel- und Südbaden, Bd. 4), Heidelberg/Ubstadt-Weiher 2019, S. 27–42.

Harter, Hans: „Aus der Not etwas zu verdienen gesucht." – „Katzenfloß" und „Fischpelz", die Flöße der armen Leute, in: Deutsche Flößerei-Vereinigung. Mitteilungsblatt 27 (2020), S. 34–37.

Harter, Hans: „Bin ich nach Holland mit einem Floß gefahren." – „Rheinhändel" Kinzigtäler Schiffer, in: Die Ortenau 101 (2021), S. 53–88.

Harter, Hans / Rombach, Rolf: Schiltach – Lieder und Gedichte (Beiträge zur Geschichte der Stadt Schiltach, Bd. 6), Schiltach 2010.

Die Holzflößerei auf der Ybbs, in: Mittheilungen des k. k. Ackerbau-Ministeriums 1 (1871), S. 3–5.

Jahres-Berichte der Großherzoglich badischen Landes-Commissäre über die Zustände und Ergebnisse der innern Verwaltung für das Jahr 1865, Karlsruhe 1866.

Keweloh, Hans-Walter: „Flößerei" im bundesweiten Verzeichnis des Immateriellen Kulturerbes der Deutschen UNESCO-Kommission, in: Deutsche Flößerei-Vereinigung. Mitteilungsblatt 22 (2015), S. 7–14.

Kinzigfloßordnung vom 20.05.1867, in: Großherzoglich Badisches Central Verordnungsblatt 11 (1867), S. 51–59.

Der Kinzigtäler, erschienen in Wolfach [Stadtarchiv Wolfach].

Kohlmann, Carsten: Die Schiltacher Schifferschaft im Zeitalter des Dreißigjährigen Krieges, in: Schwäbische Heimat 54 (2003), S. 410–419.

Kolb, J[ohann] B[aptist]: Historisch-statistisch-topographisches Lexicon von dem Großherzogtum Baden, Bd. 3, Karlsruhe 1816.

Konold, Werner / Suchomel, Christian / Hugelmann, Manuel: Riesen, Schwallungen, Flößerei. Eine Studie zur Kultur- und Baugeschichte der Holzbringungsanlagen im Einzugsgebiet der oberen Kinzig, in: Alemannisches Jahrbuch 2019/2020, Jg. 67/68 (2021), S. 13–168.

Längin, Georg: Der Schwarzwald und seine Bewohner, in: Unser Deutsches Land und Volk. Bilder aus den neuen Reichslanden und aus dem südwestdeutschen Deutschland, Leipzig 1880, S. 231–262.

Der Landkreis Rottweil, hg. von der Landesarchivdirektion Baden-Württemberg in Verbindung mit dem Landkreis Rottweil, Bd. 2, Ostfildern 2003.

Medicus, Ludwig Wallrad: Forsthandbuch oder Anleitung zur deutschen Forstwissenschaft, Tübingen 1802.

Micklitz, Robert: Die forstliche Production, ihre Bedingungen und Hilfsmittel, in: Die Bodencultur auf der Wiener Weltausstellung 1873. Band 2: Das Forstwesen, Wien 1874, S. 1–78.

Neweklowsky, Ernst: Die Schiffahrt und Flößerei im Raume der oberen Donau, Bd. 1 (Schriftenreihe des Institutes für Landeskunde von Oberösterreich, Bd. 5), Linz 1952.

Radkau, Joachim: Vom Wald zum Floß – ein technisches System? Dynamik und Schwerfälligkeit der Flößerei in der Geschichte der Forst- und Holzwirtschaft, in: Auf den Spuren der Flößer. Wirtschafts- und Sozialgeschichte eines Gewerbes, hg. von Hans-Walter Keweloh, Stuttgart 1988, S. 16–39.

Reinhardt, Hans: La haute Tour de la Cathédrale de Strasbourg, in: Bulletin Société des Amis de la Cathédrale de Strasbourg. 2ᵉ Série, No. 5, Strasbourg 1939, S. 15–40.

Scheifele, Max: Als die Wälder auf Reisen gingen. Wald – Holz – Flößerei in der Wirtschaftsgeschichte des Enz-Nagold-Gebietes (Schriftenreihe der Landesforstverwaltung Baden-Württemberg, Bd. 77), Stuttgart 1995.

Scheifele, Max: Schwarzwälder Holzkönige als Industriepioniere im 18. Jahrhundert. Lebensbilder aus der Wirtschaftsgeschichte des Nordschwarzwaldes, in: Zeitschrift für die Geschichte des Oberrheins 144 (1996), S. 301–314.

Scheifele, Max: Aus der Waldgeschichte des Schwarzwaldes. Die Trift von Brenn- und Kohlholz. Wenn Grenzsteine reden, Stuttgart 2004.

Schmid, Adolf: Schapbach im Wolftal. Chronik einer Schwarzwaldgemeinde, Freiburg 1989.

Schneider, Brigitte / Kühl, Uwe: Schiltacher Flößer und ihre Familien – zwischen Mythos und Alltag, in: Der Wald als Lebensgrundlage. Eine Studie zur Sozialgeschichte im oberen Kinzigtal, hg. von Felizitas Fuchs (Schriften der Städtischen Museen Schiltach, Bd. 1), Schiltach 1994, S. 40–47.

Schrempp, Otto: Wolfach – Metropole der alten Kinzigflößerei, in: Die Ortenau 68 (1988), S. 218–240.

Schultheiß, [Johann Georg]: Darstellung meiner dritthalbejahrelangen Bemühungen für den Wiederbetrieb der Flößerei auf der Wuttach und Steinach, Constanz 1843.

Sombart, Werner: Der moderne Kapitalismus. Historisch-systematische Darstellung des gesamteuropäischen Wirtschaftslebens von seinen Anfängen bis zur Gegenwart, Bd. 2/2: Das europäische Wirtschaftsleben im Zeitalter des Frühkapitalismus, ND Darmstadt 1969.

Die Straßburger Chronik des elsässischen Humanisten Hieronymus Gebwiler, hg. von Karl Stenzel, Berlin/Leipzig 1926.

Straub, Georg: Die alte Kinzig-Flößerei, in: Schwarzwälder Tagblatt, erschienen in Villingen, vom 19.03.1942 [Stadtarchiv Wolfach].

Südtiroler Volksblatt, erschienen in Bozen [Digitalisierter Bestand der Landesbibliothek Dr. Friedrich Teßmann (tessmann.it)].

Thiel, Frank: Im Olymp des Immateriellen Kulturerbes. Flößerei von der UNESCO als Immaterielles Kulturerbe der Menschheit anerkannt, in: Deutsche Flößerei-Vereinigung. Mitteilungsblatt 30 (2023), S. 6–8.

Thomann, Marcel: Flottage, in: Dictionnaire Historique des Institutions de l'Alsace du Moyen Âge à 1815, N° 7, Strasbourg 2014, S. 842 f.

Trautwein, Adolf Christoph: Chronick, oder Lebensbeschreibung des Adolf Christoph Trautwein von Schiltach, über die verschiedenen Erlebniße, von der Zeit wo er zu denken vermag, biß zum Ende seines Lebens, handschriftlich 1896–1898 [Stadtarchiv Schiltach FRA-166].

Trautwein, Karl: Erinnerungen eines alten Schiltachers, in: Aus dem Schwarzwald 71 (1934), S. 62–64.

Urkundenbuch der Stadt Straßburg, Bd. 4/2, bearb. von Aloys Schulte und Georg Wolfram, Straßburg 1888.

Urkundenbuch der Stadt Straßburg, Bd. 6, bearb. von Wilhelm Wiegand, Straßburg 1899.

Vollmer, Franz X.: Ortenberg. Schritte zurück in die Vergangenheit eines Ortenaudorfes, Ortenberg 1986.

Volk, Karl: Leidenschaft und harte Arbeit. Gab es ab 1747 Holzflößerei auf dem Triberger Teil der Gutach?, in: Almanach des Schwarzwald-Baar-Kreises 2001, S. 146–153.

Volksblatt für Stadt und Land, erschienen in Wien [Digital bei ANNO –AustriaN Newspapers Online].

Wiener Landwirthschaftliche Zeitung [Digital bei ANNO –AustriaN Newspapers Online].

Wiesbauer, Heinz: Die Ybbs. Ein Fluss macht Geschichte, Wien 2015.

Wildbad und seine Umgebungen, Stuttgart 1852.

Zelinka, Theodor: Die Einführung der Flößerei auf der Ybbs, in: Blätter des Vereines für Landeskunde von Niederösterreich NF 2 (1868), S. 183–199.

Vom Riesen, Flößen und Flötzigmachen

Hinterlassenschaften der Flößerei im Einzugsgebiet der oberen Kinzig

Werner Konold

Einleitung

Der Beitrag fußt in wesentlichen Teilen auf einem Aufsatz, der im Alemannischen Jahrbuch 2019/2020 im Jahr 2021 erschien (Konold, Suchomel und Hugelmann, 2021). Dieser gibt eine Studie wieder, die im Auftrag von mehreren Städten und Gemeinden (Alpirsbach, Bad Rippoldsau-Schapbach, Oberwolfach, Schenkenzell, Schiltach und Wolfach) und des Naturparks Schwarzwald Mitte-Nord über die Holzbringungsanlagen im Einzugsgebiet der oberen Kinzig gemacht wurde. Alle Details zur Methodik sind dort zu finden. Bei den Untersuchungen ging es nicht um die immaterielle Bedeutung des Flößereiwesens, also um das immaterielle Kulturerbe, sondern um die frühere Gestaltung der Landschaft durch die Flößerei und die materiellen Hinterlassenschaften in ihrem ganzen Umfang. Dazu gehören Riesen, Einbindeplätze oder Spannstätten, Ufer- und Sohlenbefestigungen in den Gewässern, Mühlenwehre mit Floßgassen, Floßweiher oder Schwallungen (Abb. 1), Uferbegleitwege sowie – von der Anzahl her sehr überschaubar – Anmährhaken, an denen die Flöße und Gestöre arretiert werden konnten, und Gedenksteine.

Da das Untersuchungsgebiet 687 km Fließwasserstrecken umfasste, deren Bearbeitung den Zeitrahmen gesprengt hätte, wurde für die Erhebungen der oben genannten Elemente im Gelände jeweils eine räumliche Auswahl getroffen. Das Gewässernetz ist in Abbildung 2 dargestellt.

Abb. 1: Schwallung im Witticher Tal (Gemeinde Schenkenzell). Foto: Werner Konold.

Werner Konold

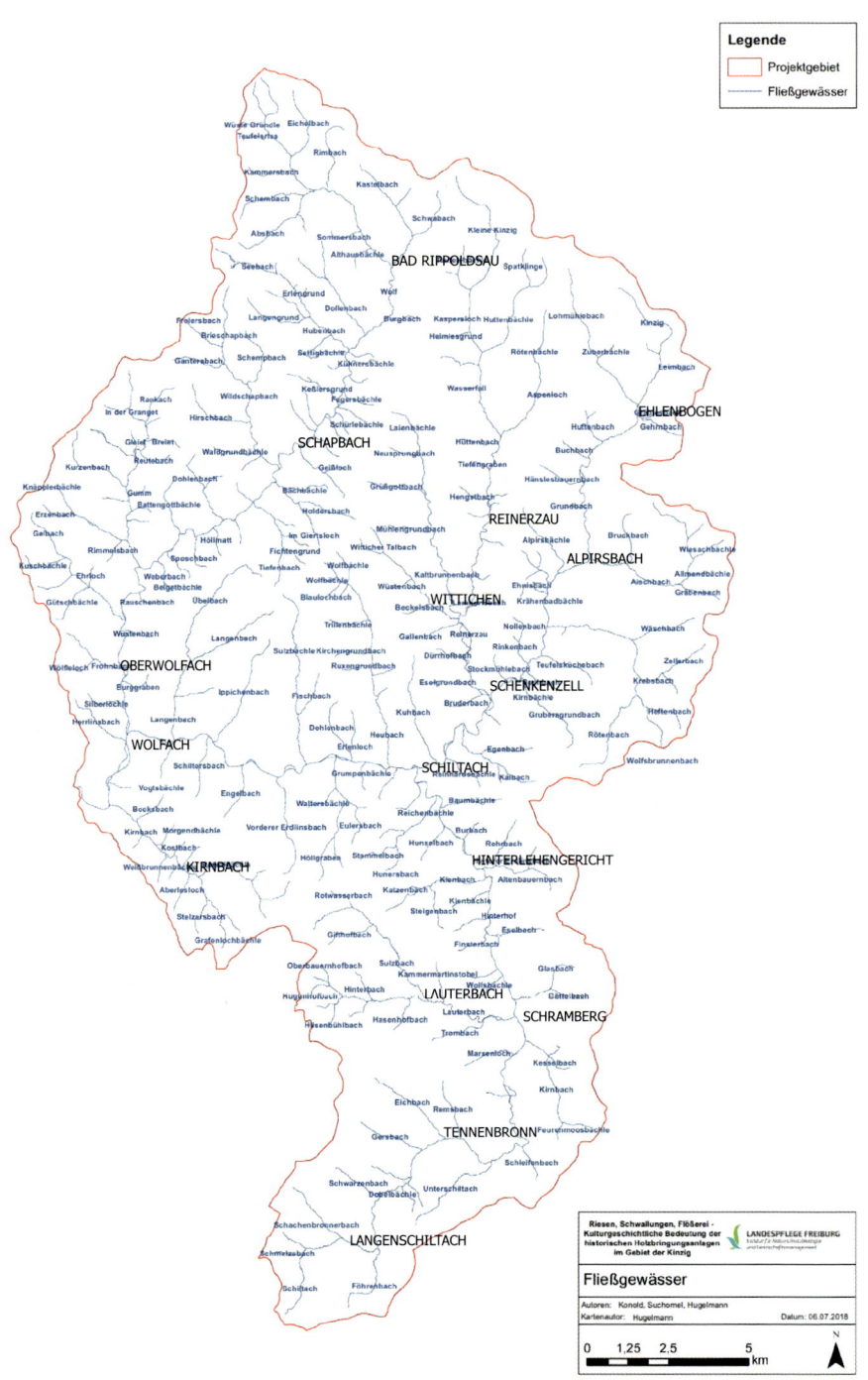

Abb. 2: Das Gewässernetz im Einzugsgebiet der oberen Kinzig. Aus: Konold, Suchomel und Hugelmann, 2021, S. 17.

Geschichtlicher Überblick

Zur Geschichte der Flößerei im Gebiet seien nur ein paar Rahmendaten genannt (dazu ausführlich Konold, Suchomel und Hugelmann, 2021): Um 1370/1380 gibt es eine Aufzeichnung des Straßburger Zolls zum Holztransport auf der Kinzig (Königl. Ministerium des Innern, 1899, S. 210; vgl. auch Harter, 2004, S. 6 und 8). 1470 wird eine Floß- und Zollordnung des Hauses Fürstenberg für die Wolf(ach) erlassen; hierin sind bereits die Säuberung und Räumung der Floßstraßen, der Bau von Teichen, Wehren und Floßgassen angesprochen (Fautz, 1941, S. 4). 1492 finden sich im Urbar des Grafen Wolfgang von Fürstenberg einige interessante Details zu Floßholz, Floßzoll, Transportregeln, Weihern u. a. (Fürstenbergisches Urkundenbuch, 1891, S. 283, 287 f.). 1504 tritt Graf Wolfgang von Fürstenberg als Unternehmer für den Holztransport nach Holland auf (Königl. Ministerium des Innern, 1907, S. 110). 1523 wird in einem Vertrag die bereits erfolgte Floßbarmachung der Kinzig bis über Alpirsbach hinaus erwähnt (ebd., S. 110). Die erste Wolfacher Schifferordnung stammt von 1527; jeder Schiffer müsse eine Summe zahlen, von der die Hälfte für Flussbauten, also für Ausbau und Unterhaltung, verwendet wird (ebd., S. 110). 1549 erwähnt das Urbar der Herrschaft Schramberg alle Floßzölle, Hölzer, Floßzollstrecken und Floßweiher. Darin heißt es u. a.: „Item allen die sich des Flözens uf dem Wasser gebrauchen, sind schuldig den Bach zu räumen so oft es die Notdurft erfordert" (Späth, 2000, S. 4).

In welchem Umfang die Wälder „infolge des nun rasch aufblühenden Holzhandels" ganz offensichtlich in Anspruch genommen (und die Gewässer entsprechend „flözig" gemacht) wurden, belegt eine Klage von 1539, wonach die Wälder „geschendet und usgehauen" werden. „Im Hinblick auf drohenden Holzmangel verbieten eine fürstenbergische Verordnung vom Jahr 1543 und eine Schiltacher Abmachung vom Jahr 1550 bei 10 Gulden Strafe", „das keiner on unser gunst und Willen kain aych, buoch oder tanwald ussreute oder andern verkoufe" (Königl. Ministerium des Innern, 1907, S. 111). Der fürstenbergische Landschaffner Jakob Fink schreibt an den Wolfacher Amtmann Branz u. a., das Kloster Wittichen habe bald das Nachsehen, wenn die Wälder wie bisher genutzt werden würden, in Kürze seien sie abgeholzt. Jeder könne in des Klosters Wäldern reich werden und seine eigenen schonen. Das Kloster solle seine Wälder selbst nutzen. „Am 4. Oktober 1575 erhielten die Klosterinsassen die Bewilligung, daß in des Klosters Wäldern ‚ein Fletzung angericht'" werden solle (Hiss, 1966, S. 171 f.).

Ab den 1690er Jahren nahm der Holländerhandel seinen Aufschwung, etliche kleine Bäche wurden floßbar gemacht. Der Kinziger Floßrezess von 1766 macht Aussagen zu den Unterhaltungspflichten; ab dieser Zeit wurden weitere Bäche für die Flößerei ausgebaut und Floßweiher angelegt. Von 1816 bis 1834 wurde die Kinzig, nun nach der Mediatisierung des Hauses Fürstenberg ab unterhalb Alpirsbach unter badischer Herrschaft, zur Optimierung der Flößerei ertüchtigt. Ab den 1850er Jahren begann deren Niedergang (Abb. 3), beschleunigt durch Eisenbahn- und Straßenbau, Industrialisierung (Konkurrenz um das Wasser) und extreme, zerstörerische Hochwasser (Konold, Suchomel und Hugelmann, 2021, S. 31 f.).

Wir blicken also auf eine über 500 Jahre lange Geschichte zurück, deren Einrichtungen schon seit mindestens 130 Jahren nicht mehr in Gebrauch sind. Bis zum Ende des 19. Jahrhunderts waren zahlreiche Fließgewässer zum Teil bis in die oberen Quellregionen für den Holztransport, zumindest aber für die Wasserzuführung ausgebaut worden. Und es war die weitere, für den Holztransport nötige Infrastruktur geschaffen worden. Es war eine Flößereilandschaft mit vielen baulichen Komponenten entstanden.

Werner Konold

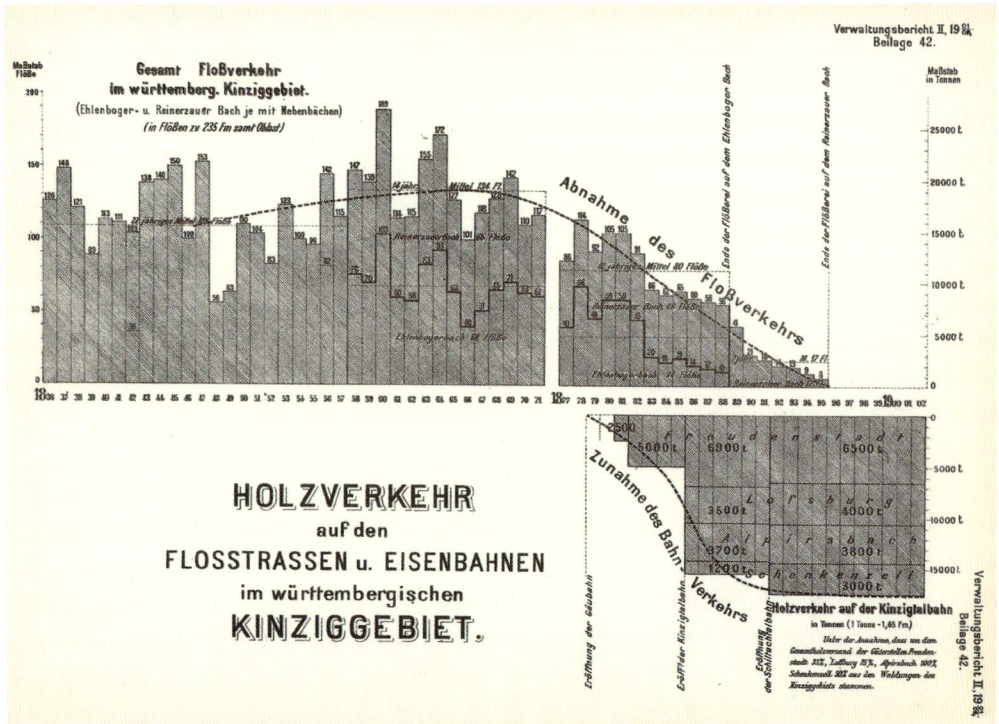

Abb. 3: „Holzverkehr auf den Flosstrassen und Eisenbahnen im württembergischen Kinziggebiet". Aus: Königl. Ministerium des Innern, 1907, Beilage 42.

Die materiellen Hinterlassenschaften: Hintergründe und Befunde

Die heute noch sichtbaren Relikte muss man vor dem Hintergrund betrachten, dass seit der Einstellung des Holztransports auf dem Wasser flussbauliche Maßnahmen, insbesondere an den größeren Gewässern, gezielte, gewollte Abrisse, etwa von Staudämmen, die Wiederverwendung von Steinmaterial, die Auflassung von Mühlen und in großem Ausmaß Hochwasser den Charakter der Fließgewässer massiv verändert haben. Wir finden also heute vielfach nur noch „Bruchstücke" vor, die in einen funktionalen Zusammenhang gebracht werden müssen.

Die Riesen

Zu diesen „Bruchstücken" gehören auch die Holzriesen, mit denen die Holzbringung der Baumstämme zum Wasser begann. Riesen sind Erd-, Holz- oder Steinrinnen, in denen die Baumstämme, nachdem sie mit der Axt gefällt, „geschnetzt" (stumpf zugespitzt) und durch Ziehen, Schleifen oder mit Seilen zum Riesmund gebracht worden waren, einzeln bergab transportiert wurden bzw. wo die Stämme hangabwärts schossen, entweder senkrecht oder meist mit größerem Gefälle schräg am Hang entlang. Man benutzte für den Holztransport wohl seit jeher Riesen verschiedener Bauarten (dazu ausführlich Jägerschmid, 1827/28, zwei Bände). Bei den aus Holzstämmen gezimmerten Riesen wurden nach der Riesperiode just diese Stämme in der immer kürzer werdenden Rinne talabwärts geschickt. In der Heimatliteratur wird von „uralten" Einrichtungen gesprochen (Fautz, 1935, S. 572). Hafner (1964, S. 184) verweist darauf, dass „kunstvoll gebaute Holzriesen" (*paumrisen*, *jochrisen*) in deutschsprachigen Quellen erstmals im 14. Jahrhundert erwähnt werden, und zwar in Tiroler Weistümern. In unserem Gebiet wurde bis in die 1950er Jahre geriest.

Abb. 4: Steinriese von Büchenberg ins Lohmühletal (Gemeinde Loßburg). Foto: Werner Konold.

Abb. 5: Die Rossbergsteige vom Rossberg ins Untere Dörfle in Alpirsbach-Reinerzau. Die Steige ist gepflastert und besitzt eine massive talseitige Begrenzung mit Werksteinen sowie aufwändig gearbeitete Wasserausleitungen. Sie war Straße und Riese zugleich. Foto: Werner Konold.

Steinriesen mit einer schmalen Sohle könnten auch mit Wasserunterstützung betrieben worden sein (Abb. 4), andere mit breiter Sohle, nicht selten mit Pflaster, dienten wohl auch als Verbindungswege bzw. -straßen (Abb. 5) (dazu ausführlich Konold, Suchomel und Hugelmann, 2021).

Eine Besonderheit in unserem Gebiet sind die steinernen Riesen bzw. solche, die einen sehr aufwändigen Unterbau aus Stein besitzen, auf denen dann die Rinnen aus Baumstämmen aufgesetzt wurden. In der älteren Literatur finden diese Einrichtungen keine Erwähnung – oder vielleicht doch? Carl Gayer berichtet 1888 über „eine besondere Art von Wegen", die „Rieswege" im „östlichen Schwarzwalde", namentlich im Gebiet der Wolf und der Kinzig, die als Schlittwege, aber insbesondere zum Abriesen des Langholzes verwendet würden (Abb. 7) (Gayer, 1888, S. 161). Um 1885, also gegen Ende der Flößerei, gab es allein im Bezirk Wolfach 120 km Rieswege. Wenn auch einzelne Rieswege noch bis etwa 1930 errichtet wurden, so war doch nach etwa 1905 die Blütezeit dieser Anlagen vorüber (Hafner, 1964, S. 185).

Vom Riesen, Flößen und Flötzigmachen

Abb. 6: Riese von Schömberg (Gemeinde Loßburg) ins Rötenbächletal. Foto: Werner Konold.

Werner Konold

Abb. 7: Riesunterbau mit Durchlass; die Riese führte zur Spannstatt beim unteren Absbachweiher (Holzwald, Gemeinde Bad Rippoldsau-Schapbach). Foto: Werner Konold.

Die Spannstätten

Über die Riesen gelangten die Stämme zu den Einbindeplätzen oder Spannstätten, wo sie zugerichtet und mit Wieden zu Gestören oder kleinen Flößen zusammengebunden wurden. In einigen Tälern kann man heute noch erkennen, dass eine Riese auf einer meist künstlich geschaffenen ebenen Fläche am Bach, eben der Spannstätte, endet. Die Spannstätten befanden sich immer in der Nähe und unterhalb eines Wasserspeichers oder Floßweihers. Das Gefälle der Riesen und ihr Weg über die Hänge richteten sich also auch nach der Möglichkeit, im Tal eine Spannstatt mit einer ausreichenden, ebenen Fläche und einen Weiher mit einem guten Speichervolumen anlegen zu können. Deshalb finden wir auch Riesanlagen mit weniger starken Gefällen.

Die Bachufer an der Spannstatt, teils auch die Hangseite, wurden mit trocken gesetzten Stützmauern gesichert (Abb. 8). Kleine Seitenbäche wurden hier und dort unter der Spannstatt durchgeführt (Abb. 9), soweit sie nicht in den oberhalb gelegenen Floßweiher geleitet werden konnten. War der Boden auf der Spannstatt zu weich, so wurde er mehrere Fuß tief ausgehoben und mit Sand und Kies überdeckt (Jägerschmid, 1827/28, 2. Band, S. 246).

Vom Riesen, Flößen und Flötzigmachen

Abb. 8: Spannstatt am Rötenbächle unterhalb des Rötenbächleweihers (Gemeinde Loßburg). Man erkennt die Ufermauer am Bach und die Stützmauer am Hang. Foto: Werner Konold.

Abb. 9: Durchlass unter der Ochsengrundspannstatt im Heubachtal (Gemeinde Schenkenzell). Foto: Werner Konold.

Werner Konold

Floßweiher, Schwallungen

Von zentraler Bedeutung für den Holztransport waren die Wasserspeicher, um mit einem künstlich erzeugten Hochwasser das Holz talabwärts transportieren zu können. Nahezu alle Speicher im Gebiet waren künstlichen Ursprungs.

Um einen Eindruck vom Beginn des Flößvorgangs und der Weiherbewirtschaftung zu erhalten, hier zunächst eine ganz realitätsnahe Schilderung von Albert Hiss (1966, S. 204 f.):

„Die Flöße wurden im nahezu trockenen Bachbett auf der Spannstatt eingebunden. Das Wasser wurde talaufwärts gestaut, so z. B. in zwei Floßweihern in der Lai im hinteren Kaltbrunn [Abb. 10], im Grüßgott-Tälchen, [...] und im Heubachtal, [...]. Das fertige Floß wurde mit gedämpften und gedrehten Haselnußgerten (Wieden) an Pfählen oder Floßhaken verankert. Dann holten die Flößer das ‚Schwellwasser‘, der Obmann gab das Signal zum Durchhauen der Wieden; die gefährliche Fahrt talwärts konnte beginnen. Johannes Armbruster erinnert sich noch daran, wie man, wenn in der Lai das Wasser gezogen worden war, über den Berg rennen und auf die Minute, ehe der Wasserschwall mit dem Floß heranschoß, das Wehr weiter unten ziehen mußte. So ging das bis ins Vortal [Tal der Kleinen Kinzig], und es kam trotz aller Genauigkeit und Sorgfalt immer wieder einmal vor, daß das Floß schneller bergab schoß als das Schwellwasser. Dann gerieten die vorderen Gestöre aufs Trockene. Um das zu verhindern, mußten die Flößer mit den Floßseilen ans Land, die rasende Fahrt zu bremsen, indem sie die Seile rasch um Bäume oder Pfähle wanden."

Einen sehr guten, allgemeinen Überblick über die Typen von Wasserspeichern erhalten wir von Jägerschmid (1827/28, 2. Band). Für unser Gebiet waren davon mutmaßlich relevant:
1. Wasserstuben als Speicher bei geringer Wasserführung des Baches, ausgestattet mit dauerhaft installierten Stellfallen, zu finden beispielsweise in den Oberläufen der Seitenbäche (ebd., S. 81 f., 90);
2. Wehre und Teiche, das „sind Dämme oder Wälle, welche von Erde, Holz oder Steinen, oder durch Verbindung aller dieser Materialien mit einander, aufgeführt werden" (ebd., S. 92);
3. die Schwallungen oder Klausen.

Die „Schwöllungen" sollen im „Großen vollbringen, was die Wasserstuben, Wöhre und Teuche nur im Kleinen auszurichten vermögen. Thäler, durch welche Quellen oder Bäche hinab ziehen, werden mit diesen Wasserbauten öfters auf eine Breite von 3 bis 500 Fuß und auf eine Höhe von 20 bis 35 Fuß quer durchschnitten, Quellen und Bäche in ihrem Fortströmen gehemmt, die Wasser gesammelt und hinter dem Schwöllungsbaue oder der Klause ein wasserreicher See gebildet, welcher nach Belieben und Bedürfniß durch geeignete Wasserpforten oder Schleusen wieder abgelassen werden kann. [...] Seen in hoher Lage" – in unserem Gebiet der Glaswaldsee – „eignen sich vorzüglich zu wasserreichen Behältern für die Flößerei, und lassen sich auch mit geringen Kosten hiezu einrichten, wogegen die eigentlichen Schwöllungsbauten bedeutenden Aufwand erfordern, und tägliche Reparationen veranlassen" (ebd., S. 108). Das Sperrwerk solle nach Möglichkeit auf Fels gebaut werden. Doch auch da müsse „auf einige hundert Fuß stromaufwärts untersucht werden, ob keine Ritzen, in welchen das Wasser eindringt, und eine Strecke weiter unten in dem Bach durch ähnliche Ritzen wieder herausquillt, vorhanden sind". Dort sei der Bau von Schwallungen nicht angebracht (ebd., S. 125).

Abb. 10: Der Obere Layweiher im Kaltbrunn (Gemeinde Schenkenzell). Foto: Werner Konold.

Alle Wasserspeicher müssten, wenn ein Hochwasser erzeugt werden solle, so bewirtschaftet werden, dass die ablaufenden Wässer gleichzeitig im Floßbach ankommen (ebd., S. 124). Für die „zügliche Wasserversorgung" werden die Speicher nach und nach geöffnet. Ein „Schwöllmeister" habe jeweils in der Nähe der Hauptschwallungen zu wohnen (ebd., S. 125).

Da ein Holztransport auf den sogenannten Grundbächen, den Zuflüssen zu Kinzig und Wolfach, nur auf die geschilderte Weise möglich war, entstanden über die Jahrhunderte sukzessive Wasserspeicher unterschiedlicher Funktion und Bauart (Abb. 11).

Erste namentliche Nennungen von Wasserspeichern datieren auf das ausgehende 16. Jahrhundert. Die bereits beschriebene Konstellation von Riesen, Spannstätten und Weihern wurde ergänzt durch reine Speicher ohne Floßgassen in den Oberläufen der Bäche, die zusätzlich Schwellwasser zu liefern hatten – so, wie es Jägerschmid beschreibt.

Über die konstruktiven Details der alten Weiher konnten bisher noch keine Unterlagen gefunden werden. Was wir jedoch wissen, ist, dass im 19. Jahrhundert etliche – vielleicht auch viele – Weiherdämme neu gebaut und damit die alten ersetzt wurden. Erste bauhistorische Eindrücke im Untersuchungsgebiet lassen vermuten, dass die Floßweiher viele Ähnlichkeiten mit dem haben, was Jägerschmid (1827/28, 2. Band, S. 131–135) für die „steinernen Schwallungen" beschrieben hat.

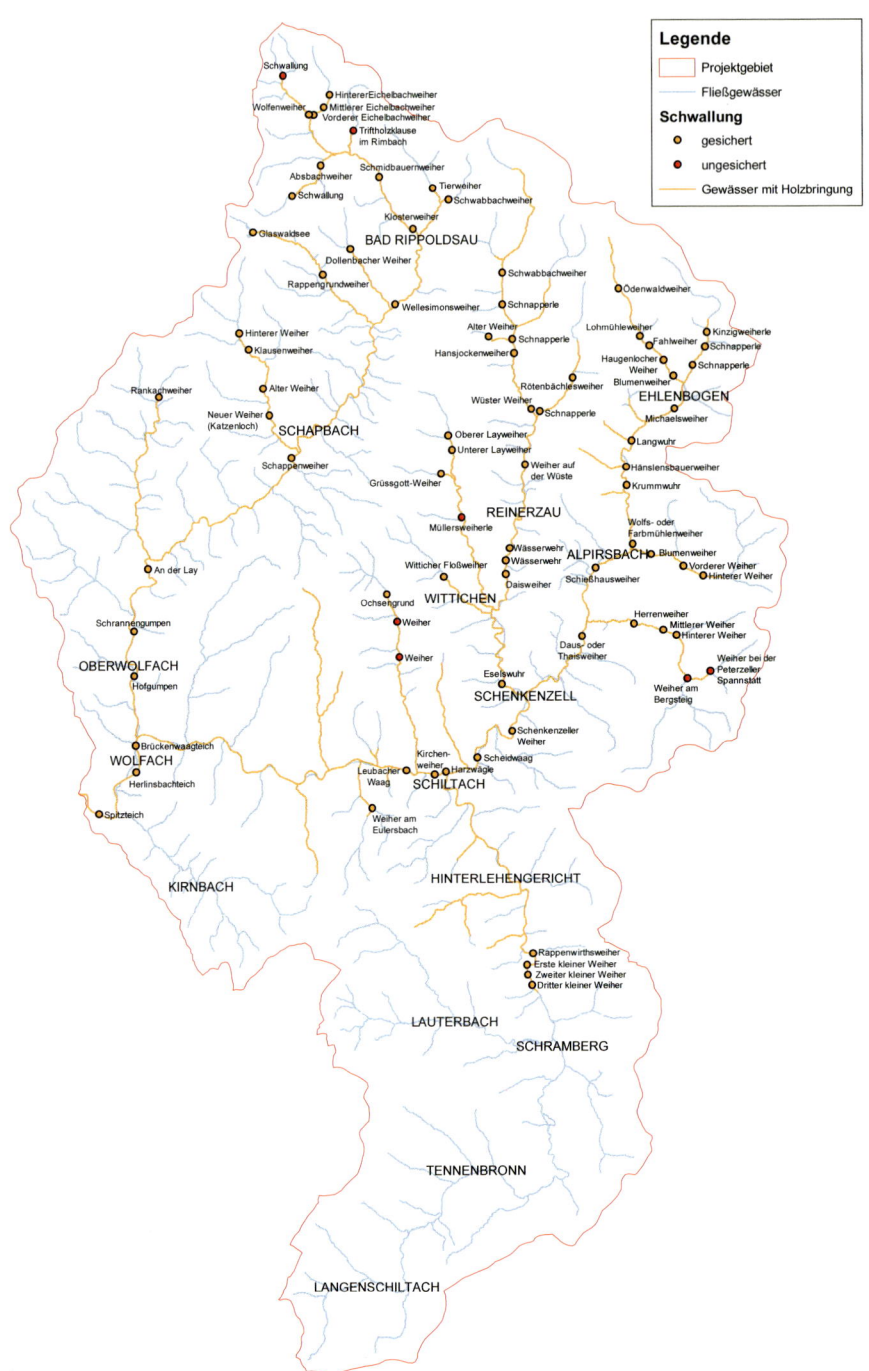

Abb. 11: Floßbar gemachte Gewässer und Floßweiher/Schwallungen im Gebiet der oberen Kinzig; Erkenntnisstand von 2020. Aus: Konold, Suchomel und Hugelmann, 2021, S. 101.

Abb. 12: Unterer Absbachweiher (Holzwald, Gemeinde Bad Rippoldsau-Schapbach). Foto: Werner Konold.

Um davon eine konkrete Vorstellung zu bekommen, sei der „Bericht der Fürstlich Fürstenb. Forstei Wolfach vom 6ten Juli 1865, Bau des hintersten Floßweihers in Heubach betr." zitiert:[1] „Der dritte hinterste Floßweiher in Heubach" befinde sich in einem „baulosen Zustande und seine Verbesserung kann nicht verschoben werden". Die Bachgemeinde habe daher schon im vorigen Herbst den Neubau des Weihers beschlossen. „Die Weiherwand" sei „wie bei den meisten älteren Floßweihern von Holz erbaut", nun sei man davon abgekommen und „ziehe den Bau mit Quadersteinen der größeren Haltbarkeit wegen jenem mit Holz vor. Die Bachgemeinde habe den Weiherbau in der Art vorbereitet, dass sie die erforderlichen Quader aus Sandsteinfindlingen brechen und auf der Winterbahn beischlitten ließ. – Hiefür wurden nahezu 360 fl. aufgewendet."

„Die Arbeiten für Aufbau und Zurichten der Quader wurden an einen hierzu befähigten Maurermeister [...] vergeben." Zum „Oeffnen und Schließen der Weiherthüre" solle eine „gut construirte Aufzugwinde" angebracht werden. Der Kostenaufwand betrage ungefähr 1.000 fl. Die Fürstliche Standesherrschaft sei nach der bestehenden Floßordnung zu etwa 5/6, also mit 830 fl. beteiligt.

Als es 1865/1866 um den Neubau des Floßweihers im Grüßgotttal in Kaltbrunn ging,[2] wurde darauf verwiesen, das „Floßweiherbauwesen" habe „in unserer Zeit Fortschritte gemacht"; man sei – auch wegen der hohen Holzpreise – „zur Ansicht gelangt, beim Weiherbau alles Holzwerk möglichst bei Seite zu lassen, und nur mit Steinen zu bauen. Nach bisheriger Uebung wurde das Mauerwerk stets trocken aufgeführt", und damit das Wasser nirgends durchsickern könne,

---

[1] Fürstlich Fürstenbergisches Archiv (FFA), FF Domänenkanzley, Forstadministration, Forstei Wolfach, Waldwege Fach IX 109, Vol. 1, Fasz. 1, Az 6809.
[2] Weiteres siehe unten.

Abb. 13: Der Floßweiherdamm im Witticher Tal (Gemeinde Schenkenzell). Foto: Werner Konold.

Abb. 14: Damm des Kinzigleweihers im oberen Kinzigtal (Gemeinde Loßburg). Foto: Werner Konold.

habe man die Stoßfugen mit Moos verstopft. „Um nun aber einem solchen Bauwesen gemäßere Solidität und Dauer zu verschaffen, geschieht jetzt die Aufmauerung der Weiherwand – obgleich kostspieliger – durch Einsetzen der Steine in gutem Mörtel und durch Verkitten der Stoßfugen mit Zement. Im vorigen Herbst wurde der hinterste Floßweiher in Heubach [siehe oben] auf diese Art zur allgemeinen Zufriedenheit erbaut, [...]."[3]

---

[3] FFA, Errichtung von Floßstraßen, Bau von Wasserstuben und Weihern etc. 1840–1956, Fürstlich Fürstenbergische Domänen Kanzley, Forstei Wolfach, Floßwesen, Vol. 1, Fasc. 1, 19. August 1865, Nr. 200, Den Neubau des Floßweihers im Grüßgottthal betr.

Abb. 15: Dammrest und Verebnung (Abgrabung?) an der oberen Wolf (Gemeinde Bad Rippoldsau-Schapbach). Foto: Werner Konold.

Die bis heute verbliebenen materiellen Hinterlassenschaften der Floßweiher stellen sich sehr unterschiedlich dar. Das Spektrum reicht von einigermaßen intakten, restaurierungsfähigen Staumauern (Abb. 12 und 13) über Ruinen (Abb. 14) bis zu kaum wahrnehmbaren Mauerresten (Abb. 15).

Ausbau und Unterhaltung der Bäche

Das erstmalige „Flötzigmachen" eines Gewässers war sehr aufwändig. Um eine Vorstellung von der Komplexität und dem Umfang der Ausbauarbeiten zu bekommen, sei Jägerschmid zu Rate gezogen: „Quellen, Bäche, Flüsse und Seen können in ihrem natürlichen Bette selten zur Flößerei benutzt werden, ohne daß die in der Flößerstraße selbst, und an deren Ufer vorhandenen, natürlichen, zuweilen auch künstlichen Hindernisse, theils weggeräumt, theils unschädlich gemacht und daß bald mehr, bald minder kostspielige Einrichtungen, je nach Erforderniß der Lokalität und des beabsichtigten Ganges der Flößerei, getroffen werden" (Jägerschmid, 1827/28, 2. Band, S. 49). Wenn wegen eines zu breiten Bettes die Wassertiefe zu gering sei, solle man das Gewässerbett vertiefen und mit dem Aushub die Ufer erhöhen (ebd., S. 51). Wo dies nicht möglich sei, bleibe nichts anderes übrig, als „das Wasser durch Dämme, oder in Kanäle von Stein, oder von Holz, näher zusammen zu spannen, [...]" (ebd., S. 52). Und weiter: „Da, wo also die Ufer zu beiden Seiten durch Felsen, Abhänge, Sümpfe oder auf irgend eine Art, unzugänglich sind, muß man trachten, solche durch Sprengung der Felsen, Abgraben der steilen Gebirgsabhänge, oder Ausschlagen nasser und bodenloser Plätze mit festen Materialien, auf wenigstens 4 Fuß breit bei der Kurzholzflößerei und wenigstens auf 8 Fuß bei der Langholzflößerei, zugänglich zu machen, und wo möglich so einzuebnen, daß solche, wo Langhölzer geflößt werden, je nach Erforderniß, mit Zugvieh begangen und befahren werden können" (ebd., S. 55). Unvermeidlich sei die Beseitigung von hervorragenden Felsen, Steinmassen, Kies- und Sandbänken. Kleine Steinmassen könnten „von Hand mit Hebel, Wendringen, Winden und Walzen" beiseitegeschafft werden. Große Steine und Felsmassen müsse man anbohren mit dem Gezähe des Bergmanns. Das Loch sei dann mit Sprengpulver zu füllen (ebd., S. 55 f.). Sandbänke müßten abgegraben oder durchgraben werden. Dies könne man mit einem pferdegezogenen Pflug anstellen. Das gelockerte Material könne „durch Zuleitung einer erforderlichen Wassermasse stromabwärts gespült werden" (ebd., S. 56).

Für den Transport von Holländerstämmen,[4] so Jägerschmid (ebd., S. 63 f.), müssten die Krümmungen des Gewässers gering sein. Hierzu könne man abgraben und sprengen und die Ufer anschließend mit Holz, Faschinenbauten oder Steinbau wieder befestigen.

Für die Einrichtung und Verbesserung der Floßstraße empfiehlt Jägerschmid zur „Verwahrung der Ufer und Einweisung des Wassers in die Floßstraße" Dämme (Längsdämme), Streichfaschinade (Konstruktionen aus Faschinen, Pfählen, Flechtgerten, Sand, Kies und Ton) und Flechtwerk. An hohen Ufern könnten die Flechtkonstruktionen auch terrassenförmig angelegt werden (ebd., S. 147). Möglich seien auch verschiedene Einbauten wie etwa Steinwürfe, „an die schwachen und bedrohten Stellen der Ufer aufgeschüttet und aufgesetzt, damit das anprallende Wasser sich an solchen bricht und abgewiesen, das Ufer aber hierdurch von Angriffen geschont wird" (ebd., S. 148). An manchen Bachufern, so etwa am Seebach unterhalb des Glaswaldsees und oberhalb des heutigen Wanderparkplatzes, an der oberen Wolf (oberhalb der Einmündung des Wüsten Gründle) und am Rimbach (Abb. 16), der in Holzwald (Bad Rippoldsau-Schapbach) in die Wolf mündet, findet man streckenweise am Ufer Steinwälle, die nicht von Hochwassern aufgeworfen worden sein können. Möglicherweise sind dies solche Steinwürfe, möglicherweise stammen sie aber von den immer wiederkehrenden Bachräumungen.

Zur Räumung und Unterhaltung der Floßstraße empfiehlt Jägerschmid (ebd., S. 186 f.): Störende Felsen und Steine, auch bei Hochwassern eingebracht, „müssen zerschlagen oder angebohrt und mit Pulver gesprengt, und zu kleinen unschädlichen Massen geteilt, überhaupt aus dem Floßthalwege geräumt werden. Eben dies gilt auch von Stumpen, Stöcken und anderen in der Floßstraße angehäuften festen Körpern."

Vom fürstenbergischen Wald berichtet Wohlfarth (1983, S. 81), dass in die Sohlen der Floßbäche im Abstand von 5 bis 8 m Querhölzer eingebaut worden seien. Vielfach wurden in die Sohlen regelrechte Fachwerke, aber auch Schwellen eingebracht, um eine glatte Transportrinne zu haben bzw. eine Vergleichmäßigung des Gefälles herzustellen.

---

[4] Sie wurden auf einigen der Grundbäche sowie auf Kinzig, Schiltach und Wolf transportiert.

Abb. 16: Vermuteter Dammrest und Begleitweg am Rimbach (Holzwald, Gemeinde Bad Rippoldsau-Schapbach). Foto: Werner Konold.

Auf die Probleme, die der Betrieb des Flößens über die ganzen Jahrhunderte hinweg mit sich brachte und die erforderlichenfalls durch bauliche Vorkehrungen und durch Unterhaltung zu beseitigen seien, weist Jägerschmid (1827/28, 2. Band, S. 42) hin: Querbauwerke seien Sedimentfänge, wo sich also stromaufwärts die „bei Regengüssen anschwemmenden Erdtheile niederschlagen, die Ufer von beiden Seiten, gegen die Mitte hin versanden und verschlammen, und so nach und nach das Flußbette verengen, […]". Man solle deshalb die Schleusenöffnungen so weit machen, dass auch Hochwasser passieren könnten (ebd., S. 42 f.). Beim Abwirtschaften der Weiher würden „Steine und Sand […] durch das gespannte, mit Gewalt abströmende Wasser fortgerissen, da, wo solches wieder ruhiger zu fließen beginnt, abgesetzt, und so das Flußbette bald da, bald dort verschüttet, verengt, und nicht nur durch solche ungeregelten Anlagen von Steinen und Sand, Veränderungen in der Richtung des Flußbetts selbst herbei geführt, sondern auch Veranlassung zu Beschädigung der Ufer, der anstoßenden Güter und Wasserbauten gegeben" (ebd., S. 43).

Uferschäden würden auftreten durch das Schwellwasser und das transportierte Holz. So würden die zur „Uferbefestigung öfters getroffenen Vorrichtungen und Verwahrungen durch Holz und Steinbauten, Flechtwerk, oder durch Anpflanzung von Erlen, Weiden und anderen dienlichen Hölzern, beschädigt oder gar vernichtet, zuweilen nur locker gemacht, und alsdann dem Angriffe des anschwellenden Wassers desto mehr unterworfen". Die ungebundene Flößerei sei besonders schädlich (ebd., S. 44).

Vor diesem Hintergrund kann man sehr gut verstehen, dass schon die ganz alten schriftlichen Quellen auf die Gewässerunterhaltung eingehen. In einer Urkunde vom 14. Oktober 1499 wird *expressis verbis* auf Bachräumung und -unterhaltung abgehoben, wenn es u. a. heißt, „die Theilhaber an diesen Wäldern sollen schuldig sein, ‚den bach gemeinlich helfen vff zu thun und zu rumen, weg vnd steg zu behalten, damit all menglich der wald geniessen und nütz han möge vnd der floß gewerb damit gebessert werde'" (Schmid, 1989, S. 256). In eine von der Sache her ähnliche Richtung gehen die Anmerkungen zu einem Urbar im Amt Aichhalden von 1547, über das A. Brauchle berichtet:[5] „Eine Sonderfron galt ausschließlich den Flößern und dem am Flößen interessierten Untertanen. Wer auf der Schiltach die Flößeinrichtungen benutzen wollte, war verpflichtet (schuldig), den Bach zu räumen, also den Bach von allen großen Steinen zu räumen, damit die Floße auf keine Hindernisse stießen. Zu räumen war das Bachbett bis zur Grenze am sogen. Vogelswuhr [...]. Dort übernahmen die Schiltacher diese Aufgabe." 1553 hätten 19 Mann „in der Pernegg" („Berneck" südlich Schramberg) zwei Tage die „Fahrt geräumt und Bengel [Holzprügel] gelegt u. sonst alle Nothwendigkeit getan".

In der „Flötzer Ordnung" von 1583[6] wird die Verpflichtung zur gemeinsamen Unterhaltung der Bäche und der Weiher mehrfach ausdrücklich angesprochen, das heißt, beides zu räumen und Holz und Wasen für die Reparatur zu liefern.

Abb. 17: Hölzerne Sohlschwelle in der Dürren Kinzig, dem obersten Abschnitt der Kleinen Kinzig (Stadt Freudenstadt). Foto: Werner Konold.

---

[5] Stadtarchiv Schramberg, Anmerkungen zum Urbar 1547 „Frohn und andere Dienstbarkeiten", Folio 246 bis 247 (A. Brauchle), Amt Aichhalden.
[6] Stadtarchiv Alpirsbach, Abschrift „Flötzer Ordnung, wie es fürohin dieß Ortts gehalten werden solle. Actum denn 21. Aprilis 1583".

Abb. 18: Querholz und Reste der Pflasterung in der oberen Wolf (Holzwald, Gemeinde Bad Rippoldsau-Schapbach). Foto: Werner Konold.

Floßgewässer waren also über die ganze Zeit ihrer Nutzung Gegenstand von Bauarbeiten sowie regelmäßigen und – etwa nach einem Hochwasser – anlassbezogenen Unterhaltungsmaßnahmen, so wie dies schon in den ältesten schriftlichen Quellen dokumentiert ist.

Die Flößerei wurde vor über 120 Jahren eingestellt. Es könnte sein, dass auch danach noch Sicherungsarbeiten durchgeführt wurden, um die Bäche hydraulisch einigermaßen stabil zu halten. Doch dürften nicht wenige der Bauwerke auf die Zeit der Flößerei zurückgehen.

Geht man an den „Grundbächen" entlang, so entdeckt man dort zahlreiche, zum Teil noch intakte, zum großen Teil jedoch ruinöse Querbauwerke und Pflasterungen in den Gewässersohlen sowie Ufersicherungen und -mauern (Abb. 17 und 18). Insbesondere ober- und unterhalb der Floßweiher sind diese Bauwerke zu finden – unterhalb etwa, um das Dammbauwerk vor rückschreitender Erosion zu schützen.

Begleitwege

Für den Holztransport auf dem Wasser bedurfte es einer gewässerparallelen Wegeinfrastruktur, um die Stämme, Gestöre und Flöße begleiten und – wenn es sein musste – wieder flottmachen zu können, aber möglicherweise auch, um die Gewässerunterhaltung zu erleichtern. Auch hierzu äußert sich Jägerschmid: „Wenn auch nicht in allen Punkten die Ufer der Floßstraße zu beiden Seiten zugänglich sind, so ist es doch nöthig, daß sie entweder auf einer Seite ohne Unterbrechung,

Abb. 19: Mit einer Trockenmauer gesicherter, ehemaliger Begleitweg am Heubach (Gemeinde Schenkenzell). Foto: Werner Konold.

oder abwechselnd, bald auf dieser, bald auf jener Seite, begangen werden können" (Jägerschmid, 1827/28, 2. Band, S. 54).

Aufgrund von Straßen- und Wegeneubau, aber auch wegen der Einwirkung von starken Hochwassern sind nicht mehr allzu viele der Begleitwege vorhanden, wenn, dann eher fragmentarisch, ruinös und von Hangschutt überfahren (Abb. 19).

Betrachtung einiger ausgewählter Bäche

An ein paar wenigen Beispielen soll mehr ins Detail gehend gezeigt werden, welche Hinterlassenschaften an den kleinen Bächen des Einzugsgebiets der oberen Kinzig heute noch zu finden sind (siehe dazu Abb. 2). Für ein paar Gewässer konnten auch Archivunterlagen ausgewertet werden, die es erlauben, den Objekten einen historischen Hintergrund zu geben.[7] Die detaillierte Betrachtung soll den Blick dafür schärfen, dass selbst an unscheinbaren Bächen bauliche Reste zu finden sind, wodurch in der Summe das Bild einer ausgeprägten Flößereilandschaft entsteht.

---

[7] Zu weiteren Bächen siehe Konold, Suchomel und Hugelmann, 2021.

Obere Wolf bis Holzwald (Bad Rippoldsau-Schapbach)

Befunde: Oberhalb der Einmündung des Wüsten Gründle ist rechts der Wolf eine auffallende Verebnung mit vielen abgelagerten Steinen. Sehr gut erkennbar sind große Steinwürfe, die von Bachräumungen stammen könnten, und der Rest eines aufwändig gebauten Begleitwegs mit hang- und talseitigen Stützmauern. Eine größere Abgrabung mit Verebnung und mögliche Dammreste deuten auf einen Weiher hin (siehe Abb. 15). Bachabwärts finden sich ober- und unterhalb der Törleshütte zahlreiche Querschwellen, Pflasterreste und Ufermauern. Ein Stück unterhalb der Hütte wurde eine Geschiebesperre aus Beton gebaut; der Durchlass am Grund ist aus Naturstein, daher älter.

Im Bach Teufelsriss liegen Reste hölzerner Querschwellen.

Auf der Höhe der Törleshütte mündet von Nordwesten eine noch gut erkennbare, gepflasterte Riese ins Tal. Unterhalb der Hütte scheinen Dammreste einer früheren Schwallung erkennbar zu sein.

Das Wüste Gründle querend kommt man zu einer Weggabelung und einer großen, nicht allzu alten Mauer, wo oberhalb eine Riese in spitzem Winkel in eine andere mündet. Die von Norden kommende Riese verläuft auf einem Riesweg, der zum Ende hin stark an Gefälle abnimmt, breiter wird und zum Hang mit einer Mauer befestigt ist. Es handelt sich also um eine Kehre oder einen Wurf, wo die ankommenden Holzstämme abgebremst und auf die im spitzen Winkel in die andere Richtung abgehende Riese gebracht wurden.

Eine weitere Riese (Riesweg) mit teils eindrucksvollem Mauerwerk zieht sich in Richtung Südsüdost. Zum Steinbruch am „Bühlberg" sind die Mauern eingestürzt.

Absbach

Der Absbach mündet in Holzwald von Südwesten kommend in die Wolf.

Scheifele (2004, S. 90) zitiert eine Quelle, wonach nach einem Vertrag des Hauses Fürstenberg mit Straßburg im Jahr 1589 die Stadt im Rippoldsauer Forst alles Holz nutzen darf, „was zu Brennholz tauglich" und „fuegenlich herauszubringen" ist. Gemeint sind die Wälder in der „alten Wolfach", am kleinen Kammerbach, in der Sumengrube, am Eichelbach, am großen und kleinen Absbach und am Schembach (siehe Abb. 2). Es geht dabei um die Lieferung von 100.000 Klafter Holz (rund 370.000 m³!). Der jährliche Einschlag wurde auf 4.000 Klafter festgelegt. Nur Bäume mit einem Durchmesser über 16 cm durften eingeschlagen werden. – Man leite daraus den Ausbaubedarf des Gewässers ab!

1831 wird der Absbacher Floßweiher (Abb. 20) neu gebaut. In der Akte[8] heißt es, „der Weiher sei gänzlich baulos, das Holz an den Wänden sowie das an den Steinkästen sei abgefault". Förster Hug war der Auffassung, der „Weiherbau sei unerlässlich und es würde darauf ankommen, ob nicht bald ein zweiter Weiher in der alten Kluse am hinteren Absbach gebaut werden müsse". Bei diesem „reißenden Grundbach" sei es wichtig, besondere Sorgfalt bei der Fundamentierung walten zu lassen. Auf der Topografischen Karte 1:25.000 (TK 25) von 1876 ist im hinteren Absbachtal eine Schwallung („Schw.") eingetragen. Das Anliegen des Försters wurde also umgesetzt.

---

[8] FFA, FF Domänenkanzley, Generalia, Rubrik Floßwesen, Cist. B 110 Kat. 4 Vol. VIII, Rippoldsau, betr. die Herstellung des Floßweyers im Absbach, 1831.

Abb. 20: Unterer Absbacher Weiher, Blick in den Durchlass im Damm (Holzwald, Gemeinde Bad Rippoldsau-Schapbach). Foto: Werner Konold.

Vom Riesen, Flößen und Flötzigmachen

Abb. 21: Handwerklich sorgfältig gearbeitete Werksteinmauer am hinteren Absbach. Oberhalb könnte sich eine Spannstatt befunden haben (Holzwald, Gemeinde Bad Rippoldsau-Schapbach). Foto: Werner Konold.

Nach dem Beschluss vom 12. August 1831 wurde der „baulose" herrschaftliche Weiher im Absbach neu hergestellt. Der Bau kostete dann letztlich mehr als veranschlagt. Begründet wurde dies mit unvorhergesehenen Erfordernissen. So sei es notwendig gewesen, das Holz an den steilen Hängen abzuseilen, weil beim freien Herunterschießenlassen das Holz zersplittert, zerbrochen oder sonst verdorben worden sei.[9]

Befunde: Zum unteren Weiher führt ein gut erkennbarer Riesweg, der einen großen Durchlass für einen querenden Bach besitzt. Talaufwärts wurde eine Geschiebesperre aus einer Betonmauer eingebaut. Bei Hinter-Absbach zieht sich taleinwärts auf einer Wiese ein wasserführender kleiner Kanal hin, der nach einem Stück von einer Quelle gespeist wird. Der Kanal wird vor der Quelle von einem eindrucksvollen Riesweg gequert, der oberhalb davon durch einen Einschnitt und vorher auf einer hohen Mauer mit einem Durchlass verläuft (siehe Abb. 7). Hangaufwärts mündet dieser Riesweg in eine Riese, die im spitzen Winkel abzweigt. Wir haben es also auch hier mit einer Kehre oder einem Wurf zu tun.

Von der Schwallung im hinteren Tal konnte kein Dammrest gefunden werden, doch gibt es viele, zum Teil über längere Strecken gut erhaltene Ufermauern aus großen Werksteinen (Abb. 21). Oberhalb der Mauer könnte ein Weg verlaufen sein, an den sich eine auffallende Verebnung anschließt. Möglicherweise handelt es sich um eine ehemalige Spannstatt.

---

[9] Wie Anm. 8.

Werner Konold

Rimbach

Der Rimbach mündet in Holzwald von Nordosten kommend in die Wolf. Auch von diesem Gewässer liegen Akten vor. Da ging es 1838 um die „Herstellung eines neuen Langholz-Leitweges und eines Weihers zum Flößen des Brennholzes aus den Distrikten Rimbach und Grislishorn":[10] In einem Bericht vom 6. Februar 1838 an die Domänen-Kanzlei bittet die Fürstliche Oberforstinspektion, im „sogenannten Rimmbächle" einen Teil so zurichten (ausbauen) und einen Weiher bauen zu dürfen, dass man das Brennholz auf den bestehenden alten Riesen und Schlittwegen beischaffen könne und „mittelst des [...] neuen Wasserbehälters" in die Wolf flößen könne, „was bei dem jezigen Zustande nicht möglich" sei. Der Rimbach solle auf eine Länge von 488 Ruten (knapp 1.500 m) ausgeräumt werden. Dafür und für den Bau des Weihers müsse man 372 fl. veranschlagen. In einem weiteren Schreiben vom 9. Februar 1838 wird festgelegt, diese Arbeiten auszuschreiben.

Befunde: Nach Eintritt in den Wald führt ein Weg zu einer Furt (von dort zu einem kleinen Steinbruch: Materialentnahme für den Dammbau?). Oberhalb der Furt könnten sich – in Fließrichtung gedacht – rechtsseitig Reste eines Damms befinden. Ebenfalls auf der rechten Seite lässt sich über eine längere Strecke ein sehr eindrucksvoller Begleitweg mit großen Stützmauern erkennen (vgl. Abb. 16). Da auf dem Rimbach Holz getriftet wurde, war ein Begleitweg besonders wichtig, um verkantetes Holz flottmachen zu können.

Oberhalb einer Waldstraßenquerung weiter taleinwärts befindet sich eine Verebnung (evtl. Auffüllung). Hier wird auch der Begleitweg wieder sichtbar. Er kreuzt den Bach. Auf der linken Seite sind Steinhaufen, die von Bachräumungen stammen könnten.

Kastelbach

Der Kastelbach mündet in den Reichenbach, dieser bei Bad Rippoldsau-Klösterle von Nordosten in die Wolf.

Im Jahre 1584 wird ein Vertrag zwischen dem Kloster Rippoldsau und der Freien Reichsstadt Straßburg abgeschlossen, wonach das Kloster 1.816 Klafter Scheiterholz aus dem Kastelbach an die Stadt verkauft. Einen Vertrag über 6.000 Klafter, die innerhalb von zwei bis drei Jahren genutzt werden sollten, war schon 1574 zustande gekommen (Scheifele, 2004, S. 90). Es ist also auch hier anzunehmen, dass der Bach „flötzig" gemacht und ein Schwellweiher angelegt worden war.

Aus dem Jahr 1832 liegt uns ein „Uiberschlag Weierbauten im Kastlenbach" vor.[11] Es heißt, man müsse den „Hinderen Weier ganz neu herstellen". Der Bedarf an Baumaterialien wird genau aufgelistet, darunter zwei Steinkästen, Wandbäume, Dickbalken, verschieden lange Säulen und ein Pritschbaum. Für Bauholz seien 102 fl. 45 x anzuschlagen, für das Steinmaterial 161 fl. 12 x und an Arbeitslohn 140 fl. 48 x, zusammen 404 fl. 45 x.

Der Vordere Kastelbacher Weiher lag beim Hof Kastelbach, wo der Kastelbach und der Schwabach sich zum Reichenbach vereinigen. In einer „Übersicht über die Wassergebäude in der

---

[10] FFA, FF Domänenkanzley, Generalia, Rubrik Floßwesen, Cist. B 110 Kat. 4 Vol. VIII.
[11] Staatsarchiv Freiburg E 905/1 Nr. 904.

Künzig und ihren Nebenbächen" von 1833 ist von einem dritten Weiher im Kastelbach die Rede. Dieser sei in Abgang begriffen.[12]

Befunde: Vom Damm des Hinteren Weihers sind die Widerlager und der gesamte Dammquerschnitt heute noch recht gut zu erkennen. Gut erhalten ist auch die Ufermauer im Unterwasser des Damms.

Dollenbach

Der Dollenbach ist ein direkter Zufluss von Nordwesten zur Wolf südlich von Bad Rippoldsau.

Die „Übersicht über die Wassergebäude in der Künzig und ihren Nebenbächen" von 1833 erwähnt einen Dollenbacher Weiher, für dessen Unterhaltung („Baulast") der Fürst von Fürstenberg und der Bauer im Dollenbach verantwortlich seien.[13] 1830 ist von einem mittleren Weiher

Abb. 22: Dammrest des Dollenbachweihers (Gemeinde Bad Rippoldsau-Schapbach). Foto: Werner Konold.

---

[12] Stadtarchiv Schramberg, AS-2415, Übersicht über die Wassergebäude in der Künzig und ihren Nebenbächen, 1833.
[13] Ebd.

im Dollenbach die Rede, 1831 von der Wiederherstellung des in Dollenbach auf dem Hofgut des Armbruster eingegangenen Weihers.[14] Eine Spannstatt und die Weihernutzung im Dollenbach sind 1830 und 1837 Gegenstand von Akten.[15] In der TK 25 von 1876 ist im hinteren Dollenbachtal eine Schwallung („Schw.") eingetragen.

Befunde: Von dem mutmaßlichen Weiherdamm ist auf der rechten Bachseite noch etwas erhalten (Abb. 22). Die Bauart entspricht nicht der im 19. Jahrhundert an anderer Stelle üblichen Praxis beim Neubau von Dämmen (dazu Konold, Suchomel und Hugelmann, 2021, S. 95 f.). Dort, wo in der TK 25 die Schwallung eingetragen ist, befindet sich oberhalb des Weiherstandorts auf der rechten Bachseite eine lange, massive, über 1 m hohe Werksteinmauer. Die Verebnung dahinter könnte für eine Spannstatt sprechen, zumal dort eine Riese mündet. Auf dieser ist ein Pflaster erkennbar. Im Bach sind viele Quer- und Längsbauwerke erhalten.

Wildschapbach

„Heute noch spricht man im Wildschapbach vom hinteren Weiher beim Steinbruch vor Freiersbach, dem Klausenweiher im Gewann Klausen [„In der Klause"], dem alten Weiher oberhalb vom Gasthaus zum Grünen Baum [Flurname „Klausenhalde"] und dem unteren Weiher beim Wohnhaus des Siegfried Weis. Vor Wildschapbach befand sich der Schappenweiher" (Schmid, 1989, S. 300). Der Hintere Weiher lag an der Stelle, wo sich Briesschapbach und Freiersbach (in der alten TK als Wildschapbach bezeichnet, Weiher als „Schw.") vereinigen. Außerdem gab es noch einen Katzenloch- oder Neuen Weiher im Weiler Wildschapbach. Der Schappenweiher befand sich bereits im Wolftal.

Befunde: Der Klausenweiherdamm diente auch als Brücke. Man sieht am Damm keine Vorrichtung (Nut o. ä.), die auf ein Schütz oder eine Schleuse hinweist. Unterhalb der „Klausenhalde" sind Querbauwerke in der Bachsohle zu finden.

Hirschbach

Der Hirschbach mündet von Westen in den Wildschapbach.

Adolf Schmid berichtet, dass über das Hirschbachtal Floßholz vom Distrikt „Königswald" im Riesbetrieb bis vor Hirschbach gebracht worden sei (Schmid, 1989, S. 300 und 326). Im hinteren Hirschbachtal sei das Holz auf einer Spannstatt gebunden worden. Über den Wildschapbach gelangten die Flöße zur Wolf. Sollten diese Angaben korrekt sein, muss es auch im Hirschbachtal einen Wasserspeicher gegeben haben.

Befund: Der Hirschbach ist mit Ufermauern befestigt (Abb. 23).

---

[14] FFA, Cist: B 110, Kat. 4, Vol. VIII, Floßwesen im Kinzigthal in specie Floßbäche und Floßweiher.
[15] FFA, Cist: B 110, Kat. 3, Vol. VII, Floßwesen im Kinzigthal in specie Spannstatt-Verträge.

Abb. 23: Ufermauer am Hirschbach (Gemeinde Bad Rippoldsau-Schapbach). Foto: Werner Konold.

Kaltbrunnenbach und Laienbächle

Der obere Kaltbrunnenbach, der im „Grüß-Gott-Tal" (eigentlich „Griesgert"-Tal) verläuft, und das Laienbächle vereinen sich „Beim Försterhaus" zum Kaltbrunnenbach, der dann von Norden kommend in die Kleine Kinzig mündet.

Der Holztransport auf dem Wasser geht hier wahrscheinlich auf das Spätmittelalter zurück. Kaltbrunn wird 1498 zusammen mit Wittichen von den Hohengeroldseckern an das Haus Fürstenberg verkauft. Von da an lag die Flößerei allein in den Händen von Fürstenberg und Württemberg (Fautz, 1941, S. 6). 1581 beklagen die Kaltbrunner, wegen der Kinzigtäler Schifferordnung von 1557 dürften sie ihr Holz nicht mehr bis Straßburg verflößen, sondern nur noch bis Wolfach, während „alle Wirtembergischen, reich und arm, auch frei das Holzgewerbe nach Straßburg treiben" dürften. Gegen den Widerstand Wolfachs dürfen die Kaltbrunner 1585 wieder Holz bis Straßburg flößen, allerdings wird das Recht 1597 wieder entzogen (Hiss, 1966, S. 172 f.).

In der „Übersicht über die Wassergebäude in der Künzig und ihren Nebenbächen" von 1833 sind der „Laiweiher im hinteren Kaltbrunn" und der „Weiher im Griesgen" genannt. Interessant ist die Angabe, es gebe im Reinerzauer und im Kaltbrunner Tal 39 Wässerwehre, welche von den Wiesenbesitzern unterhalten werden und die man „theilweise auch zum Fortschaffen der Flösse benüzt".[16]

---

[16] Stadtarchiv Schramberg, AS-2415, Übersicht über die Wassergebäude in der Künzig und ihren Nebenbächen, 1833.

1856 wird für den Kaltbrunnenbach, den Reinerzaubach, auch Kinzigle genannt, und die Kinzig bis zum Schenkenzeller Weiher eine Bachordnung erlassen.[17] Darin geht es speziell beim Kaltbrunnenbach u. a. um die Unterhaltung des Gewässers (§ 12). Die Aufsicht führe der Bachvogt von Kaltbrunn. Dieser habe „auf jenen Bachstrecken für ordentliche Instandhaltung der Floßstraße, der Weiher, Spannstätten und Mähranstalten, bei Hauptreparaturen nach Anleitung der Großh. Wasser- und Straßenbauinspection, und für Ordnung im Floßbetrieb zu sorgen, [...]". Die Unterhaltung des Floßbachs, des Weihers und der Spannstatt im Grüßgott ist auf die Nutzer verteilt. Alle Beteiligten hätten gleiche Rechte, „doch darf keiner den andern darin ohne Noth beeinträchtigen, insbesondere gleichzeitig zwei Flöße einbinden" (§ 80). Ähnlich ist es, wenn auch komplizierter, geregelt für die beiden Weiher in der Lai (§ 81). Im weiteren Verlauf des Tales sorgt jeder anstößige Hofeigentümer für die Bachunterhaltung. Zwei weitere Weiher, das Müllersweiherle und der Kaltbrunnerweiher oberhalb der Talschmiede, „werden von sämmtlichen Kaltbrunner Waldeigenthümern nach Morgenzahl unterhalten" (§ 82). Ab Vortal, wo der Kaltbrunnenbach in die Kleine Kinzig einmündet, bis zum Eselwuhr vor Schenkenzell unterhalten die Kaltbrunner den Bach zu 1/3, die Reinerzauer zu 2/3. In Vortal gibt es zwei Spannstätten (§ 84).

1865 beschließen die Nutzer von Floßbach, Weiher und Spannstatt im Grüßgott (Fürstliche Standesherrschaft, Kasimir Katz aus Gernsbach und Alois Harter, Lindenwirt in Kaltbrunn), den baufälligen Weiher komplett zu erneuern. 1866 werden die Arbeiten abgeschlossen (dazu ausführlich Konold, Suchomel und Hugelmann, 2021, S. 97 f.).

1870 wird bestätigt, dass „diese Anstalt [...] den Anforderungen vollkommen" entspreche. Man benötige jetzt jedoch einen Aufseher „zur Beaufsichtigung und theilweisen Unterhaltung des Weihers und zur Abgabe von Weiherwassern". Vor 1866 habe es dies nicht gegeben. Nun aber wolle man „wegen Beaufsichtigung und Besorgung des Weihers, sowie wegen Abgabe von Wasser und Erhebung einer Gebühr hiefür, eine bestimmte Ordnung ein[...]führen". Für ein Wasser setze man 1 fl. Gebühr an; 30 x würden an den Eigentümer der Anstalt, 30 x an den Weiheraufseher gehen. Die Zahl der jährlichen Wasser liege zwischen zwölf und 18. Waldhüter Mäntele, der unweit des Weihers wohne, könne als Weiheraufseher fungieren (wie das – siehe oben – Jägerschmid empfiehlt). Entsprechend diesen Vorabsprachen wird dann am 3. Juli 1870 „wegen Abgabe von Schwall- und Weiherwasser" zwischen der Standesherrschaft und Alois Harter (Katz war nicht mehr dabei) eine „Ordnung" beschlossen. Darin heißt es u. a., der Weiheraufseher Felix Mäntele habe „die abgegebenen Wasser der Zeitfolge nach in ein Verzeichniß einzutragen, welches er jährlich zweimal und zwar: am 1. Juni und am 1. Novbr. der Fürstl. Forstei Wolfach in doppelter Ausfertigung vorzulegen hat. Eine Ausfertigung wird dem Alois Harter zugestellt und ihm der Einzug seiner Gebühren antheils mit 15 x für 1 Wasser überlassen. Die andere dient der Fürstl. Verwaltung zum Einzug und Verwahrung ihres Gebührenantheils mit 45 x für 1 Wasser. Der Weiheraufseher verpflichtet sich, den Schlüssel zum Weiher gut zu verwahren" und die Technik (Winde, Tafelschütz usw.) instand zu halten. Er habe „für seine Dienstleistungen jederzeit widerruflich für 1 Wasser 30 x zu fordern, und ¾ davon beim Rentamte Wolfach und ¼ bei Alois Harter zu erheben".[18]

---

[17] FFA, Fürstl. Fürstenbergische Domänenkanzley, Forstadministration, Generalia, Rubrik Floßwesen, Fach VII, 11, Vo. 1, Fasc. 1, Flösserei auf der Kinzig und ihren Nebenbächen, Floßordnungen, Floßgebühren usw.

[18] FFA, Errichtung von Floßstraßen, Bau von Wasserstuben und Weihern etc. 1840–1956, Fürstlich Fürstenbergische Domänen Kanzley, Forstei Wolfach, Floßwesen, Vol. 1, Fasc. 1.

Gehen wir in das Jahr 1878. Trotz des recht intensiven Wegebaus seien, so Wohlfarth (1983, S. 209), zu dieser Zeit noch einige Bäche für den Transport von Lang- und Klafterholz in Benutzung gewesen, darunter der Kaltbrunner und der Grüß-Gott-Bach für Lang- und Klafterholz, der Witticher Bach für Klafterholz sowie die Kleine Kinzig.

Der Kaltbrunnenbach mit seinen Seitenbächen blickt also auf eine sehr lange und intensive Nutzung für den Holztransport zurück. Dies lässt sich an den vorläufigen Befunden im Gelände nachvollziehen.

Befunde am Kaltbrunnenbach im Grüß-Gott-Tal: Oberhalb des Weihers ist der Bach bis fast zum Waldrand in einem naturnahen Zustand. Im Anschluss ist er beidseitig am Ufer und in der Sohle massiv verbaut, geht dann mit einem Absturz in einen anderen Abschnitt über. Die Mauer ist links bis etwa 1,40 m hoch, rechts zum Weg weniger hoch. An die hohe Mauer schließt sich eine größere künstliche Verebnung an, die bereits im Wald beginnt. Möglicherweise war dies eine Spannstatt (Abb. 24). Taleinwärts wechselt der Bach auf die rechte Wegseite. Er wurde mit dem Wegebau sicherlich beeinflusst, ist wahrscheinlich auch breiter gewesen. Es sind Sohlpflastersteine zu erkennen. Sehr gut identifizierbar sind hölzerne Längsbauwerke entlang des Ufers (Abb. 25).

Der Bach unterfährt dann in einem Rohr einen großen Lagerplatz. Oberhalb des Platzes wird der Waldweg an der Bergseite von einer Mauer begrenzt. Auch auf der linken Seite des Bachs befindet sich etwas oberhalb des Profils eine Stützmauer, die möglicherweise auf einen Begleitweg zurückgeht.

Abb. 24: Vermutliche Spannstatt im Grüß-Gott-Tal, abgestützt mit einer hohen Trockenmauer; der Bach ist vor dem Bau des Weges sicherlich breiter und geeignet für den Transport von Stämmen gewesen (Gemeinde Schenkenzell). Foto: Werner Konold.

Abb. 25: Rest einer Längsverbauung im oberen Kaltbrunnenbach (Grüß-Gott-Tal, Gemeinde Schenkenzell). Foto: Werner Konold.

Rechts oberhalb vom Weiher zieht sich taleinwärts ein Riesweg mit großen Stützmauern und einem Durchlass hin (Abb. 26).

Befunde am Laienbächle: Im Bach sind einige Querbauwerke zu erkennen. Über relativ weite Strecken sind noch Ufermauern vorhanden. Sehr eindrucksvoll ist auf der linken Seite ein Begleitweg, dessen Stützmauer teilweise noch in einem guten Zustand ist (Abb. 27). Auch die hangseitige Stützmauer ist hier und dort noch erkennbar.

Auf der rechten Talseite verlaufen oberhalb der beiden Layweiher zwei Rieswege, der untere vermutlich zum oberen Layweiher, der obere, dessen Eingang sehr gut erkennbar ist, zum unteren Layweiher. Die untere Riese zweigt von der oberen ab, die ins Neusprungtal einmündet. In einem großen Bogen und ziemlich breit werdend zieht sich die gepflasterte Riese von einer sehr hohen Mauer gestützt in den Wald und geht dort in einen tiefen, etwa 5 m breiten Durchstich über, der beidseits von Mauern begrenzt ist (Abb. 28). Ein sehr eindrucksvolles Bauwerk!

Abb. 26: Riesweg/Riesunterbau oberhalb des Grüß-Gott-Weihers (Gemeinde Schenkenzell). Foto: Werner Konold.

Abb. 27: Begleitweg am Laienbächle mit einer sehr sorgfältig gearbeiteten Trockenmauer. Hinter den gesetzten Werksteinen kann man die Dränschicht aus geschütteten Steinen erkennen (Gemeinde Schenkenzell). Foto: Werner Konold.

Werner Konold

Abb. 28: Breiter und aufwändig gesicherter Rieswegdurchstich im Neusprungtälchen, das in das Laienbächletal einmündet. Die Riese, streckenweise mit hohen Stützmauern versehen, kann man bis zu den Floßweihern verfolgen (Gemeinde Schenkenzell). Foto: Werner Konold.

Teufelsbächle

Das Bächle beginnt nicht weit südlich vom Oberen Zwieselberg und mündet in den Stausee Kleine Kinzig. Schon bald kann man einen massiven Steinausbau erkennen (Abb. 29). Rechts verlief möglicherweise ein Begleitweg. Der (Wander-)Weg auf der linken Seite lässt eine Pflasterung erkennen, hier und dort gibt es Stützmauern, dazu ein paar schräg geführte, recht aufwändig gebaute Entwässerungsrinnen. Der Weg könnte für den Holztransport genutzt worden sein.

Abb. 29: Ufermauer im Teufelsbächle (Grenze Stadt Alpirsbach/Freudenstadt). Foto: Werner Konold.

Abb. 30: Beidseitig mit starken Mauern gebaute Riese, die zum Teufelsbächle führt (Stadt Alpirsbach). Foto: Werner Konold.

Von rechts vom „Scheiterhau" kommend, mündet neben dem Soldatenbrunnenbächle eine Riese, die auf beiden Seiten von großen, aufgestellten Steinen begrenzt wird (Abb. 30). Aus der Klinge und von der Riese scheint schon viel Material transportiert worden zu sein, denn das Tälchen ist mit Geschiebe aufgefüllt. Im Verlauf des Tales münden weitere Riesen, so z. B. oberhalb der ersten Querung einer Forststraße. Im Bach lassen sich alte Holzschwellen erkennen.

Werner Konold

Hüttenbächle

Der Bach mündete früher in die Kleine Kinzig, heute in den Stausee Kleine Kinzig.

Die Stadt Straßburg erhielt 1570 vom Kloster Alpirsbach das Recht, am Huttenbach/Hüttenbächle und am Dürren Kinzigle (der oberste Abschnitt der Kleinen Kinzig) Scheiterholz zu gewinnen. Schon vorher hatten Bauern von Reinerzau und von Loßburg zeitlich begrenzte Holznutzungsrechte vom Kloster überlassen bekommen, ebenfalls u. a. an der Kleinen Kinzig und am Hüttenbächle (Scheifele, 2004, S. 90). Es ist davon auszugehen, dass die Bäche für den Holztransport hergerichtet und dass auch in den oberen Bachabschnitten Wasserspeicher gebaut worden waren.

Befunde: Entlang des heute noch frei fließenden Hüttenbächles sind an zahlreichen Stellen Ufermauern vorhanden, die teilweise auch direkt mit einem Begleitweg in Verbindung gebracht werden können (Abb. 31). Auffällig ist, dass die Mauern teils handwerklich gut gearbeitet sind, teils bestehen sie jedoch aus großen, groben Steinen. Hinter den Mauern befinden sich vielfach Verebnungen, die wohl künstlich angelegt worden sind, möglicherweise zur Zwischenlagerung von Holz oder gar als Spannstatt.

In der Nähe des Fidelisbrunnens führt ein mit einer massiven „Zyklopenmauer" gestützter Weg taleinwärts Richtung Hüttenbächle.

Abb. 31: Ruinöse Ufermauer am Hüttenbächle (Grenze Stadt Alpirsbach/Gemeinde Loßburg). Foto: Werner Konold.

Schluss

Manches von dem, was ausschnittsweise und in aller Kürze vorgestellt wurde, ist als Einzelerscheinung unspektakulär. Sieht man jedoch alle Komponenten, ihre sich ergänzende Funktionalität und die weite räumliche Verbreitung der physischen Hinterlassenschaften, so ergibt sich – in Ergänzung zum immateriellen Erbe – eine beeindruckende Sachgesamtheit von großer wasser-, technik- und wirtschaftshistorischer sowie heimatkundlicher Bedeutung. Man kann von einer Flößereilandschaft sprechen. Die wichtigsten Elemente dabei sind die kleinen Gewässer, an denen sich die Hinterlassenschaften konzentrieren. Unsere Studie hat erst einen Bruchteil davon erfasst.

Verfüllung, starker Bewuchs, Waldstraßenbau und Hochwasser lassen den Bestand immer kleiner und unscheinbarer werden. Es wäre also höchste Zeit, eine vollständige Erhebung zu machen, inklusive des Mühlenwesens und der Wiesenbewässerung, und sich über Freistellung, Pflege und Restauration Gedanken zu machen. Dabei wäre es sehr gut, sich mit Akteuren in anderen Flößereilandschaften zu verbünden.

Literatur

Fautz, Hermann: Das Holzriesen im Schwarzwald, in: Badische Heimat 22 (1935), S. 572–577.

Fautz, Hermann: Die Geschichte der Schiltacher Schifferschaft, in: Die Ortenau 28 (1941), S. 3–66.

Fürstenbergisches Urkundenbuch. VII. Band. Quellen zur Geschichte der fürstenbergischen Lande in Schwaben vom Jahre 1470–1509, hg. vom Fürstlichen Archiv, Tübingen 1891.

Gayer, Karl: Die Forstbenutzung, Berlin ^{7}1888.

Hafner, Franz: Der Holztransport. Handbuch für Rückung, Lagerung, Ladeverfahren und Haupttransport, Wien 1964.

Harter, Hans: Schiltach. Die Flößerstadt (Beiträge zur Geschichte der Stadt Schiltach, Bd. 1), Schiltach 2004.

Hiss, Albert: Kaltbrunn-Wittichen einst und jetzt. Chronik einer Schwarzwaldgemeinde und ihres Klosters, Freiburg i. Br. 1966.

Jägerschmid, Karl Friedrich Viktor: Handbuch für Holztransport- und Floßwesen zum Gebrauche für Forstmänner und Holzhändler, und für solche die es werden wollen, zwei Bände, Karlsruhe 1827/28.

Königl. Ministerium des Innern, Abteilung für den Strassen- und Wasserbau: Verwaltungsbericht der Königl. Ministerialabteilung für den Strassen- und Wasserbau für die Rechnungsjahre vom 1. Februar 1895/96 und 1896/97, II. Abteilung. Wasserbauwesen, Stuttgart 1899.

Königl. Ministerium des Innern, Abteilung für den Strassen- und Wasserbau: Verwaltungsbericht der Königl. Ministerialabteilung für den Strassen- und Wasserbau für die Rechnungsjahre 1901 bis 1904, II. Abteilung. Wasserbauwesen, Stuttgart 1907.

Konold, Werner / Suchomel, Christian / Hugelmann, Manuel: Riesen, Schwallungen, Flößerei. Eine Studie zur Kultur- und Baugeschichte der Holzbringungsanlagen im Einzugsgebiet der oberen Kinzig, in: Alemannisches Jahrbuch 2019/2020, Jg. 67/68 (2021), S. 13–168.

Scheifele, Max: Aus der Waldgeschichte des Schwarzwaldes, Stuttgart 2004.

Schmid, Adolf: Schapbach im Wolftal. Chronik einer Schwarzwaldgemeinde, Freiburg 1989.

Späth, Lothar: Schramberger Flößerei vom ausgehenden Mittelalter bis ins 19. Jahrhundert, in: D'Kräz. Beiträge zur Geschichte der Stadt und Raumschaft Schramberg 20 (2000), S. 2–8.

Wohlfarth, Erich: Geschichte der Fürstlich Fürstenbergischen Forstwirtschaft, hg. vom Ministerium für Ernährung, Landwirtschaft, Umwelt und Forsten Baden-Württemberg und der Fürstlich Fürstenbergischen Forstdirektion (Schriftenreihe der Landesforstverwaltung Baden-Württemberg, Bd. 59), Stuttgart 1983.

Wooge und Riesel am Legelbach

Zur Geschichte der Trift im Pfälzerwald

Wolfgang Fritzsche

Einleitung

Der Pfälzerwald ist, trotz statistisch gesehen vergleichsweise geringer Niederschläge, ein überregional bedeutender Grundwasserspeicher. Gemeinsam mit den „Vosges du Nord" bildet er seit 1992 das UNESCO-Biosphärenreservat „Pfälzerwald-Nordvogesen". Eine jüngst durchgeführte Evaluation durch die UNESCO bestätigte, dass innerhalb des naturräumlichen Habitats die anthropogenen Triftanlagen wertvolle Lebensräume und zugleich prägende Elemente der Kulturlandschaft sind.

Das 2014 durch das Umweltministerium Rheinland-Pfalz, das Landesamt für Umwelt und den Bezirksverband Pfalz, den Träger des Biosphärenreservates, ins Leben gerufene Projekt „Wooge und Triftgewässer" sucht nach modellhaften Lösungen zum nachhaltigen Umgang mit den Gewässern. Mit Einbindung der Landesdenkmalpflege erschien zunächst eine systematische Erfassung der Anlagen auch unter denkmalfachlichen Aspekten notwendig. Das im Folgenden vorgestellte Pilotprojekt wurde 2018/2019 durchgeführt und hatte zum Ziel, „anhand eines begrenzten Gebietes beispielhaft Methodik, Umfang und Aufwand einer Gesamterfassung der historisch relevanten baulichen Zeugnisse der Trift zu ermitteln" (Fink und Fritzsche, 2021, S. 53). Die Wahl fiel dabei auf das Gewässersystem des Kleinen und Großen Legelbachs in der Gemarkung Elmstein im pfälzischen Landkreis Bad Dürkheim.

Geschichte und Technik der Trift

Der Begriff „Trift" bezeichnet den wassergebundenen Transport vergleichsweise kurzer, nicht miteinander verbundener Holzstämme für Brennholz, Stiefelholz oder Balkenholz. Im Gegensatz dazu steht die gebundene Flößerei, bei der lange Stämme zu einem Floß zusammengebunden auf dem Wasserweg transportiert wurden. Im allgemeinen Sprachgebrauch auch der Archivalien werden aber, zumindest in Bezug auf die Trift, beide Begriffe oft synonym benutzt. Getriftet wurde im Pfälzerwald regelmäßig im Frühjahr bis Georgi (23. April) und ausnahmsweise im Herbst ab Michaeli (29. September).

Die überwiegende Mehrzahl der Autoren setzt den Beginn der Trift im Legelbachtal in die Zeit des 13. Jahrhunderts oder wenig früher. Die erste bekannte Bachordnung, einschließlich Regelungen zur Trift, stammt aus dem 15. Jahrhundert. Die erste Floßordnung wurde 1757 von Kurfürst Carl Theodor von der Pfalz erlassen und galt nur für dessen Territorium (Fink und Fritzsche, 2021, S. 52).

Es waren vor allem die großen Siedlungen der Vorderpfalz mit ihren Holz verbrauchenden Gewerben, die Nutzung des Holzes als Energielieferant und der Weinbau, die eine hohe Nachfrage nach Holz erzeugten. Dies führte oft zu mehr oder weniger unkontrolliertem Einschlag zunächst auf den östlichen Abhängen des Pfälzerwaldes. Später drang der Holzabbau weiter in die tiefer gelegenen Täler vor. Durch die Kleinstaaterei waren die Waldflächen auf viele verschiedene Besitzer verteilt, die zwar unterschiedlich auf diesen Nutzungsdruck reagierten, aber letztlich nicht verhindern konnten, dass der Wald devastierte. In der Zeit zwischen 1792 und 1814, als die Region unter französischer Regierung stand, kam die Trift fast vollständig zum Erliegen und viele Einrichtungen verfielen. Auch ein kaiserlich-napoleonisches Dekret von 1807 half diesem Missstand vor allem an den Nebenbächen im Oberlauf nicht nachhaltig ab. Es gelang nicht, dauerhaft einheitliche Regelungen durchzusetzen, obwohl der *Code civil* die schiff- und floßbaren Flüsse und Bäche zu öffentlichem Eigentum erklärt hatte. Das seinerzeit eingeführte Coupen-System überließ sowohl den Einschlag als auch den Transport des Holzes Privatpersonen und Unternehmen, aus denen sich sogenannte Holzkompanien entwickelten. Das von ihnen ausgeübte Monopol trieb den Marktpreis in die Höhe und beförderte dadurch letztlich abermals den Raubbau. Nach 1816, dem Übergang der Pfalz an Bayern, wurde als Erstes dieses System aufgehoben. Die neue Regierung übernahm den Holzverkauf in eigener Regie und waldbauliches Ziel wurde nun die gezielte Produktion von Nutz- und Brennholz.

Eine der ersten und wichtigsten Maßnahmen der neuen Forstverwaltung war die infrastrukturelle Erschließung der Wälder durch den Ausbau des Triftwesens und des Wegenetzes. Reichte dies für die Zeit bis etwa 1830 aus, griff die Bevölkerung in den Jahren danach wieder vermehrt auf die Waldungen zu. Grund war die Verschlechterung der sozialen Bedingungen, denn die bayerische Regierung war kaum in der Lage, den Holzbedarf in der dicht besiedelten, aber waldarmen Rheinebene zu decken. Das nun gut ausgebaute Triftwesen, also das Transportsystem, erlaubte der Forstverwaltung, tiefer in den Bergen gelegene Distrikte zu erschließen und so stark genutzte Waldgebiete der übermäßigen Beanspruchung zu entziehen. „Ohne diesen Ausbau des Triftwesens wären die Bevölkerung und die einzelnen Gewerbe genötigt gewesen, ausschließlich auf die schon überanspruchten Waldungen zurückzugreifen." (Schmehrer, 1998, S. 82). Die Trift verschaffte also der Forstverwaltung die Möglichkeit eines geordneten Waldaufbaus. Funktional ist Trift folglich in Zusammenhang mit Forstwirtschaft und dem Ausbau auch des Wegesystems im Pfälzerwald zu sehen.

Unterstand das Triftwesen in den ersten Jahren noch unmittelbar der Forstverwaltung, wurde 1822 das selbstständige Triftamt Neustadt eingerichtet. Triftmeister im Rang eines Försters waren für die Durchführung zuständig. Einer von ihnen saß in Elmstein, das bald danach eine eigene Triftmeisterei bildete. Sehr schnell begann das Triftamt Neustadt, die in französischer Zeit in Verfall geratenen Trifteinrichtungen wiederherzustellen und die Haupt- und Nebenbäche systematisch auszubauen. Dabei wurden zunächst die Klausen[1] bearbeitet. Aus Kostengründen bediente man sich vielfach hölzerner Einrichtungen.

Der systematische Ausbau erfolgte nach 1820 durch Begradigung der Bachläufe und Abflachung scharfer Biegungen. Da die Länge des zu transportierenden Holzes nicht über 1,75 m hinausging, schuf man ein geeignetes Querprofil der Bäche mit gleichbleibender Breite, die auf

---

[1] Der Begriff „Klause" wurde durch die bayerische Regierung eingeführt. In der ansässigen Bevölkerung wird bis heute überwiegend die Bezeichnung „Woog" verwendet. Beide Bezeichnungen werden im Folgenden synonym verwendet.

2 bis 5 m – je nach Schwell- und Hochwasserprofil – bemessen wurde. Das Gefälle wurde durch vielfachen Einbau steinerner Überfälle (Riesel oder Stürze) auf 0,5 bis 1 % gemindert. „Am Beispiel des Kleinen Legelbachs kann dies belegt werden, an dem sich auf einer Strecke von nur zwei Kilometern über 20 solcher künstlicher Riesel befinden." (Jentsch und Lukhaup, 1998, S. 38). Bis heute lassen sich allein im Einzugsbereich des Legelbachs neun verschiedene Bauweisen der Riesel entdecken: Einige sind getreppt, andere bestehen aus zwei Teilen, zwischen denen ein flacher Bereich verläuft, wiederum andere unterscheiden sich in ihrer Länge und Neigung. Daneben bestehen senkrechte, gemauerte Stürze, die zumeist in einem Tosbecken enden und mit deren Hilfe die Fließgeschwindigkeit drastisch reduziert wird.

Abb. 1: Sturz unterhalb der Gandertsklause im Bäckerbachtal. Foto: Direktion Landesdenkmalpflege, Generaldirektion Kulturelles Erbe (GDKE) Rheinland-Pfalz, Mainz, Wolfgang Fritzsche, 2019.

Wolfgang Fritzsche

„Um das Bachbett auf die Dauer des regulierten Zustands zu erhalten, waren wenigstens im Oberlauf der Bäche Längsbauten erforderlich, die – meist beiderseits – in Quadermauern ausgeführt sind (Kanalisierung)." (Elsner, 1930, S. 165).

In dieser Ausbauperiode wurden im Einzugsgebiet der drei Triftsysteme an Wieslauter, Queich und Speyerbach 260 km Bachlauf triftfähig ausgebaut (vgl. Jentsch und Lukhaup, 1998, S. 34).

Gleichzeitig erfolgte die Kanalisierung der Oberläufe und der Ausbau der Landwege. Die dafür notwendigen Maßnahmen umfassten die Einbeziehung der Nebenbäche und Quellen, die Kanalisierung der wichtigsten Bäche mithilfe von Flechtwerkeinfassungen oder Quadermauerwerk, den Bau von steinernen Wehren, den Ausgleich des Gefälles durch Wasserstürze, die Konstruktion von Wasserablässen zur Regulierung der Wasserabgabe aus den Woogen respektive Klausen, den vermehrten Ausbau der Klausen im Oberlauf und die Anlage von Bollerplätzen[2] und Holzablageplätzen in den oberen Seitentälern sowie die Einrichtung von Holzhöfen in Albersweiler, Landau, Neustadt, Mutterstadt, Frankenthal und Speyer (vgl. Meyer, 1990, S. 119).

Nach ihrer Konstruktion unterschied man zwei Formen von Klausen:
1. Klausen im oberen Abschnitt der Triftstrecke, die das Hauptwasser lieferten. Diese sollten ein möglichst großes Fassungsvermögen haben. Da die Talformen der Oberläufe aber eine solche Bauart oft nicht zuließen, legte man normal große Klausen an, die aus weiter oberhalb gelegenen, kleineren Weihern Nachwasser erhielten. Ein Beispiel einer solchen Klause ist die 1830 an einem Nebenbach des Großen Legelbachs erbaute Gandertsklause.
2. Klausen am Triftbach unterhalb des ersten Bollerplatzes. Sie sollten Vor-, Verstärkungs-, seltener auch Nachwasser geben. Lagen diese Klausen direkt im Tal des Triftbachs und nicht in einem Seitental, so wurde das Triftholz entweder durch eine Umleitungsrinne, einen Bypass, an der Klause vorbeigeführt (Klause im Nebenschluss) oder die Klausen und deren Dämme mussten zum Durchtriften eingerichtet sein (Klausen im Hauptschluss).

Allgemein bestanden die Staudämme zumeist aus Erdaufschüttungen und waren häufig an der Innenseite, zuweilen auch außen durch Quadermauern befestigt. Die letztgenannte Bauweise findet sich im Einzugsbereich des Legelbachs jedoch nur selten. Auslauf, Sturz und Gießbett[3] waren aus kräftigem Sandsteinmauerwerk ausgeführt. Seit etwa 1850 verwendete man dafür einen Zementmörtel, oftmals Portlandzement, führte aber auch Trockenmauerwerk auf. Als Auslaufvorrichtung diente nur ausnahmsweise ein mit einem Hebetor verschlossener, steinerner Kanal, eine sogenannte Dohle. Zumeist befand sich am Damm ein beidseits durch Sandsteinmauern begrenzter Auslaufschacht mit gepflasterter Sohle. Dieser war überwiegend mit einer Bohlenwand verschlossen, deren Bohlen in eingehauenen Nuten der steinernen Pfosten verliefen. Konnte man die Hölzer einzeln herausheben, nannte man diese Kulissenverschluss. Er fand sich zumeist an den Klausen im Hauptschluss. In den anderen Fällen war an der Sohle des Auslaufschachtes in der Bohlenwand eine Öffnung ausgespart, der sogenannte Grundablass, der zwischen 0,3 mal 0,5 bis 0,6 mal 1,5 m groß war. Geschlossen war diese Öffnung durch eine in Nuten geführte Hebetür, die meist durch eine Schraubenspindel bewegt wurde. Die Mutter der Spindel war regelmäßig in die schwere steinerne Deckelplatte eingelassen. Nur ausnahmsweise kamen Hebetüren mit Hebelzug und Schlagtore als Verschluss zur Anwendung. Der Überlauf erfolgte bei gespannter,

---

[2] Bollerplatz, auch Holz- oder Einwurfplatz; in der Regel eingeebnete Fläche links und/oder rechts am Bachufer, auf der das geschnittene Holz gelagert, getrocknet und zur Trift in den Bach eingeworfen wurde.

[3] Auslaufvorrichtung am Fuß eines Dammes aus großen Sandsteinquadern.

also vollständig gefüllter Klause über die Bohlenwand, außerdem war oft noch ein seitlicher Sicherheitsüberlauf angebracht (vgl. Elsner, 1930, S. 166).

Neben den Klausen speicherten sogenannte Scheren das Wasser. Dies sind Aufweitungen des Bachbettes von möglichst großer Länge, die aber am Legelbach heute nicht mehr vorkommen. Sie dienten während der Trift auch zur Lagerung des Holzes während der Nacht.

Weitere Staueinrichtungen waren Mühlenschleusen, auch Abschlagwehr oder Schütz genannt, und Sperrvorrichtungen zum Wässern der Wiesen. Gerade Letztere gab es in recht vielfältigen Ausführungen. Die einfachste war das Stangenwehr, das aus mehreren, quer zum Wasserlauf übereinanderliegenden und durch Rasen- oder Erdauflage abgedichteten Stangen bestand. Höhere Stauhöhen konnten mit Haspel- oder Kulissenschützen erreicht werden. Bei Ersterem war das Staubrett durch Ketten mittels einer Welle oder Haspel zu öffnen. Hiervon fanden sich im Untersuchungsgebiet zwei Stück am Speyerbach. Bei Kulissenschützen lagen mehrere Staubretter aufeinander und konnten einzeln herausgenommen werden. In beiden Fällen laufen die Staubretter abermals in Nuten der seitlichen Pfosten oder Mauern.

„Von 1830 an gelang es dem Triftamt seine vorgesetzten Stellen von der Unwirtschaftlichkeit des zwar billigen, aber sehr wenig dauerhaften Holzbaus zu überzeugen und allmählich alle Holzbauten durch Massivbauten von Quadersteinen zu ersetzen." (Elsner, 1930, S. 162). Zwischen 1830 und 1840 erreichten die Bautätigkeiten ihren Höhepunkt. „Von den 32 Klausen des Elmsteiner Triftmeisterbezirks wurden 1821 bis 1830 11 Stück, von 1830 bis 1840 aber 16 Stück neu errichtet; auch die Kanalisation des Oberlaufs der meisten Triftbäche wurde in den 1830er Jahren wenigstens begonnen, ebenso wurden damals zur Erleichterung des Landtransports der Triftölzer an die Einbollerplätze auch schon Wegebauten vom Triftamt ausgeführt." (ebd., S. 163).

Darüber hinaus wurden im 19. Jahrhundert allein im Elmsteiner Triftbezirk 50 gewölbte Steinbrücken, 26 Holzbrücken sowie zahlreiche Stege als Triftbauten ausgeführt.

Während die Trift in der Zeit zwischen 1850 und 1860 ihren Höhepunkt erreichte, mehrten sich gleichzeitig die Klagen gegen diese Art der Wassernutzung. Es waren vor allem die frühindustriell entwickelten Mühlen, die gegen das regelmäßige Absperren des Wassers auch juristisch vorgingen. Gleichzeitig verbesserten sich mit Ausbau des Wege- und Straßennetzes die Transportmöglichkeiten auf dem Landweg. 1876 urteilte der Bayerische Kassationshof, das höchste Gericht des Landes, der Staat sei nicht Eigentümer der Triftbäche. Daraus ergab sich eine Schadenshaftung bei den betroffenen Gewerbetreibenden (vgl. Meyer, 1990, S. 202). Dieses Urteil leitete schließlich ein Umdenken ein. Aus der profitablen Trift konnte sich nun ein wirtschaftlich riskantes Unternehmen entwickeln. Bereits 1879 beendete die Regierung die Trift auf der Wieslauter, 1881 auf der Queich und 1882 auf dem Hochspeyerbach und dem Speyerbach von Frankeneck abwärts (vgl. Weintz, 1963, S. 67).

Zur Geschichte der Trift auf dem Legelbach

Weder die Literatur noch die Archivalien geben dezidierte Auskunft über den Ausbau des Legelbachs im 18. Jahrhundert. Eine Forstkarte von 1779, also aus kurpfälzischer Zeit, zeigt aber zumindest die Wooge (Landesarchiv Speyer [LASp.] W 1, Nr. 1787). Sie wurde angelegt, um einerseits die Forstdistrikte und deren Flächengehalt, andererseits aber auch die Trifteinrichtungen zu zeigen. Es kann also davon ausgegangen werden, dass sie vergleichsweise exakt ist. Sie gibt einen guten Überblick über die bestehenden Wooge, aber auch über heute nicht mehr existierende.

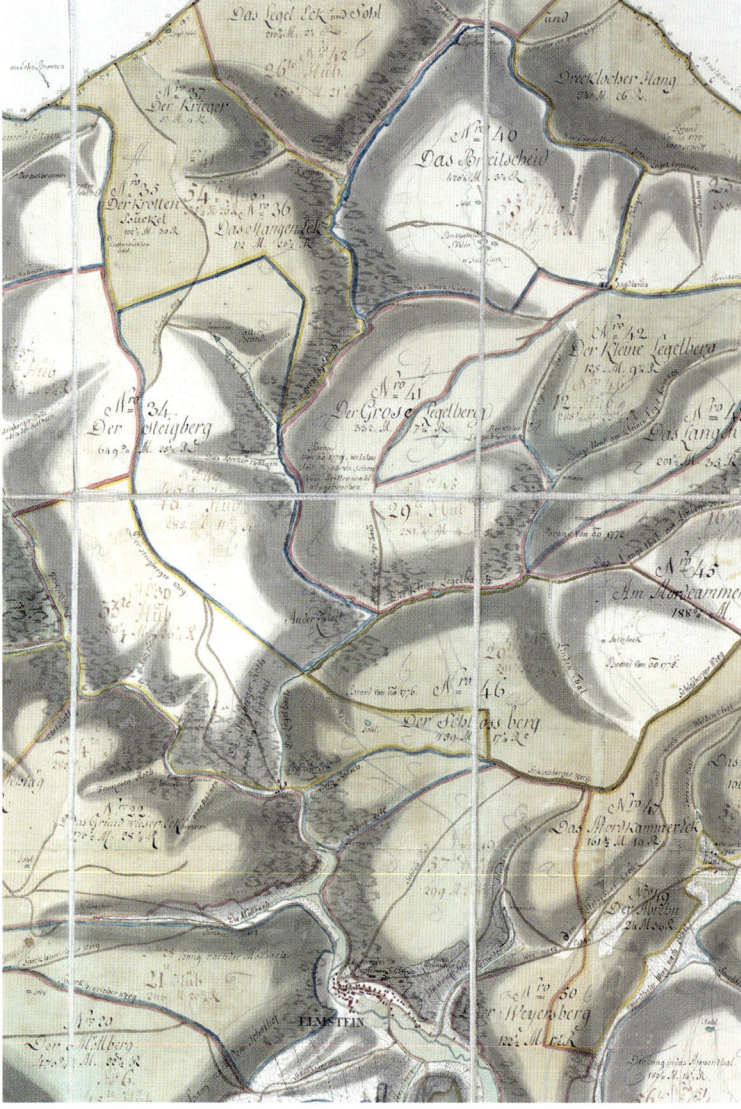

Abb. 2: Ausschnitt aus der Karte des Elmsteiner Forstes von Peter Dewarat von 1779. Quelle: LASp W 1, 1787.

So lagen am Großen Legelbach sieben Wooge sowie jeweils zwei weitere am Kleinen Legelbach und am Abrahamsbach. Die beiden letztgenannten bestehen heute nicht mehr, andere wurden im 19. Jahrhundert verlegt.

Unmittelbar nach dem Übergang der Pfalz an Bayern begannen die Planungen, den Legelbach und den Speyerbach auszubauen. Allein am Legelbach sollten zehn bis zwölf Sandfänge eingerichtet werden, die das Lockermaterial, das gewöhnlich mit der ersten Flößerei abgeschwemmt wurde, auffangen sollten. Gegen diese Pläne hatte die Gemeinde Elmstein 1819 Einspruch erhoben, auch weil sie befürchtete, dass die Anrainer in ihren verschiedenen Nutzungsrechten gestört werden könnten und dass die beiden Mühlen zumindest zeitweise zu wenig Wasser erhielten.

Als Argument führte sie an, dass „gewißlich unter Churfürsten Carl Theodor die damals statt gefundene Flößerei auf der Legelbach nicht wieder aufgehoben worden wäre, wenn die damalige Regierung nicht schon die Überzeugung erhalten hätte, daß solche ohne den größten Nachtheil für die dortigen Einwohner nicht bestehen könne" (LASp Q 22, Nr. 447).

Trotz der Einwände wurde dem Forstamt am 12. Juni 1819 aufgetragen, mit einigen Arbeiten zu beginnen. Dazu zählte der Bau einer Brücke über den Legelbach, die Anlage der Sandfänge oberhalb der Wiese der Alten Schmelze und eine Umgestaltung des Mündungsbereiches des Legelbachs. Ziel war es, die Flößerei so bald wie möglich aufzunehmen. Zu diesem Zweck war an der Brander Delle eine Schere[4] anzulegen.

Auch dagegen brachte die Gemeinde Elmstein Bedenken vor. So argumentierte sie, die Straße von Elmstein nach Kaiserslautern würde entweder vollständig verloren gehen oder müsste während der Flößerei gesperrt werden. Zudem befürchtete man, dass die Bewässerung der unterhalb gelegenen Wiesen nicht mehr ausreichend durchgeführt werden könnte und die Mühlen und andere am Wasser gelegene Werke zum Stillstand kommen würden. Schließlich führte sie ins Feld, dass den Bewohnern durch die Trift Einnahmeverluste drohten, da der bisherige Lohn für den Transport des Holzes zu den nächstgelegenen Sammelplätzen entfiele.

Wie üblich nahm die Regierung ausführlich Stellung zu den Argumenten. Eine der bemerkenswertesten Einlassungen befasste sich mit dem Aspekt der Einkommensverhältnisse. In dem Schreiben heißt es, dass man tatsächlich damit rechnen müsse, dass einige wenige Fuhrleute, die bislang den Holztransport im Elmsteiner Wald für einen „übermäßigen Preis" durchführten, einen Einnahmeverlust hinzunehmen hätten. Dagegen erhielten aber weit mehr Schlittler und Flößer Arbeit, sodass deren Einkommen deutlich steigen würde. Der Ausbau der Triftanlagen war also auch ein Projekt zur Arbeitsbeschaffung. Schließlich erging die durchaus autoritäre Anweisung, dass auf die „ungegründeten" Einwände der Gemeinde keine Rücksicht genommen werde und die Arbeiten aufzunehmen waren (vgl. LASp Q 22, Nr. 447).

Dieser frühe Ausbau des Legelbachs fiel in eine Zeit, in der die meisten Trifteinrichtungen aus finanziellen Gründen aus Holz gebaut wurden. Dieses war preiswert und bei äußerst niedrigen Transportkosten in den benachbarten Wäldern zu bekommen. Demgegenüber, so Kritiker dieser Bauweise, standen aber die geringe Haltbarkeit und die daraus resultierenden hohen Reparaturkosten. Auch Details der steinernen Kanalisierung wurden diskutiert. Man befürchtete, die Platten des Grundbettes würden sich im Laufe der Zeit senken oder heben und dadurch unterspült, wodurch der ganze Kanal Schaden nehmen könne. Diesem Einwand wurde abermals durch eine exakte Bauanleitung mit einem Handriss begegnet. Schließlich wies die Regierung des Rheinkreises das Bezirksforstamt Neustadt am 18. September 1819 an: „Um [...] über die dauerhafteste Art der Konstruktion des in dem Legelbach zu errichtenden Wasserkanals, die Erfahrung für künftige Fälle zu Rathe ziehen zu können, hat man [...] beschlossen, den fraglichen Kanal dergestalt ausführen zu lassen, daß die untere Hälfte desselben [...] von Steinen, an der oberen Hälfte aber nur die Seitenwände von Steinen, das Bette hingegen von Holz erbaut werde." (LASp Q 22, Nr. 447). Dieser Abschnitt des Ausbaus des Legelbachs kann folglich als Pilotprojekt angesehen werden.

Besonderer Regelungen bedurfte das nur wenig von der Mündung entfernt gelegene Areal der Alten Schmelze. Hier bestand bereits ein Teich, der in das Triftsystem zu integrieren war. Daher errichtete man hier eine Klause im Nebenschluss.

---

[4] Schere: künstliche Aufweitungen des Bachbettes von möglichst großer Länge als Wasserspeicher und zur Lagerung des getrifteten Holzes während der Nacht.

Abb. 3: Der Bypass der Altschmelzklause. Foto: Direktion Landesdenkmalpflege, GDKE Rheinland-Pfalz, Mainz, Georg Peter Karn, 2020.

1820 wurde mit dem Bau der Brücke über den Legelbach begonnen. Im Juni des gleichen Jahres waren bereits einige Einrichtungen fertiggestellt, andere wie der Nebenschluss der Altschmelzklause waren in Arbeit. Den gleichen Bearbeitungsstand hatten die Sandfänge oberhalb dieses Wooges und der Mittlere Woog. Die Ortsangabe „Mittlerer Woog" lässt sich heute nicht mehr lokalisieren.

Aus nicht geklärten Gründen verzögerten sich einige Arbeiten, sodass das Triftamt im Juli 1825 auf eine Fortsetzung drängte: „In der gegenwärtigen Jahreszeit, wo alle Waldarbeiten für dieses Wirtschaftsjahr beendigt, und auch der Flößereibetrieb bis zum Spätjahr unterbrochen ist, befindet sich der größte Theil der Gebirgsbewohner arbeitslos und ohne allen Verdienst. [...] die billigen Arbeitslöhne, welche jetzt bedungen werden können, fordern dazu auf, noch nicht ausgeführte Arbeiten ohne Verzug den Gebirgsbewohnern durch Versteigerung zu begeben." (LASp Q 22, Nr. 447).

Die nun projektierten Erweiterungen betrafen auch die Floßbarmachung des Legelbachs oberhalb des Ausbaus von 1819. Dazu genehmigte man zunächst am 30. August 1825 den Bau zweier Wasserstuben unterhalb der Quelle des Legelbachs, des sogenannten Legelbrunnens, einer dritten am Kleinen Legelbach und die Aushebung eines regelmäßigen Bachbettes. Zudem war die Uferbefestigung bis zum obersten Woog fortzuführen und das Bett des Kleinen Legelbachs auszuräumen. Alle übrigen Arbeiten hatten zunächst zu unterbleiben.

Abermals erlaubt die außerordentlich gute Quellenlage einen Blick in die detaillierten Vorgaben: So war bei der Anlage der obersten Wasserstube darauf zu achten, dass diese von der unteren einen derartigen Abstand einhielt, „daß die Basis des ersteren Dammes in keinem Falle von dem Wasser des Unteren bespült werde; ferner daß das neue Bachbett zwei Meter Breite im Lichten zu erhalten habe, und die nöthige Vorsicht anzuwenden sey, damit nicht die Einfassung mit Steinen auf solchen Bohlen gestellt werde, auf welchem sie durch Hinwegflößen der aufgeschwemmten Erde bald untergraben und zusammen geworfen wird" (LASp Q 22, Nr. 479). Diese obere Wasserstube, vermutlich der heutige Fischweiher, war Sammelbecken für das Hauptwasser, um aus der zweiten Klause Nachwasser geben zu können. Die Konstruktion der Auslässe war in einer Zeichnung erläutert, die leider nicht erhalten ist. Die Böden beider Klausen waren mit festgestampftem Rasen zu belegen, ebenso wie die Außenseite der Dämme. Die Innenseiten bestanden ebenfalls aus festgestampfter Erde. Das bei der Fundamentierung ausgehobene Erdreich diente der Verstärkung des Dammes. Der Auslass bestand zumindest teilweise aus Holz.

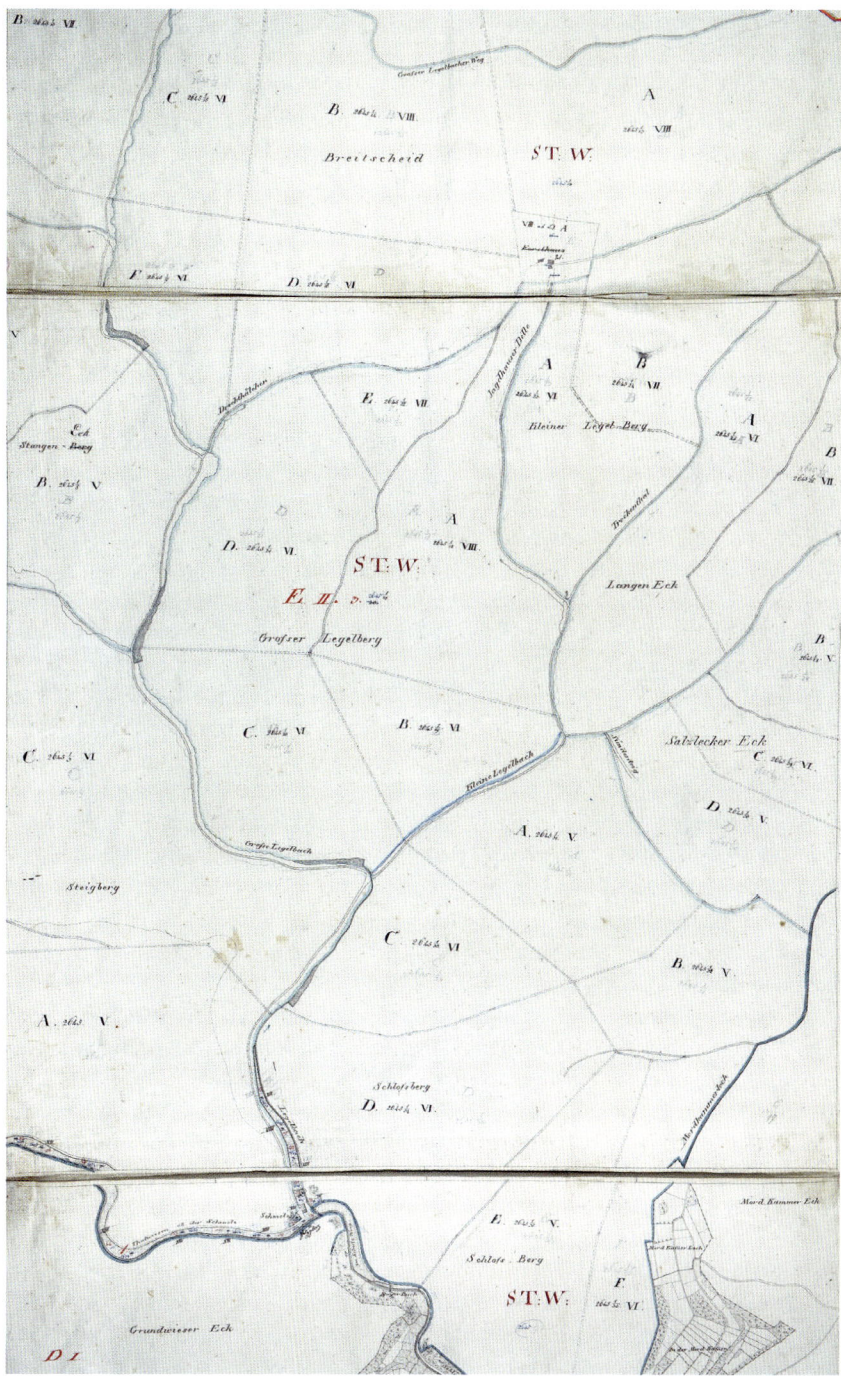

Abb. 4: Der Parzellenplan des Elmsteiner Waldes aus der Zeit um 1838 zeigt die neuen Trifteinrichtungen (Ausschnitt). Quelle: LASp W 41, Nr. 2129-3.

An dieser Stelle sei noch einmal darauf hingewiesen, dass dieser Ausbau Bestandteil des Pilotprojektes war, bei dem Holz und Stein als unterschiedliche Baumaterialien zur Verwendung kamen. So wird immer wieder das Material detailliert erwähnt. Einer der folgenden Wooge, der Dammwoog, auch Georgenklause genannt, war mächtiger. Die Breite an seinem Fuß betrug 7 m, die der Krone 3 m. Anders als bei der vorherigen Klause war er allerdings zumindest teilweise in Massivbauweise errichtet worden. Auch das Gießbett war mit steinernen Platten belegt und dessen Böschungsflügel bestanden aus Hausteinen. Der sich anschließende Kanal wurde auf eine lichte Breite von 2 m ausgebaut. Seine Nivellierung erfolgte über drei „Schwellungen, resp. hölzerne Wasserbetten" (LASp Q 22, Nr. 447).

Nur wenige Jahre später hatte man festgestellt, dass sich der Ausbau mit Holz als wenig dauerhaft darstellte. Der 1821 angelegte Stangenwoog musste bereits 1835 grundlegend erneuert werden, weil die beim Bau verwendeten Baumstämme verfault waren. Seine Länge betrug nun 185 m. Sein Flächeninhalt wurde mit 2.308 m² angegeben, das Fassungsvermögen mit 1.735 m³ Wasser (LASp Q 22, Nr. 122). Zu einem unbekannten Zeitpunkt noch in der ersten Hälfte des 19. Jahrhunderts benannte man diese Klause in Ludwigsklause um. Diese war bis 1887 abermals defekt geworden und wurde erneut fast vollständig umgebaut und dabei ca. 80 m weiter nach Norden verlegt. Die Gesamtkosten des Umbaus betrugen 1.054,54 Mark.

Nicht alle projektierten Arbeiten konnten zunächst auch durchgeführt werden. Aus der Vergabeliste werden jedoch zusätzliche Projekte deutlich, die tatsächlich realisiert wurden.

Auch in den folgenden Dekaden wurden immer wieder Baumaßnahmen durchgeführt, die den vorherigen Bestand überformten. So besteht der Branderwoog heute nicht mehr. Er diente gleichzeitig als Holzschere, also als Lagerstelle der getrifteten Hölzer über Nacht, wie auch als Zwischenspeicher bei nachlassenden Wassermengen. Gleichzeitig fungierte er „als Vertheilungs-Woog, um das aus dem oberen Theil der Legelbach herab getriftete Holz, in die Helenbacher Scheere vorzuflößen" (LASp Q 22, Nr. 447).

Am Kleinen Legelbach entstand ein Woog in der gleichen Bauweise wie der projektierte obere Woog am Großen Legelbach, also mit einem Erddamm. Er erhob sich 5 m über dem Fundament, war an diesem Fundament 7 m und an der Krone 3 m dick. Damit hatte er die gleichen Maße wie die Georgenklause. Von dieser Klause bis zu seiner Mündung überwand der Kleine Legelbach 48 Höhenmeter. Sein Bett wurde über die gesamte Länge auf 1,90 m Breite vereinheitlicht und durchgängig 60 cm tief angelegt und kanalisiert.

Ab 1848 nahm man das Bauprojekt wieder auf und kanalisierte den Bachabschnitt zwischen dem Zusammenfluss des Kleinen und Großen Legelbachs bis zur Branderklause.

Sobald technisch die Möglichkeit bestand, wurde auf den entsprechenden Bachabschnitten getriftet. Die Dekade nach 1850 lässt sich als Zeit der stärksten Nutzung bezeichnen. Aber schon um 1860 überschritt die Trift ihren Zenit. 1878 schloss das Triftamt Elmstein seine Pforten. Seit 1880 wurde nur noch bis zur Sattelmühle in Esthal geflößt, ab dort erfolgte der Transport zunächst über den Landweg, nach Einrichtung der Bahnstation im Jahr 1900 auf dem Schienenweg. 1903 wurde das letzte Mal bei Elmstein getriftet. Mit der Verlängerung der Bahnstrecke bis dorthin kam die Trift 1909 endgültig zum Erliegen (vgl. Weintz, 1963, S. 67).

Nach Aufgabe der Nutzung der Trifteinrichtungen dienten einige Wooge der Fischzucht, gelegentlich zudem als Freizeiteinrichtung. Auch diese Verwendung geht allmählich zurück, sodass die Motivation zur Unterhaltung entfällt. Damit beginnt der Verfall: Die Wooge verlanden, weil die Ablagerungen nicht mehr ausgeräumt werden; im Laufe der Zeit unvermeidliche Schäden an den Dämmen führen über kurz oder lang zu Schäden an den Absperrvorrichtungen und Auslassbauwerken, bis schließlich der Bruch des Dammes droht; die Ufermauern der Bäche wachsen ein und verfallen, die Bodenplatten werden unterspült. Ähnliche Schadensbilder konnten auch bei den Begehungen am Legelbach beobachtet werden.

Die Untersuchung

Die eigentliche Untersuchung fand – nach ausführlichen Literatur- und Archivrecherchen – im Wesentlichen in den Wintermonaten Dezember 2018 bis Februar 2019 statt. Dafür wurde das Einzugsgebiet des Legelbaches bis zu dessen Mündung in den Speyerbach und von dort bis zur Ortsgrenze Elmstein systematisch untersucht. Im Rahmen dessen wurden mehr als 12 km Bachlauf begangen, die baulichen Zeugnisse der historischen Wasserwirtschaft in Wort und Bild dokumentiert und mit Hilfe vor Ort erfasster GIS-Daten kartiert.

Da es außerhalb der Möglichkeiten dieses Beitrages steht, die erfassten Elemente in ihrer Vielfalt auch nur annähernd vollständig aufzuführen, werden im Folgenden die wesentlichen Einrichtungen am Kleinen Legelbach exemplarisch vorgestellt.

Der Kleine Legelbach ist annähernd 2 km lang und nähert sich von Nordosten dem Großen Legelbach. Das Wasser aus seiner ungefassten Quelle fließt über einen etwa 300 m langen nicht kanalisierten Abschnitt zur Kleinen Legelbachklause, die auch die Namen Buchhold- oder Trockentalklause trug. Sie wurde im Jahre 1853 erbaut, geht aber mit größter Wahrscheinlichkeit auf einen bereits 1825 vorhandenen Woog zurück (vgl. LASp Q 22, Nr. 447). Sie hat ein Fassungsvermögen von rund 2.258 m³. Öffnet man den Abfluss, so läuft sie innerhalb einer Stunde leer, benötigt aber selbst bei guten Witterungsverhältnissen drei Tage, um sich wieder vollständig zu füllen. Mit einer Füllung konnten rund 100 Klafter Holz getriftet werden.

Der Damm, ein sogenannter Grunddamm mit einer Stauhöhe von 4,70 m, wird an seiner Nordostseite durch eine Sandsteinmauer gebildet. Er ist der einzige Damm dieser Bauart im gesamten Legelbachbereich. In seiner Mitte erhebt sich ein aus Sandstein errichteter Mönch, dessen Spindel der Hebevorrichtung heute fehlt. Dennoch scheint er weitgehend funktionstüchtig zu sein. An seiner Unterseite befindet sich ein annähernd quadratischer, aus Sandstein gefertigter, gut erhaltener Auslass (Abb. 8), aus dem sich das Wasser in ein kanalisiertes Bachbett ergießt (Abb. 9). Vereinzelt sind Schäden durch verrutschte Quadersteine aufgetreten.

Unmittelbar unterhalb der Klause lag der Boller- oder Holzplatz auf beiden Seiten des Bachlaufes. Es ist heute weitgehend bewaldet. Seine Fläche wurde mit 636 m² angegeben, auf denen rund 420 Klafter Holz Platz fanden.

Die Breite des Kleinen Legelbachs unterhalb des Dammes betrug 2 m und das ursprünglich sehr starke Gefälle wurde zwischen den vielen künstlichen und natürlichen Felsenstürzen auf 1 % nivelliert. Er war durchgängig kanalisiert. Am unteren Ende des Bollerplatzes quert ihn heute ein Waldweg. Der sandsteinerne Auslass zeigt bereits deutliche Spuren des Verfalls. Da hier in den Archivalien keine Brücke beschrieben ist, ist davon auszugehen, dass dieser Durchlass nach Aufgabe der Trift angelegt wurde. Hierfür spricht auch die geringe Größe des Durchlasses. Etwa 1,5 bis 2 m unterhalb befindet sich ein erster, hier besonders lang gestreckter Riesel (Abb. 10).

Der folgende Bachverlauf ist vollständig kanalisiert, wobei die Befestigung des rechten Ufers mit einer nicht sehr gut erhaltenen Stützmauer für den Waldweg überbaut ist.

Wolfgang Fritzsche

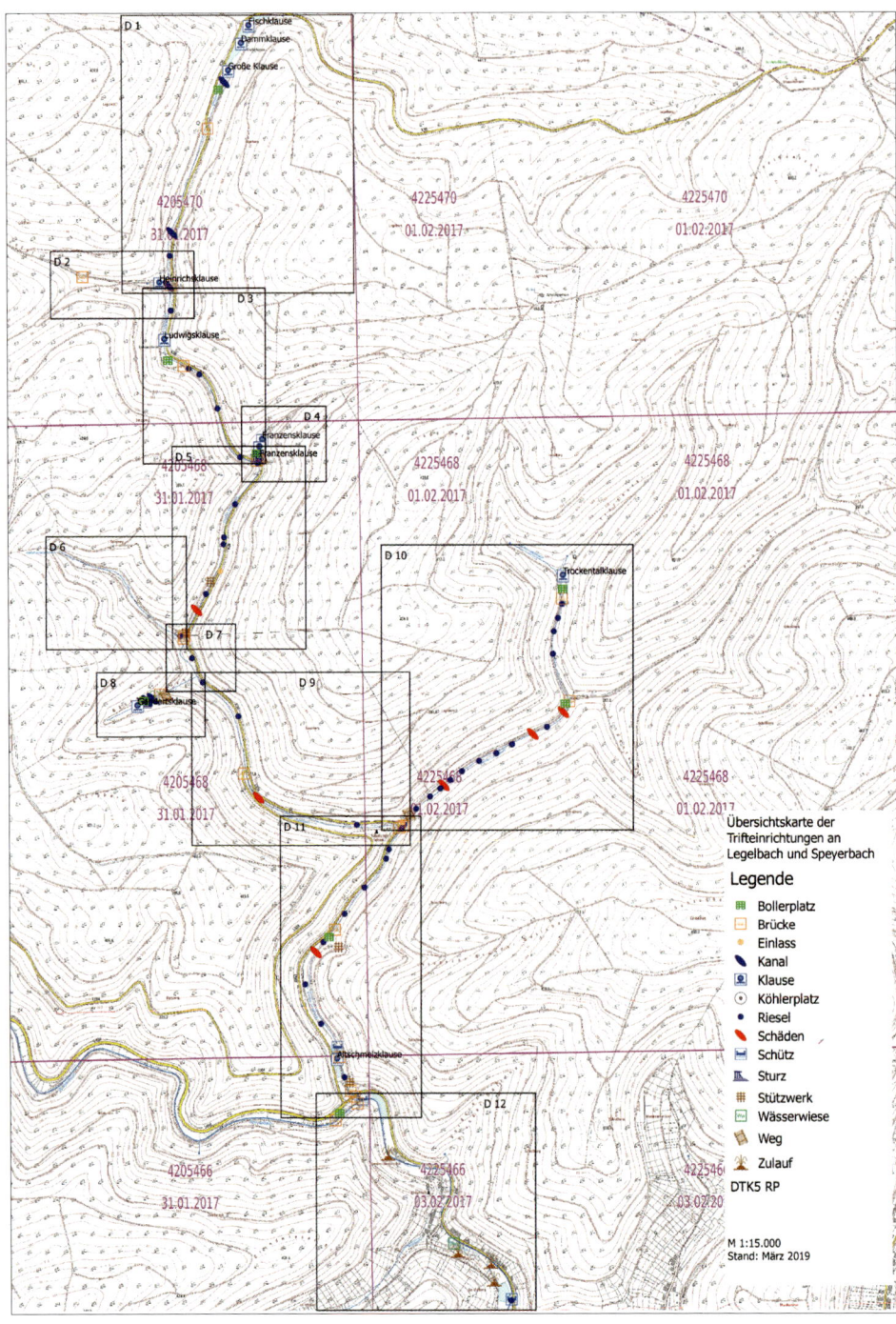

Abb. 5: Übersichtskarte des Untersuchungsgebiets mit den Ergebnissen der Erhebung. Quelle: Direktion Landesdenkmalpflege, GDKE Rheinland-Pfalz, Mainz, Wolfgang Fritzsche, 2019.

Wooge und Riesel am Legelbach

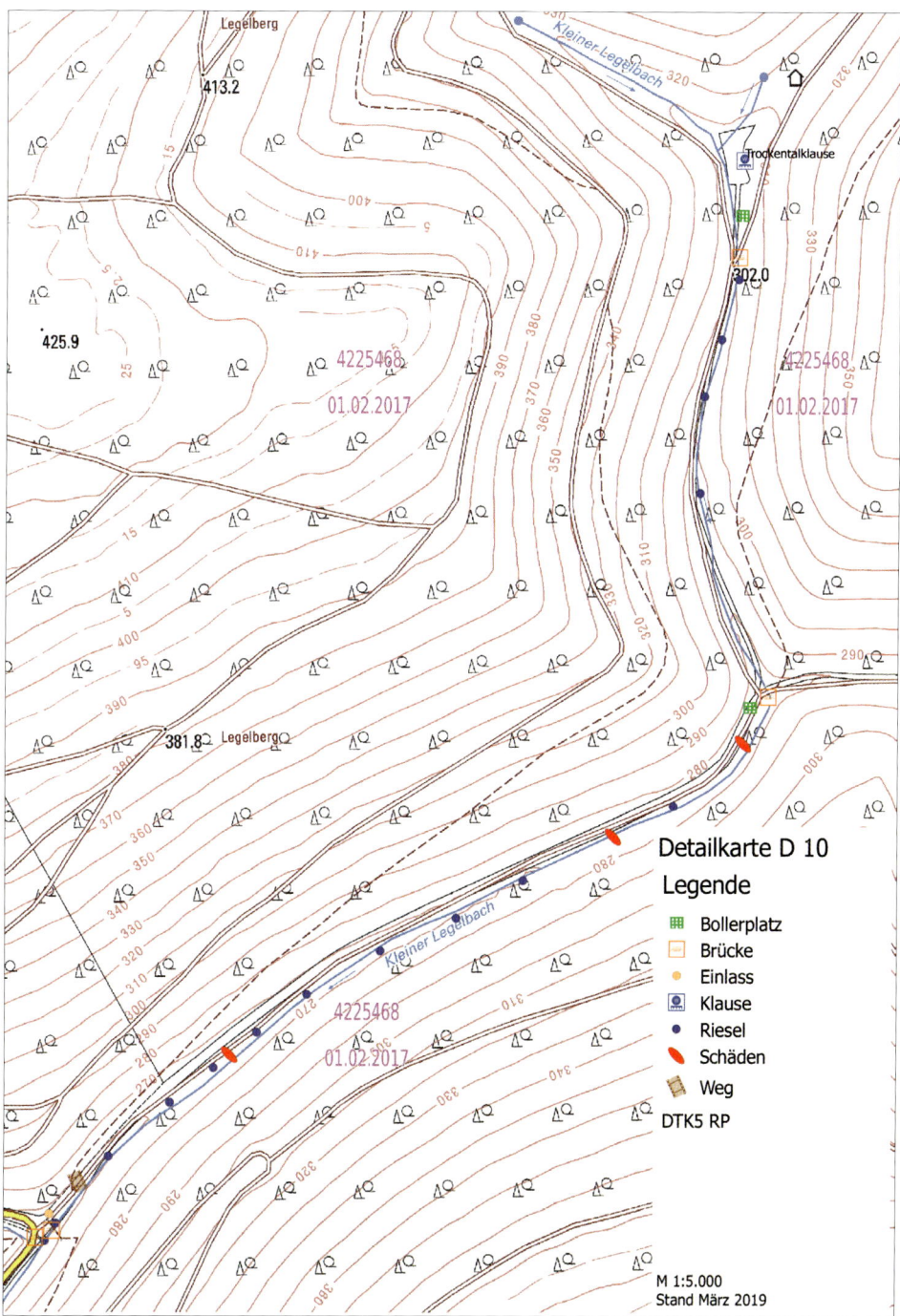

Abb. 6: Detailkarte mit den Untersuchungsergebnissen am Kleinen Legelbach. Quelle: Direktion Landesdenkmalpflege, GDKE Rheinland-Pfalz, Mainz, Wolfgang Fritzsche, 2019.

Abb. 7: Der Damm der Legelbach- oder Trockentalklause. Foto: Direktion Landesdenkmalpflege, GDKE Rheinland-Pfalz, Mainz, Wolfgang Fritzsche, 2019.

Abb. 8: Sandsteinerner Auslass am Fuße des Damms. Foto: Direktion Landesdenkmalpflege, GDKE Rheinland-Pfalz, Mainz, Wolfgang Fritzsche, 2019.

Wooge und Riesel am Legelbach

Abb. 9: Links und rechts des kanalisierten Baches erstreckte sich früher ein Bollerplatz. Foto: Direktion Landesdenkmalpflege, GDKE Rheinland-Pfalz, Mainz, Wolfgang Fritzsche, 2019.

Abb. 10: Bemerkenswert lang gestreckter und steiler Riesel im oberen Verlauf des Kleinen Legelbachs. Foto: Direktion Landesdenkmalpflege, GDKE Rheinland-Pfalz, Mainz, Wolfgang Fritzsche, 2019.

Abb. 11: Flacher Riesel im oberen Verlauf des Kleinen Legelbachs. Foto: Direktion Landesdenkmalpflege, GDKE Rheinland-Pfalz, Mainz, Wolfgang Fritzsche, 2019.

Abb. 12: Wurzeldruck löst Steine aus den Seitenmauern. Foto: Direktion Landesdenkmalpflege, GDKE Rheinland-Pfalz, Mainz, Wolfgang Fritzsche, 2019.

Abb. 13: Der langgestreckte Riesel im Mündungsbereich vermittelt zwischen den unterschiedlichen Niveaus des Kleinen und Großen Legelbachs. Foto: Direktion Landesdenkmalpflege, GDKE Rheinland-Pfalz, Mainz, Wolfgang Fritzsche, 2019.

Im weiteren Verlauf des kanalisierten Baches finden sich mehrere leichte Gefälleänderungen. Hier ist nicht immer eindeutig erkennbar, ob es sich dabei um künstlich angelegte Riesel handelt oder ob diese durch Eintrag in den Bach entstanden sind.

Ein weiterer eindeutiger Riesel ist auf der Abbildung 11 zu erkennen. Er ist stark bemoost, scheint aber weitgehend erhalten zu sein. Er weist eine leichte Treppung auf, bei der aber nicht sicher zu entscheiden ist, ob sie bewusst angelegt wurde oder durch Erosion entstanden ist.

Etwa 650 m südlich der Klause befand sich ein weiterer Bollerplatz, der nur aus den Archivalien bekannt geworden ist. Er wird heute vollständig durch den geteerten Waldweg überdeckt.

Auch im weiteren Verlauf der Bachbefestigung finden sich immer wieder Schadensbereiche: Der ursprüngliche Ausbau zum Kastenprofil ist an vielen Stellen eingefallen, viele Abschnitte zeigen deutlichen Sand- und Kieseintrag und Bäume wurzeln in der Befestigung, die vielfach überwuchert ist. Einer dieser Schadensbereiche ist auf Abbildung 12 dargestellt und auf der Karte eingetragen.

Unmittelbar an der Einmündung des Kleinen in den Großen Legelbach verbessert sich der Zustand zusehends. Hier findet sich ein mächtiger, lang gestreckter Riesel (Abb. 13), der auf das deutlich niedriger liegende Niveau des Großen Legelbachs vermittelt.

Fazit

Trotz nicht zu übersehender Schäden sind die meisten der im 19. Jahrhundert entstandenen Anlagen an den beiden untersuchten Triftbächen nach wie vor erhalten oder nachweisbar. Dies gilt insbesondere für ihren funktionalen Zusammenhang. Damit hat die zuständige Denkmalfachbehörde festgestellt, dass die Kriterien zur Einstufung als Kulturdenkmal erfüllt sind. Infolgedessen handelt es sich bei der Triftanlage um ein geschütztes Kulturdenkmal nach § 5, Abs. 1.1 des Denkmalschutzgesetzes im Land Rheinland-Pfalz. Weiterhin erwiesen die Ergebnisse der Gesamtuntersuchung, dass die einzelnen Elemente und die gesamte Anlage anschauliche Zeugnisse der Forst- und Wirtschaftsgeschichte von hoher, wenn nicht sogar überregionaler Bedeutung sind. Als historisches Zeugnis früherer Nutzung durch den Menschen sind sie bedeutende Elemente der Kulturlandschaft.

Nach Abschluss der Gesamtuntersuchung begann eine zunächst nicht vorgesehene touristische Verwertung der Ergebnisse. Unter anderem gefördert aus Mitteln der Aktion Blau Plus entstand Anfang 2020 der „Trifterlebnisweg Legelbach". Er wurde im gleichen Jahr als Gewinner des Wettbewerbs „Landschaft in Bewegung" der Metropolregion Rhein-Neckar ausgezeichnet. Drei unterschiedlich lange Wanderwege führen überwiegend entlang der Trifteinrichtungen, die an 15 Standorten durch Tafeln erläutert werden. Zudem wird eine App angeboten, in der eine reale Figur des 19. Jahrhunderts – der Triftknecht Johann König – die einzelnen Elemente erläutert und über seine Arbeit berichtet.

Quellen und Literaturverzeichnis

Quellen im Landesarchiv Speyer Bestand Q 22

Nr. 122 Triftinventar Triftmeisterei Elmstein mit 7 Beilagen 1857–1858.
Nr. 123 Triftinventar Triftmeisterei Elmstein mit 7 Beilagen 1858–1867.

Nr. 124 Triftinventar Triftmeisterei Elmstein mit 7 Beilagen 1861/62 und 1862/63.
Nr. 446 Triftbauten auf dem Großen und Kleinen Legelbach und Erlenbach 1819–1831.
Nr. 447 Einrichtung und Kanalisierung des Großen und Kleinen Legelbach 1819–1848.
Nr. 495–512 Triftbauvoranschläge der Triftmeisterei Elmstein, 1869–1878.

Karten

W 1, Nr. 1787 Karte der Forstdistrikte im Elmsteiner Wald 1778.
W 41, Nr. 2129-3 Klassifikationsplan Elmstein Blatt 3 um 1838.
W 41, Nr. 7224 Uraufnahmeblätter zur Gemarkung Elmstein (angelegt zwischen 1820 und 1845).
W 41, Nr. 7296 Uraufnahmeblätter zur Gemarkung Elmstein (angelegt zwischen 1820 und 1845).
W 41, Nr. 8463 Uraufnahmeblätter zur Gemarkung Elmstein (angelegt zwischen 1820 und 1845).
W 41, Nr. 8468 Uraufnahmeblätter zur Gemarkung Elmstein (angelegt zwischen 1820 und 1845).

Literatur (Auswahl)

Bayer, Karl: Die Forstbenutzung, Berlin, 4., vermehrte und verbesserte Auflage 1876.
Bostelmann, Rolf u. a.: Vorstudie zur Beachtung von Belangen des Allgemeinwohls bei der Umsetzung der EU-WRRL an Triftbächen, Karlsruhe 2007.
Damm, Jean-Michel: Triftbäche im Pfälzer Wald – zwischen Ökologie und Denkmalpflege, Diplomarbeit, Kaiserslautern 1998.
Elsner, E.: Die Trift im Pfälzer Wald während des 19. Jahrhunderts, in: Mitteilungen vom Verein der höheren Forstbeamten e. V. 12 (1930), S. 161–169.
Fenkner-Voigtländer, Ute: Forsteinrichtung und Waldbau im Elmsteiner Wald unter deutschen und französischen Einflüssen 1780–1860 – Ein Beitrag zur Forstgeschichte des Pfälzer Waldes (Mitteilungen der Landesforstverwaltung Rheinland-Pfalz, Bd. 10), Mainz 1992.
Fink, Alexandra / Fritzsche, Wolfgang: Kalte Hände – Nasse Füße. Trift im Legelbach: Pilotprojekt zur Erfassung, in: Tradition und Fortschritt im 19. Jahrhundert. Denkmaltag Rheinland-Pfalz 2021, hg. von der Generaldirektion Kulturelles Erbe Rheinland-Pfalz, Mainz 2021, S. 52 f.
Hauk, F.: Vom Triftbetrieb auf den Bächen des Pfälzerwaldes, in: Wanderbuch des Pfälzerwald-Vereins 1930, S. 71–84.
Jägerschmid, Karl Friedrich Victor: Handbuch für Holztransport- und Floßwesen, Bd. 2: den Transport des Holzes zu Wasser und die Magazinierung der verschiedenen Hölzer enthaltend, Karlsruhe 1828.
Jentsch, Christoph / Lukhaup, Rainer: Die Holztrift im Biosphärenreservat Naturpark Pfälzerwald als ein traditionelles Element der Kulturlandschaft, in: Anhuf, Dieter / Jentsch, Christoph: Beiträge zur Landeskunde Südwestdeutschlands und angewandten Geographie (Mannheimer Geographische Arbeiten, Bd. 46), Mannheim 1998, S. 33–48.
Jentsch, Christoph / Lukhaup, Rainer: Kulturgeschichte der Gewässer im Biosphärenreservat Naturpark Pfälzer Wald, in: Wasser im Biosphärenreservat Naturpark Pfälzerwald, hg. von Hans Jürgen Hahn, Landau 1999, S. 144–167.

Koehler, Gero / Gramberg, Torsten: Wooge im Pfälzer Wald. Bestandsaufnahme und Versuch einer Bewertung, in: Biodiversität im Biosphärenreservat Pfälzerwald – Status und Perspektiven, hg. von Jürgen Ott, Mainz 2004, S. 214–229.

Meyer, Gerd Norbert: Schützenswerte Relikte ehemaliger Triftbäche im Pfälzer Wald, in: Pfälzer Heimat 41, H. 3 (1990), S. 118–126.

Meyer, Gerd Norbert: Flößerei und Triftwesen in der Pfalz, in: Pfälzerwald. Waldbauern, Waldarbeiter, Waldprodukten- und Holzwarenhandel, Waldindustrie und Holztransport, hg. von Helmut Seebach (Altes Handwerk und Gewerbe in der Pfalz, Bd. 3), Annweiler-Queichhambach 1994, S. 162–230.

Schmehrer, Thomas: Geographische und historische Perspektiven des Kulturlandschaftswandels am Beispiel des Triftwesens in der bayerischen Pfalz 1816–1860 (Mitteilungen der Landesforstverwaltung Rheinland-Pfalz, Bd. 15), Mainz 1998.

Stolz, Barbara: Die Bedeutung und Entwicklung von kulturhistorischen Landschaftselementen im Biosphärenreservat Pfälzerwald-Vosges du Nord, Diplomarbeit, Freiburg 2004.

Vogel, Bruno: Triftbauten am Wartenbach, Scheidbach und an der oberen Wieslauter (Raum Hinterweidenthal/Pfalz). Wissenschaftliche Prüfungsarbeit im Fach Bautechnik an der Universität Kaiserslautern o. J. (unveröffentlichtes Manuskript).

Weintz, Heinrich: Elmstein im Naturpark Pfälzerwald und seine Umgebung, Elmstein 1963.

Wüst, Boris (unter Mitarbeit von Jutta Grünenwald): Die Wässerwiesen in der Gemeinde Elmstein im Wandel der Zeit, in: Geschichte und Geschichten unserer Heimat, Elmsteiner Heimatschrift 24 (2016), S. 34–37.

Wasserhaltung im Bergbau

Wasserhaltung im Schwarzwälder Bergbau

Zur Geschichte des Bergbaus im Schwarzwald

Andreas Haasis-Berner

Sowohl in den Vogesen wie auch im Schwarzwald bildeten sich über Jahrmillionen zahlreiche Metallerzgänge. Ab der Latènezeit scheinen die Blei-Silberlagerstätten des Schwarzwaldes abgebaut worden zu sein (Jenisch, Gassmann und Leiber, 1993; Foellmer, Hoppe und Dehn, 1997). Auch in der Römerzeit wurden Eisen- und Nichteisenerze abgebaut und verhüttet (Gassmann, 1991, S. 92–99; Rauschkolb, 2005, S. 31 ff.). Der Abbau silberhaltiger Erze lässt sich im Mittelalter ab dem 10./11. Jahrhundert belegen (Rauschkolb, 2005, S. 33). Im Jahre 1028 erfolgte schließlich die Abfassung einer Urkunde, in der die Schenkung von zahlreichen Silbergruben (*fodinas argentarii*) an den Basler Bischof Ulrich II. durch König Konrad II. festgehalten wird. Im Bereich von einigen dieser 1028 genannten Orte finden sich Bergbauspuren in Form von Verhauen (obertägig abgebauten Erzgängen), die als die ältere Form des Bergbaus angesehen werden. Zu nennen ist hier Birchiberg bei St. Ulrich, Kropbach bei Staufen, Sulzburg und Badenweiler. Im Zusammenhang mit Bergbau konnte Keramik dieser Zeit (frühes 11. Jahrhundert) bislang nur in Sulzburg gefunden werden. Das Vorhandensein eines Verhaues am Schindlergang (Münstertal) deutet ebenfalls darauf hin, dass der Bergbau hier im frühen 11. Jahrhundert umging. Belegen lässt sich dies derzeit noch nicht.

Im Gegensatz zum südlichen Schwarzwald gibt es im mittleren Schwarzwald und insbesondere im Kinzigtal nur sehr wenige mittelalterliche Schriftquellen, die mit dem Bergbau in Verbindung stehen. Und auch archäologische Funde sind recht selten. Dass auch im Kinzigtal der Bergbau wie südlich von Freiburg um 1000 eingesetzt hat, könnte durch das Vorhandensein von Verhauen angedeutet werden, die es hier durchaus gibt (Bliedtner und Martin, 1986, S. 28).[1] Eindeutige Schriftquellen zum Bergbau kennen wir jedoch erst aus dem 13. Jahrhundert, so aus den Revieren Lahr-Reichenbach, Gengenbach-Reichenbach und Prinzbach (Ammann und Metz, 1956; Zimmermann, 1990, S. 117–125; Jenisch, Gassmann und Leiber, 1993; Brunn, 1999). Die kleine, im frühen 13. Jahrhundert gegründete Reichsstadt Haslach musste 1241 eine jährliche Steuer von 40 Mark Silber entrichten (MGH Constitutiones III, S. 1–6). Dieser vergleichsweise sehr große Betrag könnte als Hinweis auf entsprechende Einkünfte aus dem Silberbergbau interpretiert werden; ein Beleg fehlt jedoch (Riezler, 1877, Nr. 70, S. 48 f.). Hinweise auf den Bergbau im frühen 14. Jahrhundert stammen aus Wittichen bei Schenkenzell (Harter, 1984; Bliedtner und Martin, 1986, S. 786). Etwas vage auf den Bergbau zu beziehen ist der 1240 erstmals belegte Ortsname Welschensteinach, der eventuell auf eingewanderte Bergleute hinweist. Hier verläuft ein Erzgang, von dem außer seiner Existenz und Nennung im Jahre 1309 nichts weiter bekannt ist (Bliedtner und Martin, 1986, S. 267–270; Fester, 1900, h 136; Tubbesing, 1996, S. 30 ff.; Haasis-Berner, 2001, S. 50 f.).

---

[1] Zell a. Harmersbach: Hornkopf; Hinterohlsbach: Grube Hennenloch; Oberwolfach: Grube Clara; Gelbach: Herrenbusch; Prinzbach.

Im Nordschwarzwald ist Bergbau auf Silber sicher im Bereich um die Bergstadt Neubulach belegt. Auch wenn bislang keine archäologischen Belege für Bergbau im 13. Jahrhundert bekannt sind, so ist die Tatsache, dass die direkt auf dem Erzgang liegende Siedlung 1274/1275 von den Grafen von Hohenberg zur Stadt erhoben wurde, deutlich genug. 1286 wird der Bergbau hier erstmals ausdrücklich erwähnt (Meyerdirks, 2003; Meyerdirks, 2004).

Die Blüte des Bergbaus am Schwarzwaldrand lässt sich über Schriftquellen und archäologische Funde entlang der abgebauten Erzgänge in die Zeit zwischen dem späten 12. Jahrhundert und der Mitte des 14. Jahrhunderts datieren. Für diese Zeit ist im südlichen und mittleren Schwarzwald eine ganze Reihe von Revieren bekannt, in denen Bergbau auf Silber und Blei betrieben wurde. Nach der um die Mitte des 14. Jahrhunderts einsetzenden deutlichen Krise gibt es im Grunde nur noch in Todtnauberg und am Stohren (Münstertal) namhaften Bergbau. Diese Krise ist erst um 1500 überwunden und der Silbererz-Bergbau im Schwarzwald erfährt eine erneute Blüte, wobei jetzt eine enge Beziehung zu dem Bergbau in den Vogesen erkennbar wird, der vielfach auf die vorderösterreichische Regierung zurückzuführen ist. In einigen Fällen wird deutlich, dass eher das (silberhaltige) Blei im Vordergrund stand, weil man es zur Verhüttung der Erze aus den Vogesen benötigte. Diese neuerliche Bergbauphase findet im Dreißigjährigen Krieg ihr jähes Ende. Erst im 18. und 19. Jahrhundert lassen sich erneute Bemühungen um die Wiederaufnahme des Silbererz-Bergbaus im gesamten Schwarzwald erkennen (Schlageter, 1970; Schlageter, 1989; Steen, 2013).

Bergbautechnik (Abbau)

Bergbauspuren, die eindeutig in die Zeit um 1200 oder davor datiert werden können, sind derzeit kaum bekannt. Sehr wahrscheinlich ist, dass die genannten Verhaue (Tagebau) aus der frühen Bergbauphase stammen. In Sulzburg ist Bergbau durch die Nennung der Silbergruben in der Königsurkunde von 1028 eindeutig belegt (Rauschkolb, 2005, S. 37 ff.). Wo dieser jedoch stattgefunden hat, ist bislang nicht nachzuweisen. Allerdings wurde in der zweiten Hälfte des 12. Jahrhunderts im Norden des Riesterganges ein Teil eines 600 m langen Verhaues verfüllt, der vom Sulzbach aus nach Norden führt (Riestergang) (ebd., S. 25–31). Das bedeutet, dass dieser Verhau vor der zweiten Hälfte des 12. Jahrhunderts angelegt wurde. Es kann vermutet werden, dass er in der ersten Hälfte des 11. Jahrhunderts entstanden ist. Die Länge des südlich des Sulzbaches verlaufenden Verhaus auf demselben Erzgang erreicht 300 m (Himmelsehregang). Hier gibt es noch keine Datierungen.

Hinweise auf die Anlage von Stollen im 11.–13. Jahrhundert sind aus dem Revier Birchiberg (Gemeinde Bollschweil) (Zimmermann, 1993, S. 28; Fröhlich, 2013, S. 101) sowie aus dem Münstertal (Straßburger, 2009; Kirchheimer, 1971, S. 28; Schlageter, 1989, S. 131; Steuer, 1990, S. 396)[2] bekannt. In Revieren wie dem Schauinsland, wo Bergbau nachweislich erst ab etwa 1300 eingesetzt hat, fehlen Verhaue.

Abhängig von der Lagerstätte wurden diese Reviere auch im Spätmittelalter (13./14. Jahrhundert) durch Schachtbergbau erschlossen und ausgebeutet bzw. wurde die Förderung durch diese bewerkstelligt. So gibt es im Suggental einen mindestens 30 m tiefen „Hanfseilschacht". Er ist

---

[2] „Die Messung erfolgte im c14-Laboratorium des II. Physikalischen Instituts der Universität Heidelberg (Bericht vom 22. März 1968)." Kirchheimer, 1971, S. 28, Anm. 15.

im St. Josephi-Stollen aufgeschlossen. Hier hat die Bewegung des Förderseils eine Kerbe in den harten Baryt geschliffen. Besonders eindrucksvoll ist der im tauben und sehr harten Gestein angelegte 30 m tiefe Förderschacht in der Grube Caroline in Sexau. Die heute noch offenen Schächte im Ehrenstetter Grund haben eine Tiefe von mindestens 45 m und 20 m. Anhand der Größe der Schachtpinge im Glottertal konnte Wolfgang Werner eine Tiefe von etwa 90 m ermitteln (Werner, 2012, S. 153). Auch in Todtnauberg müssen die Schächte mindestens 100 m Tiefe erreicht haben.

Wasserhaltung

Diese Beispiele deuten an, dass mit dem Übergang zum Stollenbau 1150/1200 und vor allem durch das Vordringen der Abbaue unter die Talsohle die Probleme mit der Wasserhaltung dramatisch gewachsen sind. Solange man über der Talsohle blieb, konnte das Wasser aus den Stollen abfließen. Nachdem aber in den oberen Bereichen die Lagerstätten weitgehend ausgeerzt waren, blieb nichts anderes übrig, als den Abbau in die Tiefe zu führen, um den Preis, die Aufgabe der Wasserhaltung mit neuen Lösungen zu bewältigen.

Dass man zunächst die gleiche Technik einsetzte wie bei der senkrechten Förderung der Erze (Haspel, Korb/Eimer), ist naheliegend. Haspel sind die älteste Art, das Wasser aus einer größeren Tiefe zu heben. Diese Technik lässt sich mit geringem Einsatz an Kapital, geringem technischen Know-how, doch nur mit einem großen Einsatz an Arbeitskraft umsetzen. Mit dem Vordringen in immer größere Tiefe ist diese Lösung jedoch sehr arbeitsintensiv und dadurch unwirtschaftlich. Dies zeigt ein gut belegtes Beispiel aus Tirol. In einem der größten und ertragreichsten Bergwerke des 15./16. Jahrhunderts, dem von Schwaz, war um 1533 eine Teufe von gut 220 m unter dem Erbstollen erreicht worden. Und hier arbeiteten im Abstand von 8 bis 9 m jeweils drei Personen (insgesamt also etwa 75 Personen), um mit Hilfe von Haspeln das Wasser nach oben zu befördern. Zwei Personen bedienten die Haspel, einer leerte das Gefäß. Da man bei dieser Tätigkeit keine Pause einlegen durfte, um den Betrieb zu gewährleisten, ist bei drei bzw. vier Schichten mit 200–250 Personen zu rechnen. Ein immenser Aufwand! Dies war wohl der Grund, weshalb 1556 die berühmte Schwazer Wasserkunst (Bulgenkunst) installiert wurde. Ihr Kehrrad wurde mit Wasser betrieben, das über ein 4 km langes Gerinne im Berg herangeschafft wurde (Bucher Bach). Mit diesem Kehrrad konnte sowohl Wasser als auch Erz gehoben werden. Diese Technik funktionierte etwa 60 Jahre und wurde dann aufgegeben (Bingener, Bartels und Fessner, 2012, S. 405 f.).

Mit den gleichen Problemen wie in Schwaz um 1500 war man offenbar im frühen 14. Jahrhundert in Jihlava/Iglau (Tschechien) konfrontiert. Hier diente als Argument für den Bau der Wasserkunst, dass man dadurch auf „*snurzier und sumpfuller*", also die Arbeiter an der Haspel, verzichten könne. Diese Wasserkunst bestand aus sechs Wasserrädern, zwei Stollen und Abzugsgräben (Haasis-Berner, 2001, S. 53 f. mit älterer Literatur). Das Wasser wurde dann einerseits nach Norden in Richtung Eberhardsdorf (Hybrálec) und andererseits nach Süden *ad Cerdones* (= Gerbergrube) geleitet. Die genannten Orte befinden sich jeweils etwa 2 km von dem mutmaßlichen Standort der Wasserkunst entfernt (Hrubý, Hejhal und Malý, 2007; Hrubý, 2014; Hrubý, 2021, S. 72, 84 f.).[3] Und mit diesem Beispiel kommen wir wieder zum Schwarzwald zurück. Denn die Anlage in Jihlava/Iglau wurde von Heinrich Rothermel, einem Verwandten des Conrad

---

[3] Für Diskussionen und Hinweise danke ich herzlich Tomás Lastovicka, Jihlava.

Rothermel, der 1284 als Erbauer des Urgrabens (und höchstwahrscheinlich auch der dortigen Wasserkünste) im Suggental und Glottertal in Erscheinung tritt, entworfen und installiert (Haasis-Berner, 2001, S. 52–56; Haasis-Berner u. a., 2012, S. 49–53).

Erbstollen

Wenn man einen Stollen in den Berg vortreibt, so erfolgt dies zweckmäßigerweise so, dass dieser leicht ansteigt. Dadurch kann das unweigerlich auftretende Wasser leicht nach außen abfließen. Sofern das Wasser nicht auf der Stollensohle abfließen sollte, wurden zusätzliche Rinnen (Gequäle) in die Sohle geschlagen, um das Wasser zu sammeln und abzuleiten. Solche Gequäle gibt es im Suggental und am Schauinsland (Straßburger, 2015, S. 243). Deren Entstehungszeit ist nicht eindeutig zu fassen.

Wenn solche Stollen nicht im Erzgang verlaufen, sondern im tauben Gestein und so geführt werden, dass sie von der tiefsten Stelle des Reviers einen Großteil der bestehenden Bergwerke unterfahren, um das darin vorkommende Wasser abzuleiten, spricht man von einem Erbstollen. Derartige Stollen waren oft sehr lang, ihre Anlage mühsam und langwierig und in dieser Zeit völlig ertraglos. Erst mit dem Augenblick des Durchschlags zeigte sich ihre (oft bis heute anhaltende) Wirkung: die dauerhafte und wenig Aufwand erfordernde Ableitung der Grubenwässer. Oben wurde schon erwähnt, dass einige mittelalterliche Bergwerke kaum ohne die Erbstollen vorstellbar sind. In dem bedeutenden Revier von Todtnauberg wird 1339 ein Erbstollen erwähnt (Dambacher, 1866, S. 223; Breyvogel, 2003, S. 68, Anm. 124). Und auch in der Bergstadt Neubulach, die im 14. Jahrhundert ihre Blüte erlebte, wird Anfang des 15. Jahrhunderts ein Erbstollen erwähnt, der jedoch deutlich älter als die Erwähnung sein muss. Vermutlich um 1300 begonnen wurde der dann im 16. Jahrhundert fertiggestellte Erbstollen im „Silbergrüble" bei Seebach (Ortenaukreis). Nur wenige Reviere haben der um die Mitte des 14. Jahrhunderts einsetzenden Krise des Bergbaus widerstehen können. Eines dieser Reviere ist das „ze der segen" im Oberen Münstertal. Hier wird 1436 ein Erbstollen genannt (Weech, 1877, S. 389, Nr. 233; Schlageter, 1970, S. 159; Tubbesing, 1996, S. 62, 108 ff., 140). Abgesehen von diesen einigermaßen sicheren Belegen gibt es weitere Hinweise, so der sogenannte „Fischbrunnenstollen" im Lauterbachtal, einem Seitental der Glotter (Werner, 2012, S. 153, Abb. 34). Da das damit unterfahrene Revier 1297 aufgegeben wurde, müsste der Stollen älter sein. In dem seit mindestens dem späten 13. Jahrhundert betriebenen Silberbergwerk „Grube Caroline" bei Sexau (Landkreis Emmendingen) hatte man vermutlich schon im Mittelalter, ganz sicher aber in der Zeit um 1500 die sechste Sohle in 30 m Tiefe aufgefahren. Von hier aus führte ein 500 m langer Erbstollen nach Süden, um das Grubenwasser in den Brettenbach auszuleiten. Seit über 30 Jahren legt eine Gruppe von Interessierten die Grubengebäude frei. Besondere Bedeutung hat das Bergwerk, weil in ihm auf der sechsten Sohle ein Haspelschacht gefunden und freigelegt wurde. Dieser Haspelschacht lag seit seinem letzten Ausbau im Jahre 1528/1530 unter Wasser. Dadurch ist der hölzerne Ausbau vollständig erhalten geblieben, was die dendrochronologische Datierung der Hölzer ermöglicht hat. Somit liegt ein ausgezeichnetes Beispiel für die manuelle Wasserhebung mittels einer Haspel aus der frühen Neuzeit vor. In dieser Art muss man sich die überwiegende Wasserhebung im Bergbau auch im Mittelalter und in der Neuzeit vorstellen (Werner und Kaltwasser, 1994, S. 249 ff.; Meyerdirks, 2013, S. 135–139). Insgesamt sieht man, dass Erbstollen zur Wasserlösung und Wasserhaltung im Schwarzwälder Bergbau im 13. Jahrhundert aufkamen. Der das Revier von

Todtnauberg unterfahrende Erbstollen wurde zwar schon im 14. Jahrhundert erwähnt (Tubbesing, 1996, S. 139 f.), war jedoch erst um 1500 durchschlägig. Anhand historischer Quellen ist seine Länge von 1.580 m bekannt (Steen, 2013, S. 524). Er konnte somit die Gruben bis zum Herrihof entwässern. Wahrscheinlich war auch die Grube unter dem Radschert mit dem Erbstollen verbunden. Diese Grube erreichte am Anfang des 16. Jahrhunderts eine Teufe von etwa 200 m (ebd., S. 532). Der Erbstollen bei Todtnauberg war für die Wasserhaltung der großen und ertragreichen Gruben unerlässlich. Um ihn in die richtige Richtung zu führen, wurde 1464 der Markscheider Clauf Wölfli aus Masmünster unter Vertrag genommen (Trenkle, 1887, S. 77; Tubbesing, 1996, S. 133, 182; Breyvogel, 2003, S. 349 f.). 1516 war der Erbstollen so durchschlägig, dass er die Grubenbauten dauerhaft entwässerte und somit der Weg zum Abbau reicher Erze möglich war (Steen, 2013, S. 533). Die Schüttung des Erbstollens mit 25–30 Litern pro Sekunde zeigt die Menge des zusitzenden Wassers und somit indirekt auch die Größe der Grubenbauten an (ebd., S. 524). In der um 1370 verfassten Üsenberger Bergordnung wird (in einem jüngeren Einschub) ein *erbstollen* erstmals als solcher erwähnt (Tubbesing, 1996, S. 140).

Innovative Lösungen der Wasserhaltung

Die oben erwähnten Beispiele von Schwaz und Jihlava/Iglau lassen erahnen, wie arbeitsintensiv und damit teuer die manuelle Wasserhebung war. Die Hinweise auf die Erbstollen zeigen, dass diese im Unterhalt zwar weniger Personen erforderten, ihre Anlage jedoch viel Zeit in Anspruch nahm, während dieser Zeit keinerlei Vorteile hatte und erst mit dem Durchschlag ihren Nutzen zeigte. Es ist sicherlich keine zu moderne Überlegung, dass man den Zeitaufwand (für die Anlage der Erbstollen) und die Kosten (für die Haspelknechte) durch den Einsatz von Maschinen zu reduzieren versuchte – das Beispiel von Iglau zeigt diese Herangehensweise im Jahr 1315 eindeutig. Dafür gibt es aus dem 13. Jahrhundert z. B. im Textilgewerbe, aber auch im Montanwesen zahlreiche weitere Beispiele (z. B. Walken, Erzmühlen) (Haasis-Berner, 2015, S. 85 f.). Welche Techniken bei der Wasserlösung eingesetzt wurden, wird im Folgenden untersucht.

Man kann dieses Thema unterschiedlich gliedern. Entweder nach der Art des Antriebs oder nach der Art der Fördertechnik.

Es gibt grundsätzlich zwei Arten des Antriebs: die mit menschlicher (oder tierischer) Kraft und die mit Hilfe von Wasserkraft. Die Art der Fördertechnik bietet vier Möglichkeiten: (1) mit Hilfe eines einzelnen Gefäßes, (2) mit Hilfe einer Eimerkette, (3) mit einer Heinzenkunst oder (4) mit Pumpen. Je nach den Rahmenbedingungen wurden diese Elemente miteinander kombiniert. Besonderes Augenmerk verdient die innovative Technik, das zusitzende Wasser mit Hilfe von Wasserkraft zu heben. Hierfür gibt es aus dem Schwarzwald nicht nur eindrucksvolle Belege, von hier stammen auch die derzeit ältesten in Mitteleuropa bekannten.

Im Folgenden werden kurz die unterschiedlichen Lösungen vorgestellt, die im Bergbau bis zum 16. Jahrhundert bekannt waren.[4]

---

[4] Weitere Möglichkeiten, Wasser zu heben, sind von Menschen bewegte, archimedische Schrauben. Sie sind für die römische Zeit nachzuweisen, im Mittelalter nicht. Ferner gibt es Schöpfräder, die von Fließgewässern bewegt wurden und gleichzeitig durch am Radkranz befestigte Gefäße das Wasser hoben. Solche Anlagen gibt es bis heute an der Regnitz in Franken (Bayern) zur Wiesenwässerung. Sie sind aber besonders aus dem mediterranen Raum bekannt. Im Heiligen Römischen Reich Deutscher Nation waren sie ab dem 13. Jahrhundert bekannt, dienten hier jedoch nur im städtischen Raum zur Wasserhebung (1292 Straßburg,

Andreas Haasis-Berner

Bulgenkunst

Die einfachste Art, das Wasser aus einem Schacht oder einem Gesenk zu heben, besteht darin, einen Eimer oder einen Ledersack in das Wasser zu werfen und ihn mit Hilfe eines Strickes oder einer Kette, der/die an dem Gefäß befestigt wurde, nach oben zu ziehen. Um diesen Vorgang zu vereinfachen, kann der Strick auch auf eine Rolle aufgewickelt werden, die mit einer Kurbel gedreht wird (Haspel). In der Regel fasst das Gefäß zehn Liter. Die logische Weiterentwicklung war die deutliche Vergrößerung des Fassungsvolumens des Gefäßes. Dann bediente man sich oft eines Ledersackes (Bulge). Dieses Vorgehen entspricht der alten Technik, wie aus einem Brunnen Wasser gehoben wurde und wird. Abgesehen von Brunnen mit einer geringen Tiefe, aus denen mit geringem Aufwand das zum Trinken notwendige Wasser gehoben wird, stellen Brunnen mit einer Tiefe von 10 m und mehr deutlich höhere Anforderungen an die Hebetechnik. Derartige Tiefbrunnen sind auch vom östlichen Oberrhein bekannt. Ein Beispiel ist der Radbrunnen in Breisach (Schwineköper, 1991, S. 77–88; Schmaedecke, 1992, S. 95–99). Dieser für den Breisgau namengebende Zentralort wurde im späten 12. Jahrhundert zur Stadt erhoben. Die Bevölkerung auf dem markanten Inselberg im Rhein musste das Wasser zunächst aus dem Fluss holen. Spätestens um 1200 wurde der sogenannte Radbrunnen auf dem Münsterhügel in einem ehemaligen Befestigungsturm bis auf 40 m Tiefe angelegt. Das Wasser wurde – wie der Name schon andeutet – dadurch gehoben, dass man die Schöpfgefäße durch ein Tretrad bewegte. Das Prinzip des Tretrades zum Heben schwerer Lasten ist im Baugewerbe und im Transportwesen seit der Mitte des 13. Jahrhunderts belegbar (Binding, 1993, S. 407 ff.). Die Datierung des Brunnens ist über die Steinmetzzeichen der Ausmauerung möglich. Denn diese Steinmetzzeichen tauchen identisch oder ähnlich an Bauwerken dieser Zeit auf. Der Brunnen wird 1317 als *fons* erwähnt, 1344 als *Radbrunnen*. Es handelt sich hiermit um einen frühen Beleg für eine Wasserförderung mit einem Tretrad.[5] Ein weiterer Beleg für einen Tiefbrunnen stammt aus Mahlberg (Ortenaukreis). Er ist zwar nur 28,5 m tief, doch auch hier wurde das Wasser mit Hilfe eines mit Menschen betriebenen Tretrades gehoben. Dieser Brunnen entstand zeitlich sicherlich im Zusammenhang mit der Erhebung zur Reichsstadt im frühen 13. Jahrhundert. Von der im 12. Jahrhundert errichteten Burg Hohengeroldseck (Gemeinde Seelbach) ist bekannt, dass hier das Tretrad über dem 70 m tiefen Brunnen zumindest im frühen 16. Jahrhundert nicht von Menschen angetrieben wurde, sondern von Ziegen (Gunz, 2005, S. 307; Wagner, 2003, S. 52–55). Auch wenn anhand dieser Beispiele deutlich wird, dass im frühen 13. Jahrhundert die Technik von Treträdern zum Heben von Lasten, insbesondere von Brunnenwasser, bekannt und angewandt wurde, bedeutet dies jedoch nicht zwangsläufig, dass Göpel oder Treträder im Schwarzwälder Bergbau installiert waren; dafür gibt es bislang keine Belege.

Die ältesten Nachweise der Bulgentechnik im Bergbau stammen aus dem letzten Viertel des 15. Jahrhunderts aus dem Umfeld der Nürnberger Handelsgesellschaften, die nicht zuletzt durch ihr Engagement im Bergbau wirtschaftlich breit aufgestellt waren und damit an moderne Konzerne erinnern. Besonders zu nennen sind in diesem Zusammenhang die Stromer (Stromer, 1984,

---

1294 Lübeck). Eine Anwendung im Montanwesen ist bislang nicht bekannt und wohl auch nicht zu erwarten (Haasis-Berner, 2001, S. 91 ff). Beispiele aus Spanien: Bazzana, 2005, S. 61–65.

5   Kurz nach 1200 wurde der 60 m tiefe Brunnen auf der Reichsburg Trifels angelegt. Um 1250 ist der 176 m tiefe Brunnen der Reichsburg Kyffhäuser, um 1270 der 50 m tiefe Brunnen der Burg Landskron bei Oppenheim am Rhein entstanden (Beck, 2020, S. 32, 41 f.).

S. 58; Haasis-Berner, 2001, S. 102).[6] Da die Förderzeit (aber auch die Förderhöhe) mit der Größe der Gefäße zunahm, befestigte man zwei Gefäße an derselben Rolle und ließ diese alternierend auf- und absteigen. Das sehr große Gewicht von mehreren Hundert bis zu 1.500 Kilogramm konnte dann nur noch von Göpeln (Antrieb durch Tiere) oder durch ein Tretrad bewegt werden. Der große Unterschied zum Einsatz von Haspeln war nun, dass die Antriebsenergie mit einem Getriebe auf die Fördertechnik übertragen werden musste. Der Einsatz von zwei Gefäßen gleichzeitig bedingte, dass die Tiere mal im Uhrzeigersinn und mal gegen den Uhrzeigersinn laufen mussten. Es gab immer ein Abwägen zwischen größeren Säcken, die eine höhere Antriebsenergie erforderten und eine geringere Förderleistung pro Zeiteinheit aufwiesen, und kleineren Säcken, die mit geringerer Energie auskamen und dafür eine höhere Förderleistung pro Zeiteinheit erreichten. Der Vorteil bei dem Einsatz von Tieren oder Menschen bestand darin, dass sie jederzeit anhalten und die Laufrichtung – und damit auch die Bewegungsrichtung der Fördereinrichtung – ändern konnten. Das war wichtig für das alternierende Senken und Heben der Gefäße. Hinsichtlich der alternierenden Wasserförderung mit einem Wasserrad musste es sich um ein Kehrrad handeln. Ein Kehrrad verfügt über zwei versetzt angeordnete Schaufeln. Diese konnten durch zwei unterschiedliche, abwechselnd anstellbare Wasserrinnen gefüllt werden. Dadurch war es möglich, das Wasserrad mal „linksherum" und mal „rechtsherum" zu bewegen. Diese Technik wurde erst um 1550 erfunden. Georg Agricola hat diese im 16. Jahrhundert die Wasserhebung revolutionierenden Maschinen eindrucksvoll dargestellt (Agricola, 1556). Hinweise auf ein Kehrrad sind im gesamten Oberrheingebiet unbekannt.

Eimerkunst (Noria-System, auch als Eimerwerk, Kannenwerk oder Stiefelkunst bezeichnet)

Eine Eimerkunst besteht aus zwei langen, parallelen Seilen, zwischen denen in regelmäßigem Abstand Gefäße befestigt sind. Anfang und Ende dieser Seile sind miteinander verbunden. Sie liegen auf einer drehbaren Achse auf und werden durch deren Bewegung ebenfalls bewegt. Diese rundlaufende Kette reicht in dem Brunnen bzw. dem Schacht bis zum Wasser hinab. Der Antrieb erfolgt in ariden Gegenden in den allermeisten Fällen über im Kreis laufende Tiere (Esel, Maultiere). Diese Technik war im arabischen und mediterranen Raum schon seit langem bekannt und wurde zur Förderung von Trinkwasser, vor allem aber für die Bewässerung landwirtschaftlicher Flächen verwendet. Ein archäologischer Nachweis stammt z. B. aus der Nähe von Valencia (Mitte 10. Jahrhundert) (Bazzana, 2005, S. 57, fig. 3). Die Förderhöhe beträgt hierbei kaum mehr als 10 m. Offenbar wurde im Verlauf des Hoch- und Spätmittelalters diese mediterrane Hebetechnik nach Mitteleuropa übernommen, anstelle des Antriebs aber (auch) Wasserkraft eingesetzt. Denn ein Beleg, dass in den Herkunftsländern Wasserkraft zum Heben eingesetzt wurde, ist nicht bekannt, und das, obwohl die wasserbetriebene Getreidemühle z. B. in Spanien seit dem frühen Mittelalter verbreitet war (Bazzana, 2005, S. 57–60).

Eines der ältesten bekannten, wasserkraftbetriebenen Kannenwerke ist das von Reichenhall. Zum gleichzeitigen (!) Heben der Sole sowie des Süßwassers aus unterschiedlichen Tiefen installierte Erhart Hann 1438–1440 ein entsprechendes Werk. Es stellte damals sicherlich eines der

---

[6] Eine weitere Möglichkeit ist die Wasserhebung mit Hilfe von Windmühlen (archimedische Schrauben, Pumpen). Auch diese Anwendung ist im Bergbau nicht realisierbar.

innovativsten Hebewerke dar (Ludwig, 1997, S. 172). Ein weiteres, vergleichbares Hebewerk stammt von der zweitwichtigsten Saline dieses Raumes, aus Salins-les-Bains. Wann es installiert wurde, ist derzeit nicht bekannt. Auf einem um 1500 in Brügge angefertigten Wandteppich ist auf der linken Seite das Wasserhebewerk von Salins-les-Bains dargestellt. Es handelt sich um ein von Pferden angetriebenes Göpelwerk, mit dessen Hilfe ein Becherwerk bewegt wurde. Dieses Werk wird um 1600 auch von Heinrich Schickhardt besichtigt und detailliert gezeichnet (Bouvard, 1999, S. 262). Aufgrund des hohen Alters und der immensen wirtschaftlichen Bedeutung der Soleförderung in Salins-les-Bains muss davon ausgegangen werden, dass das Werk mindestens im 15. Jahrhundert, eventuell sogar noch früher, installiert wurde (Schmidtchen, 1997, S. 205 f.).[7]

Auch wenn es bislang keine eindeutigen bildlichen oder schriftlichen Belege für den Einsatz dieser Technik im Schwarzwälder Bergbau gibt, ist es sehr wahrscheinlich, dass genau diese Technik in der Zeit um 1300 hier eingesetzt wurde.

Heinzenkunst (ab 1430)

Unter einer Heinzenkunst versteht man eine Anlage, bei der durch ein senkrecht stehendes Rohr eine endlose Kette bewegt wird, an der in regelmäßigen Abständen strohgefüllte Lederbälle gezogen werden. Da diese genau in die lichte Weite des Rohres passen, wird mit der Aufwärtsbewegung immer eine kleine Wassersäule nach oben transportiert. Diese Fördertechnik soll um 1430 in Oberitalien erfunden worden sein. Von manchen Forschern wird sie als wichtige „Basisinnovation" des 15. Jahrhunderts angesehen, mit der durch das Sümpfen abgesoffener bzw. neuer Bergwerke der Aufschwung des Bergbaus ermöglicht wurde (Stromer, 1984, S. 55; Bartels, 1996, S. 1; Haasis-Berner, 2001, S. 95 ff.). Dass die Heinzenkunst rund um den Schwarzwald bekannt war, zeigt ihr Einsatz in Schaffhausen (CH). Dort wurde sie für die Wasserversorgung aus dem Rhein installiert. Eine detaillierte Zeichnung dieser Anlage hat Heinrich Schickhardt etwa 1600 angefertigt. Angetrieben wurde sie hier jedoch durch Menschen.

Obwohl diese Technik im Heiligen Römischen Reich Deutscher Nation und darüber hinaus, besonders durch den Stromer-Konzern, vielfach angewandt wurde, ist ihr Einsatz im Bergbau bislang weder im Schwarzwald noch in den Vogesen belegt. Dies lag wahrscheinlich daran, dass die Lagerstätten im Vergleich zu den anderen (Polen, Ungarn etc.) eine zu geringe Ergiebigkeit aufwiesen.

Pumpen (ab 1550)

Auch wenn als Förderanlagen im mittelalterlichen Bergbau immer wieder Pumpen genannt werden, muss das jedoch ausgeschlossen werden. Obwohl Pumpen schon ab dem späten 14. Jahrhundert bekannt waren und ab dem 15. Jahrhundert in Städten und Burgen vielfach installiert wurden, standen dem Einsatz im Bergbau zunächst unüberbrückbare Schwierigkeiten in Form der Kraftübertragung in die Tiefe entgegen. Denn im Bergbau befindet sich das zu fördernde Wasser naturgemäß in größerer Tiefe. Hier müssen auch die Pumpen installiert sein. Die Krafterzeugung

---

[7] Diese Technik wurde auch zum Heben des Schwefelwassers in Bad Boll aus etwa 13 m Tiefe eingesetzt. Philipp Gretter hat um 1600 diese Technik installiert, Heinrich Schickhardt hat sie repariert (Christof, 1999, S. 109 ff.).

(Wasserrad, Göpel) befand sich jedoch immer über Tage. Erst mit der Erfindung der Stangenkunst um die Mitte des 16. Jahrhunderts setzte der Siegeszug dieser Technik im Bergbau ein. Erst jetzt war das Sümpfen aus 100 m und mehr durch gestaffelte Pumpensätze möglich (Haasis-Berner, 2001; Haasis-Berner, 2013).

Nicht grundsätzlich auszuschließen, wenngleich derzeit weder über Schriftquellen noch über Bildquellen belegt, ist der Einsatz von kleinen Pumpen mit einer Förderhöhe von ca. 5 m und einem händischen Antrieb im späten Mittelalter und in der frühen Neuzeit. Im Schwarzwald ist die Anlage von Freudenstadt die derzeit älteste bekannte Pumpenanlage.

Wasserhaltung im Schwarzwald

Im Folgenden sollen die Fundstellen vorgestellt werden, an denen eindeutige Belege für das Vorhandensein mechanischer Wasserhaltung im Schwarzwald vorliegen. Da vor allem die Wasserhebung mit Hilfe der Wasserkraft eine der Schlüsseltechnologien des mittelalterlichen Bergbaus darstellt und die derzeit ältesten Belege für diese Technik aus dem südlichen und mittleren Schwarzwald stammen, liegt hier auch der Schwerpunkt.

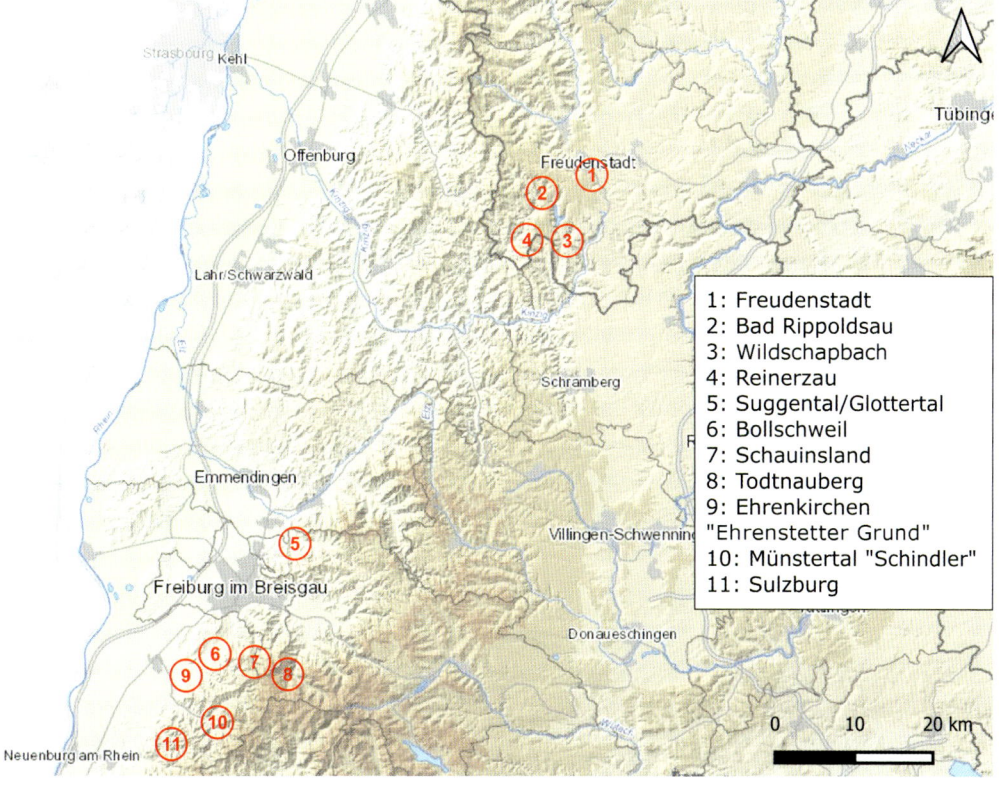

Abb. 1: Karte des Schwarzwaldes mit Lage der im Text genannten Orte. Karte: Landesamt für Denkmalpflege (LAD), Erika Cappelletto.

Andreas Haasis-Berner

Münstertal

Im Münstertal gibt es eine Vielzahl von Blei-Silbererzgängen. Ein Abbau ist seit der Zeit um 1000 belegt. Das bedeutendste Revier war das auf dem Schindlergang. Obertägig ist noch ein mächtiger Verhau zu sehen. Ein Teil der mittelalterlichen und neuzeitlichen Grubengebäude ist im Besucherbergwerk Teufelsgrund zu besichtigen (Werner und Dennert, 2004, S. 259–272; Schlageter, 1989). Wie oben erwähnt, gibt es Hinweise darauf, dass der Bergbau schon früh unter die Talsohle vorgedrungen war. Somit müssen zeitgleich die Probleme mit der Wasserhaltung begonnen haben. Dass es eine Lösung gegeben haben muss, ist in Anbetracht der Grubengebäude und der wirtschaftlichen Bedeutung des Reviers vorauszusetzen. Wie diese Schwierigkeiten jedoch im Mittelalter gelöst wurden, ist völlig unbekannt.

Unmittelbar nordöstlich des Zusammenflusses von Kaibenbach und Kaltwasser befindet sich das Mundloch eines im Mittelalter begonnenen Erbstollens, der jedoch erst in der Neuzeit fertiggestellt wurde. Die Strecke zwischen dem Mundloch und dem Erzgang beträgt immerhin über 500 m. Dadurch konnten die Gruben über 400 m über Normal-Null dauerhaft entwässert werden (Steen, 2013).

Suggental/Glottertal (13. Jahrhundert; 1284)

Im Glottertal begann der Bergbau auf die Blei-Silbererze um die Mitte des 13. Jahrhunderts (Haasis-Berner, 2001; Haasis-Berner u. a., 2012, S. 34 ff.). Vermutlich nur kurze Zeit danach wird man die Lagerstätten im benachbarten Suggental entdeckt haben. Die Bedeutung der Glottertäler Lagerstätten zeigt sich anhand zahlreicher Verhüttungsplätze, die durch Schlacken und den Fund von Erzmahlsteinen lokalisiert werden konnten. Ihre Datierung in die zweite Hälfte des 13. Jahrhunderts ist anhand von dort gefundener Keramik möglich. Wie oben schon erwähnt, gibt es eindeutige Hinweise darauf, dass der Bergbau im Glottertal unter die Talsohle vorgedrungen war. Um das zusitzende Wasser zu heben, fand man eine bis dahin nicht bekannte Lösung. Vom Stecklebächle bis zum Badbächle wurde ein 7 km langer Hangkanal angelegt, mit dessen Hilfe dann eine Wasserkunst betrieben wurde. Die Reste dieses Kanals sind bis heute noch gut erhalten und im Bewusstsein der Bevölkerung unter dem Namen Urgraben bekannt. Wann diese Lösung gefunden wurde, ist nicht zu ermitteln. Wir wissen jedoch von einer im Original erhaltenen Urkunde, dass im Jahre 1284 der Kanal nach Osten (um 14 km) und Westen (um 500 m) hin verlängert wurde, um das Suggental ebenfalls mit Wasser zu versorgen. Auch hier diente das Wasser zum Betrieb einer Wasserkunst. Der ältere Abschnitt im Glottertal muss demnach vor 1284 schon in Betrieb gewesen sein. Erhaltene Reste des Urgrabens am Oberlauf (Zweribach, Schönwelt, Rohr) und des Wassertunnels unter der Wasserscheide zwischen Badbächle und Suggental belegen, dass die Baumaßnahmen wohl schon beendet waren, als ein gewaltiges Unwetter im Jahre 1288 das Suggental heimsuchte und eine große Anzahl der Bewohner (Bergleute) tötete. Dadurch wurden sicherlich auch die Betriebseinrichtungen zerstört, vor allem der an einer Engstelle liegende Hauptschacht, über dem sich auch die Wasserkunst befand. Im Glottertal ging der Bergbau noch bis zum Jahr 1297 unvermindert weiter. Die hier belegte Wasserkunst ist die derzeit älteste in Mitteleuropa (Haasis-Berner, 2001).

Wasserhaltung im Schwarzwälder Bergbau

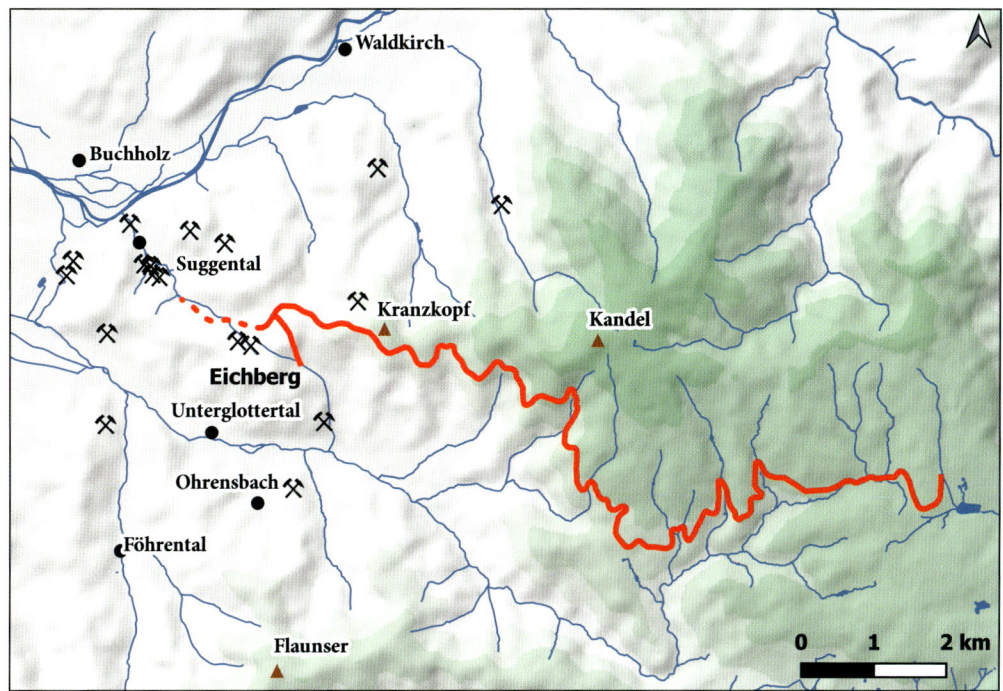

Abb. 2: Karte mit dem Verlauf des 22 km langen Urgrabens. Der mittlere Teil im Glottertal ist der ältere. Ab 1284 wurde das Wassereinzugsgebiet nach Osten vergrößert, um die Fortsetzung ins Suggental zu ermöglichen. Karte: Andreas Haasis-Berner.

Ehrenkirchen „Ehrenstetter Grund" (um 1300)

Im Ehrenstetter Grund (Gemeinde Ehrenkirchen) liegt ein kleines Revier, das ganz offensichtlich nur in der Zeit um 1300 im Abbau war. In der Nähe der Schächte befindet sich ein Erddamm, mit dessen Hilfe der Ahbach aufgestaut werden konnte. Zwei weitere Staudämme befinden sich weiter bachaufwärts.[8] Von dem untersten Staudamm führte ein 200 m langer Hangkanal bis zu einer Radstube, die sich direkt neben dem Bach befand. In dieser in den Felsen geschlagenen Radstube drehte sich ein oberschlächtiges Wasserrad mit einem Durchmesser von gut 10 m (Gundelwein und Zimmermann, 1992, S. 322). Dieses für mittelalterliche Verhältnisse sehr große Wasserrad wurde mit dem herbeigeführten Wasser bewegt und konnte so seinerseits eine Eimerkette heben. Die etwas südlich liegenden Schächte („Linglelöcher") haben einen rechteckigen Querschnitt, sind noch 8 m, 40 m und 46 m tief und im unteren Bereich verfüllt. Der tiefste Schacht hat im unteren Bereich einen Durchmesser von 1,5 x 2 m. An den Stößen sind deutliche Spuren von Schlägel- und Eisen-Arbeit zu sehen. Die Keramik aus diesem Revier, unter anderem im Stollen A, der von Schacht I nach Südwesten hin abgeht (ebd., S. 324), datiert den Bergbau in die

---

[8] Freundlicher Hinweis von Dietmar Herrmann, Freiburg.

Abb. 204 Ehrenkirchen. Das mittelalterliche Bergbaurevier im hinteren Bereich des Ehrenstetter Grundes. 1 – 3 offene Schächte, 4 Pingen mit vorgelagerten Halden, 5 verstürztes Stollenmundloch, 6 Radstube, 7 Reste des Hangkanals, 8 Staudamm bis 6 m hoch

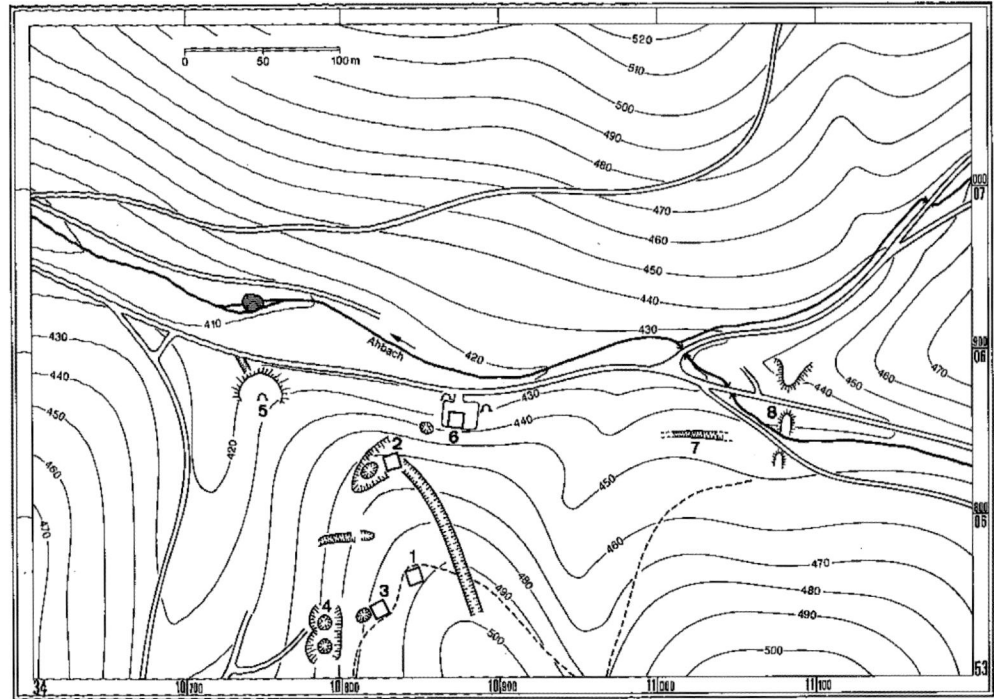

Abb. 3: Ehrenstetter Grund. Schematischer Plan mit der Lage des ehemaligen Staudamms, der wahrscheinlichen Wasserleitung, der Radstube sowie der Schächte. Aus: Gundelwein und Zimmermann, 1992, Abb. 204.

Zeit zwischen 1250 und 1300.[9] In der Radstube sind ältere Elemente auszumachen. So gab es sicherlich einen Schacht, zu dem ein noch erkennbarer Stollen führte.[10] Da über diesen Stollen heute noch das sich in der Radstube sammelnde Wasser zum Ahbach hin abgeleitet wird, ist es sehr wahrscheinlich, dass diese Wasserlösung älter ist als die eigentliche Radstube. Und daraus lässt sich auch folgern, dass der Schacht unter die Talsohle reichte und anstelle der späteren Radstube zunächst vermutlich eine Haspelstube vorhanden war. Ferner lässt sich daraus erschließen, dass die Sohle der Radstube gut 1 m tiefer gelegen haben muss, damit der Stollen zugänglich war. Die Radstube hat einen etwa quadratischen Grundriss, wobei zwei sich gegenüberliegende Ecken deutlich in die Länge gezogen sind. Dieses Merkmal zeigt die Lage und Ausrichtung des ehemaligen Wasserrades.

---

[9] Eine von Andreas Böhm im Herbst 2013 aufgesammelte Wandscherbe ist ein ganz später Vertreter der nachgedrehten Ware und spätestens kurz vor 1250 entstanden. Zusammen mit dieser Scherbe wurden auch Schlacke und Reste von Ofenwandung geborgen.

[10] Dieser Schacht ist im Winter dadurch zu erkennen, dass auf ihm der Schnee nicht liegen bleibt, sondern schnell wegtaut. Auch die digitale Aufmessung zeigt hier den geringfügig tiefer liegenden Schacht.

Wasserhaltung im Schwarzwälder Bergbau

Abb. 4: Ehrenstetter Grund. Staudamm. Foto: Andreas Haasis-Berner.

Abb. 5: Ehrenstetter Grund. Radstube von oben. Ganz links befinden sich die Reste des ursprünglichen Abzugsstollens. Foto: Hans-Jürgen van Akkeren.

Abb. 6: Ehrenstetter Grund. Radstube von oben. Ganz rechts befand sich der heute verfüllte Förderschacht. Der Stollen am oberen Bildrand führt nur wenige Meter in den Fels. Foto: Hans-Jürgen van Akkeren.

Die Radstube wurde durch Christoph und Markus Steffen (LAD Baden-Württemberg) digital vermessen. Diese Grundlage erlaubte eine digitale Rekonstruktion des ehemaligen Wasserrades und somit Überlegungen zur möglichen Förderleistung der Hebetechnik.

Das rekonstruierte Wasserrad hat einen (sicheren) Durchmesser von 10 m und eine (geschätzte) Breite von 1,0 m.[11] Die zehn ständig mit Wasser gefüllten Wassertaschen des Rades haben zusammen ein Volumen von 1,3 m³. Anhand dieser Daten kann eine maximale Leistung von 40 KW berechnet werden. Nur ist dieser Wert mit Sicherheit wesentlich höher als der tatsächlich erreichte Wert, weil die zur Verfügung stehende Wassermenge nicht sicher angegeben werden kann. Die 40 KW wurden mit einer zur Verfügung stehenden Wassermenge von 1.300 l/sec berechnet. Der Ahbach dürfte jedoch nur eine durchschnittliche Wassermenge von 20 l/sec haben. Dies war für den ständigen Betrieb der Wasserkunst deutlich zu wenig. Aus diesem Grund wurde der Staudamm angelegt. Der Speicher fasst ca. 5.000 m³.[12] Um ihn zu füllen, hätte es 70 Stunden (= knapp drei Tage) gebraucht. Bei einer geschätzten Abflussmenge von 100 l/sec hätte dieses

---

[11] Die Rekonstruktion erfolgte durch Hans-Jürgen van Akkeren in Abstimmung mit dem Autor.
[12] Freundlicher Hinweis von Ralf Hesse, LAD, auf der Grundlage der LiDAR-Daten.

Wasserhaltung im Schwarzwälder Bergbau

Abb. 7: Ehrenstetter Grund. Rekonstruktion des Förderrades und der Wasserzuleitung von oben. Die Eimerkette ist zur Verdeutlichung blau eingefärbt. Grafik: Hans-Jürgen van Akkeren.

Abb. 8: Ehrenstetter Grund. Rekonstruktion des Förderrades von der Seite. Im Vordergrund der ehemalige Abzugsstollen. Grafik: Hans-Jürgen van Akkeren.

Wasser für eine Betriebszeit von etwa 13,8 Stunden gereicht.[13] Daraus ergibt sich, dass man die Wasserhebemaschine einen halben Tag (bezieht man den Zufluss in dieser Zeit ein, dann einige Stunden länger) lang betreiben konnte und dann wieder drei Tage warten musste. Der Staudamm ist heute nur noch in seinen nördlichen und südlichen Dritteln erhalten. Der mittlere Teil ist durch den Ahbach abgetragen. In diesem Bereich lag wahrscheinlich der Grundablass. Dass derartige Ablässe im Mittelalter vorhanden waren, zeigt der archäologische Befund bei Bordesley Abbey (Ende 12. Jahrhundert). Hier führte eine Holzleitung unter der Sohle des Dammes vom tiefsten Punkt des Teiches zum Abfluss (Astill, 1993, S. 95–98, fig. 45).

Hinsichtlich der Förderleistung gibt es folgende Überlegung: In der zeichnerischen Rekonstruktion haben die Gefäße auf der Förderkette ein Volumen von 70 l. Wenn pro Minute auch nur ein Gefäß gehoben wurde (= 70 l/min bzw. 1,2 l/sec bei einer Geschwindigkeit von 2 m/min), so könnten pro Stunde 4.200 l gehoben worden sein. Geht man davon aus, dass der Schacht 50 m tief war, so kann man mit 25 Gefäßen à 70 l (= 1.750 l) rechnen. Dies entspricht einem Fördergewicht von 1.750 kg. Da die Eimerkette aus zwei parallelen Seilen bestand, musste jedes Seil am obersten Punkt eine Zugkraft von knapp 900 kg aushalten. Diese mögliche Nutzkraft kann ein Hanfseil mit etwa 4 cm Durchmesser erreichen. Alternativ konnte man die Belastung durch kleinere Gefäße und/oder größere Abstände der Gefäße untereinander reduzieren.

Abgesehen von dem Durchmesser des Wasserrades gibt es viele unbekannte Variablen (Menge und Zeitdauer der zur Verfügung stehenden Wassermenge, Drehgeschwindigkeit des Wasserrades, Größe der Fördergefäße, Abstand der Fördergefäße untereinander, Fördertiefe, Menge des unter Tage zufließenden Wassers etc.). Es ist klar, dass die theoretischen Überlegungen viele Unwägbarkeiten enthalten. Es dürfte aber deutlich geworden sein, dass mit Hilfe dieser Technik mit hoher Wahrscheinlichkeit eine Fördertiefe von 50 m und eine Förderleistung von 4.200 l/h erreicht werden konnten.

Der Grund für die Anlage der Radstube dürfte somit darin gelegen haben, dass zum einen der Bergbau immer tiefer vorgedrungen ist und zum anderen der Wasserzutritt stärker war, als dass er noch händisch mit Haspelknechten bewältigt werden konnte.

Leider wissen wir nicht, wie die Finanzierung dieses Großprojektes geregelt wurde. Analog zu dem Vorgehen im Suggental/Glottertal sowie zu den entsprechenden Modellen in der frühen Neuzeit ist zu vermuten, dass es sich um finanzkräftige Kaufleute handelte, die hier in die Infrastruktur und Technik investiert haben, um dann zu einem erheblichen Umfang am Ertrag beteiligt zu sein.

Todtnauberg (Anfang 14. Jahrhundert)

Nördlich des heutigen Ortes Todtnauberg auf fast 1.100 m Höhe befindet sich ein Revier, dessen historischer Name unbekannt ist. Die Gewannnamen Radschert und Radwuhr sowie Halden und Pingen zeugen von der bergmännischen Vergangenheit dieses sehr hoch gelegenen Reviers. Und im Bereich des heutigen Ortes zeugt die riesige Halde beim ehemaligen Gehrihof ebenfalls von einem sehr tief reichenden Schachtbergbau. Aufgrund der Topografie war an beiden Stellen offen-

---

[13] 5.000 m³:100 l/sec = 50.000 sec = 833 min = 13,8 h. Das Volumen der beiden oberhalb gelegenen Teiche ist derzeit noch unbekannt. Die zur Verfügung stehende Wassermenge war sicher größer als die in der Rechnung veranschlagte.

Wasserhaltung im Schwarzwälder Bergbau

bar nur ein Schachtbergbau sinnvoll. Und ebenfalls aufgrund der Topografie standen nur geringe Mengen an Wasser zur Verfügung. Der Bergbau begann vermutlich schon im 13. Jahrhundert und erreichte im 14. Jahrhundert seinen Höhepunkt.

Aus diesem Revier ist eine Schriftquelle vom 14. November 1331 vorhanden, mit der eine Maschine zur Förderung (von Wasser?) beschrieben wird (Trenkle, 1887, S. 65 f., 73 f.). Die darin erwähnten Froner der Hasen- und Königsfron bauten nach Albrecht Schlageter im Bereich der Schindelhalden (ebd.). In der Quelle heißt es: *So suln wir die hutta, die radehuser, die reder, die tole, die ringe, die krucka, die bleche und die nega, die zu unsern drin redern horent und die wir haben uf unsern vier vorgenannten fronbergen [...]. Were och das wir der selben rede runder den drin redern dekeines zu unseren buwen nut bedurften, bedurften denne die alten froner zu iren buwen der selben drier reder dekeines an alle geverde alle die wile si denne der selbe rede dekeines bedurfent und bruchent [...].* Demnach handelt es sich um eine Einrichtung, die aus hölzernen Gebäuden (*hutta*), Rädern, Wasserleitungen (*tole*) und anderen Objekten bestand. Diese Angaben lassen sich nicht eindeutig übersetzen, doch dürfte die Interpretation, dass es sich um eine Anlage zur Wasserhebung handelt, recht plausibel sein.

Eine Verbindung mit dem Radschert, der sich ganz im Norden des Reviers, 1,4 km von der Schindelhalde entfernt, befindet, ist derzeit nicht erkennbar. Denkbar ist, dass auch im Bereich der Schindelhalde eine Wasserhebemaschine existiert hat. Der Name Radschert kommt von „Radschacht", was auf das Vorhandensein eines (wasserbetriebenen) Rades hinweist, mit dem wohl die

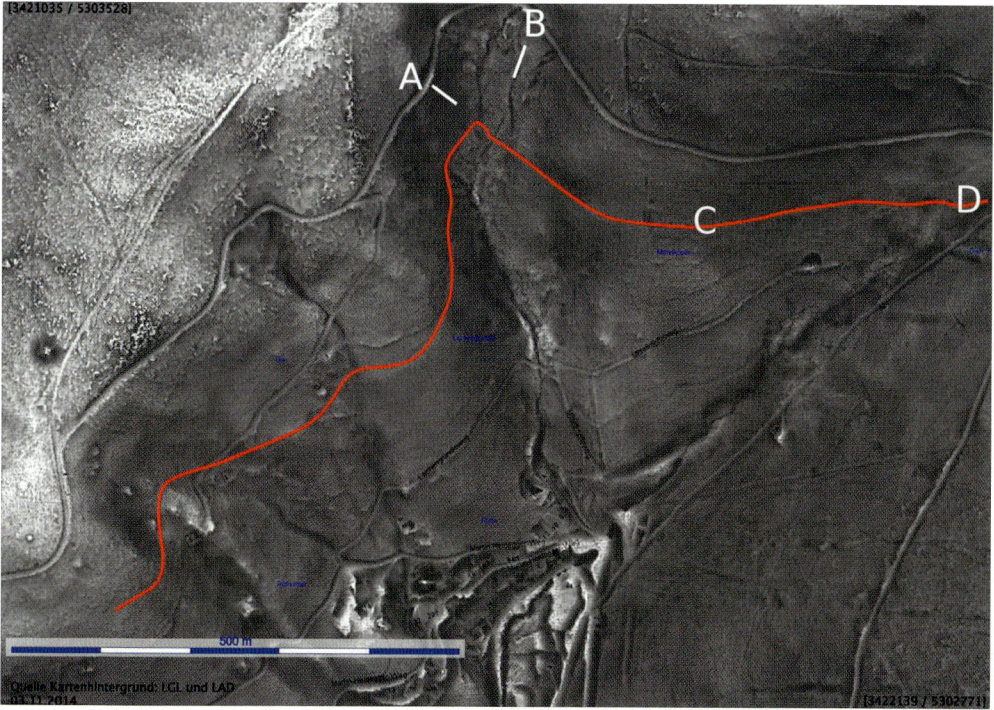

Abb. 9: Todtnauberg. Das digitale Geländemodell (LiDAR) mit Einzeichnung des Verlaufs des Hangkanals zum Förderschacht „Radschert". Karte: LAD, Landesamt für Geoinformation und Landentwicklung Baden-Württemberg (LGL), mit Ergänzung von Helge Steen.

Abb. 10: Todtnauberg. Hangkanal, der sich im Gelände als Stufe erhalten hat. Foto: Helge Steen.

Wasserförderung erfolgt ist. Der Antrieb dieses Rades erfolgte mit dem Wasser der 2,5 km langen Radwuhr,[14] deren Verlauf im Gelände noch sehr gut nachvollziehbar ist, sowie eines weiteren, namenlosen Wuhres mit 1,5 km Länge (Haasis-Berner, 2001, S. 59 ff.; Steen, 2013, S. 525). Auch hier ist – wie beim Suggental – ein kleiner Wasserleitungsstollen vorhanden gewesen. Etwas tiefer lag ein weiteres Wuhr, mit dem Wasser der Roten Wiese zu den Bergwerken geführt wurde, um

---

[14] Wuhr ist der alemannische Begriff für einen künstlichen Wasserlauf, in diesem Fall einen Hangkanal. Radwuhr ist die noch heute gebräuchliche Bezeichnung dieses Reliktes.

auch dort das Wasser mit Hilfe von Wasserkraft aus dem Berg zu heben. Möglicherweise wurde mit diesem Wasser die 1331 erwähnte Anlage betrieben (Haasis-Berner, 2001, S. 60).

Sulzburg

Sulzburg ist neben Schapbach eines der beiden Reviere, in dem im 18. Jahrhundert eine Wasserkunst installiert worden ist (Bliedtner und Martin, 1986, S. 81 ff., 330 f., 579; Dennert, 1993, S. 162–172). Doch geben die Quellen zu dieser deutliche Hinweise darauf, dass es bereits im Mittelalter eine vergleichbare Wasserkunst gegeben hat.

In Sulzburg quert ein Gangzug in Nordsüd-Richtung das Tal. Er ist durch große Verhaue im Wald deutlich auszumachen. Der Gangzug nördlich des Sulzbaches wird Riestergang genannt, der südlich gelegene Himmelsehre. Der Bergbau ist durch archäologische Funde in das 10. Jahrhundert und durch Schriftquellen, insbesondere die Königsurkunde von 1028, in das frühe 11. Jahrhundert datiert. Nach einem Rückgang des Bergbaus zwischen der Mitte des 11. und dem Ende des 12. Jahrhunderts begann seine Blütezeit. Sie reichte bis mindestens zur Mitte des 14. Jahrhunderts. Der Bergbau selbst ist auch im 15. Jahrhundert noch nachzuweisen (Rauschkolb, 2005).

Die Auswertung von Befahrungsberichten des 18. Jahrhunderts zeigt, dass im Bereich der Himmelsehre offenbar schon im 16. Jahrhundert beträchtliche Teufen erreicht worden sind. Denn bei Aufwältigungen wurde in 30 m Tiefe nicht nur eine Hornstatt (Kammer, in der mit Hilfe von Haspeln Wasser aus tiefer liegenden Grubengebäuden gehoben wurde) angetroffen, sondern in dieser Kammer war auch die Jahreszahl 1582 eingehauen. Damals sollen in Sulzburg mehrere Hundert Bergleute tätig gewesen sein (Dennert, 1993, S. 131). Ob sie diese Teufen im 16. Jahrhundert neu erreicht haben oder ob sie die aus dem Mittelalter erreichten Teufen nur freigelegt haben, ist nicht bekannt. Mit welchen Teufen insgesamt gerechnet werden muss, zeigt sich anhand der 1742 von Brandmüller errichteten Pumpanlage. Diese sümpfte aus dem Blindschacht 44 m und aus dem unmittelbar nördlich des Sulzbaches liegenden Kunstschacht zusätzlich knapp 37 m, insgesamt aus einer Teufe von bis zu 80 m unter dem Niveau des Kunstschachtes, der sich in etwa auf der Höhe des Sulzbaches befand. Zwischen Kunstschacht und Blindschacht bestand eine Entfernung von 134 m. Als Antrieb diente ein Wasserrad mit einem Durchmesser von 12 m (ebd., S. 166). Wenn ein Abbau in diesen Teufen im 18. Jahrhundert nur durch eine Wasserkunst möglich war, so kann vermutet werden, dass dies in den davorliegenden Betriebsperioden nicht anders war. In diese Richtung ist das Vorhandensein eines Hangkanals zu deuten, der auf der Südseite des Tales bis zum Himmelsehregang führt. Da Hangkanäle im Bergbau in den allermeisten Fällen angelegt wurden, um den Betrieb einer Wasserkunst sicherzustellen, ist davon auszugehen, dass auch dieser Hangkanal dafür angelegt wurde. Es kann sich jedoch nicht um ein Bauwerk des 18. Jahrhunderts handeln. Denn auf dem um 1750/1753 angefertigten Plan von Sulzburg ist auf der südlichen Talseite ein „alter annoch erkenntlicher waßergraben in die Himmelsehr" eingetragen (Goldenberg, 1993, S. 219 ff.). Sein Verlauf entspricht dem des heute als Wanderweg (Ernst-Büche-Weg) genutzten Hangkanals. Somit muss der Kanal in einer Betriebsperiode entstanden sein, die vor dem 18. Jahrhundert liegt. Und das mit Hilfe des Wassers betriebene Kunstrad muss an einer anderen Stelle gestanden haben als das Kunstrad des 18. Jahrhunderts. Da Hangkanäle meistens so geplant waren, dass sie das Wasser genau dorthin geführt haben, wo es tatsächlich gebraucht wurde, kann man den Standort der ehemaligen Wasserkunst im Bereich des Himmelsehreganges vermuten.

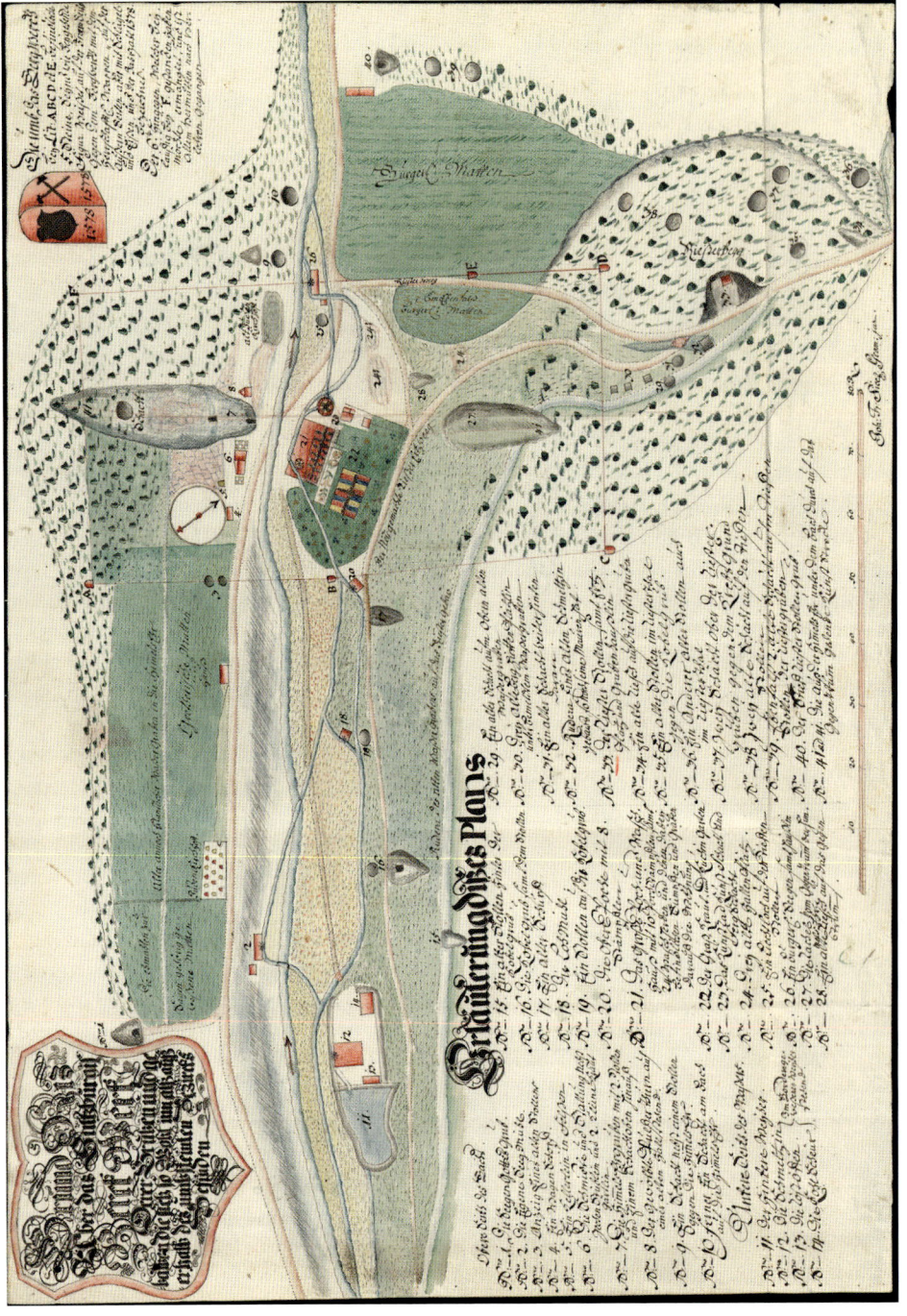

Abb. 11: Sulzburg. Plan des wichtigsten Bergwerks (1750/1753) mit zeichnerischer Hervorhebung der ehemaligen Hangkanäle (blau). Der Plan ist gesüdet. Quelle: Generallandesarchiv Karlsruhe, G Technische Pläne I Sulzburg 1.

Wasserhaltung im Schwarzwälder Bergbau

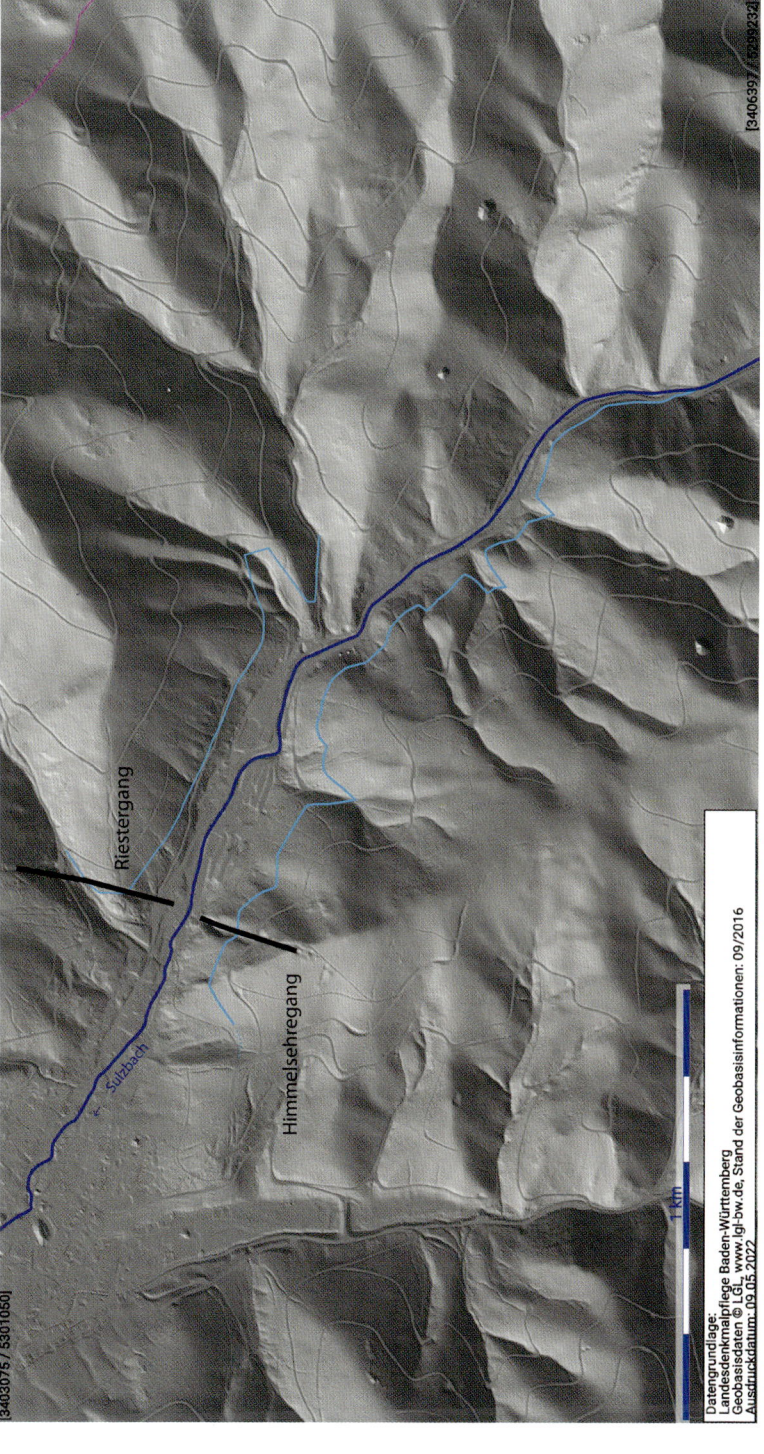

Abb. 12: Sulzburg. Das digitale Geländemodell (LiDAR) mit Einzeichnung des Verlaufs der Hangkanäle nördlich und südlich des Sulzbaches. Karte: LAD, LGL.

Aber auch in der nördlich des Sulzbaches liegenden Riestergrube ist Ende des 18. Jahrhunderts von einem Kunstrad die Rede (Dennert, 1993, S. 173). 1792 wurde der tiefe Stollen auf 370 Lachter Länge freigelegt.[15] Bei 260 Lachter stieß man auf eine große Radstube: „ein Hauptabteufen der Alten, über dem ein 40 Fuß hohes Kunstrad gehangen hatte" (ebd., S. 175, 177, Abb. 176). Das bedeutet, dass etwa 520 m vom Stollenmundloch entfernt im Berg ein Kunstrad mit einem Durchmesser von etwa 12 m vorhanden gewesen sein soll. Es gibt keine Hinweise darauf, wie das Rad bewegt wurde. Es könnte sich um ein Tretrad oder aber auch um ein mit Wasser betriebenes Rad handeln. In diesem Fall ergeben sich Fragen hinsichtlich der dafür notwendigen Wasserzuführung im Berg. Wenn man jedoch die „rudera des alten waßergrabens" bedenkt, die 1745 kartografisch erfasst (Goldenberg, 1993) und bis heute im Gelände vorhanden sind (Müller, 1999), so ist die Wahrscheinlichkeit, dass dieses Rad (oder auch ein weiteres?) mit Hilfe von Wasserkraft betrieben wurde, nicht unmöglich. Denn der Wassergraben führt bis zu dem Stollenmundloch des tiefen Stollens (Nr. 33 auf der Karte von 1750/1753). Ob es möglich war, das Wasser durch den tiefen Stollen auf das Wasserrad zu leiten, ist den Befahrungsberichten nicht zu entnehmen. Auf jeden Fall müssen der Stollen, die Radstube sowie der Wassergraben älter als die Aufwältigungen im 18. Jahrhundert sein.

Somit steht sowohl im Bereich des Himmelsehreganges wie auch im Bereich des Riesterganges das 16. Jahrhundert als möglicher Zeitraum für die Anlage einer wasserbetriebenen Wasserhebeanlage zur Diskussion. Diese Datierung wäre im Schwarzwald bislang singulär, darf aber trotzdem nicht *a priori* ausgeschlossen werden. Zwar gibt es archäologische und schriftliche Hinweise darauf, dass in der zweiten Hälfte des 16. Jahrhunderts im Bereich der Himmelsehre sowie des Riesterganges Bergbau betrieben wurde, doch dürfte es sich lediglich um Nachlesebergbau gehandelt haben, der kaum länger als 30 Jahre angedauert hat (Rauschkolb, 2005, S. 35 f., 44 mit älterer Literatur). Es ist kaum vorstellbar, dass in dieser Zeit dermaßen hohe Erträge gewonnen wurden, dass es zur Installation teurer Wasserhebeanlagen gekommen ist. Die 1578 erfolgte Aussteinung des Reviers umfasst nur den talnahen Bereich des Himmelsehre- sowie des Riesterganges (Goldenberg, 1993, und Karte am Ende des Buches). Demnach hat die Vermutung, die Wasserhebeanlagen könnten aus dieser Phase stammen, wenig Gewicht.

Deshalb ist ein Vordringen unter die Talsohle und die Errichtung einer deshalb notwendigen Wasserhebeanlage inklusive der dafür notwendigen Wasserzuleitungen in der Blütephase des Sulzburger Bergbaus im 13./14. Jahrhundert wesentlich wahrscheinlicher; dies umso mehr, als aus dieser Phase im Schwarzwald mehrere Belege für künstliche Wasserhebung vorhanden sind (Haasis-Berner, 2001, S. 61 ff.). Der Bergbau scheint eine Tiefe von 50–80 m unter der Talsohle erreicht zu haben.

Bollschweil „Birkenberg" (um 1300)

Nahe des ehemaligen Klosters St. Ulrich querte eine Gangschar die Möhlin. Vom 12. bis zum frühen 15. Jahrhundert wurden hier Erze abgebaut und Silber, Blei und vermutlich auch Kupfer gewonnen. Die Blütezeit des Bergbaus war das 13. Jahrhundert. Um die umstrittenen Bergrechte zu sichern, entstand inmitten des Reviers unter Ausnutzung eines vorhandenen Verhaus eine Burg (Birchiburg). In den 1990er Jahren führte das Institut für Ur- und Frühgeschichte der Universität

---

[15] Ein Lachter entspricht etwa 2,5 m. 370 Lachter sind somit 920 m.

Freiburg in dem Revier zahlreiche Untersuchungen zum Bergbau und zu der Bergbausiedlung durch. Schließlich wurde die Birchiburg vollständig freigelegt (Fröhlich, 2013). In einem Stollen am Birchiberg befindet sich eine Haspelstube. Sie wurde angelegt, um aus einer tieferen Sohle Erze, Gestein und Wasser zu fördern (Goldenberg und Fröhlich, 2006, S. 13). In dem Verhau nahe der Birchiburg ist der Felsen so abgearbeitet worden, dass eine Radstube entstanden ist. Die Achslöcher des ehemals hier vorhandenen Wasserrades sind deutlich erkennbar. Dieser Befund legt nahe, dass auch hier eine Wasserkunst installiert worden war (ebd., S. 34 f.). Ob die Wasserkunst jedoch mit Wasser betrieben wurde, ist unklar. Hinweise auf einen Hangkanal liegen nicht vor. Aufgrund der mutmaßlich geringen Größe des Rades könnte es sich auch um ein Tretrad gehandelt haben.

Schauinsland (nach 1538, vor 1592)

Um 1300 begann die Blüte des Bergbaus am Schauinsland. Diese Hochphase dauerte jedoch nur etwa 60 Jahre. Nach dem Niedergang im 14. Jahrhundert wurde er erst 1538 wieder aufgenommen. In einem Berain vom 9. November 1592 zu Gütern im Hofsgrund ist von einem Kunstwuhr und einem Kunstgestänge die Rede. Dies sind eindeutige Hinweise auf das Vorhandensein einer wasserbetriebenen Wasserhebung. Wo diese Wasserkunst bestanden hat, geht aus dieser Quelle nicht hervor. Eine weitere Quelle von 1731 spricht im Zusammenhang mit der damals neu errichteten Poche im Bereich der Siedlung Hofsgrund von einem uralten Wassergraben. Ob es sich um denselben Graben handelt, ist nicht klar, aufgrund der unveränderten Topografie und Wasserverhältnisse jedoch sehr wahrscheinlich. Wo sich dieser Graben befand und wo die mit seinem Wasser betriebene Wasserkunst stand, ist ebenso unbekannt wie ihre Größe und Leistungsfähigkeit (Straßburger, 2015, S. 123 f.). Festzuhalten ist, dass hier im späten 16. Jahrhundert eine Wasserkunst nachzuweisen ist.

Freudenstadt (1603/1604)

Nachdem in einem Bergwerk bei Ober-Assel (Auxelles-Haut, Elsass) 1585 eine beeindruckende und äußerst leistungsstarke Wasserkunst errichtet worden war, die mit fünf Rädern und zahlreichen Pumpensätzen das Wasser aus einer Tiefe von 200 m hob, nahm man sich diese Maschine als Beispiel für das neue Bergwerk bei Freudenstadt. In dem Bergwerk in der Kehrsteige im Christophstal stand um 1600 ein Wasserrad mit einem Durchmesser von 10 m und einer Breite von 36 cm in einer Radstube unter Tage. Gegenläufige Pumpensätze hoben das Wasser aus einer Tiefe von 30 m (Meyerdirks, 2013, S. 142 f.).

Wasserkünste im 18./19. Jahrhundert

Im Schwarzwald wurden in Reinerzau/Stadt Alpirsbach (Grube Heiliger Dreikönigstern, 1728), in Sulzburg (1742), in Bad Rippoldsau (Grube Prosper, um 1750), bei Freudenstadt (1756), in Wildschapbach (Grube Friedrich Christian, 1850; Grube Erzengel Michael, 1847/1848) und im

Münstertal (vor 1864) Wasserkünste (Pumpen) angelegt, die überwiegend durch Wasserkraft angetrieben wurden (Bliedtner und Martin, 1986, S. 30).

Die Lagerstätte, die durch die Heilige-Dreikönig-Grube bei Reinerzau erschlossen und abgebaut wurde, wurde erst 1725 entdeckt. Aufgrund erfreulicher Ausbeute legte man etwa 1728 eine Wasserkunst an, die das Wasser mit Pumpen aus etwa 30 m Tiefe hob. Wie lange diese Maschine in Betrieb war, ist nicht bekannt. Auf dem Plan des Bergwerks von 1752 ist das Kunstrad (Durchmesser 9 m) noch eingezeichnet. Um 1800 kam der Bergbau zum Erliegen. In den 1860er Jahren versuchte man durch die Installation einer gebrauchten Dampfmaschine die Sümpfung und Förderung zu ermöglichen. Dieser Versuch endete 1870 (Bliedtner und Martin, 1986, S. 578 ff., Abb. 209).

Der Prospergang bei Bad Rippoldsau ist einer der bedeutendsten des dortigen Reviers. Das Bad bei dem Sauerbrunnen ist schon 1140 erstmals genannt und ab der zweiten Hälfte des 16. Jahrhunderts erfreut es sich großen Zuspruchs. Ob schon vor dem Dreißigjährigen Krieg hier der Bergbau umging, wird zwar vermutet, lässt sich bislang jedoch nicht belegen. Da der Bergbau jedoch unmittelbar nach dem Dreißigjährigen Krieg (wieder?) aufgenommen wurde, ist es recht wahrscheinlich, dass er älter ist. Phasen mit Aktivitäten wechselten sich mit Stillstand ab. Um die Mitte des 18. Jahrhunderts muss eine Wasserkunst vorhanden gewesen sein. Denn auf dem um 1745 gezeichneten Plan von Bad und Bergwerken wird unter Nr. 4 ein „Wasserrad, so die Pompen treibt" östlich der Wolfach dargestellt (Bliedtner und Martin, 1986, S. 77–89, Abb. 26). Das Triebwasser wird interessanterweise in einem Kähner (Nr. 5, „neuer Canal") von Norden her über die Wolfach geleitet und stammt von dem dort verlaufenden Mühlkanal, der ein weiteres Wasserrad antreibt. Insgesamt gibt es zwei Kunstschächte (Gartenschacht, Fahrschacht), die das Wasser aus bis zu 8 Lachter (16 m) Tiefe heben. 1783 wurden die Arbeiten im Berg eingestellt. Die in den Schächten installierten Pumpen waren bis zu ihrer Wiederentdeckung im Jahre 1951 vorhanden, wurden dann aber ausgebaut und damit zerstört.

In der Mitte des 18. Jahrhunderts griff man auch in der Grube Dorothea bei Freudenstadt zu einer Wasserkunst, um den Vortrieb und den Abbau unter der Talsohle zu ermöglichen. Dieses Vorhaben wurde 1756 in Angriff genommen und bald darauf fertiggestellt. Das über Tage aufgestellte Wasserrad hatte einen Durchmesser von 8–9,2 m. Mittels eines 70 m langen Gestänges wurde die Kraft zum Tagschacht geführt (Meyerdirks, 2013, Abb. 25). Da mehr Wasser in die Gruben strömte, als die Pumpen heben konnten, musste der Betrieb, der in eine Tiefe von 24 m unter der Talsohle vorgedrungen war, 1765 eingestellt werden.

Bei der Grube Erzengel Michael legte man 1847/1848 einen 1,5–2 km langen Hangkanal an, der das Wasser vom Wildschapbach zum Bergwerk führte. Hier wurde es durch eine hölzerne Leitung durch den Stollen bis zu einem 60 m tiefen Schacht geleitet. Diesen Schacht fiel das Wasser nach unten, um auf der tiefsten Stollensohle „ein Turbinen-Kunstgezeug anzutreiben, welches den über 40 m tiefen Neuen Stumpfschacht entwässerte" (Bliedtner und Martin, 1986, S. 330 f.). Als das Kunstgezeug 1850 erneuert werden sollte, brach die Radstube zusammen. Damit endete hier der Abbau.

Gewissermaßen als Ersatz errichtete man ab 1850 auf der Grube Friedrich-Christian (Abbau von Kupfererzen) erstmals eine Wasserkunst. Diese Anlage sümpfte Stollen und Schächte, auf die man beim Ausräumen gestoßen war. Erst auf dem 40-Lachter-Stollen fand man unverritzte Erzmittel. 1857 wurde die Gesellschaft jedoch aufgelöst (Bliedtner und Martin, 1986, S. 342 ff.).

Im Münstertal ist aus der Betriebsperiode des mittleren 19. Jahrhunderts bekannt, dass im Bereich des Schindler-Bergwerks Wasserpumpen vorhanden waren. Denn bei der Versteigerung des Inventars und der Gebäude im Jahre 1864 wird „ein Pumpwasserrad, 40 Fuß hoch und 2 Fuß breit" sowie ein „324 Fuß eisernes Pumpwerk im Schacht mit eisernem und hölzernem Gestänge", „eine Druckpumpe über Tag" erwähnt (Karlsruher Zeitung, 17.09.1864, No. 219).[16] Aus diesen Angaben geht hervor, dass mit dem Wasserrad mit einem Durchmesser von 13 m das Wasser aus einer Tiefe von über 100 m gefördert wurde. Das Wasser stammte vom Kaibenbach, der das Jahr über ausreichend Wasser bereitstellt.

Zusammenfassung

Mit dem Übergang zum Schachtbergbau und dem damit verbundenen Vordringen in immer größere Tiefen erlangte die Wasserhaltung zunehmend Bedeutung. Die gewählten Lösungen hingen stark von der Topografie, der Lagerstätte, der Ergiebigkeit und der Größe des Bergwerks ab. Ab dem 13. Jahrhundert kam es zur Anlage von Erbstollen sowie zur Anlage von Haspeln zum händischen Heben des Wassers. In der zweiten Hälfte des 13. Jahrhunderts wurden aber auch in mindestens vier Revieren (Glottertal/Suggental, Ehrenkirchen „Ehrenstetter Grund", Todtnauberg, Sulzburg) Wasserhebemaschinen errichtet, die mit Hilfe von Wasserkraft betrieben wurden. Die vorgestellten Beispiele zeigen, dass es „um 1300" durch die Anlage von Staudämmen und Hangkanälen, den Bau von Wasserrädern mit einem Durchmesser von mindestens 10 m und durch die Kombination mit einer Wasserhebung (Eimerkette) möglich war, Wasser aus einer Tiefe von mindestens 50 m zu heben. Ein Techniker – Conrat Rotermellin – ist namentlich bekannt. Ein Namensvetter von ihm (Sohn?) – Heinrich Rothermel – verpflichtete sich 1315 in Iglau/Mähren zum Bau einer vergleichbaren Anlage, die aus Zuleitungen, sechs Wasserrädern und mindestens zwei Ableitungen bestand. Der Ruf der Familie und wohl auch der Erfolg ihrer Installationen war so groß, dass noch 1351 ein weiterer Vertreter dieser Familie – Hans Rothermel – auch in St. Leonhard/Kärnten eine entsprechende Maschine zum Sümpfen des dortigen Goldbergwerkes errichtete (Haasis-Berner, 2001, S. 52–56).

Somit wird deutlich, dass im 13./14. Jahrhundert im Schwarzwald (erstmals?) eine Lösung gefunden wurde, wie man mit Wasserkraft Wasser heben kann. Mittel zum Zweck war die Kombination von zwei Techniken, dem Wasserrad und der (im mediterranen Raum verbreiteten, von Menschen oder Tieren angetriebenen) Eimerkunst. Diese Lösung war im Schwarzwald erfolgreich und wurde dann in andere Reviere exportiert. Mit der Krise des Bergbaus ab der Mitte des 14. Jahrhunderts war der Ertrag der Bergwerke offenbar so gering, dass kein Investor mehr das Risiko einging, im Schwarzwald vergleichbare Maschinen zu installieren. Möglicherweise fehlte auch das Know-how.

Sichere Belege für eine Wasserhebung durch Wasserkraft im Schwarzwälder Bergbau finden sich erst wieder 1603/1604 (Freudenstadt) und dann ab der ersten Hälfte des 18. Jahrhunderts punktuell (Reinerzau, Bad Rippoldsau, Sulzburg, Wildschapbach). In vielen Berichten wird deutlich, dass es in der Neuzeit nur noch in Ausnahmen möglich war, die abgesoffenen Grubenbauten des alten Mannes wieder zu sümpfen. Die Leistungsfähigkeit der Hebewerke erreichte maximal 80 m (Sulzburg), blieb aber meistens deutlich darunter. Im Vergleich mit den mittelalterlichen Anlagen ist hier keine Steigerung zu erkennen. In einigen Revieren (z. B. Todtnauberg, Seebach)

---

[16] Diesen Hinweis verdanke ich Helge Steen, Buggingen.

kam es zu Beginn der Neuzeit zur erfolgreichen Anlage von Erbstollen, durch die eine dauerhafte Wasserableitung erzielt wurde.

Technikgeschichtlich ist jedoch das 13./14. Jahrhundert eine Blütezeit, weil in dieser Zeit und vornehmlich im Schwarzwald Lösungen erarbeitet wurden, die über Jahrhunderte in ganz Europa genutzt wurden, um Bergwerke zu sümpfen.

Literatur

Agricola, Georg: Zwölf Bücher vom Berg- und Hüttenwesen. Vollständige Ausgabe nach dem lateinischen Original von 1556, Düsseldorf 1977.

Ammann, Hektor / Metz, Rudolf: Die Bergstadt Prinzbach im Schwarzwald, in: Alemannisches Jahrbuch 4 (1956), S. 283–313.

Astill, G. G.: A Medieval Industrial complex and its landscape. The metalworking watermills and workshops of Bordesley Abbey (Council of British Archaeology Research Reports, Nr. 92), York 1993.

Bartels, Christoph: Krisen und Innovationen im Erzbergbau des Harzes zwischen ausgehendem Mittelalter und beginnender Neuzeit, in: Technikgeschichte 63 (1996), S. 1–19.

Bazzana, André: Transferts technologiques et impératifs sociaux: les machines hydrauliques à usage agricole dans l'Occident musulman (9e–15e siécles), in: Water management in medieval rural economy, hg. von Jan Klápště (Ruralia, Bd. 5; Památky archeologické, Suppl. Bd. 17), Prag 2005, S. 55–67.

Beck, Erik: Wasser auf Burgen. Eine Ressource zwischen pragmatischer Nutzung und sozialer Distinktion, in: Wasser. Ressource – Gefahr – Leben, hg. von Kurt Andermann und Gerrit Jasper Schenk (Kraichtaler Kolloquien, Bd. 12), Ostfildern 2020, S. 27–46.

Binding, Günther: Baubetrieb im Mittelalter, Darmstadt 1993.

Bingener, Andreas / Bartels, Christoph / Fessner, Michael: Die große Zeit des Silbers. Der Bergbau im deutschsprachigen Raum von der Mitte des 15. bis zum Ende des 16. Jahrhunderts, in: Der alteuropäische Bergbau. Von den Anfängen bis zur Mitte des 18. Jahrhunderts, hg. von Christoph Bartels und Rainer Slotta (Geschichte des deutschen Bergbaus, Bd. 1), Münster 2012, S. 317–452.

Bliedtner, Michael / Martin, Manfred: Erz- und Minerallagerstätten des Mittleren Schwarzwaldes. Eine bergbaugeschichtliche und lagerstättenkundliche Darstellung, hg. vom Geologischen Landesamt Baden-Württemberg, Freiburg 1986.

Bouvard, André: Saulnot und Sulz am Neckar, in: Heinrich Schickhardt. Baumeister der Renaissance, hg. von Sönke Lorenz und Wilfried Setzler, Leinfelden-Echterdingen 1999, S. 160–265.

Breyvogel, Bernd: Bergbau in Neubulach, in: Neubulach. Eine Stadt im Silberglanz, hg. von Sönke Lorenz und Andreas Schmauder (Gemeinde im Wandel, Bd. 12), Filderstadt 2003, S. 247–256.

Brunn, Andreas: Archäologische Untersuchung der mittelalterlichen Bergstadt Prinzbach, Magisterarbeit Freiburg 1999.

Christof, Eckhard: Boll, in: Heinrich Schickhardt. Baumeister der Renaissance, hg. von Sönke Lorenz und Wilfried Setzler, Leinfelden-Echterdingen 1999, S. 104–113.

Dambacher, Josef Jakob, Urkunden zur Geschichte der Grafen von Freiburg, in: Zeitschrift für die Geschichte des Oberrheins 18 (1866), S. 74–98, 222–243, 358–384, 455–460.

Dennert, Volker: Der Bergbau vom Mittelalter bis heute, in: Müller, Anneliese / Grosspietsch, Jost (Red.): Geschichte der Stadt Sulzburg, Bd. 1: Von den Anfängen bis zum ausgehenden Mittelalter, Freiburg 1993, S. 119–217.

Fester, Richard: Regesten der Markgrafen von Baden und Hachberg 1050–1515, Bd. 1, hg. von der Badischen Historischen Kommission, Innsbruck 1900.

Fluck, Pierre: Sainte-Marie-aux-Mines ou Les mines du rêve. Une monographie des mines d'argent, Soultz 2000.

Foellmer, Ansgar / Hoppe, Andreas / Dehn, Rolf: Anthropogene Schwermetallanreicherungen in holozänen Auesedimenten der Möhlin (südlicher Oberrheingraben), in: Die Geowissenschaften 15 (1997), S. 61–66.

Fröhlich, Matthias: Burg und Bergbau im südlichen Schwarzwald. Die Ausgrabungen in der Burg am Birkenberg (Gde. Bollschweil-St. Ulrich) (Archäologie und Geschichte. Freiburger Forschungen zum ersten Jahrtausend in Südwestdeutschland, Bd. 20), Ostfildern 2013.

Gassmann, Guntram: Der südbadische Eisenerzbergbau. Geologischer und montanhistorischer Überblick, Diss. Freiburg 1991.

Goldenberg, Gert: Eine Bergwerkskarte über das sulzburgische Bergwerk von J. F. Sicck aus der Mitte des 18. Jahrhunderts, in: Müller, Anneliese / Grosspietsch, Jost (Red.): Geschichte der Stadt Sulzburg, Bd. 1: Von den Anfängen bis zum ausgehenden Mittelalter, Freiburg 1993, S. 219–221.

Goldenberg, Gert / Fröhlich, Matthias: Der Birkenberg bei Bollschweil-St. Ulrich. Ein Bergbaurevier aus dem Mittelalter, Bollschweil 2006.

Gundelwein, Andreas / Zimmermann, Ulrich: Bergbauarchäologische Untersuchungen über und unter Tage im Ehrenstetter Grund, Gemeinde Ehrenkirchen, Kreis Breisgau-Hochschwarzwald, in: Archäologische Ausgrabungen in Baden-Württemberg 1991 (1992), S. 320–325.

Gunz, Wolfgang: Eine lateinische Beschreibung der Ortenau und ihrer Flüsse aus dem Jahr 1531 von Jakobus Ottelinus, in: Die Ortenau 85 (2005), S. 303–308.

Haasis-Berner, Andreas: Wasserkünste, Hangkanäle und Staudämme im Mittelalter. Eine archäologisch-historische Untersuchung zum Wasserbau am Beispiel des Urgrabens am Kandel im mittleren Schwarzwald (Freiburger Beiträge zur Archäologie und Geschichte des ersten Jahrtausends, Bd. 5), Rahden/Westf. 2001.

Haasis-Berner, Andreas / Geuenich, Dieter / Hoch, Bernhard / Schneider, Klaus / Strecker, Hubert: Besiedlung und Bergbau im Glottertal, in: Bergbau im Glottertal. Beiträge zur 900-Jahr-Feier der Gemeinde Glottertal, hg. vom Arbeitskreis Glottertäler Ortsgeschichte, Freiburg 2012, S. 9–102.

Haasis-Berner, Andreas; Wasserkünste und Wasserkünstler im 16. Jahrhundert, in: Bergbau und Kunst, Teil III: Technische Künste. 11. Internationaler Montanhistorischer Kongress Schwaz/Hall in Tirol/Sterzing 2012, hg. von Wolfgang Ingenhaeff und Johann Bair, Hall in Tirol 2013, S. 43–59.

Haasis-Berner, Andreas: Innovative Wasserkraftnutzung im Mittelalter und die zugehörige wasserbauliche Infrastruktur, in: Erhaltung von Kulturdenkmalen der Industrie und Technik in Baden-Württemberg, hg. vom Regierungspräsidium Stuttgart, Landesamt für Denkmalpflege (Arbeitsheft, Bd. 31), Darmstadt 2015, S. 83–90.

Harter, Hans: Die Burg Wittichenstein, in: Die Ortenau 64 (1984), S. 489–493.

Hrubý, Petr / Hejhal, Petr / Malý, Karel: Montanarchäologische Untersuchungen in Jihlava-Staré Hory (Iglau-Altenberg, Tschechien), in: Zeitschrift für Archäologie des Mittelalters 35 (2007), S. 1–44.

Hrubý, Petr: Erzbergbau im Böhmisch-Mährischen Bergland, in: Praehistorica XXXI/2 (2014), S. 679–705.

Hrubý, Petr: Erzbergbau und Edelmetallproduktion im böhmischen Königreich während des 13. Jhs. im Kontext der europäischen Montanarchäologie (Veröffentlichungen des Landesamtes für Archäologie Sachsen, Bd. 72; ArchaeoMontan, Bd. 6), Dresden 2021.

Jenisch, Bertram / Gassmann, Guntram / Leiber, Joachim: Ein mittelalterliches Bergbaurevier bei Reichenbach, Stadt Lahr, Ortenaukreis, in: Fundberichte aus Baden-Württemberg 18 (1993), S. 465–484.

Karlsruher Zeitung, 17.09.1864, No. 219.

Kirchheimer, Franz: Das Alter des Silberbergbaus im südlichen Schwarzwald, Freiburg 1971.

Ludwig, Karl-Heinz: Technik im Hohen Mittelalter zwischen 1000 und 1350/1400, in: Ludwig, Karl-Heinz / Schmidtchen, Volker: Metalle und Macht 1000 bis 1600 (Propyläen-Technikgeschichte, Bd. 2), Berlin 1997, S. 9–205.

Matzke, Michael: Die Stadt und der Bergbau bis 1440, in: Neubulach. Eine Stadt im Silberglanz, hg. von Sönke Lorenz und Andreas Schmauder (Gemeinde im Wandel, Bd. 12), Filderstadt 2003, S. 119–146.

Meyerdirks, Uwe: Bergbau in Neubulach (1534–1700), in: Neubulach. Eine Stadt im Silberglanz, hg. von Sönke Lorenz und Andreas Schmauder (Gemeinde im Wandel, Bd. 12), Filderstadt 2003, S. 257–292.

Meyerdirks, Uwe: Bergbaugeschichte (von Neubulach), in: Werner, Wolfgang / Dennert, Volker: Lagerstätten und Bergbau im Schwarzwald. Ein Führer unter besonderer Berücksichtigung der für die Öffentlichkeit zugänglichen Bergwerke, Freiburg 2004, S. 156–163.

Meyerdirks, Uwe: Technische Künste in Bergbau und Verhüttung aus interdisziplinärer Sicht an Beispielen aus Schwarzwald und den Vogesen, in: Bergbau und Kunst, Teil III: Technische Künste. 11. Internationaler Montanhistorischer Kongress Schwaz/Hall in Tirol/Sterzing 2012, hg. von Wolfgang Ingenhaeff und Johann Bair, Hall in Tirol 2013, S. 125–160.

Monumenta Germaniae Historica – Constitutiones et Acta Publica Imperatorum et Regum, Tomus III (Bearb.: Jakob Schwalm), Rom/Hamburg 1904, Supplementum ad Friderici II et Conradi IV, S. 1–6 (https://www.dmgh.de/mgh_const_3/index.htm#page/(I)/mode/1up).

Müller, Dieter: Ein Hangkanal im Sulzbachtal – Beobachtungen zur Infrastruktur des Riesterbergwerkes, in: Archäologische Nachrichten aus Baden 61/62 (1999), S. 45–60.

Rauschkolb, Mark: Über und unter Tage – Bergbauarchäologie im Sulzbachtal, in: Müller, Anneliese / Grosspietsch, Jost (Red.): Geschichte der Stadt Sulzburg, Bd. 2: Bemerkungen zur frühen Geschichte und zur frühen Neuzeit, Freiburg 2005, S. 23–50.

Riezler, Sigmund (Bearb.): Fürstenbergisches Urkundenbuch. Sammlung der Quellen zur Geschichte des Hauses Fürstenberg und seiner Lande in Schwaben, Bd. 2: Quellen zur Geschichte der Grafen von Fürstenberg vom Jahre 1300–1399, Tübingen 1877.

Schlageter, Albrecht: Der mittelalterliche Bergbau im Schauinslandrevier, in: Schau-ins-Land 88 (1970), S. 125–171.

Schlageter, Albrecht: Der mittelalterliche Bergbau im Schauinslandrevier (Teil II), in: Schau-ins-Land 89 (1971), S. 95–134.

Schlageter, Albrecht: Zur Geschichte des Bergbaus im Umkreis des Belchen, in: Der Belchen. Geschichtlich-naturräumliche Monographie des schönsten Schwarzwaldberges, hg. von der Landesanstalt für Umweltschutz Baden-Württemberg, Institut für Ökologie und Naturschutz (Die Natur- und Landschaftsschutzgebiete Baden-Württembergs, Bd. 13), Karlsruhe 1989, S. 127–309.

Schmaedecke, Michael: Der Breisacher Münsterberg. Topographie und Entwicklung (Forschungen und Berichte der Archäologie des Mittelalters in Baden-Württemberg, Bd. 11), Stuttgart 1992.

Schmidtchen, Volker: Technik im Übergang vom Mittelalter zur Neuzeit zwischen 1350 und 1600, in: Ludwig, Karl-Heinz / Schmidtchen, Volker: Metalle und Macht 1000 bis 1600 (Propyläen-Technikgeschichte, Bd. 2), Berlin 1997, S. 209–598.

Schwineköper, Berent: Das Hofstättenverzeichnis der Stadt Breisach vom Jahr 1319 (Teil III). Die weltlichen Einrichtungen I: Der Breisacher Radbrunnenturm als zentraler Stadtturm, Richt- und Rathaus, in: Schauinsland 110 (1991), S. 65–107.

Silberbergwerk Suggental e. V.: Das Silberbergwerk in Suggental, o. O. 2016.

Steen, Helge: Bergbau auf Lagerstätten des Südlichen Schwarzwaldes. Ein Beitrag zur Bergbaugeschichte und Lagerstättenkunde zwischen Dreisamtal und Hochrhein, Norderstedt 2013.

Steuer, Heiko: Zur Frühgeschichte des Erzbergbaus und der Verhüttung im südlichen Schwarzwald. Literaturübersicht und Begründung eines Forschungsprogramms, in: Archäologie und Geschichte des ersten Jahrtausends in Südwestdeutschland (Archäologie und Geschichte. Freiburger Forschungen zum ersten Jahrtausend in Südwestdeutschland, Bd. 1), Sigmaringen 1990, S. 387–415.

Straßburger, Martin: Neufunde aus der Grube Teufelsgrund im Münstertal, Gde. Münstertal, Kreis Breisgau-Hochschwarzwald, in: Archäologische Ausgrabungen in Baden-Württemberg 2008 (2009), S. 294–296.

Straßburger, Martin: Montanarchäologie und Wirtschaftsgeschichte des Bergbaus im Schauinsland vom 13. Jahrhundert bis um 1800, hg. von Bernd Päffgen (Universitätsforschungen zur prähistorischen Archäologie, Bd. 275), Bonn 2015.

Stromer, Wolfgang von: Wassernot und Wasserkünste im Bergbau des Mittelalters und der frühen Neuzeit, in: Kroker, Werner / Westermann, Ekkehard (Bearb.): Montanwirtschaft Mitteleuropas vom 12. bis 17. Jahrhundert. Stand, Wege und Aufgaben der Forschung (Veröffentlichungen aus dem Deutschen Bergbau-Museum Bochum, Bd. 30; Der Anschnitt, Beiheft 2), Essen 1984, S. 50–72.

Trenkle, Johann Baptist: Zur Entwicklungsgeschichte des Schwarzwälder Bergbaus, in: Schauins-Land 13 (1887), S. 62–78.

Tubbesing, Gerrit: Vögte, Froner, Silberberge. Herrschaft und Recht des mittelalterlichen Bergbaus im Südschwarzwald (Freiburger Rechtsgeschichtliche Abhandlungen, NF Bd. 24), Berlin 1996.

Wagner, Heiko: Theiss Burgenführer Oberrhein. 66 Burgen von Basel bis Karlsruhe, hg. von Joachim Zeune, Stuttgart 2003.

Weech, Friedrich von: Urkundenbuch des Benedictinerklosters St. Trudpert, in: Zeitschrift für die Geschichte des Oberrheins 30 (1877), S. 76–128, 323–399.

Werner, Wolfgang / Kaltwasser, Stefan: Zur Geschichte des Bergbaureviers Freiamt-Sexau (Mittlerer Schwarzwald), in: Die Erz- und Mineralgänge im alten Bergbaurevier „Freiamt-Sexau" (Mittlerer Schwarzwald). Lagerstättengeologie, Tektonik, Mineralogie, Geochemie,

Geochronologie, Bergbaugeschichte (Abhandlungen des Geologischen Landesamtes Baden-Württemberg, Bd. 14), Freiburg 1994, S. 221–279.

Werner, Wolfgang / Dennert, Volker: Lagerstätten und Bergbau im Schwarzwald. Ein Führer unter besonderer Berücksichtigung der für die Öffentlichkeit zugänglichen Bergwerke, Freiburg 2004.

Werner, Wolfgang: Geologie, Lagerstätten und Bergbau im Glottertal und seiner Umgebung, in: Bergbau im Glottertal. Beiträge zur 900-Jahr-Feier der Gemeinde Glottertal, hg. vom Arbeitskreis Glottertäler Ortsgeschichte, Freiburg 2012, S. 103–202.

Zimmermann, Ulrich: Ausgrabungen bei St. Ulrich, Gemeinde Bollschweil, Kreis Breisgau-Hochschwarzwald, in: Steuer, Heiko / Goldenberg, Gerd / Zimmermann, Ulrich: Untersuchungen zur Frühgeschichte des Erzbergbaus und der Verhüttung im südlichen Schwarzwald, in: Archäologische Ausgrabungen in Baden-Württemberg 1987 (1988), S. 333–336.

Zimmermann, Ulrich / Goldenberg, Gerd / Brunn, Andreas: Bergbauarchäologische Untersuchungen in Prinzbach, Gemeinde Biberach, Ortenaukreis, in: Archäologische Ausgrabungen in Baden-Württemberg 1989 (1990), S. 235–241.

Zimmermann, Ulrich: Die Ausgrabungen in alten Bergbaurevieren des südlichen Schwarzwaldes, in: Erze, Schlacken und Metall. Früher Bergbau im Südschwarzwald (Freiburger Universitätsblätter, Bd. 109), Freiburg 1990, S. 115–146.

Zimmermann, Ulrich: Früher Bergbau in Bollschweil – Zum Stand der montanarchäologischen Untersuchungen im Möhlintal, in: Bollschweil. Chronik des Ortes, Bd. 1: Beiträge zur Geschichte von St. Ulrich, hg. von der Gemeindeverwaltung Bollschweil, Bollschweil 1993, S. 9–44.

Wasserhaltung und Bewetterung der Gruben um den Silberberg bei Wittichen (Gemeinde Schenkenzell)

Matthias Zizelmann

Der umfangreiche und intensive über mehrere Jahrhunderte andauernde Bergbau in Wittichen[1] hat eine Vielzahl von Grubenanlagen, Bergbauspuren, Halden und mineralogischen Aufschlüssen hinterlassen. Heute gewinnen die teilweise noch gut erhaltenen Stollen wieder an Bedeutung, indem sie als sehr wertvolle Winterquartiere für Fledermäuse genutzt werden können. Durch das Fledermaus-Monitoring und die Instandhaltung der Zugänge konnten als Nebenprodukt neue Erkenntnisse und aktuelle Zustände in den Gruben aufgenommen werden. Auf diese neuen Entwicklungen wird später noch einmal genauer eingegangen. Die Verteilung der Stollenmundlöcher und Schächte über das gesamte Witticher Tal ist in der Übersicht (Abb. 1) zu sehen.

In den alten Aufzeichnungen des Fürstlich Fürstenbergischen Berginspektors Vogelgesang von 1865 wird allein über die Grube Gnade Gottes und Alt St. Joseph zu Wittichen Folgendes geschrieben: „Diese Grube ist unter allen Bergwerken des Witticher, ja des ganzen Kinzigthaler Reviers, die ausgedehnteste und bedeutendste; ihre Production, einschließlich des dazu gehörigen Blaufarbenwerks, beträgt allein beinahe die Hälfte der Gesammtproduction aller Gruben des Kinzigthals." (Vogelgesang, 1865, S. 39, 1. Witticher Revier).

Die Entwicklung der Gruben und die gemeinsame Nutzung von Infrastruktur wie Wetterschächte, Förderstollen und Wasserlösestollen lassen sich im Bereich des Silberbergs gut veranschaulichen.[2] Daher beschränke ich mich in den weiteren detaillierten Ausführungen auf die Gruben am Silberberg und dem nahen Umfeld.

In der detailreicheren Übersichtskarte (Abb. 2) sind die meisten obertägig noch deutlich erkennbaren Bergbauspuren markiert. Als Grundlage wurden zunächst die Gruben und Bergbauspuren aus Bliedtner und Martin von 1986 übernommen. Allerdings sind wesentlich mehr Spuren sichtbar, sodass die Karte zum größeren Teil durch eigene Punkte aus genauen Geländeerkundungen ergänzt wurde. In gesonderten Farbgruppierungen und zusätzlichen Nummern wird versucht, das Verweisen auf bestimmte Punkte zu vereinfachen. Die grüne Punktegruppe mit der Nr. 1 lässt sich sehr gut dem Gnade-Gottes-Gang zuordnen. Türkis mit der Nr. 2 bezeichnet die Fortsetzung mit dem Adler-Sophia-Gang. Die orangen Punkte mit Nummer sind wichtige Punkte und Stolleneingänge, auf die später wieder im Text verwiesen wird.

Im alten Bergbaurevier Wittichen und seiner unmittelbaren Umgebung treten zahlreiche strukturgebundene Vererzungen auf. Deutlich unterscheidbare Ausfüllungen in tektonischen

---

[1] Wittichen gehört zur Gemeinde Schenkenzell, Landkreis Rottweil, und liegt im Einzugsgebiet der oberen Kinzig im Schwarzwald.
[2] Die Abbauhohlräume und Stollen sind um den Silberberg und im nahen Umfeld gut und zusammenhängend erhalten. Diese Bereiche werden intensiv von Fledermäusen als Winterquartier angenommen und sind dadurch mehr im Fokus.

Matthias Zizelmann

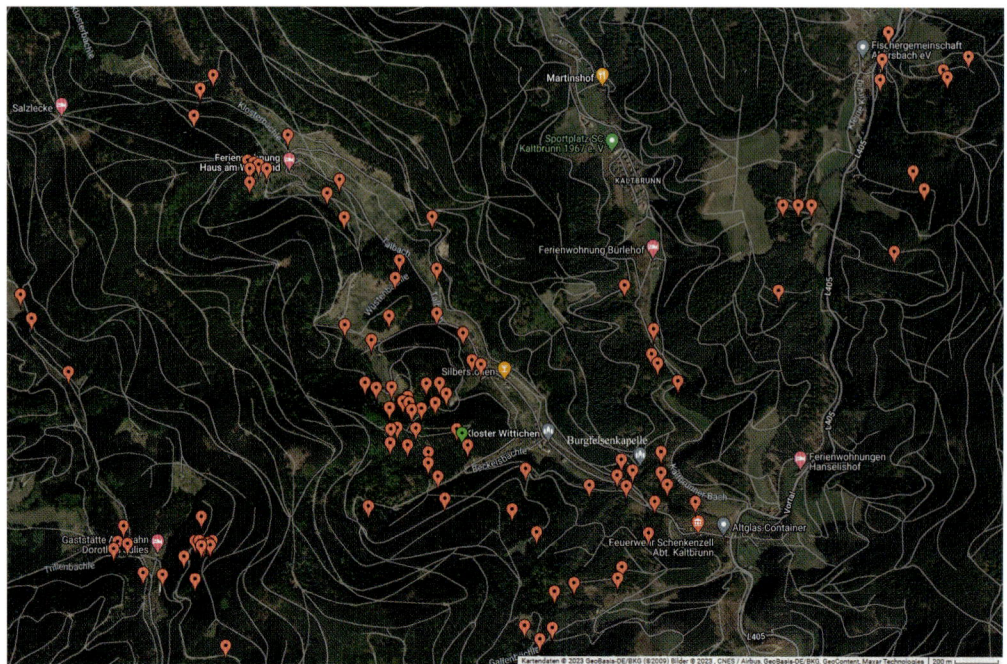

Abb. 1: Übersicht des Witticher Bergbaureviers. Die Markierungen sind Stollen und Schächte. In der Mitte im beginnenden unteren Drittel befindet sich das Kloster Wittichen. Links davon ca. 300 m entfernt ist der untere Stollen der Grube Sophia mit einem hellgrünen Marker gekennzeichnet. Rechts vom Kloster in etwa ähnlicher Entfernung ist die Lage der Burgfelsenkapelle und die Burg Wittichenstein markiert. Ganz links ist schon das Heubachtal mit weiteren Gruben wie z. B. der Grube Anton zu sehen. Unmittelbar rechts vom Witticher Tal liegt das Kaltbrunner Tal, in dem ebenfalls Gruben wie z. B. die Grube Ilse zu sehen sind. Ganz rechts das Reinerzauer Tal und ganz oben in der Ecke die Stollen der Flussspatgrube Reinerzau. Kartendaten: ©2022 GeoBasis-DE/BKG (©2009), Bilder: ©2022, GeoBasis-DE/BKG, GeoContent, Maxar Technologies.

Spalten, also „echte" Erz- und Mineralgänge, sind in dieser Region oft nur in kurzen Abschnitten vorhanden. In den überwiegenden Bereichen treten mehrere Meter breite, komplexe Bruchzonen im Granit auf, die unregelmäßig in unterschiedliche Richtungen mineralisiert sind (Werner, 2006, S. 9). Granite, wie sie in weiten Bereichen von Wittichen anzutreffen sind (siehe Übersicht in Abb. 4), weisen gegenüber den Gebieten, in denen Gneis vorherrscht, recht selten oder zumindest nur geringmächtige Gangmineralisationen auf. Der wesentliche Unterschied zwischen Gneisen und Graniten liegt im bruchmechanischen Verhalten und somit auch in den hydraulischen Eigenschaften dieser Gesteine. Granite reagieren auf tektonischen Druck durch einen spröden Bruch, jedoch kommt es zur Bildung zahlreicher gleichberechtigter Brüche (Klüfte). Brüche in Gneisen folgen eher bestehenden Anisotropieflächen und bilden daher weniger, aber dafür größere und ausgeprägtere Bruchspalten aus (Werner und Dennert, 2004, S. 80). Bei Übergängen vom Granit in den Gneis tritt eine auffallende Vertaubung der Erzführung auf (Henglein, 1924, S. 109).

Wenn in den späteren Ausführungen von Gang gesprochen wird, sind neben den „echten" Gängen auch die störungsgebundenen Vererzungen wie Kobalt oder Silber miteingeschlossen.[3]

---

[3] In der älteren Literatur, wie in Vogelgesang (1865) oder Bliedtner und Martin (1986), ist dies allgemein üblich.

Wasserhaltung und Bewetterung der Gruben um den Silberberg bei Wittichen

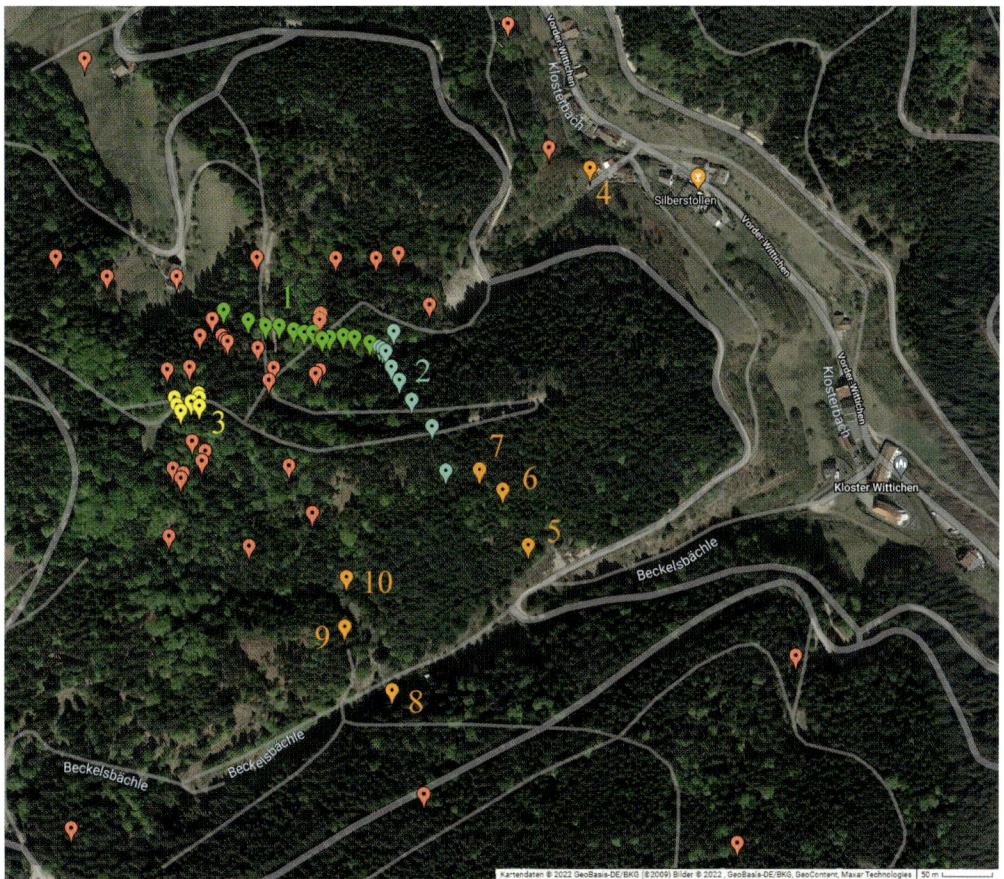

Abb. 2: Markierte Bergbauspuren um den Silberberg. Gruppe Nr. 1 (grün): alte Pingen direkt auf dem Gnade-Gottes-Gang, Gruppe 2 (türkis): alte Pingen direkt auf dem Adler-Sophia-Gang, Gruppe 3 (gelb): mögliche Reste einer Burg, 4: Tiefer-Clara-Stollen, 5: Untere Sophia, 6: Obere Sophia, 7: Tagschacht Obere Sophia, 8: Simson-Stollen, 9: Neuglück-Schacht, 10: Johann-Georg-Stollen. Kartendaten: ©2022 GeoBasis-DE/BKG (©2009), Bilder: ©2022, GeoBasis-DE/BKG, GeoContent, Maxar Technologies.

Anhand der durch die Plagioklasfärbung hervorgerufenen Unterschiede in der Färbung des Granits (Feldspat im Granit) konnten schon die alten Bergleute unterscheiden, ob der Plagioklas im Granit hydrothermal zersetzt worden ist. Sie unterschieden in der Hauptsache zwei Gangvarianten: „Freundlich oder mild Gebirg", den leicht rötlichen Granit, der bereits teilweise hydrothermal zersetzt ist, leichter zu bearbeiten ist und häufiger die zu erwartenden Erze enthielt. „Unfreundlich oder wild Gebirg" stand für den gräulichen, deutlich festeren und schwerer zu bearbeitenden Granit, der oft nicht in wirtschaftlicher Menge die abzubauenden Erze enthielt (Fritsche, 1980, S. 23; Bliedtner und Martin, 1986, S. 489). Die vererzten Bruchzonen und Hydrothermalgänge sind in der vereinfachten Übersichtskarte in Abbildung 4 durch rote Linien markiert. Die Positionen der Linien decken sich gut mit den örtlichen Anhäufungen von Stolleneingängen und Schächten in der Übersichtskarte in Abbildung 1. Detaillierte Beschriftungen der Gangstrukturen

Matthias Zizelmann

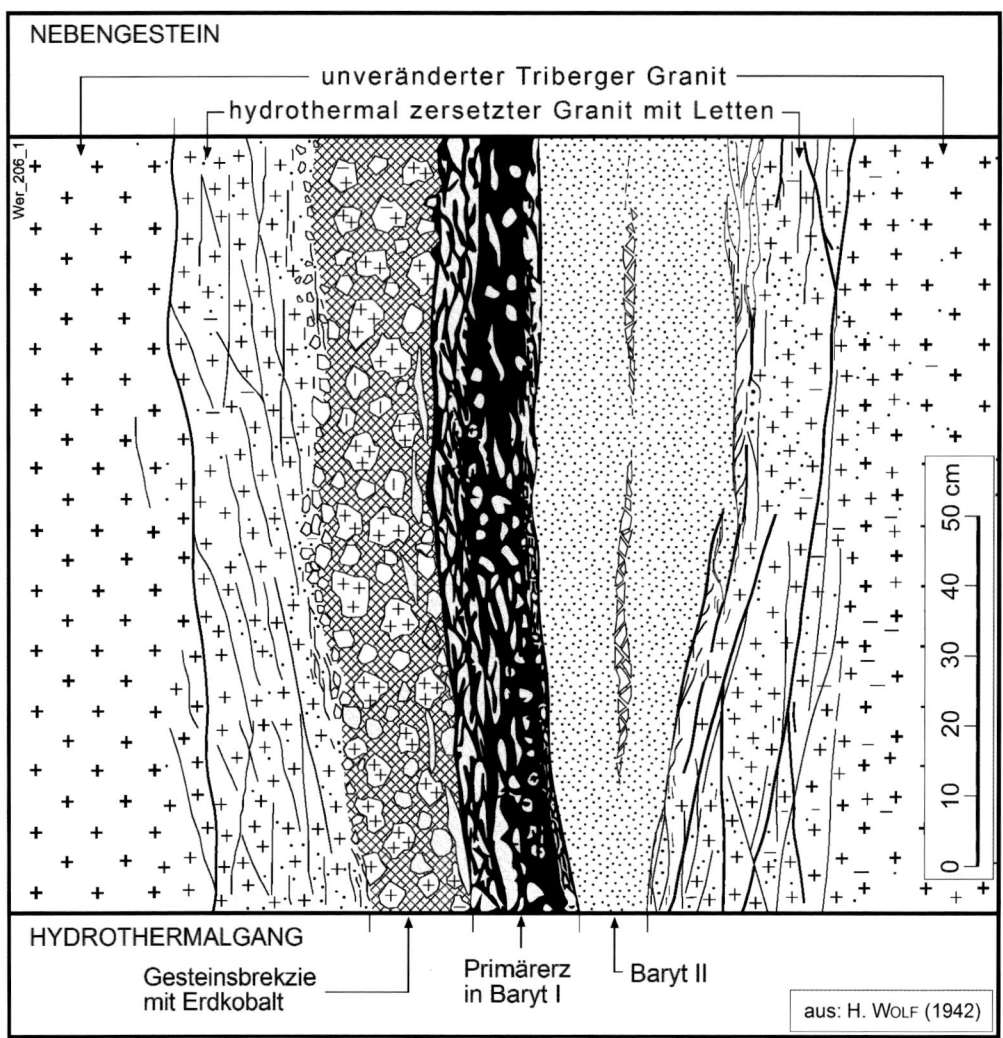

Abb. 3: Idealisierte Darstellung eines Erzganges im Revier Wittichen aus dem Bereich der Grube Simson nach Wolf (1942). Hier wird ein seltenerer Abschnitt dargestellt, in dem der deutliche Barytgang neben der Granitbrekzie auftritt. Die Skizze wurde aus Werner, 2006, S. 13 entnommen. Die identische Skizze wird in Markl, 2016, S. 185 ebenfalls mit der Grube Simson in Verbindung gebracht. Ein Gangabschnitt ist in der Grube Simson, entsprechend dieser Skizze, in Abbildung 48 zu sehen.

um den Silberberg sind in einem Ausschnitt der modellhaften Gangstrukturen in Abbildung 5 aus Vogelgesang (1865) zu sehen und geben Orientierung bei den späteren Ausführungen über die Entstehung des Stollensystems.

Die in Abbildung 5 skizzierten Gänge und Störungszonen weisen einige Berührungspunkte auf. Sie scheinen sich teilweise sogar in der Skizze zu überkreuzen. Wenn man genau hinschaut, fällt auf, dass an diesen Stellen auf der anderen Seite der Gang oder die Störungszone, die auch nur als eine Lettenkluft ausgeführt sein kann, mit einem anderen Namen fortgeführt wird (z. B.

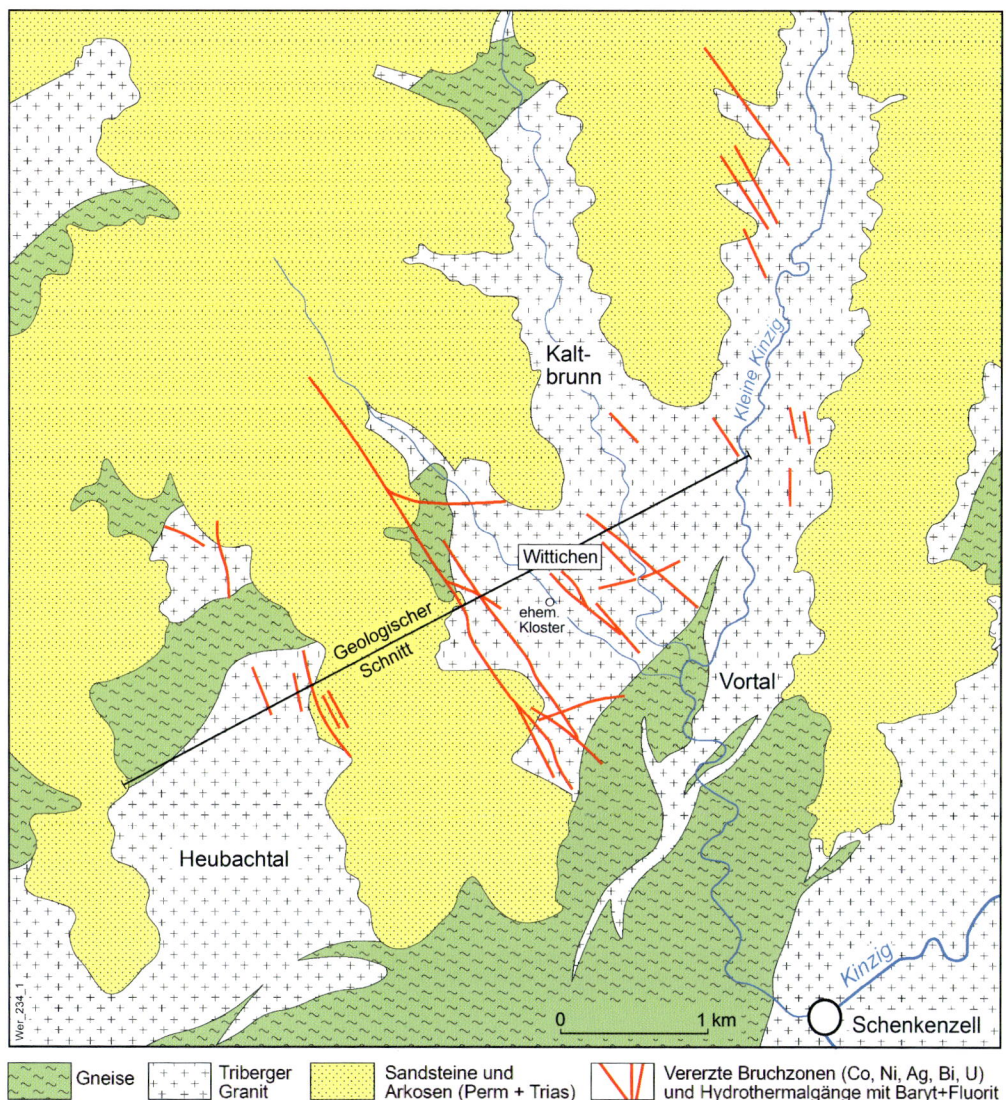

Abb. 4: Vereinfachte geologische Karte der Umgebung von Wittichen mit Darstellung der störungsgebundenen Vererzungen mit Kobalt, Nickel, Silber und Uran und der Barytgänge nach den Kartierungen von Sauer (1895) sowie Bräuhäuser und Sauer (1911). Aus: Werner, 2006, S. 6.

„Gnade Gottes" und „Elephant", siehe Abb. 5). Der Josephsgangzug stößt auf den Gnade-Gottes-Gang und der Sophia-Gangzug trifft auch auf den Gnade-Gottes-Gang. Durch den immer weiter fortschreitenden Abbau der Gänge in horizontaler und vertikaler Ausdehnung sind die dadurch entstandenen Stollen und Abbaue im Laufe der aktiven Bergbauzeit immer mehr zusammengewachsen. Die Durchschläge in fremde Grubenbaue erwiesen sich aber durchaus als sehr vorteilhaft. So konnten viele Abbaue eine gemeinsame Förderstrecke (oder mehrere Förderwege

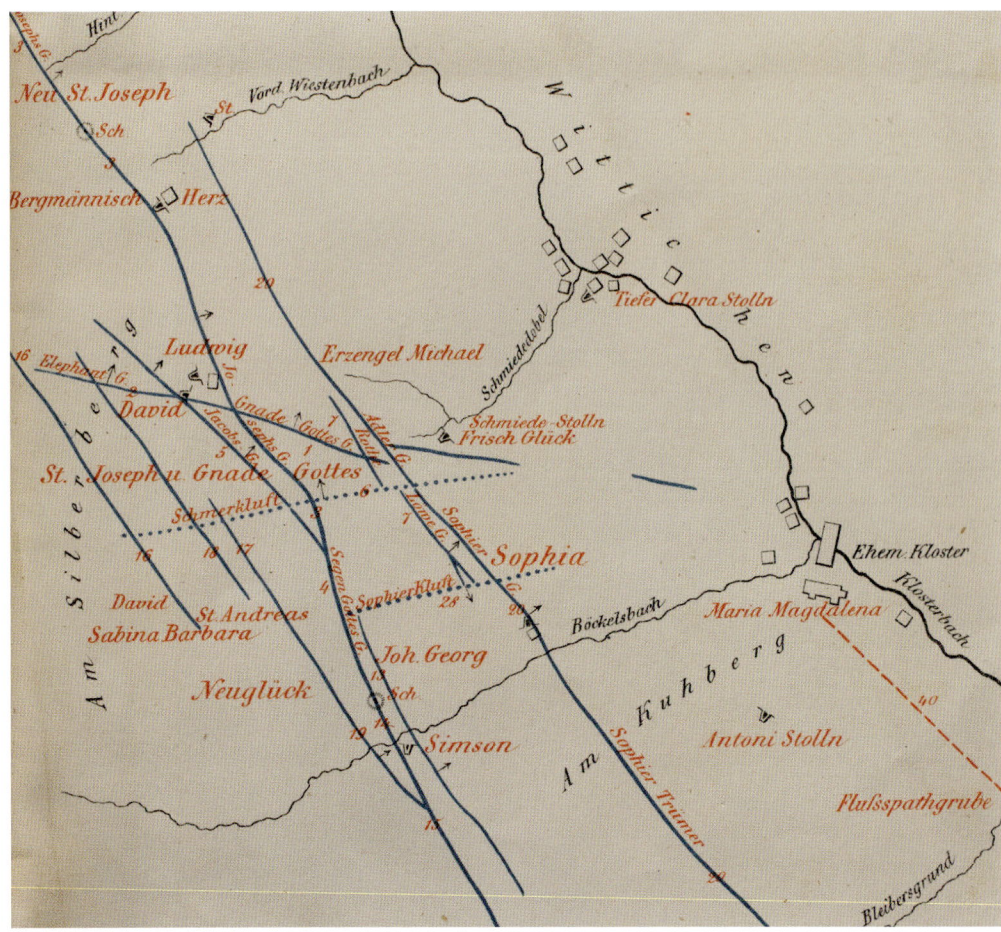

Abb. 5: Auszug der damals ermittelten „modellhaften Gänge" und Störungszonen des Witticher Reviers aus Vogelgesang (1865) im Bereich des Silberbergs.

gleichzeitig), Entwässerung und Bewetterung[4] nutzen. Nun aber zunächst zurück in die Anfänge des Witticher Bergbaus, um die Entwicklung etwas zu skizzieren.

Aus der „alten Bergbauzeit" in Wittichen ist urkundlich aus dem 16. Jahrhundert ein direkter schriftlicher Beleg vorhanden. Ein Bergwerk „by dem Gotzhus Wittechen" wird 1517 an einen Wolfacher Bürger verliehen und in der zwölf Jahre später erlassenen Bergordnung vom 12.11.1529 erstmals auf die Gewinnung von „Erzfarben" hingewiesen (Bliedtner und Martin, 1986, S. 484).[5]

---

[4] Die heute noch zusammenhängenden Grubenanlagen mit Höhenunterschieden von teilweise über 80 m erzeugen bei entsprechenden Temperaturunterschieden von Stollen und Außentemperatur ganz erhebliche Wetter.

[5] Unter Erzfarben sind vermutlich die Sekundärminerale der Kupfererze gemeint. Das Blaufarbenwerk wurde erst 1703 errichtet. Zu dem damaligen Zeitpunkt war die Rezeptur zur Herstellung der Blaufarben in dieser Region um Wittichen noch nicht bekannt oder noch nicht gebräuchlich.

Um noch ältere Nachweise und Verbindungen zum Witticher Bergbau zu finden, kann die Burg Wittichenstein auf dem „Burgfelsen", auf einem steilen Bergrücken am Eingang des Witticher Tals, herangezogen werden. Von der Burg sind leider keine sichtbaren zusammenhängenden Mauerfragmente mehr erhalten. Eine Kapelle am Halsgraben der Burg, durch den ein schöner Wanderweg führt, lenkt jedoch den Blick und die Aufmerksamkeit auf die wenigen Reste der Burg, die schon 1344 als „Burgstall"[6] bezeichnet worden sind. Neuere Funde von Scherben untermauern die Existenz einer bewohnten Burg (Wagner, 2018, S. 398–401 Beitrag Kaltbrunn „Wittichenstein"). Hans Harter hat 1992 auf eine Urkunde, einen Lehensrevers der Burg Wittichenstein, aus dem Jahr 1312 aufmerksam gemacht, welchen der Ritter Bock von Kolbenstein gegenüber seinem Lehensherrn Johannes von Geroldseck bezüglich der Burg ausgestellt hatte. In dem Revers sind Regelungen zu fälligen Abgaben bei Gewinnen aus den Silbergruben in der Umgebung enthalten. Zwei Drittel der Ausbeute mussten demnach an den Lehensherrn, den Inhaber des Bergregals,[7] abgeführt werden, während der Lehensinhaber ein Drittel für die Dienste wie die Wahrung der Bergrechte, Transport und Sicherung der Ausbeute behalten durfte (Harter, 1992, S. 255). Der Ritter Johannes Bock von Kolbenstein hat die Burg Wittichenstein in der Zeit zwischen 1314 und 1322 bereits verlassen.[8] Bei der Gründung des Klosters Wittichen um 1324/25, das zu Beginn noch den Namen der Burg Wittichenstein übernahm, kam der Bergbau zum Erliegen. Das neue aufstrebende Kloster konnte jedoch die Gebietsansprüche der Geroldsecker ausreichend sichern (Regnath, 2004, S. 154). Die Tatsache, dass während der Gründungszeit des Klosters der Wald im Umfeld stark abgeholzt vorgefunden und der Ort als Einöde bezeichnet wurde, deutet auf einen nicht lange zurückliegenden, über einen längeren Zeitraum entwickelten und intensiven Bergbau hin. Wahrscheinlich reicht er zumindest ein ganzes Stück zurück in das 13. Jahrhundert.

Reste einer burgartigen Anlage sind im Gelände auf dem Silberberg bei den gelb markierten Punkten in der Karte (Abb. 2) noch deutlich durch Gräben und Umrisse zu erkennen. Die Anlage könnte in die gleiche Zeit wie die Burg Wittichenstein fallen, wird jedoch in den bereits bekannten Urkunden nirgends namentlich erwähnt (Fautz, 1934a und 1934b).[9] Um die Anlage auf dem Silberberg herum befinden sich in unmittelbarer Nähe (oft keine 100 m entfernt) viele alte Bergbauspuren wie Halden, Stollen und Schachtpingen, deren Alter nicht näher bestimmt ist. Das Gebäude kann aufgrund der Lage inmitten des Bergbaugebietes durchaus dem frühen Bergbau zugeordnet werden und in diesem Zusammenhang für Kontroll- und Verwaltungszwecke gedient haben.

In der Zeit der Bergordnung von 12.11.1529, welche die Gewinnung von Erzfarben geregelt hat, bis 1700, mit Ausnahme der Phase des Dreißigjährigen Krieges, in welcher der Bergbau vollständig zum Erliegen kam, dürfte der Bergbau hauptsächlich auf Silber und nicht auf Kobalt stattgefunden haben.[10] Der Anteil der Kupfererze ist ab 1707 in einer Tabelle von Vogelgesang

---

[6] Die Mauern der Burg waren zu diesem Zeitpunkt schon weitgehend eingeebnet oder zerfallen.
[7] Verfügungsrechte der ungehobenen Bodenschätze.
[8] In den Jahren wurden noch Urkunden ausgestellt, die Veräußerungen von Gütern regelten, und 1322 wird er dann „Ritter zu Ulenburg" genannt, nachdem er offensichtlich weggezogen ist (Harter, 1992, S. 257).
[9] Die Ausführungen von Fautz über eine Burg „Kolbenstein" sind leider ohne Belege. Ein Nachweis über eine namensgebende bewohnte Stammburg auf dem Silberberg konnte durch neuere Untersuchungen nicht nachgewiesen werden.
[10] „Anfang des 18. Jahrhunderts war nun auch im württembergischen Schwarzwald der Wert des einstmals missachteten Erzes bekannt, und zwar fand man hier einen Erdkobold, der sich gleichsam wie Kienruß zwischen den Fingern reiben ließ" (Bräuhäuser, 1910, S. 347 f.). Der Austausch nach Alpirsbach dürfte sich über diese kurze Distanz nahezu verzögerungsfrei vollzogen haben.

Abb. 6: Alter Tagebau auf dem Gnade-Gottes-Gang. Beginn knapp unterhalb des Forstweges neben „Fritsche Halde". Foto: Matthias Zizelmann, März 2015.

gesondert aufgeführt (Vogelgesang, 1865, S. 45).[11] Erst nach 1700 durchsuchte man alte Halden nach dem zuvor als wertlos weggeworfenen Kobalterz (Bliedtner und Martin, 1986, S. 484).[12] Um 1703 wurde ein Blaufarbenwerk bei Wittichen errichtet, welches nach anfänglichen Startschwierigkeiten ab 1710 in einem nennenswerten Umfang die Produktion aufnehmen konnte (ebd.).[13] Zur gleichen Zeit um 1710 erfolgte der Bau der Alpirsbacher Farbmühle, welche schon in der Anfangsphase eine wirtschaftliche Bedeutung gewann (ebd., S. 608).[14]

Die Reste der großen Schacht- und Stollenpingen auf dem Gnade-Gottes- und Adler-Gang mit den dazugehörigen Halden sind größtenteils durch die Bergbautätigkeit vor 1700 entstanden. In Bliedtner und Martin (1986) wird davon ausgegangen, dass der Gnade-Gottes-Gang der Ausgangspunkt des Bergbaus war. Im letzten Drittel des 16. Jahrhunderts zählte die Fürstenbergische Registratur 14 Gruben, was schon damals auf eine außerordentliche bergbauliche Tätigkeit hinwies (ebd., S. 495).

---

[11] Inwieweit die verhältnismäßig geringen Mengen an Kupfererzen für Farben genutzt wurden, geht aus der Tabelle nicht hervor.

[12] In Vogelgesang, 1865, S. 39 wird für das Jahr 1596 die erste erfolgreiche Smalte-Gewinnung aus Kobalt erwähnt.

[13] Die Anlage erwies sich anfangs als Fehlkonstruktion. Es mussten erst einmal in Sachsen heimlich Informationen eingeholt werden, bevor die Produktion ab 1710 erfolgreich beginnen konnte. Dies ist ein weiterer Hinweis, dass die Blaufarbenwerke im Schwarzwald zuvor noch nicht etabliert waren.

[14] Die Produktion der Blaufarben setzte im Schwarzwald ab 1710 sprunghaft ein.

Abb. 7: Fortsetzung des Tagebaus oder Schurfs auf dem Gnade-Gottes-Gang. In diesem Bereich könnte sich ursprünglich auch ein Verhau befunden haben, von dem immer wieder Stollen in den Berg gehen. Die Kanten sind schon stark verwittert und viele Meter an „organischer Deckschicht" liegen in den Spalten, sodass sich die eigentliche Tiefe nur schwer abschätzen lässt. Foto: Matthias Zizelmann, März 2015.

Auch heute sind die Bergbauspuren im Bereich um den Gnade-Gottes-Gang am Silberberg noch sehr deutlich zu sehen. Die Tagebaue oder Pingen liegen so dicht nebeneinander, dass es sich dabei um Gangverhaue handeln dürfte (Abb. 6 und 7). Wie breit und tief der Verhau ursprünglich war, ist nicht so einfach zu erkennen. Die Verwitterung hat über die letzten Jahrhunderte die Kanten des Verhaus abgetragen, sodass dieser nicht mehr so tief und dafür aber sehr breit wirkt. Durch diese Veränderung ist im Laufe der Zeit reichlich Schutt in die offenen Spalten gefallen. Hinzu kommt noch eine dicke Schicht mit organischem Material, welches sich in den tiefen Mulden gesammelt hat. Eine Probegrabung im Bereich des Gnade-Gottes-Gangs hat gezeigt, dass es nicht einfach ist, anstehenden Fels zu finden. Es kann davon ausgegangen werden, dass auch schon in der frühen Bergbauphase die Schächte und Abbaue recht tief in den Berg geschürft wurden. Eine Begrenzung dürften die Bewetterung und die Grubenwässer dargestellt haben. Aus dieser Zeit sind keine Querschläge oder Entwässerungsstollen erhalten oder direkt nachgewiesen (oder noch nicht entdeckt worden, denn mancher alte, noch nicht neu umgesetzte Versatz in den alten Abbauen kann einen noch unbekannten Stollen verbergen).[15] In Bliedtner und Martin

---

[15] Es handelt sich um die Stollen und Abbaue, die sich oberhalb des Schmiedestollens befinden. Unterhalb des unteren Schmiedestollens sind teilweise alte Abbaue und Strecken, welche ebenfalls vor dem 18. Jahrhundert entstanden sein könnten, über den Zobelschacht erreichbar. Diese sind aber aufgrund der Tiefe und der Beschaffenheit nicht in der Anfangszeit des Bergbaus entstanden.

Matthias Zizelmann

Abb. 8: Alte Verhaue auf dem Gnade-Gottes-Gang kurz vor dem Treffen auf den Adler-Sophia-Gang. Hier ist es auch möglich, dass von weiter unten im Abbau das Material abgezogen wurde und so die Pingen durch Absacken oder durch Verbruch von Ausbauten ihre Tiefe über die Jahre beibehalten haben. Foto: Matthias Zizelmann, März 2015.

(1986) wird in diesem Zusammenhang neben den Schachtpingen von kleinen Stollen geschrieben. Für einen direkten Nachweis von Stollen in diesem Bereich müssten hierfür die alten Abbaue vollständig freigelegt werden. Man kann aber mit großer Wahrscheinlichkeit davon ausgehen, dass in den Schächten weitere kleinere Stollen auf den Gang in verschiedenen Ebenen angelegt wurden, um diesen abzubauen.

Es ist jedoch leicht ersichtlich, dass zumindest das Wasser von der recht großen Oberfläche im Bereich der Vertiefungen der Schachtpingen, Pingen und Verhaue (Trichterwirkung) in die Tiefe oder in den Bereich des abgebauten Ganges läuft. Diese Grubenwässer können heute durch den Versatz in neuere darunterliegende Abbaue abfließen. Der Gang oder die abbauwürdige Zone ist heute in weiten Bereichen in die Tiefe durchgängig abgebaut. In der Anfangsphase des Bergbaus war dies in den immer tiefer werdenden Schächten ohne Erbstollen sicherlich nicht unproblematisch, denn dort konnte das Grubenwasser nicht ungehindert abfließen. Der geklüftete Granit könnte grundsätzlich Wasser in gewissen Mengen ableiten, dies scheint aber in der Praxis nicht zu funktionieren. Nahezu alle Schächte in der Umgebung, die nicht mit einem Erbstollen in Verbindung stehen, sind bis zum Rand mit Wasser gefüllt (siehe Abb. 42), selbst wenn das Wasser scheinbar nur in geringen Mengen zufließt. Möglicherweise wurden beim Abbau auch Lettenschichten aufgeschlossen, welche sich herausgelöst und die feinen Klüfte wieder verschlossen haben, sodass sich diese Situation ergibt. Es kann mit großer Wahrscheinlichkeit davon ausgegangen werden, dass auch schon vor 1700 ein erheblicher Grubenkomplex mit einem „Tief-

Abb. 9: Beginn der Tagebaue auf dem Adler-Sophia-Gang von der Schmiedestollen-Halde aus in Richtung Sophia-Tagschacht (Obere Sophia). Alte, sehr deutliche, möglicherweise mittelalterliche Bergbauspuren aus der frühen Bergbauphase. Foto: Matthias Zizelmann, März 2015.

stollen", dem Schmiedestollen, oberhalb der Schmiedestollenhalde, existiert haben muss. Um 1700 wurde bei der Wiederaufnahme des Bergbaus der heute sogenannte Schmiedestollen wieder aufgewältigt. Dieser bereits vorhandene Stollen ist aber sicher nicht gleich in der Anfangsphase des Witticher Bergbaus entstanden. Leider ist der Schmiedestollen aktuell nicht zugänglich, sodass ein Alter der Grube nur schlecht zu bestimmen ist. Stollenprofil und Felsbearbeitung des Stollens könnten sonst doch einiges über die Entstehungszeit verraten. Im nicht weit entfernten Gallenbach ist z. B. der Stollen Alt-Bergmännisch Glück auf den ersten Metern bis zum Schacht in Feuersetztechnik aufgefahren, was definitiv auf eine Bergbauphase weit vor 1700 hindeutet.

Nach der vollständigen Aufwältigung des Schmiedestollens hat sich nun gezeigt, dass bis zu diesem Stollenniveau der Gang oder die erzhaltige Zone schon fast vollständig abgebaut war (Bliedtner und Martin, 1986, S. 502). Um den Gnade-Gottes-Gang weiter in die Tiefe abzubauen, wurde der Zobelschacht über dem heutigen Bereich des Stollenkreuzes auf dem Tiefen-Clara-Niveau angesetzt. Der Bereich des Zobelschachtes, benannt nach dem Fürstlich Fürstenbergischen Bergmeister Daniel Zobel, führte edle und reiche Silbererze. Durch das Absenken des Zobelschachtes unter das Stollenniveau konnte das Grubenwasser nicht mehr selbständig abfließen. Bereits 1706 führte Wassernötigkeit im Zobelschacht zum vorausschauenden Anlegen des Tiefen „St. Clara" Stollens. Der Tiefe-Clara-Stollen brachte gegenüber dem Schmiedestollen beachtliche 60 m Seigertiefe ein, da er nun fast ganz im Talgrund ansetzte. Offensichtlich waren die Erwartungen an den Gnade-Gottes-Gang in die Tiefe noch so hoch, dass man diesen erheb-

Abb. 10: Sehr tiefe und frisch nachgesackte Schachtpinge auf dem Adler-Sophia-Gang. In diesem Bereich scheint der Gang bis hinunter auf den Gabelschacht abgebaut zu sein. Foto: Matthias Zizelmann, Dezember 2014.

lichen Aufwand eines 270 m langen Querschlags in Kauf genommen hat. Der Querschlag hat wenige Meter nach dem Stollenmundloch eine deutliche Überhöhe auf einer Länge von ca. 70 m. In diesem Bereich ist der Stollen teilweise bis zu 2,6 m hoch. Möglicherweise war dies eine zusätzliche Maßnahme zur Bewetterung. Auflager für eine abgetrennte Wetterführung konnten allerdings in dieser Zone des Querschlags nicht gefunden werden. Im März 1716 erfolgte dann der Durchschlag mit dem Zobelschacht im Bereich des Stollenkreuzes (Vogelgesang, 1865, S. 41).[16] Die Position ist in Punkt 2 der Karte (Abb. 11) markiert. Durch den neuen Tiefen-Clara-Stollen konnten nun viele Örter in Abbau genommen werden. Selbst die schon zum großen Teil abgebauten, verfallenen oder mit Versatz verfüllten Bereiche, wie der St. Joseph-Schacht, wurden wieder aufgewältigt und durchschlägig gemacht, zuerst auf das Schmiedestollenniveau und dann auf die Tiefe-Clara-Strecke. Somit ergab sich eine Gesamttiefe des St. Joseph-Schachtes von über 120 m (ebd.).[17] Hier zeigte sich, wie nützlich schon zu diesem Zeitpunkt das Anlegen des Tiefen-Clara-Querschlags war.

---

[16] Das vorgeschlagene Lichtloch des Querschlags bei 88 Lachter (176 m) vom Mundloch wurde jedoch nicht umgesetzt.

[17] Zwischen dem unteren Schmiedestollen und dem Tiefen-Clara-Stollen gab es den noch 20 Lachter darunter befindlichen „tiefen Durchschlag". In Summe sind es aber tatsächlich über 120 m, was sich auch durch die Lage des oberen Joseph-Schachtes im Gelände gut nachmessen lässt.

Reiche Funde von gediegen Silber im Jahr 1729 auf dem Segen-Gottes-Trum und ein Jahr später auf dem Jakobs-Trum mit silberhaltigen Kobalterzen auf bis zu vier Sohlen lösten einen Abbau mit so hoher Intensität aus, dass die bekannten Erzmittel bis 1736 in diesen Bereichen fast vollständig abgebaut waren (Vogelgesang, 1865, S. 41; Bliedtner und Martin, 1986, S. 506). Die Untersuchung des Gnade-Gottes-Gangs auf dem Tiefen-Clara-Niveau erfolgte in beide Richtungen vom Stollenkreuz aus. Nach Nordwesten erreichte man nach 140 m die Scharung mit dem Joseph-Gang. Ab diesem Bereich traten keine Erze mehr auf. Allerdings entstand dadurch wieder die Basis für einen weiteren Knotenpunkt zu einer Strecke auf den Joseph-Gang, sodass die Entwässerung und Bewetterung als positiver Nebeneffekt gesehen werden kann. Im neueren Bergbau, wie z. B. in der Flussspatgrube Reinerzau (etwa 2,5 km nordöstlich), stellt solch ein Knotenpunkt auch einen geforderten Sicherheitsaspekt dar, denn es gibt dadurch einen zweiten Ausgang (Steen, 2004, S. 169). Die Stelle ist in Punkt 3 der Karte (Abb. 11) markiert.

Bei der Auffahrung des Gnade-Gottes-Gangs nach Süd-Ost wurde nach wenigen Metern der Adler-Gang angefahren. Nach 46 m gabelte sich der Gang und an dieser Stelle wurde dann der Gabelschacht eingerichtet. Die Stelle ist in der Karte (Abb. 11) an Punkt 8 zu finden. Bei der Untersuchung des Hangenden über dem Gabelschacht schlug man recht schnell in alte, teils versetzte Baue ein (Bliedtner und Martin, 1986, S. 506). Das teilweise Beräumen des Versatzes oberhalb des Gabelschachtes hatte in den letzten Jahrzehnten eine Absenkung einer alten Schachtpinge auf dem Adler-Gang zur Folge (Abb. 10). Somit ist auch hier der Beweis erbracht, dass der Gang vom Tiefen-Clara-Niveau aus bis nahezu zur Oberfläche fast vollständig abgebaut wurde. Da aber schon damals oberhalb des Schachtes nichts mehr zu erwarten war, fand die Suche in die Tiefe und im Streckenvortrieb auf dem Tiefen-Clara-Niveau statt. Die Suche erwies sich als nicht besonders erfolgreich. In den Jahren 1731–1736 wurde der Gabelschacht bis auf eine Tiefe von 48 m abgebaut (ebd., S. 507). Ein weiteres Abteufen unter das Tiefe-Clara-Niveau hatte automatisch einen Mehraufwand zur Folge, denn das Grubenwasser im Schacht musste gehoben werden. Auch heute staut sich das Wasser bis kurz unter den Rand des Gabelschachtes (Abb. 38). Da die Erzanbrüche in diesem Bereich nicht gerade besonders ertragreich waren, verlegte man die Arbeiten 1735 mehr auf den Joseph-Gang oberhalb des Tiefen-Clara-Stollens (ebd., S. 507). Vom Stollenkreuz wurde eine Strecke westlich in Richtung Joseph-Gang getrieben. Der dazwischenliegende Rote Löwe und der Jakob-Gang erwiesen sich als nicht abbauwürdig. Die Strecke liegt in der Karte (Abb. 11) zwischen dem Punkt 2, dem Stollenkreuz und Punkt 4. Ein Blick in die Strecke ist vom Stollenkreuz aus in Abbildung 15 zu sehen. Dort traf man um 1740 auf den Joseph-Gang. Gleichzeitig erfolgten Untersuchungen auf dem darüberliegenden Schmiedestollen. Die Strecken des Schmiedestollens sind in der Karte (Abb. 11) blau gezeichnet. Die Verlängerung des Schmiedestollen-Querschlags nach Westen brachte nur zwei Überfahrungen von geringmächtigen Schwerspattrümern mit Spuren von Kobalt bei 24 m und 104 m. Dabei wurde der Joseph-Gang einige Meter überfahren, um eventuelle parallele Gänge westlich des Joseph-Ganges abzukreuzen (ebd., S. 507). Nach 1745 intensivierten sich die Arbeiten wieder im Bereich des Joseph-Gangs auf dem Tiefen-Clara-Niveau in Richtung Süden und man verlängerte die Strecke um 140 m innerhalb von zwei Jahren, sodass um 1747 der Durchschlag in den Neuglückschacht erfolgte (ebd., S. 525). In der Karte (Abb. 11) ist die Position mit der Markierung 6 versehen. Somit war ein weiterer Knotenpunkt zu einer bis jetzt noch nicht angeschlossenen Grube zum Tiefen-Clara-Erbstollen geschaffen.

Matthias Zizelmann

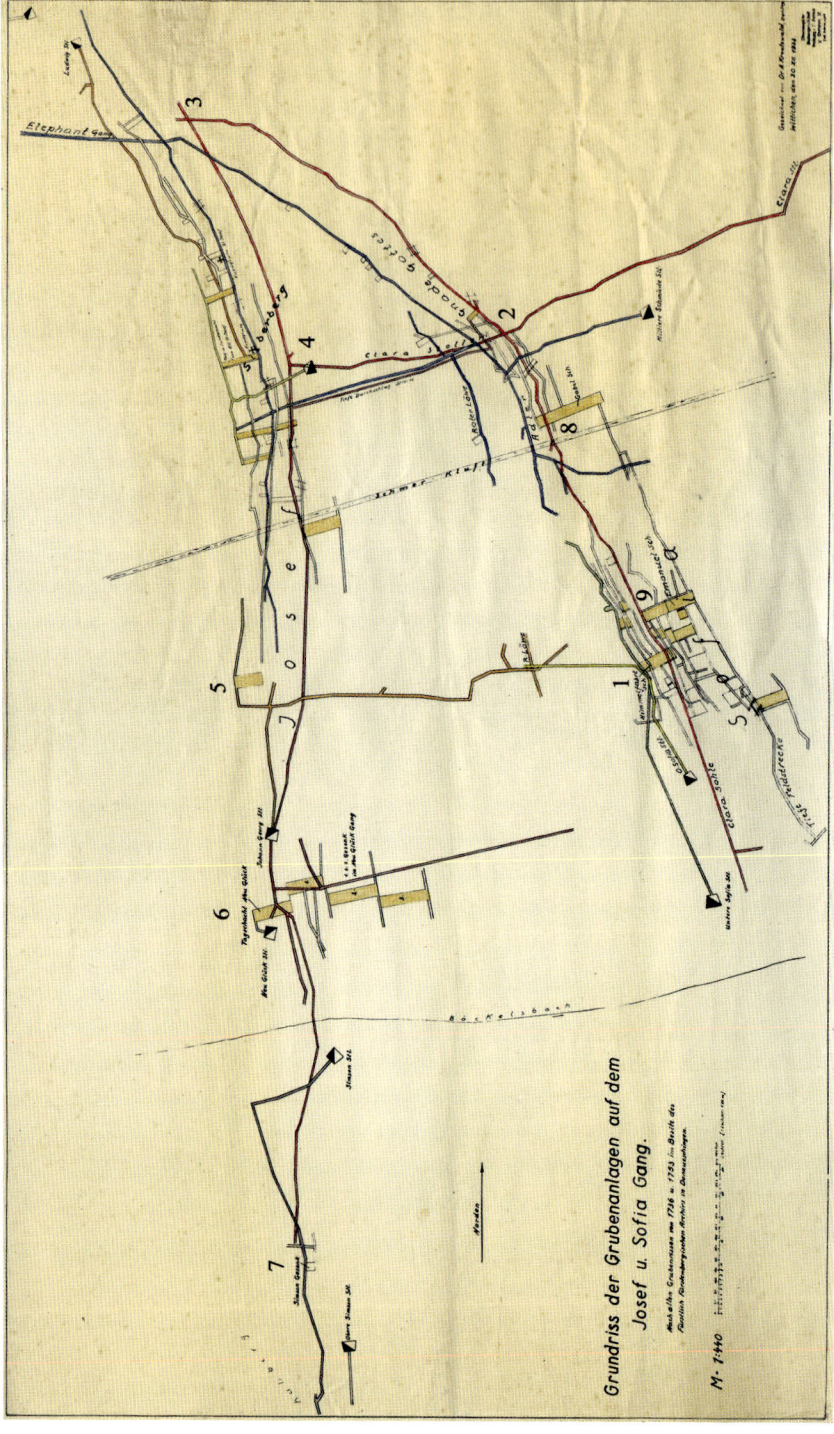

Abb. 11: Plan von A. Kreuzwald aus Markl (2016). Im Plan wurden zusätzliche Nummern an wichtigen Positionen eingetragen, um die Orientierung und eine Referenzierung im Text zu ermöglichen.

Abb. 12: Aktueller Zustand am Stollenkreuz. Blick in Richtung Ausgang des Tiefen-Clara-Erbstollens. Rechts neben dem Autor trifft der Tiefe-Clara-Entwässerungsstollen/Erbstollen auf den Gnade-Gottes-Abbau. Ab dieser Stelle können die Grubenwässer ungehindert nach außen in den Klosterbach fließen. Rechts ist ein neuerer Verbruch (hier haben in den letzten Jahren ein paar Hölzer nachgegeben) zu erkennen, welcher teilweise den Wasserfluss aus Richtung des Gabelschachtes behindert und einen Rückstau bei viel Wasserzufluss bildet. Dieser Bereich muss in den nächsten Jahren wieder etwas beräumt werden, damit die Strecke zum Gabelschacht weiter dauerhaft passierbar bleibt. Der Erhalt und die Funktion des Grubengebäudes sind ganz besonders in diesem Bereich von großer Bedeutung. Foto: Matthias Zizelmann, September 2021.

Matthias Zizelmann

Abb. 13: Blick vom Stollenkreuz in Richtung NW und Zobelschacht. Zu erkennen ist die extreme Engstelle in der Strecke, da teilweise unkontrolliert loses Material aus dem Zobelschacht in die Strecke drückt.
Foto: Matthias Zizelmann, 2015.

Abb. 14: Blick hinter der Engstelle nach dem Zobelschacht vom Stollenkreuz in Richtung NW. Hier ist deutlich der Wasserrückstau durch einen verminderten Abfluss in der Strecke zu sehen, welcher durch das Material in der Strecke vom Zobelschacht verursacht wird. Foto: Martin Groß, 2015.

Abb. 15: Blick in den Querschlag vom Stollenkreuz in Richtung Joseph-Gang. Hier kann das Wasser noch nahezu ungehindert über das Stollenkreuz abfließen. Abschnittsweise konnten die Bergleute einer seiger stehenden Störung folgen, was den Stollenvortrieb teilweise beschleunigte. Rechts im Vordergrund ist die große glatte Störungsfläche zu sehen. An der Firste ist die Störung durch ein helles, sehr schmales 1–2 cm breites Lettenband markiert. Foto: Matthias Zizelmann, 2015.

Matthias Zizelmann

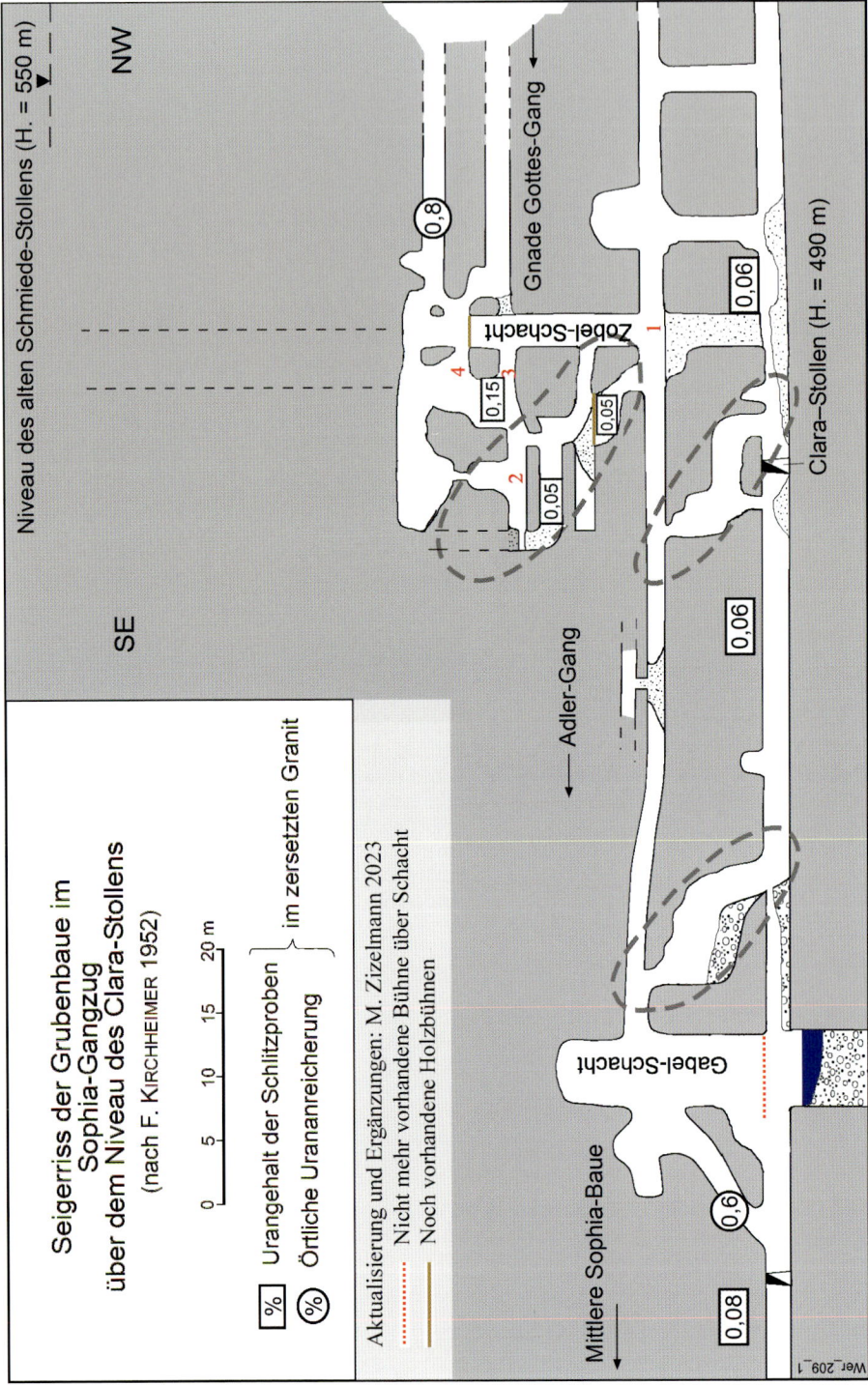

Abb. 16: Ein vom Autor aktualisierter Seigerriss im Bereich zwischen Gabelschacht und Zobelschacht. Die alte unveränderte Vorlage des Seigerrisses ist in Werner, 2006, S. 29 zu sehen. Die übernommenen gestrichelten breiten Linien sollen die linsenförmigen Abbaue verdeutlichen.

Wasserhaltung und Bewetterung der Gruben um den Silberberg bei Wittichen

Abb. 17: Blick in den Zobelschacht nach oben. Standpunkt der Aufnahme ist im Seigerriss (Abb. 16) mit einer roten „1" gekennzeichnet. Ganz oben, in 14 m Höhe vom Standpunkt aus, ist eine Holzbühne zu erkennen, die den Zugang zu weiteren Strecken im Abbau ermöglicht. Die erste Strecke, die im Bild links oberhalb von der Leiter abgeht, ist ca. 4 m über der Standfläche des Fotografen. Die Strecke selbst ist nicht viel höher als 1,2 m und weist keine Spuren von Bohrlöchern auf. Das Foto wurde in einer recht trockenen Phase erstellt. Hier fließen merkliche Wassermengen durch den Abbau auf die Tiefe-Clara-Strecke zum Stollenkreuz. Vermutlich laufen auch große Teile der Oberflächenwässer der alten Verhaue direkt nach unten durch den Abbau. Diese sehr nassen Bereiche werden von Fledermäusen gemieden. Auffallend an diesem Punkt ist ein lokal sehr erhöhter Strahlenwert: Der „Gamma Scout" zeigte einen Wert von durchschnittlich 8 µSv an. Am Stollenkreuz sind es im Vergleich nur 0,7 µSv. Foto: Matthias Zizelmann, 2015.

Abb. 18: Kleiner Durchbruch (Durchmesser ca. 60 cm) auf höher gelegene Abbauhohlräume auf dem Gnade-Gottes-Gang im Bereich des Zobelschachtes (Position in Abb. 16 mit der roten Zahl „2" markiert). Teilweise besteht der „Gang" nur aus einem schmalen Lettenband, in dessen Umfeld sich an der Oberfläche reichlich Erythrin aus fast unsichtbaren feinen mit Kobalterzen angereicherten Ritzen gebildet hat. Foto: Matthias Zizelmann, 2015.

Abb. 19: Kleiner Abbauhohlraum auf dem Gnade-Gottes-Gang im Bereich des Zobelschachtes. Im Hintergrund sind die kurzen Strecken (Durchbrüche) auf den Zobelschacht zu sehen (Aufnahmeposition in Abb. 16 mit der roten Zahl „3" markiert). Der „anstehende Gang" in der Bildmitte ist hier ebenfalls nur durch ein sehr schmales Lettenband markiert. Die kleinen Abbaue deuten auf nestartige Anreicherungen von Erzen im „vergrusten" Granit hin. In einigen Bereichen, direkt in der „Gangzone", konnte das Nebengestein gut behauen werden. Hier ist die bereits zuvor erläuterte alte bergmännische Beschreibung „freundlich oder mild Gebirg" zutreffend. In manchen Strecken, oft nicht breiter als 60 cm, sind keine Bohrlöcher vorhanden. Foto: Matthias Zizelmann, 2023.

Abb. 20: Blick in einen größeren Abbauhohlraum auf den Gnade-Gottes-Gang im Zobelschacht. Die beiden Holzdielen überqueren den Schacht und sind von unten (Abb. 17) zu sehen (Aufnahmeposition in Abb. 16 mit roter Zahl „4" markiert). Foto: Matthias Zizelmann, 2023.

Matthias Zizelmann

Abb. 21: Blick in den Tiefen-Clara-Entwässerungsstollen in der Nähe des Stollenkreuzes. Auf der Stollensohle ist das gesammelte Grubenwasser zu sehen, welches über die 270 m lange Strecke nach außen fließt. Foto: Matthias Zizelmann, September 2021.

Abb. 22: Besonders schöner Abschnitt des Tiefen-Clara-Stollens in Richtung Klosterbach zum Stollenmundloch. Anhand der Stollenstruktur ist ersichtlich, dass in diesem Bereich das Gestein besonders standfest war und der Vortrieb sicherlich einiges an Aufwand bedeutet hat. Der Querschlag weist auf der gesamten Länge zahlreiche Bohrlöcher auf, was die Auffahrung des Stollens Anfang des 18. Jahrhunderts bestätigt. Die auffallend weißen Beläge sind organische Substanzen, an denen bei entsprechenden Wettern der Wasserdampf der feuchten Luft kondensiert und dadurch zusätzlich diesen „Glitzereffekt" im Lampenlicht erzeugt. Es gibt eine Vielzahl von Mikroorganismen, die sich nahezu ungestört von der Außenwelt entwickeln können. Ein Beispiel wird in Markl, 2015, S. 517 beschrieben. Foto: Matthias Zizelmann, September 2021.

Abb. 23: Tiefer-Clara-Querschlag (Auffahrung in der Zeit zwischen 1706 und 1716) kurz vor dem Stollenmundloch. Am Ende ist eine Tür bzw. Betonmauer mit einer kleinen Öffnung für Fledermäuse sichtbar. Der Wasserabfluss am Stollenmundloch ist etwas eingeschränkt, wodurch sich das Wasser dort gut 60 cm hoch staut und sich günstig auf die Nutzung eines Fledermauswinterquartiers auswirkt (Werner, 2006, S. 42; es wird am 19.10.1951 von einem neuen betonierten Stollenmundloch und einem kanalisierten Wassergraben geschrieben, der Abfluss aus dieser Zeit scheint nicht mehr so wie früher zu funktionieren). Die Überhöhe des Stollens am Anfang bis etwa zur Mitte des Querschlags (teilweise bis zu 2,6 m hoch) ist möglicherweise für eine zusätzliche Bewetterung eingeplant worden. Es wurde auf ein ursprünglich geplantes Lichtloch bei 176 m vom Mundloch verzichtet (Vogelgesang, 1865, S. 41). Leider ist dieser Punkt nicht nach außen passierbar. Um aus der Grube zu kommen, muss man wieder den langen beschwerlichen Weg durch die Engstellen über die Abbaue nach oben und über die Untere Sophia durch die „Wasserstrecke", den wassergefüllten Querschlag des unteren Sophia-Stollens, nach außen machen. Diese Abschnitte mit einziehenden Wettern in Nähe des Stollenmundlochs sind besonders für kälteliebende Fledermausarten wie Langohr- oder Bartfledermäuse im Winter begehrt. Foto: Matthias Zizelmann, September 2021.

Matthias Zizelmann

Grube Sophia im Böckelsbach

Die Grube Sophia zählt zu den bedeutendsten Gruben des Kinzigtals und wurde von der Gewerkschaft der Grube Ludwig am Silberberg am 22.11.1721 unter dem Namen „Sophia zum Ludwig" gemutet. Die später sehr ertragreiche Silbergrube ist in der Anfangsphase mit ihrem Erzreichtum fast unentdeckt geblieben. Die Startphase war ungewöhnlich spannend: Die Mutung der Grube begann durch das Abteufen eines Schachtes, der 1724 eine Tiefe von 16 m erreichte. Der Schacht oben auf dem Silberberg im Wald (Abb. 24 und 25) verfolgte anfangs einen für Witticher Verhältnisse recht mächtigen Schwerspatgang mit feinem Glanzkobalt, der allerdings bis dahin nicht die gewünschten Silbererze enthielt. Wettermangel und möglicherweise auch schon in der Anfangsphase ein verstärkter Wasserzufluss veranlasste die Auffahrung des Oberen Sophia-Stollens (Abb. 26), der bei 34 m den Gang erreichte. Eine kurze Verlängerung des Stollens auf dem Gang brachte den Durchschlag auf den zuvor abgeteuften Schacht. Nach weiterer Auffahrung des Stollens von 12 m in Richtung Norden auf dem Gang setzte man ein Gesenk an (Abb. 27), aus dem man wieder eine Strecke zurück in Richtung Süden trieb. Diese Arbeiten wurden 1727 erfolglos eingestellt, da der Gang 12 m unter Stollenniveau für unbauwürdig gehalten wurde. In dieser Zeit lieferte der Abbau nur 80 Pfund Kobalt an die Farbmühle, was für den Betreiber der Grube in keinem Verhältnis zum Aufwand stand. Im Bild (Abb. 28), etwa auf dieser Höhe von damals, ist die Situation zu sehen: fester Fels, wenig Gang und sehr viel Wasserzulauf. Der Granit in dieser Zone dürfte wohl mehr der alten zuvor erläuterten bergmännischen Beschreibung „unfreundlich oder

Abb. 24: Seitenansicht des Tagschachtes der Oberen Sophia. Hier fing 1721 alles mit der Gewerkschaft der Grube Ludwig an. Foto: Matthias Zizelmann, September 2021.

Abb. 25: Blick in den 16 m tiefen offenen Tagschacht (im unverwitterten Bereich misst dieser ca. 2,5 x 1,8 m). Vorsicht! Das Loch ist vollkommen ungesichert im Wald und zum Oberen-Sophia-Stollen kommt man aktuell (2022) auch nicht mehr hinaus, da vom Rand her einiges abgerutscht ist und somit der obere Stollen nach außen momentan dicht ist. Man kann von der rechten Seite her den Schwerspatgang erkennen, der damals in der Anfangsphase in die Tiefe verfolgt wurde. Foto: Matthias Zizelmann, September 2021.

wild Gebirg" entsprechen. Daraufhin erfolgte nach nur sechs Jahren die Einstellung der Arbeiten (Bliedtner und Martin, 1986, S. 515; Vogelgesang, 1865, S. 63 [verwendet für das Einstellen der Arbeiten den Begriff „auflassen"]).[18] Auch kleinere Bergbauversuche bis 1732 waren erfolglos.

Um 1736 unternahm dann schließlich die bereits erfahrene St. Josepher Gewerkschaft in den Grubenbauen der Grube Sophia Schürfversuche, die bereits nach ca. 2 m weiteren Abteufens des Schachtes 3 Pfund gediegen Silber und 111 Pfund silberhaltige Kobalterze gewinnen konnten. Nach diesem ersten großen Erfolg lud man die ehemalige Gewerkschaft der Grube Sophia zum Mitbauen ein. Die St. Josephs-Gewerkschaft erhielt, als Anerkennung für das Auffinden der edlen Mittel auf Sophia, ein Viertel der 125 Kuxe, bei gleichzeitigem Verzicht auf die Erbstöller-Rechte (Vogelgesang, 1865, S. 63). Seit 1716 hatte die Josephs-Gewerkschaft die Erbstöller-Rechte der Tiefen Clara. Als Besitzer dieses Stollens hatte die Gewerkschaft das Recht, von anderen Gewerkschaften und deren Gruben, die das Wasser in diesen Erbstollen ableiteten, eine Erbstollengebühr zu verlangen. Das weitere Abteufen des Schachtes erwies sich durch das feste Nebengestein als recht aufwändig. Der Ertrag durch hin und wieder eingesprengtes gediegenes Silber

---

[18] Dadurch, dass später 1736 die St. Josephs-Gewerkschaft einen Schürfversuch unternommen hat, kann davon ausgegangen werden, dass die Erlaubnis für den Bergbau von der Gewerkschaft „Ludwig am Silberberg" vor 1736 zurückgegeben oder an die St. Josephs-Gewerkschaft übergeben wurde.

Abb. 26: Verbrochenes Stollenmundloch der Oberen Sophia. Foto: Matthias Zizelmann, 2021.

und Farbkobalterze war anfangs noch nicht so ergiebig. Hinzu kamen starke Wasserzugänge, sodass man sich 1738 dazu entschloss, einen mittleren Stollen, den sogenannten Unteren-Sophia-Stollen, aufzufahren (Bliedtner und Martin, 1986, S. 517). Diese Entscheidung erwies sich als gute, vorausschauende Investition. Heute fließt das anfallende Wasser der Oberen Sophia und des Tagschachtes fast vollständig in den Schacht (siehe Abb. 27). Der vordere Bereich zwischen Schacht und Stollenmundloch der Oberen Sophia ist so stark verfüllt, dass hier kein Wasser, wie ursprünglich vorgesehen, nach außen fließen kann.

Ende des Jahres 1740 erreichte man den Gang nach über 100 m Querschlaglänge durch recht standfestes Gestein, was an den unzähligen Bohrlöchern und an dem nahezu nicht nachgebrochenen Stollenprofil gut zu erkennen ist (Bliedtner und Martin, 1986, S. 517). Schon nach wenigen Metern hinter dem Stollenmundloch ist die Sohle heute immer noch frei von Stolpersteinen im Wasser, was ein Hinweis auf ein nahezu unverändertes Stollenprofil sein kann. Der schnelle Vortrieb der Strecke innerhalb von zwei Jahren weist dabei auf eine recht hohe Priorität der Arbeiten hin. Durch ein Überhauen konnte auf den bereits 20 m tiefen Schacht des Oberen-Sophia-Stollens durchgeschlagen werden. In Abbildung 32 ist der endgültige Durchschlagspunkt,[19] die Verbin-

---

[19] Das Überhauen, bei welchem damals der Durchschlag erfolgte, befindet sich wenige Meter dahinter. Die Verbindung wurde damals durch eine kurze Strecke vom Überhauen in den Schacht realisiert. Heute ist der Schacht bis über diese Strecke von Sammlern verfüllt worden, die Material aus dem Oberen Sophia-Tagschacht abgezogen haben, sodass man leider diesen Schacht nicht mehr zur Befahrung nutzen kann, um von dem Oberen zum Unteren Sophia-Stollen zu gelangen. Vor 1980 war dieser Schacht in diesem Bereich noch befahrbar.

Abb. 27: Obere Sophia, erster Blindschacht nur wenige Meter nach dem Tagschacht. Blick in Richtung Tagschacht. Heute fließen nahezu alle Grubenwässer nicht wie vorgesehen nach außen zum Stollenmundloch der Oberen Sophia, sondern direkt in den Schacht zur Unteren Sophia und weiter im Himmelfahrtsschacht nach unten. Man sieht nicht nur das Rinnsal in den Schacht fließen, es regnet förmlich „Bindfäden" von der Firste. Foto: Matthias Zizelmann, 2015.

dung zum Schacht in den Oberen-Sophia-Stollen, zu sehen (heute ist dies eine Engstelle, da der Schacht teilweise verfüllt ist und das Material vom Schacht in die Strecke drückt.). Ab diesem Zeitpunkt entschärfte sich die Arbeitssituation, denn die Bewetterung, Entwässerung und Abfuhr des Haufwerks konnte nun durch den 36 m tiefer liegenden Unteren-Sophia-Stollen erfolgen. Diese Voraussetzungen bildeten die Grundlage, um von dem Niveau des Unteren-Sophia-Stollens aus großflächig den Abbau nach unten in den sogenannten Himmelfahrtsschacht zu beginnen. Die in dem Schacht betriebenen Abbauörter lieferten die sehr reiche Ausbeute in der Phase zwischen 1740 und 1750. Die hohen Silbererlöse sind in dieser Phase aus der Tabelle (Abb. 41) ersichtlich. Reste von dem dadurch entstandenen Strossenbau[20] oder teilweise sehr dicht übereinander liegenden Strecken sind heute noch an einigen Stellen gut sichtbar. Der Gang konnte 1745 bis 160 m in Richtung NW aufgefahren werden, bevor dieser das Ende durch eine Schmerkluft[21] erreichte.[22]

---

[20] Beim Strossenbau wurde stufenförmig nach unten gebaut. Diese Bereiche sind heute nahezu vollständig mit Abraumbergen bedeckt. Oft wurden die Stufen später vollständig abgebaut. Entscheidend war in den Bereichen der Abbau von oben nach unten.

[21] Alter historischer Begriff für Lettenstörung, feines vertontes Gesteinszerreibsel, welcher sehr oft in Vogelgesang (1865) und im Witticher Revier verwendet wird. Genauere Beschreibung siehe Werner, 2006, S. 19.

[22] Diese Bereiche sind heute noch befahrbar und der Abbau oder Stollen endet in dieser Zone.

Abb. 28: Unten im ersten Schacht der Oberen Sophia etwa auf dem Niveau, auf dem man um 1732 aufgegeben hatte. Man kann erahnen, wie schwierig damals die Verhältnisse waren. Sehr fester Granit, fast kein Gang, sehr viel Wasser. Foto: Matthias Zizelmann, Februar 2020.

Abb. 29: Eingang des Unteren-Sophia-Stollens. Das Wasser des gut 100 m langen Querschlags fließt nicht, wie vorgesehen, zum Eingang hinaus. Die hinter dem Tor errichtete Mauer und der Schutt dahinter verhindern das Ausfließen der Grubenwässer, sodass sich innen das Wasser im Eingangsbereich auf etwa 1 m anstaut. Für die Fledermäuse ist diese Situation jedoch optimal. Foto: Matthias Zizelmann, Dezember 2014.

Heute fließt das Grubenwasser vom Unteren-Sophia-Stollen nicht wie erwartet am Mundloch aus, denn davor befindet sich eine Mauer und dahinter ein Schuttberg. Direkt hinter dem Stollenmundloch staut sich das Wasser konstant auf die Höhe von ca. 1 m unabhängig vom Wasserzufluss, sodass es einen Wasserrückstau bis 100 m in den Querschlag hinein bildet (Abb. 30). Am Ende des Rückstaus läuft das Wasser direkt in den Abbau des Himmelfahrtsschachtes durch die nicht abgeräumten Reste des Nachsprengens in die Tiefe (Abb. 31).

Bei 50 m unter der Strecke der Unteren Sophia fuhr man nach mittlerweile spärlich gewordenen Erzanbrüchen den Tiefen St. Joseph-Stollen auf, der NW 1746 in die Tiefe-Clara-Strecke der Grube Gnade Gottes im Bereich des Gabelschachtes durchschlug (Vogelsang, 1865, S. 64).[23] Hier sind die Quellen Vogelsang (1865) und Bliedtner und Martin (1986, S. 507) nicht eindeutig. Nach Letzteren wird die richtige befahrbare Verbindung erst um 1754 hergestellt oder erst zu

---

[23] Die tatsächlich gemessene Differenz zwischen der Sohle des Unteren Sophia-Stollens am Ansatzpunkt der Abbaue bis zum Erreichen des Tiefen St. Joseph-Stollens im Bereich des Abbaus liegt zwischen 40 und 45 m. Möglicherweise wurde als Bezugspunkt das Stollenmundloch des Tiefen-Clara-Stollens genommen. Dazwischen gibt es noch einige Meter an Gefälle, sodass diese Differenz durchaus möglich ist.

diesem Zeitpunkt genutzt, nachdem man sich um 1754 wieder über den weiteren Abbau geeinigt hatte. Es wird hier von damaligen Fehlmessungen der Markscheider ausgegangen, sodass unbeabsichtigt von der Gnade-Gottes-Seite her schon längere Zeit im Sophia-Feld gearbeitet wurde. Der Tiefe Josephstollen lag damals am Durchschlagspunkt 1 m tiefer als der Tiefe-Clara-Stollen. Hinzu kommt noch, dass dazwischen die Strecke kein konstantes, aber teilweise starkes Gefälle zum Stollenkreuz aufweist. Es kann davon ausgegangen werden, dass spätestens ab 1754 dieser wichtige Knotenpunkt zur Verfügung stand und somit eine Bewetterung, Entwässerung und den Transport von Haufwerk über den Tiefen-Clara-Stollen ermöglichte.

Auch heute scheint die Entwässerung im Bereich des Gabelschachtes noch zu funktionieren.[24] Der aktuelle Wasserspiegel ist in Abbildung 38 gut ersichtlich. Über dem Gabelschacht gab es vor einigen Jahrzehnten noch eine Bühne, die mit Versatzmaterial belegt war, um möglicherweise den Schacht vor herunterfallendem Material während des damaligen Abbaus zu schützen, sodass man früher den Gabelschacht gar nicht zu Gesicht bekam. In der unveränderten Seigerriss-Skizze von F. Kirchheimer 1952 war offensichtlich die damals noch vorhandene Bühne mit dem darunter befindlichen Hohlraum über dem Schacht noch nicht bekannt. Die aktuelle Situation ist in der angepassten Seigerriss-Skizze in Abbildung 16 zu sehen. Heute zeu-

Abb. 30: Querschlag des Unteren-Sophia-Stollens vom Mundloch in Richtung Grube. Man sieht deutlich den Rückstau, der durch den Schutt und die Mauer im Eingangsbereich erzeugt wird. Es hat sich gezeigt, dass mehr Wasser von außen nach innen läuft als umgekehrt. Der Wasserstand ist sommers wie winters nahezu konstant und in der Nähe des Stollenmundlochs fast 1 m tief. Der mit Wasser angestaute Bereich des Querschlags ist knapp 100 m lang. Foto: Matthias Zizelmann, September 2021.

gen nur noch die kräftigen und zahlreichen Bühnenlöcher über dem Schacht von der ehemaligen sehr großen Bühne, die gut 5 m lang und durchschnittlich 2 m breit war. Möglicherweise verteilt sich das Grubenwasser über die teilweise verfüllten Tiefbaue des Gabelschachtes und kommt irgendwo in einer Strecke heraus, die eine direkte Anbindung an das Stollenkreuz hat.

In direktem Anschluss legte man den Emanuelschacht 14 m nordwestlich des Himmelfahrtsschachtes an und teufte diesen auf bis zu 70 m ab.[25] Im alten Seigerriss (Abb. 39) von Vogelge-

---

[24] Unabhängig von der Jahreszeit und den Zuflüssen ist der Wasserspiegel im Gabelschacht nahezu das ganze Jahr über konstant.

[25] Große, dicht nebeneinander positionierte Bühnenlöcher für eine Schachtabdeckung sind in diesem Bereich in Abbildung 37 noch vorhanden.

Abb. 31: Am anderen Ende des mit Wasser angestauten Querschlags, grob 100 m vom Stollenmundloch des Unteren-Sophia-Stollens entfernt, fließt das Wasser links in den Abbau hinunter. Der Abbau stellt den Beginn des Haupterzmittels der Grube Sophia dar. Ab hier ist alles wasserdurchlässig bis auf das Niveau der Tiefen Clara. Somit lässt sich auch erklären, warum der Wasserstand in der Querschlagstrecke immer so konstant ist. Foto: Matthias Zizelmann, September 2021.

sang (1865) wird die gewaltige vertikale Dimension dieser Abbaue deutlich. Der Bereich der Abteufung des Emanuelschachtes ist in Abbildung 36 am unteren Bildrand ersichtlich und stellt auch die letzte Abstiegsphase bei der heutigen Grubenbefahrung dar, wenn man von der Unteren Sophia herunter auf das Tiefe-Clara-Niveau zum Gabelschacht steigen möchte. Dieser heute noch befahrbare Bereich des Abbaus und einziger Zugang zur Tiefen-Clara-Sohle ist neu vermessen worden und in Abbildung 40 dargestellt.[26] Diese Tiefbaue im Bereich des Emanuelschachtes erwiesen sich leider als nicht so ertragreich wie erwartet. In den Tiefbauen musste das Wasser künstlich nach oben befördert werden, sodass der Aufwand bei dieser Tiefe doch recht groß gewesen sein muss. Dieser gewaltige „Aufwand" lässt sich durch die zuvor reiche Ausbeute im oberen Bereich des Ganges begründen, denn wie in der Anfangsphase der Grube Sophia hatte man ja auch schon fast aufgegeben, bevor man die reichen Erzmittel erreichte. Im Nachlesebergbau ab 1780 wurden leider große Bereiche der schönen dicht übereinanderliegenden Strecken und des partiellen Strossenbaus um den Bereich des Himmelfahrtsschachtes herausgesprengt. Im angrenzenden Nebengestein konnte noch „auf die Schnelle" eingesprenkeltes gediegenes Sil-

---

[26] Die in Vogelgesang, 1865, S. 64 beschriebene 14 m große Entfernung zwischen Himmelfahrtsschacht und Emanuelschacht ist heute nicht mehr vorhanden, da sich der Abbau um den Himmelfahrtsschacht um diese 14 m nach NW ausgedehnt hat.

Abb. 32: Durchschlag zwischen Schacht und Unterem Sophia-Stollen. Weil der Schacht von der Oberen Sophia teilweise verfüllt ist, drückt das Material in die Strecke und es gibt nur noch einen recht engen Durchschlupf an dem Schacht vorbei. Das Wasser der Oberen Sophia fließt hinter dem Schutt unbemerkt und ungehindert großflächig gleich weiter in den darunter befindlichen Abbau. Foto: Matthias Zizelmann, September 2021.

ber gewonnen werden (Vogelgesang, 1865, S. 65).[27] Daher sind weite Bereiche des Abbaus um den Himmelfahrtsschacht mit nicht abtransportiertem Bergematerial verfüllt und heute in weiten Bereichen nicht mehr zugänglich. Somit kann heute auf den Fotos nicht mehr der ursprüngliche Zustand der damals sicher bergmännisch sehr schönen Strecken und Abbaue gezeigt werden. In den Abbildungen 33 bis 36 bekommt man einen Eindruck, wie imposant der über 40 m tiefe Abbau heute noch aussieht. Die Wetter sind bei großer Differenz zur Außentemperatur durch die Höhendifferenz nicht unerheblich.

---

[27] Um 1786 war die erste Phase der Arbeiten wohl schon abgeschlossen, da man sich wieder um die Ausrichtung des Ganges bemühte. In Bliedtner und Martin, 1986, S. 520 steht ein weiterer Hinweis einer zweiten Phase: „Im Jahr 1800 wurde im Emanuel-Schacht in der Sohle der Silberstrecke eine mächtige Bühne eingezogen und man schoß die unverritzten Schachtstöße herein". Diese Bühne existiert heute nicht mehr, jedoch sind deutliche Bühnenlöcher in Abbildung 37 in dem vermuteten Bereich zu sehen. Möglicherweise wurde die Bühne zum Schutz des darunter befindlichen Emanuelschachtes errichtet. Eine weitere Bühne befand sich in Abbildung 33 auf Höhe der schmalen Standfläche. In dieser Zone sind leider keine Bühnenlöcher (die Balken wurden direkt in diesem Bereich, in dem leicht nach unten schmäler werdenden Abbau, mit Keilen verspannt). Nach mündlicher Überlieferung von Sammlern war die Bühne noch vor 1978 vorhanden. Sie könnte ebenfalls zum Schutz der darunter befindlichen Strecken „Lux" und „Greif" gebaut worden sein.

Abb. 33: Offener Abbau vom Unteren-Sophia-Stollen hinunter auf das Tiefe-Clara-Niveau. Im Bereich dieses Absatzes befand sich in der Zeit zwischen 1975 und 1985 noch eine Bühne, die alles abdeckte, sodass zuvor eine direkte Befahrung über diese Passage von der Unteren Sophia in die Tiefe-Clara-Sohle nicht möglich war. Die Position der Aufnahme im Abbau ist in Abbildung 40 mit der roten Nummer „1" markiert. Foto: Matthias Zizelmann, September 2021.

Abb. 34: Fortsetzung des offenen Abbaus hinunter auf das Tiefe-Clara-Niveau. Links oben und in der Mitte sieht man noch Reste der Stollen aus der alten Abbauzeit. Der Bereich davor wurde durch Nachlesearbeiten herausgesprengt. Rechts unten im Bildrand sieht man noch die Reste des Sprengmaterials, auf dem man im Abbau steil nach unten steigen kann. Die Position der Aufnahme im Abbau ist in Abbildung 40 mit der roten Nummer „2" markiert. Foto: Matthias Zizelmann, September 2021.

Abb. 35: Offener Abbau von der Unteren Sophia hinunter auf das Tiefe-Clara-Niveau. Im Hintergrund ist zu sehen, wie durch die Nachsprengung der große Abbau des sogenannten Himmelfahrtsschachtes fast vollständig wieder verfüllt ist. Auf dieser Schräge kann man durchgängig von der Unteren-Sophia-Strecke bis zum Tiefen-Clara-Niveau hinabsteigen. Am oberen Bildrand sind noch Spuren von Kobalt und Erythrin zu sehen. Die Position der Aufnahme im Abbau ist in Abbildung 40 mit der roten Nummer „3" markiert. Foto: Matthias Zizelmann, September 2021.

Wasserhaltung und Bewetterung der Gruben um den Silberberg bei Wittichen

Abb. 36: Fast unten auf dem Tiefen-Clara-Niveau angekommen, bietet sich der Anblick auf Reste der dicht übereinander liegenden Abbau-Strecken und des alten Strossenbaus. In dieser Zone wurde früher der Emanuelschacht angesetzt. Die Bildhöhe entspricht ca. 10 m (Abseilstrecke 7,5 m). Die Position der Aufnahme im Abbau ist in Abbildung 40 mit der roten Nummer „4" markiert. Foto: Matthias Zizelmann, September 2021.

Matthias Zizelmann

Abb. 37: Kräftige Bühnenlöcher (24 cm breit, 20 cm hoch) über dem Bereich des Emanuelschachtes auf Höhe der Stollenfirste der Tiefen-Clara-Sohle. Die Position befindet sich knapp außerhalb des unteren Bildrandes von Abbildung 36. Foto: Matthias Zizelmann, 2023.

Abb. 38 (auf der nächsten Seite): Gabelschacht mit dem in den letzten Jahrzehnten etwas gesunkenen Wasserstand. Der Wasserstand dürfte aber immer noch so hoch wie das Stollenkreuz sein. Der Schacht ist praktisch fast vollständig (bis knapp an die Wasseroberfläche) mit Abraum der oberen Baue, die sich oberhalb des Gabelschachtes befinden, und mit den Holzresten der Bühne und allem, was darauf lag, verfüllt worden. Rechts oberhalb des Schachtes sieht man die zahlreichen und kräftigen Bühnenlöcher der früheren Abdeckung. Vor einigen Jahrzehnten konnte man noch nicht, so wie hier in der Bildmitte, einfach durch die niedere Strecke weiter in Richtung Stollenkreuz, sondern musste über die Bühne, den Abbau hinauf und hinten wieder herunter. Foto: Matthias Zizelmann, September 2021.

Wasserhaltung und Bewetterung der Gruben um den Silberberg bei Wittichen

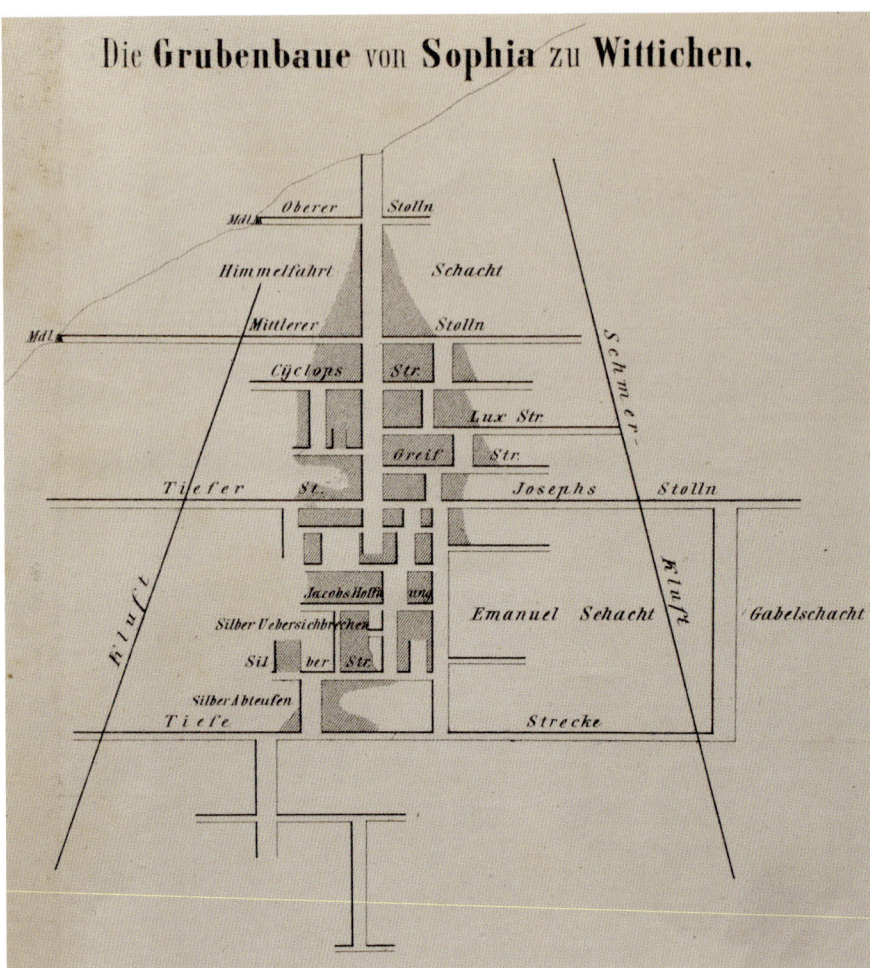

Abb. 39: Grob skizzierter alter Seigerriss der Grube Sophia aus Vogelgesang (1865). Um den fehlenden Maßstab zu ergänzen, zwei wichtige und bekannte Tiefenangaben: Vom oberen Sophia-Stollen („Oberer Stolln") bis zum unteren Sophia-Stollen („Mittlerer Stolln") sind es 36 m. Von Letzterem zum Tiefen-Clara-Stollen („Tiefer St. Josephs Stolln") sind es weitere 45 m. Der Tiefe St. Josephs-Stollen markiert die Höhenlage des Erbstollens, von dem aus das Wasser am Stollenkreuz über den Tiefen-Clara-Querschlag nach außen in den Klosterbach geleitet wurde. Der Josephs-Stollen hat in diesem Zusammenhang nichts mit dem Joseph-Gang zu tun. Der Stollen wurde ursprünglich nur von der Josephs-Gewerkschaft aufgefahren und wird an dieser Stelle „Tiefe-Clara-Sohle" genannt. Das Mittlere Stollen-Niveau ist der Tiefe bzw. untere Sophia-Stollen. Die Strecken zwischen dem Mittleren Stollen und der Tiefen St. Josephs-Strecke „Cyclops", „Lux" und „Greif" sind sehr idealisiert dargestellt und durch Nachlesearbeiten in weiten Bereichen herausgesprengt, sodass sich um den Himmelfahrtsschacht recht durchgängige, jedoch mit Abraum verfüllte Abbaue gebildet haben. In den Strecken sind auch schon ab 1740 deutliche Abbauhohlräume entstanden, wenn die Bereiche entsprechend ergiebig waren. Teilbefahrungen der stark verfüllten Bereiche der Zwischensohlen in den letzten Jahrzehnten konnten diese Abbaue in den Strecken und teilweise noch weitere Zwischenstrecken belegen. Alles, was unter dem Tiefen St. Josephs-Stollen liegt, steht unter Wasser und ist in weiten Bereichen mit Versatz und Abraum verfüllt.

Wasserhaltung und Bewetterung der Gruben um den Silberberg bei Wittichen

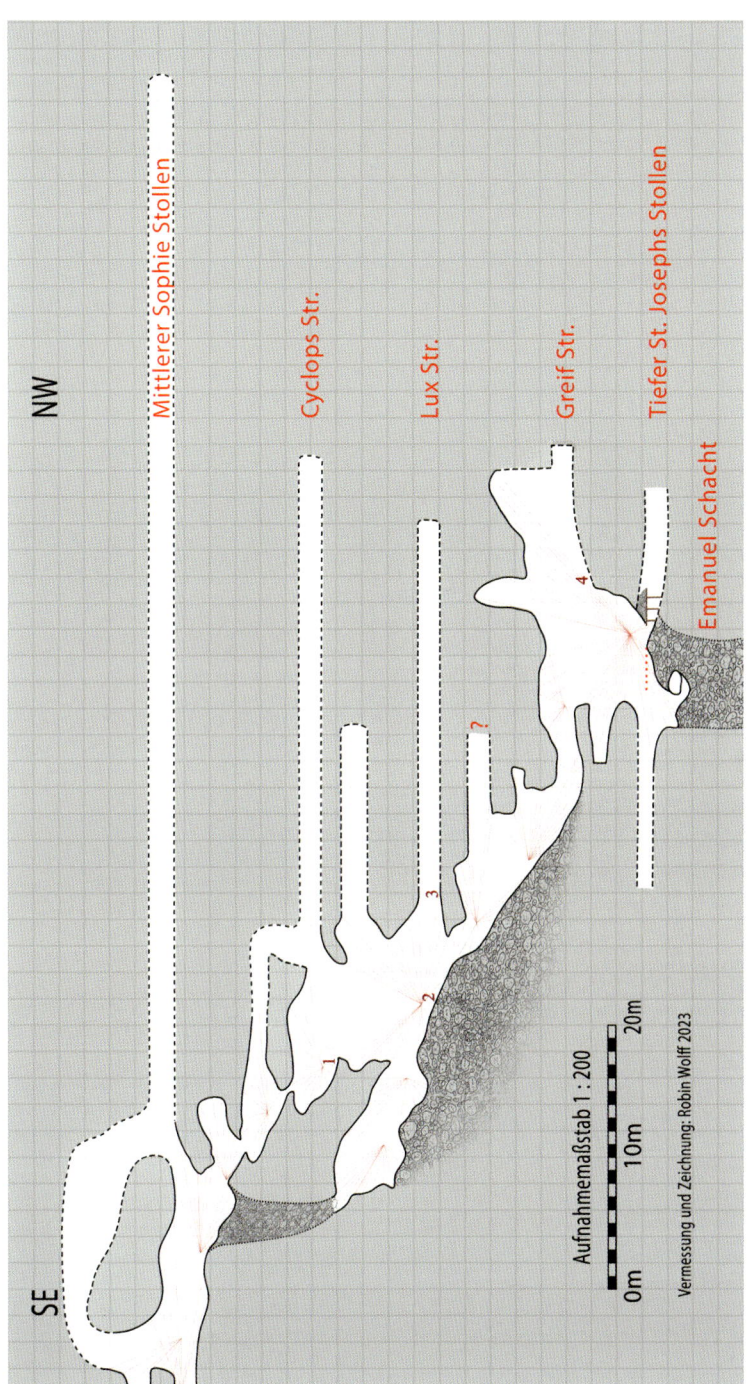

Abb. 40: Offener und befahrbarer Abbau zwischen Unterem Sophia-Stollen („Mittlerer Sophie Stollen") und dem Tiefen Clara-Stollen-Niveau („Tiefer St. Josephs Stollen"). Die alte Skizze von A. Kreuzwald vom 16.03.1954 (Werner, 2006, S. 29) weicht so stark ab, dass dieser Bereich komplett neu von Robin Wolff und unter der Assistenz des Autors 2023 mit einem umgebauten Leica Disto X310 vermessen und gezeichnet wurde. Die einzelnen Messzüge und Referenzpunkte sind in den roten Linien zur Veranschaulichung, wie diese Vermessung zustande gekommen ist, dargestellt. Bereiche, die keine roten Messlinien oder nur gestrichelte Konturen aufweisen, wurden grob von Hand skizziert oder mit anderen Hilfsmitteln vermessen. Die rechte Seite des offenen Abbaus (im Hangenden) mit den Stollen liegt nahezu vollständig frei, man sieht auf anstehenden Fels (es ist nichts verborgen). Die linke Seite ist hingegen mit Abraumbergen bedeckt und es konnte nur auf die liegenden Abraumberge gemessen werden. Sehr wahrscheinlich verbergen sich dahinter und darunter sehr große Abbauhohlräume, die damals von den Strecken „Cyclops", „Lux" und „Greif" in Abbau genommen wurden und im alten idealisierten Seigerriss in Abbildung 39 deutlich erkennbar sind. Die Nummern 1–4 sind Aufnahmepositionen von Fotos, auf die in Abbildung 33 bis 36 Bezug genommen wird.

Matthias Zizelmann

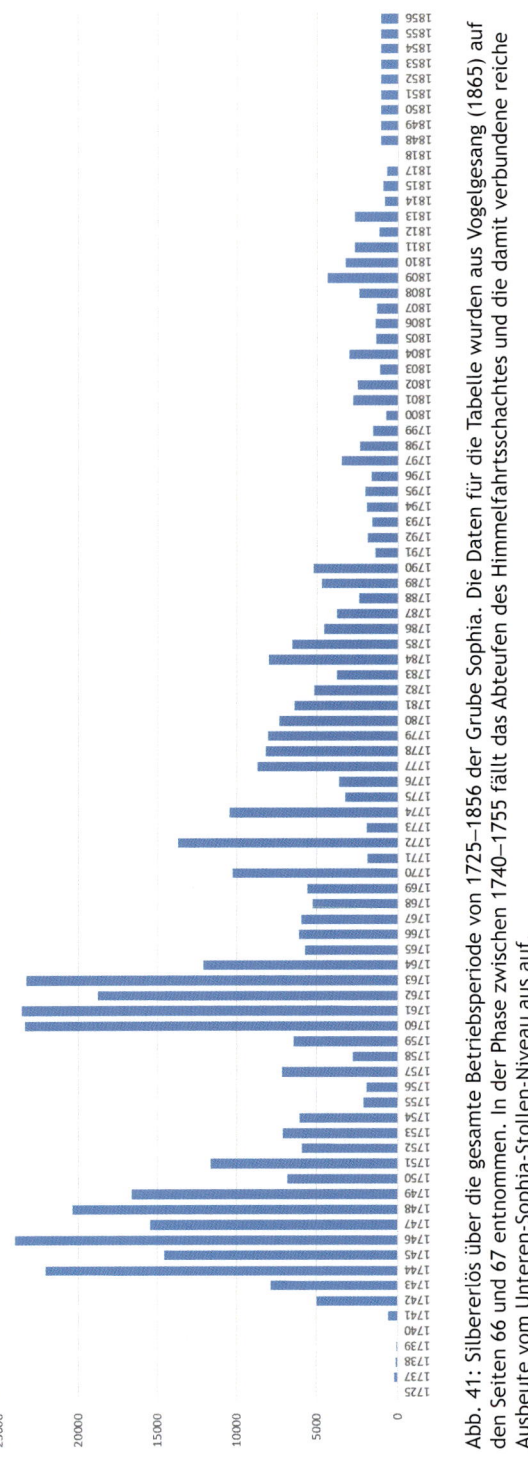

Abb. 41: Silbererlös über die gesamte Betriebsperiode von 1725–1856 der Grube Sophia. Die Daten für die Tabelle wurden aus Vogelgesang (1865) auf den Seiten 66 und 67 entnommen. In der Phase zwischen 1740–1755 fällt das Abteufen des Himmelfahrtsschachtes und die damit verbundene reiche Ausbeute vom Unteren-Sophia-Stollen-Niveau auf.

Die Gruben Neuglück und Simson im Böckelsbach

Der Gang von Neuglück stand 1743 schon intensiv im Abbau. Durch die gute Erzführung konnte die Grube 1746 ohne Zubußen[28] arbeiten und sogar 1748 einen Gewinn von vier Gulden pro Kux verteilen. Schon sehr bald hatte man erkannt, dass es sich um die Fortsetzung des Joseph-Ganges handelte, und die St. Josephs-Gesellschaft schlug 1747, wie bereits zuvor erwähnt, als „Erbstöllner" in den Neuglückschacht bei 48 m Tiefe durch (Bliedtner und Martin, 1986, S. 524). Der Punkt ist in der Karte (Abb. 11) mit der Nummer 6 gekennzeichnet. Eine Entwässerung, Bewetterung und Förderung waren somit über den Tiefen-Clara-Stollen möglich. Die „Clara-Sohle" ist im Seigerriss in Abbildung 44 im Zusammenhang dargestellt.

Die St. Josephs-Gewerkschaft trieb in den Jahren zwischen 1747 und 1753 vom Neuglückschacht aus den sogenannten Tiefen-Georger-Querschlag 130 m in östliche Richtung auf, um zwischen Neuglück und Sophia erhoffte Trümer abzukreuzen. Der Querschlag ist in Abbildung 11 im Punkt 6 ersichtlich. Der Tiefe Querschlag liegt etwa 80 m entfernt vom Oberen Johann-Georg-Stollen, welcher in Abbildung 2 mit der Nummer 10 markiert, jedoch nicht durchschlägig ist oder in Verbindung zu dem gesamten Grubensystem steht. Neben einem darin befindlichen Schacht (Abb. 42) steht ein in Fels gemeißelter Schriftzug „Glick auf 1743", welcher einen deutlichen Hinweis auf die Entstehung der Grubenbaue gibt und von der Schreibweise auf Bergleute aus dem Erzgebirge hinweist (Abb. 43). Die Position des vollständig mit Wasser gefüllten Schachtes ist in der Karte (Abb. 11) in Punkt 5 zu sehen.

Abb. 42: Vollständig mit Wasser gefüllter Schacht in der Grube Johann Georg. Der Stollen befindet sich auf dem Niveau der Neuglückhalde. Hier wird nochmal deutlich, dass dieser Schacht keine Verbindung zum erheblich tiefer liegenden Entwässerungssystem der Tiefen-Clara-Strecke hat. Foto: Matthias Zizelmann, 2015.

Die Auffahrung des Tiefen Querschlags war aber durchweg erfolglos, denn auch die ablaufenden geringmächtigen Schwerspattrümer konnten nichts Abbauwürdiges aufweisen (Bliedtner und Martin, 1986, S. 525). 1748 legte man den ersten Blindschacht unter dem Tiefen-Clara-Stollen an. 1750 erreichte der Schacht eine Tiefe von 24 m, in dem man durch zusätzliche Auffahrung von drei übereinanderliegenden Strecken nach Süden schöne Kobalterze gefunden hatte (Vogelgesang, 1865, S. 60). Angespornt durch die ertragreichen Funde wurde ein weiterer zweiter Blindschacht in der nach Süden gehenden

---

[28] W. Werner: Zubuße: Zuzahlung der Anteilseigner = Gewerken in gewinnfreien Zeiten.

Matthias Zizelmann

Abb. 43: Der Schriftzug „Glick Auf 1743", der sich nur wenige Meter entfernt unweit des mit Wasser gefüllten Schachtes der Grube Johann-Georg an der Neuglückhalde befindet. Foto: Klaus Echle, 2013.

Feldstrecke des ersten Blindschachtes angelegt. So konnten noch 100 m unter der Talsohle reiche Kobalterzfunde gemacht werden. Die gewaltige Höhendifferenz und die Lage der Blindschächte sind im Seigerriss in Abbildung 44 dargestellt. Hier mussten für damalige Verhältnisse schon größere Aufwendungen betrieben worden sein, damit die Entwässerung und Bewetterung in derartigen Tiefen noch funktionierten. Die Strecke der Tiefen Clara mit dem Erbstollen lieferte sicher in dieser Zeit ebenfalls einen Beitrag, denn schließlich brachte diese 48 m zusätzliche Tiefe ein. Ein dritter 1767 angesetzter Blindschacht wurde 52 m tief, bis man diesen schließlich wegen nachlassender Erze aufgab (Vogelgesang, 1865, S. 60).

Die Grube Simson baute auf den südlich des Böckelsbachs gelegenen Abschnitt des St. Joseph-Gangzugs auf. Der Neuglückschacht und die dazugehörige Halde befinden sich in Sichtweite ca. 60 m entfernt auf der anderen nördlichen Seite des Böckelsbachs. Nach der Auffahrung des Stollens (Abb. 45) traf man schon 1752 nach 43 m Querschlag einen Gang weiter westlich des eigentlich erwarteten Joseph-Gangs, der allerdings auf den ersten 50 m in südliche Richtung nur ein nahezu erzfreies Lettenband mit etwas Schwerspat enthielt (Vogelgesang, 1865, S. 61). Danach veredelte sich dieser Gang und man ging nun von der Fortsetzung des eigentlichen Joseph-Gangs aus. Ab dieser Stelle sind auch heute noch deutliche Kobaltminerale an der Firste zu erkennen. Nach etwa 10 m bildete sich ein größerer Erzfall aus, der in den Jahren 1755–1757 und 1761 auf Kobalterze und gediegen Silber abgebaut wurde. So entstand schon damals ein Abbauhohlraum mit 13 m Höhe, 7–10 m Länge und 2–3 m Breite (Wolf, 1942; Bliedtner und Martin, 1986, S. 529).

Wasserhaltung und Bewetterung der Gruben um den Silberberg bei Wittichen

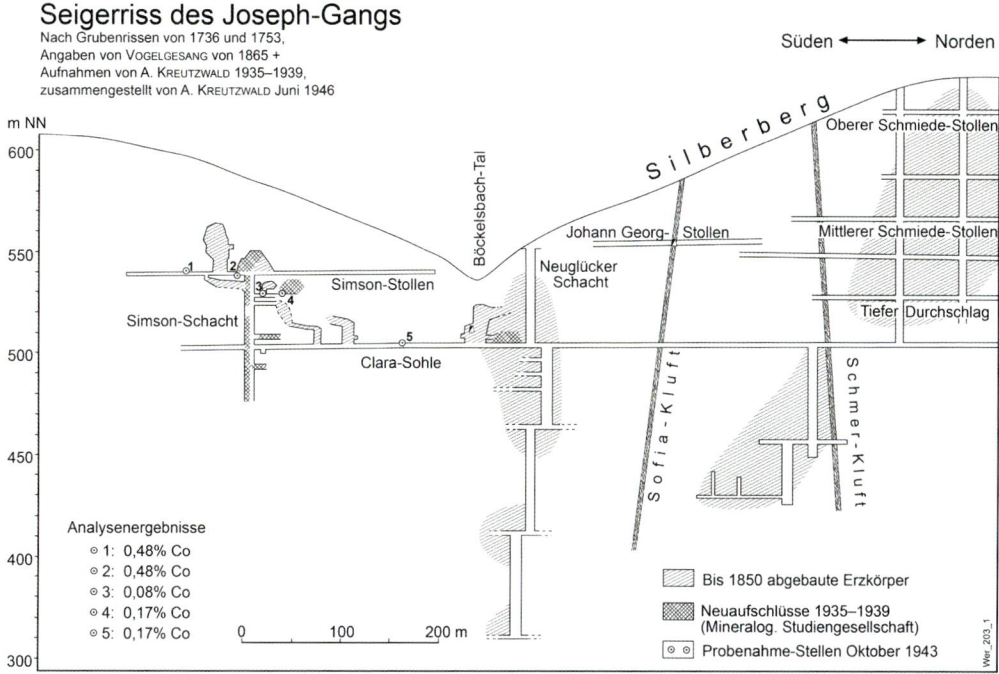

Abb. 44: Seigerriss der Grubenbaue auf dem Joseph-Gang unter Einbeziehung der Neuaufschlüsse im Zeitraum 1935–1939. Aus: Werner, 2006.

Abb. 45: Mundloch der Grube Simson. Foto: Matthias Zizelmann, Dezember 2014.

Der Stollenvortrieb weiter nach Süden erwies sich als wenig erfolgreich, denn hier erschloss man durch den Stollen nur einen lettenführenden Gang. Daher setzte man in dieser Zeit im Bereich des Erzfalls einen Schacht an. Zeitgleich erfolgte von dem Tiefen-Clara-Stollen aus ein weiterer Vortrieb nach Süden und ein Überhauen im Bereich des Schachtes, welches 1758 in den Schacht des Simson-Stollens durchschlug. Hiermit wurde der Beweis über den 36 m tiefen Schacht erbracht, dass der Simson-Gang wirklich identisch mit dem Neuglücker (Josepher) Gang ist (Vogelgesang, 1865, S. 61). In dem Plan von A. Kreuzwald (Abb. 11) ist diese direkte Verbindung durch den Schacht in Punkt 7 leider nicht genau ersichtlich, da hier noch ein kleines Stück der tiefen Strecke bis zum Schacht fehlt.

Die während der Kobaltprospektion von 1935 bis 1950 verbreitete und wieder aufgewältigte und recht gut erhaltene Tiefe-Clara-Strecke vom Simson- zum Neuglückschacht[29] ist auch heute noch gut befahrbar (Abb. 49) und führt eine Menge Wasser mit sich (Werner, 2006, S. 31; Steen, 2004, S. 174). Von dem Schacht aus, wie in Abbildung 46 zu sehen ist, erfolgten einige kleine Strecken mit Abbauörtern. Die oberen Strecken im Schacht enthielten geringe Mengen an gediegenem Silber. Bis 1761 wird von nur 8,1 kg berichtet (Bliedtner und Martin, 1986, S. 527). Auch neuere Untersuchungen beweisen, dass der Abbau in der Grube Simson hauptsächlich auf Kobalt stattgefunden haben muss (Werner, 2006, S. 27). Im Bereich des Erzfalls besteht heute ein recht imposanter Abbauhohlraum. Dieser misst direkt um und von der Schachtkante nach oben eine Höhe von über 7 m, eine durchschnittliche Breite von 4,3 m und eine Länge von 11 m. Direkt im Anschluss dahinter, wie in Abbildung 46 zu sehen ist, setzt sich ein schmälerer, aber dafür höherer Abbau fort, welcher stetig nicht unerhebliche Mengen an Wasser liefert. Dieser Bereich misst an der höchsten Stelle von der Stollensohle 14,6 m, eine Länge von 10 m und eine durchschnittliche Breite von 1,4 m. Ein Teil des Wassers wird auch heute noch am Schacht vorbeigeleitet und fließt, wie vorgesehen, zum Stollenmundloch der Grube Simson hinaus und anschließend direkt in den Böckelsbach. Ein nicht unerheblicher Teil des Wassers fließt aber auch von der Stollensohle und dem Abbauhohlraum direkt in den Schacht. Unten im Schacht angekommen, kann das Wasser die Strecke in Richtung Neuglückschacht nehmen. Im Bereich des Neuglückschachtes befindet sich viel Versatz und Material von verstürzten Ausbauten, sodass die Befahrung der Strecke, welche sich 48 m unter der Oberfläche der Neuglückhalde befindet und unter dem Neuglückschacht hindurchgeht, nicht möglich ist. Dieser Streckenabschnitt konnte auch während der Kobaltprospektion von 1935–1950 nicht erfolgreich beräumt werden (Werner, 2006, S. 31). Offenbar scheint aber das Wasser den Weg durch den Versturz und Versatz über den Tiefen-Clara-Stollen und das Stollenkreuz noch zu finden und fließt dann weiter oben im Tal direkt in den Klosterbach. Der Bereich des Neuglückschachtes hat sich bis zum Ende der Bergbauphase und den letzten Aufwältigungs- und Untersuchungsarbeiten um 1829 in einen recht großen Abbau verwandelt. Dieser ist entsprechend wasserdurchlässig und führt weitere, auch oberflächennahe Wässer der Neuglückhalde direkt hinunter auf die Tiefe-Clara-Sohle. Heute ist der stark abgebaute Bereich des Neuglückschachtes teilweise noch über verbliebene Hohlräume, die durch sehr wenig erhaltene Holzbühnen und Reste von nicht abgebautem Gang verblieben sind, mit sehr viel Aufwand befahrbar (Abb. 50 und 51). In den Resten des anstehenden Gesteins konnten noch deutliche Spuren von Kobalt entdeckt werden. Im oberen Bereich des Neuglückschachtes finden sich schon an einer Stelle die ersten Brocken von Buntsandstein, die durch den Schacht in die Grube gelangten

---

[29] Das breitere Stollenprofil der Tiefen-Clara-Strecke zwischen Simson und Neuglück ist ziemlich identisch mit dem der Simson-Hauptsohle, welches nachgerissen wurde.

(Abb. 52). In dieser Zone ist ebenfalls ein Zufluss von Oberflächenwässern wahrnehmbar. In der Halde des Neuglückschachtes gibt es neuerdings wieder eine leichte Absenkung.

Abb. 46: Im Bereich des Erzfalls der Grube Simson. Im Vordergrund der Schacht, der auch kleinere Abbauörter in Zwischenstrecken erschließt und unten mit dem Tiefen-Clara-Stollen in Verbindung steht. Im Hintergrund der große Abbau mit viel Wasserzufluss und ein alter Betonsockel (vermutlich das Fundament der Schachtförderanlage), der möglicherweise aus der Untersuchungszeit von 1936 stammt. Die betonierte Schachteinfassung dürfte aus der gleichen Zeit stammen. Teilweise liegen noch Reste (Holzdielen) der alten Schachtabdeckung, mit der bis 1970[30] der Schacht abgedeckt war, in Nähe der Schachteinfassung. Foto: Matthias Zizelmann.

---

[30] Der Zeitzeuge und mutige Lebensretter Fritz Arnold berichtet am 23. März 2019 anlässlich einer Exkursion, wie am 1. August 1970 ein illegaler Grubengänger durch die Abdeckung des Schachtes bis auf die 36 m tiefer liegende Sohle gestürzt ist. Eine schriftliche Fassung des mündlichen Berichtes von Reinhard Mahn und Werner Sum ist online auf der Seite des Historischen Vereins Mittelbaden der Mitgliedergruppe Schiltach/Schenkenzell e. V. zu finden.

Abb. 47: Direkter Blick vom Schachtrand der Grube Simson in den Schacht (die Aufnahme ist mit vollständiger Seilsicherung des Fotografen und der Kamera entstanden. Die Befahrung des Schachts erfolgte vor einigen Jahren aus sicherheitstechnischen Gründen nicht über die Leiter, sondern auf der gegenüberliegenden Seite). Der helle Fleck am Schachtgrund ist der 36 m tiefer liegende Wasserstand, der durch ein Loch in einer Bühne auf dem Niveau der unteren Verbindungsstrecke zum Neuglückschacht sichtbar wird. Eine Tiefenmessung mit dem „Leica DISTO X310" des Schachtes auf den Schuttberg neben dem „Wasserloch" ergab eine Tiefe von 34,1 m. Der Schuttberg von knapp 2 m auf der Holzbühne ist realistisch. Somit stimmt die Tiefenangabe von 36 m sehr genau. Foto: Matthias Zizelmann.

Abb. 48: Nicht abgebauter Gangabschnitt ca. 1 m unterhalb vom Schachtrand der Grube Simson, in dem auch heute noch deutliche Kobaltspuren sichtbar und damals geringe Mengen an Silber gewonnen worden sind. Der hier noch vorhandene Barytgang mit ca. 10 cm durchschnittlicher Breite weist die in der Region typischen lokalen Schwankungen in der Mächtigkeit auf. Im oberen Bereich ist in der Brekzie Erdkobalt, Speiskobalt (Skutterudit) mit Erythrin vorhanden. Das Gangbild entspricht grob der Gangskizze in Abbildung 3. Foto: Matthias Zizelmann.

Abb. 49: Die noch sehr gut erhaltene und großzügig angelegte Tiefe-Clara-Strecke vom Simsonschacht in Richtung Neuglückschacht (48 m unter Neuglückhalde). Foto: Matthias Zizelmann.

Matthias Zizelmann

Abb. 50: Alter Holzausbau im Neuglückschacht ca. 20 m über der Tiefen-Clara-Strecke. Die Rundhölzer, die auf den ersten Blick so frisch und glatt aussehen, konnte man mit dem Finger gut 5 cm eindrücken. Oberhalb der Balken befindet sich loser Bergeversatz, der nicht aus der Grube transportiert wurde. Fast alle Ausbauten im Neuglücker Schacht hatten die Aufgabe, nicht abtransportierten Bergeversatz zu sichern. Der anstehende Fels, ganz besonders in den Teilen, die noch Schweben enthalten, ist in vielen Bereichen noch recht standfest. Es ist gut möglich, dass die Balken noch aus der Abbauzeit aus dem 18. Jahrhundert stammen (das Holz ist sehr nass). Der Ausbau könnte auch ein Fragment eines alten Strossenbaus sein, in dem der Bergeversatz oberhalb wieder eingebracht wurde. Nur an wenigen Stellen sind die Holzausbauten noch erhalten und nicht kollabiert. In diesem Bereich gibt es nicht mehr viel anstehenden Fels. Fast der ganze Bereich um den Schacht wurde vollständig abgebaut. Der Durchstieg in dem Neuglückschacht nach oben ist sehr heikel, teilweise sehr eng und stetig einsturzgefährdet. Foto: Matthias Zizelmann.

Abb. 51: Neuglückschacht im oberen Bereich. Hier befinden sich recht große Abbaue mit Strecken, die zeigen, dass der Gang um den Schacht herum umfangreich abgebaut wurde. Foto: Matthias Zizelmann.

Abb. 52: Ganz am oberen Ende des Neuglückschachtes angelangt, ist eine Stelle zu sehen, an der sich loses Material mit Wasser in den Abbauhohlraum drängt. Die roten Pfeile zeigen auf Buntsandsteinbruchstücke, die von der Oberfläche in den Schacht gefallen sein müssen. Möglicherweise ist es hier nicht mehr weit bis zur Oberfläche der Neuglückhalde. An dieser Stelle sieht man auch deutlich, wie das Wasser durch den Schutt fließt. Foto: Matthias Zizelmann.

Abb. 53: Ganz unscheinbarer Stolleneingang der Tiefen Clara unten im Tal. Foto: Matthias Zizelmann, 2021.

Der einst so bedeutende Eingang des Tiefen-Clara-Stollens ist heute fast vollständig in Vergessenheit geraten (Abb. 53). Vermutlich auch deshalb, weil eine Betonmauer mit einem kleinen Einflugloch für Fledermäuse schon seit Jahrzehnten den direkten Zugang zur Grube und eine Befahrung von der Talsohle aus verhindert. In der Nähe des Eingangs des Tiefen-Clara-Stollens befindet sich eine Hinweistafel, die auf die einstige Bedeutung der Grube hinweist (Abb. 54).

Abb. 54: Eine Hinweistafel in der Nähe des Tiefen-Clara-Stollens. Foto: Matthias Zizelmann, 2021.

Matthias Zizelmann

Welchen Nutzen ziehen wir heute noch aus dem Jahrhunderte andauernden Bergbau in Wittichen?

Durch das in den meisten Bereichen sehr standfeste Nebengestein werden auch über die nächsten Jahrhunderte viele Abschnitte der Grubenanlagen erhalten bleiben. So kann das umfangreiche Bergbaudenkmal immer wieder direkte Belege zu historischen Begebenheiten liefern und gleichzeitig einen direkten Zugang zur fantastischen vielfältigen Geologie bieten. In den letzten Jahrzehnten haben die Grubenanlagen einen sehr hohen Stellenwert für den Naturschutz erhalten. In den Zonen des Schwarzwaldes, in denen Gneise, Granite und Buntsandstein vorherrschen, gibt es nur wenige kleine Naturhöhlen, die oft nicht die notwendige Überwinterungstemperatur speziell für die wärmeliebenden Arten der Fledermäuse bieten können. Gleichzeitig muss auch noch die Luftfeuchtigkeit hoch genug sein, um sie vor zu hohem Wasserverlust zu schützen. Verschärft wird die Situation durch das Verschwinden von alten Gewölbekellern mit Struktur und Spalten (ohne Putz mit offenen Fugen), alten Sandsteinrundbogenbrücken und die Zunahme von immer intensiveren Felssicherungsmaßnahmen oberhalb der zahlreichen Straßen, bei denen die Fels-

Abb. 55: Die hier häufig im Winterquartier anzutreffenden Wimperfledermäuse (Myotis emarginatus) mit dem typisch goldbraunen zotteligen Fell. Diese mittelgroße Fledermausart (Normalgewicht: 6–9 g, Unterarm: 36,1–44,7 mm, fünfter Finger: 49–58 mm, dritter Finger: 59–71 mm [Dietz und Kiefer, 2020, S. 262], Kopf-Rumpf-Länge: etwa 41–53 mm) ist teilweise noch bis in den Mai hinein in den Stollen anzutreffen. Foto: Matthias Zizelmann.

Abb. 56: Zwei Große Mausohren (Myotis myotis), die sehr häufig in den Gruben am Silberberg in wärmeren Zonen anzutreffen sind. Diese zu den größeren Arten zählende Fledermaus lässt sich schon aufgrund der Größe (Normalgewicht: 20–27 g, Unterarm: 55–66,9 mm, fünfter Finger: 67–84 mm, dritter Finger: 89–107 mm, von Kopf bis Rumpf: 67–84 mm), der größeren Ohren (24,4–27,8 mm), des hellen deutlich abgesetzten Bauchfells und der langen breiten Schnauze gut von den anderen Arten unterscheiden (Dietz und Kiefer, 2020, S. 280). Foto: Matthias Zizelmann.

Wasserhaltung und Bewetterung der Gruben um den Silberberg bei Wittichen

Abb. 57: Wasserfledermaus (Myotis daubentonii) in einem Bohrloch des Tiefen-Clara-Querschlagstollens. Es handelt sich um eine relativ kleine Fledermaus (Normalgewicht: 6–10 g, Unterarm: 33,1–42,0 mm, fünfter Finger: 39–52 mm, dritter Finger: 53–65 mm [Dietz und Kiefer, 2020, S. 232], von Kopf bis Rumpf etwa 45–55 mm), die Ohren sind verhältnismäßig klein (im Bild sieht man das aufgrund der Perspektive nicht so gut), das Gesicht ist recht hell, die Unterseite recht weiß bis hellgrau und die Füße sind auffallend groß. Die Nutzung eines Bohrloches oder einer engen Felsspalte kommt bei dieser Art öfter als z. B. bei einer Wimperfledermaus vor, denn diese hängen bevorzugt frei. Foto: Matthias Zizelmann.

partien mit tiefen Spalten abgetragen und Reste mit Spritzbeton überzogen werden. Daher sind die alten Gruben (künstliche Bauwerke mit geeigneter Struktur[31]) im Schwarzwald ein willkommener und auch notwendiger Ersatz für natürliche Karsthöhlen und tiefe Felsspalten.

Im Winter werden ganz besonders die Baue der Grube Sophia intensiv von Fledermäusen als Winterquartier genutzt. Durch die verschiedenen Temperaturzonen in der Grube, die durch die teilweise sehr unterschiedlich stark bewetterten Grubenbereiche erzeugt werden, finden viele Fledermausarten ihr Winterquartier in dem riesigen Grubenkomplex des Silberbergs. Folgende Arten wurden in den letzten Jahren regelmäßig in den Winterquartieren um den Silberberg erfasst: Großes Mausohr (Abb. 56), Wimperfledermaus (Abb. 55), Braunes Langohr (Abb. 58), Wasserfledermaus (Abb. 57), Bartfledermaus[32] (Abb. 60) und Fransenfledermaus (Abb. 59).

---

[31] Bruchkanten, Ritzen, Spalten und unregelmäßige Felsstrukturen, keine runden Röhren oder sehr glatte Betonwände.

[32] Es wird zwischen kleiner und großer Bartfledermaus nicht unterschieden. Die Bestimmung bzw. die Unterscheidung anhand eindeutiger Merkmale ist im Winterquartier nur sehr schwer möglich. Die Bestimmung der Arten wird im Winterquartier auf die Merkmale reduziert, die aus größerer Entfernung eine möglichst geringe Störung des Winterschlafes der Fledermäuse verursachen.

Matthias Zizelmann

Abb. 58: Braune Langohren (Plecotus auritus). Mittelgroße Fledermaus (Normalgewicht: 6–9 g, Unterarm: 35,5–42,8 mm, fünfter Finger: 47–54 mm, dritter Finger: 63–67 mm, von Kopf bis Rumpf etwa 42–53 mm), welche sich durch die riesigen Ohren (ca. 40 mm Länge) zumindest als „Langohr" gut unterscheiden lässt (das Graue Langohr bevorzugt noch kältere Winterquartiere und unterscheidet sich in einigen Merkmalen, wie z. B. einer längeren und stärker pigmentierten Schnauze, was oft nur bei näherer Betrachtung auffällt). Die Ohren, die fast so lang wie der gesamte Körper sind, werden im Winterschlaf seitlich an den Körper gefaltet. Es steht somit nur der Tragus vom Ohr hervor. Die geöffneten Augen sind bei dieser Fledermaus recht groß, sie bevorzugt im Winterquartier durchschnittlich kältere Abschnitte in den Gruben (3–7 °C) (Dietz und Kiefer, 2020, S. 356–359). Foto: Matthias Zizelmann.

Abb. 59: Fransenfledermaus (Myotis nattereri), eine mittelgroße Fledermaus (Normalgewicht: 7–10 g, Unterarm: 34,4–44,0 mm, fünfter Finger: 48–58 mm, dritter Finger: 65–74 mm [Dietz und Kiefer, 2020, S. 266], von Kopf bis Rumpf etwa 40–50 mm), mit etwas längeren schmaleren Ohren, die an den Spitzen leicht nach hinten gebogen sind, und einer schlanken hellen Schnauze, das Bauchfell ist deutlich vom dunklen Rückenfell abgesetzt. Winterquartierplätze kommen öfters in Spalten und Bohrlöchern vor und befinden sich im mittleren Temperaturbereich. Foto: Matthias Zizelmann.

Die Zone im Bereich Wittichen ist schon seit mehreren Jahrzehnten ein wichtiger Hotspot für Winterquartiere der Wimperfledermäuse. Dies belegen die aktuellen Bestandsaufnahmen, die in Abbildung 61 dargestellt sind. Aus den Winterquartierstatistiken lässt sich entnehmen, dass ganz besonders die Wimperfledermaus Gruben bevorzugt, die vom Eingang her einen Stollenabschnitt mit angestautem Wasser (mindestens 25 cm hoch) aufweisen[33] und im Überwinterungsbereich recht warm sind. Für diese Art werden Winterquartiertemperaturen von bis zu 13 °C beobachtet (Dietz und Kiefer, 2020, S. 264). Aktuelle Temperaturmessungen in den Grubenbauen um den Silberberg aus dem Jahr 2023 haben eine bevorzugte Temperaturzone für die Hangplätze der Wimperfledermaus von ca. 11 °C (jedoch sehr selten unter 9 °C oder über 12 °C) ergeben. Ähnliche Temperaturzonen sind ebenfalls bei den Großen Mausohren zu beobachten. Sie kommen an den geeigneten Stellen oft gemeinsam vor. Beide Arten hängen meist frei und möglichst unerreichbar für Fuchs und Marder an der Stollenfirste oder wenigstens

Abb. 60: Bartfledermaus, eine kleinere Fledermaus (Normalgewicht: 4–7 g, Unterarm: 32,0–36,5 mm, fünfter Finger: 38–46 mm, dritter Finger: 48–58 mm [Dietz und Kiefer, 2020, S. 250]), die sich leicht durch das sehr dunkle Gesicht von den anderen Arten in der Region unterscheiden lässt. Sie bevorzugt als Winterquartier die besonders kalten Bereiche der Gruben (-2 bis 7 °C) in Nähe der Stollenmundlöcher mit viel Wetterzug. Foto: Matthias Zizelmann.

1,5 m von der Stollensohle entfernt. Häufig werden Stollen oder Strecken gewählt, die nicht so eine starke Bewetterung und am Ende eine Ortsbrust aufweisen.[34] Ist doch eine spürbare Bewetterung vorhanden, werden hohe kuppelartige warme Zonen für die Hangplätze aufgesucht. Im Bereich des Querschlags des Tiefen-Clara-Stollens konnte bei moderaten Außentemperaturen um den Gefrierpunkt ein Temperaturverlauf von 5 °C wenige Meter hinter dem Stollenmundloch und eine stetig steigende Temperatur bis zum Stollenkreuz von 11,6 °C ermittelt werden. Entsprechend dem Temperaturverlauf im Querschlag ist die Aufteilung der Hangplätze der verschiedenen Arten: in Eingangsnähe die Bartfledermaus bei 6 °C, gefolgt vom Braunen Langohr bei zuletzt 2023 gemessenen 7,9 °C bei etwa 50 m Entfernung vom Stollenmundloch, gefolgt von der Fransenfledermaus bei 8,8 °C, die Wasserfledermaus bei 150 m vom Stollenmundloch bei 10,4 °C, und der Rest wie Wimperfledermaus und Mausohr in der warmen Zone bei ca. 11 °C. Nicht in allen Bereichen lässt sich der Bestand so leicht erfassen. Für seltener vorkommende Arten wird manchmal etwas mehr Aufwand betrieben. So konnte die mittlerweile in der Region recht selten gewordene

---

[33] Möglicherweise dient das Wasser auch als natürliche Barriere für potenzielle Fressfeinde wie Marder, die tiefes Wasser meiden. Weitere Erfahrungen und mögliche Faktoren werden von Steck und Brinkmann, 2015, S. 59 ff. behandelt.

[34] Bei der Wimperfledermaus sind nur sehr selten Hangplätze zu beobachten, bei denen das Fell am Hangplatz mit Tautropfen überzogen ist.

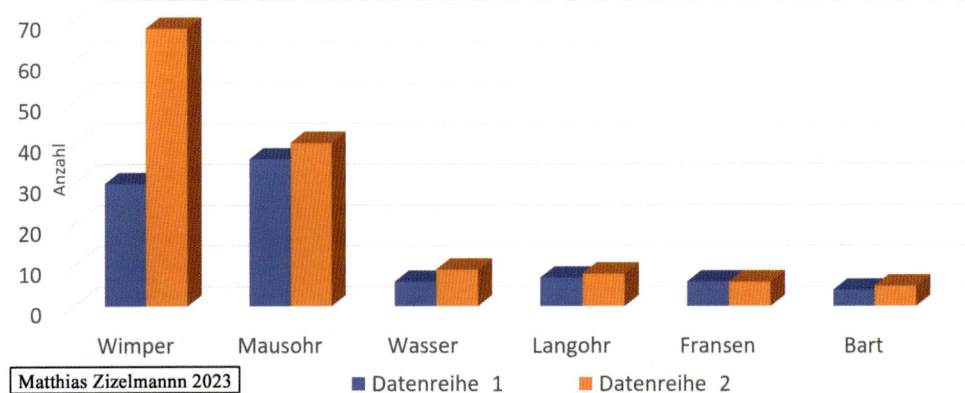

Abb. 61: Durchschnittliche Winterquartiernutzung der einzelnen erfassten Fledermausarten in den Jahren 2020–2023. Die blaue Datenreihe 1 ist die Zusammenfassung der Gruben direkt um den Silberberg (Sophia, Simson, Georg an der Neuglückhalde, Unterer Frischglück). Die orange Datenreihe 2 enthält noch zusätzlich die südlicher gelegenen Untersuchungsstollen. Die Daten für solch ein Diagramm zu erheben, ist mit sehr viel Arbeitsaufwand verbunden. Es lässt neben der überdurchschnittlich hohen Belegung der Winterquartiere erkennen, dass die alten Bergbauanlagen und Stollen offensichtlich besonders für die wärmeliebenden Arten wie Wimperfledermaus und Großes Mausohr geeignet sind. Grafik: Matthias Zizelmann.

Fransenfledermaus bei einer Stichprobe[35] an einem sehr weit entlegenen und schwer erreichbaren Ort im Neuglückschacht im Winter nachgewiesen werden. Somit hat der Erhalt der doch sehr bedeutenden Grubenanlagen um den Silberberg nicht nur aus Denkmalschutzgründen einen hohen Wert. Die riesige Anlage leistet einen erheblichen Beitrag für den Naturschutz und bietet die Bereitstellung vielfältiger frostfreier Winterquartiere ganz besonders für die wärmeliebenden Fledermausarten.[36] Sie werden gleichzeitig von Amphibien und zahlreichen Feuersalamandern[37] genutzt, die erstaunlich weit innerhalb des Grubensystems anzutreffen sind.

---

[35] Es gibt besonders schwer erreichbare Bereiche, die einen recht hohen technischen Aufwand (für Seilsicherung) benötigen. Hier sind die Intervalle der Kontrollen (Stichproben) entsprechend länger.

[36] Die Fledermausarten, die ein sehr kaltes Winterquartier bevorzugen, wie z. B. die Bartfledermaus, finden sich dann häufiger in stark zerklüfteten Naturhöhlen in Eingangsnähe, bei denen deutlich niedrigere Temperaturen bis an den Gefrierpunkt vorkommen.

[37] Die Larven der Feuersalamander sind oft auch in den ersten Metern (durchaus aber auch mal bis zu 50 m in den Stollen hinein) vom Mundloch im angestauten Wasser vorhanden und können sich sogar je nach Nahrungsangebot langsamer entwickeln. Eine Frage der Strategie: außerhalb eine schnelle Entwicklung durch hohes Nahrungsangebot, viele Fressfeinde wie z. B. Ringelnatter, oder alternativ weit in den Stollen hinein, wenig Nahrung, langsame Entwicklung, aber dafür weniger Verluste.

Literatur

Bliedtner, Michael / Martin, Manfred: Erz- und Minerallagerstätten des Mittleren Schwarzwaldes. Eine bergbaugeschichtliche und lagerstättenkundliche Darstellung, hg. vom Geologischen Landesamt Baden-Württemberg, Freiburg 1986.

Bräuhäuser, Manfred: Altwürttembergs Bergbau im Alpirsbacher Klosteramt, Sonderdruck aus den Württembergischen Jahrbüchern für Statistik und Landeskunde, Jg. 1910, H. 2, S. 341–365.

Dietz, Christian / Kiefer, Andreas: Die Fledermäuse Europas, Stuttgart ²2020.

Fautz, Hermann: Burg Wittichenstein, in: Burgen und Schlösser Mittelbadens (Die Ortenau, Bd. 21), Offenburg 1934a, S. 444–446.

Fautz, Hermann: Das Schlössle im Böckelsbach bei Wittichen, in: Burgen und Schlösser Mittelbadens (Die Ortenau, Bd. 21), Offenburg 1934b, S. 447–448.

Fritsche, Reinhard: Ergebnisse der Uranprospektion im historischen Bergbaurevier von Wittichen (Mittlerer Schwarzwald), in: Berichte der Naturforschenden Gesellschaft zu Freiburg i. Br. 70 (1980), S. 19–28.

Harter, Hans: Adel und Burgen im oberen Kinziggebiet. Studien zur Besiedlung und hochmittelalterlichen Herrschaftsbildung im mittleren Schwarzwald (Forschungen zur oberrheinischen Landesgeschichte, Bd. 37), Freiburg/München 1992.

Henglein, Martin: Erz- und Mineral-Lagerstätten des Schwarzwaldes, Stuttgart 1924.

Markl, Gregor: Bergbau und Mineralienhandel im fürstenbergischen Kinzigtal. Wirtschafts- und Sammlungsgeschichte unter besonderer Berücksichtigung der Zeit zwischen 1700 und 1858 (Schriftenreihe des Mineralienmuseums Oberwolfach, Bd. 2), Filderstadt 2005.

Markl, Gregor: Minerale und Gesteine. Mineralogie – Petrologie – Geochemie, Berlin/Heidelberg ³2015.

Markl, Gregor: Schwarzwald. Lagerstätten und Mineralien aus vier Jahrhunderten, Bd. 2: Mittlerer Schwarzwald, Teil 1: Wittichen und die Granitgebiete zwischen Alpirsbach, Triberg und Eisenbach, Salzhemmendorf-Lauenstein 2016.

Regnath, R. Johanna: Vielfalt der Alten Ordnung: Schenkenzell, Kaltbrunn und Wittichen; in: Der Landkreis Rottweil, Bd. 2, hg. von der Landesarchivdirektion Baden-Württemberg in Verbindung mit dem Landkreis Rottweil, Ostfildern ²2004, S. 153–159.

Steck, Claude / Brinkmann, Robert: Wimperfledermaus, Bechsteinfledermaus und Mopsfledermaus. Einblicke in die Lebensweise gefährdeter Arten in Baden-Württemberg, hg. vom Regierungspräsidium Freiburg, Bern 2015.

Steen, Helge: Geschichte des modernen Bergbaus im Schwarzwald. Eine detaillierte Zusammenstellung der Bergbauaktivitäten von 1890 bis zum Jahr 2000, Norderstedt 2004.

Vogelgesang, W.: Geognostisch-bergmännische Beschreibung des Kinzigthaler Bergbaues (Beiträge zur Statistik der inneren Verwaltung des Großherzogthums Baden, Heft 21), Karlsruhe 1865.

Wagner, Heiko: Die Burgen rund um Schenkenzell – neue Datierungen und historische Einordnung, in: Die Ortenau 98 (2018), S. 391–402.

Werner, Wolfgang: Erzprospektion im Revier Wittichen in der Zeit zwischen 1935 und 1979 – Ergebnisse und lagerstättengeologische Schlussfolgerungen, in: Der Erzgräber 20, H. 2 (2006), S. 3–66.

Werner, Wolfgang / Dennert, Volker: Lagerstätten und Bergbau im Schwarzwald. Ein Führer unter besonderer Berücksichtigung der für die Öffentlichkeit zugänglichen Bergwerke, hg. vom Landesamt für Geologie, Rohstoffe und Bergbau Baden-Württemberg, Freiburg 2004.

Wolf, Herbert: Die Gesteine und Erzgänge der Umgebung von Wittichen im mittleren Schwarzwald (Mitteilungen aus dem Mineralogischen Institut der Universität Freiburg, Bd. 146), Stuttgart 1942.

Mühlen

Historische Wasserkraftnutzung im deutschen Südwesten und im Elsass

Gerhard Fritz

1. Studien zur Wasserkraftnutzung im Südwesten

Zur Geschichte des Wassers finden derzeit etliche Tagungen statt, so 2018 im Kraichgau (Wasser, 2020), 2021 in Irsee und in Schiltach. Dabei ist die Forschung rund um das Wasser keineswegs neu. Schon 1989 hat das Hauptstaatsarchiv in Stuttgart eine Ausstellung über „Mensch und Wasser in der Geschichte" durchgeführt und diese Ausstellung in einem stattlichen Band dokumentiert. So wertvoll die damalige Veröffentlichung ist, so knapp musste in ihr das Kapitel über Wasserkraftnutzung ausfallen (Mensch und Wasser in der Geschichte, 1989, S. 96–105). Weitere Tagungen in Spoleto, auf der Reichenau, in Bern und in Freiburg samt anschließenden Veröffentlichungen folgten (vgl. Andermann und Schenk, 2020, S. 9).

Etwa gleichzeitig mit der Ausstellung von 1989 begannen andere Ansätze der Erforschung der Wasserkraftnutzung. Man kann sich der historischen Wasserkraftnutzung, d. h. der Wasserkraftnutzung in der Vergangenheit, auf unterschiedlichen Wegen nähern. Dazu gibt es verschiedene neuere Veröffentlichungen: zum einen den kreisweise erscheinenden Mühlenatlas Baden-Württemberg (MA BW), von dem bisher sechs Bände publiziert und mehrere andere in Arbeit sind (MA UL, 1994; vgl. ergänzend dazu Haug und Schmidt, 1998; MA WN, 1997; MA LB, 1999; MA HN, 2005; MA SHA, 2011; MA S, 2014).[1] Zum andern liegt eine Untersuchung über die Wasserkraftnutzung in Südwestdeutschland im Mittelalter vor (Fritz, 2024a).[2] Der Mühlenatlas fasst zu den jeweiligen Mühlen die Geschichte bis zum heutigen Zustand zusammen. Er geht als Leitquelle vom Zustand zur Zeit der württembergischen Landesvermessung (ca. 1820–1840) und des deutlich jüngeren badischen Wasserkraftkatasters aus.

Was den heutigen Zustand angeht, so ist meist zu konstatieren, dass an den jeweiligen Orten keine Wasserkraft mehr genutzt wird, häufig sind die früheren Mühlen sogar spurlos verschwunden. Die Studie zur Wasserkraftnutzung im Mittelalter trägt alle erreichbaren Quellen bis etwa 1550 zusammen. Untersuchungsgebiet ist hier das Gebiet des heutigen Bundeslandes Baden-Württemberg plus angrenzende Gebiete, also Schweiz, Elsass, Pfalz, Franken, Bayerisch-Schwaben und Vorarlberg. Dabei konnte an verschiedene Grundlagenstudien für Franken (Mühlen und Müller in Franken, 1992), den Schwarzwald (Jüttemann, 1990) und das Oberelsass (Munch, 1999; Gutknecht, 1999; Glotz und Meyer, 2000; Glotz u. a., 2000) angeknüpft werden. Die Bedeutung der Untersuchung der Wasserkraftnutzung für die historisch-landeskundliche Forschung ist mitt-

---

[1] Die ersten sechs Bände des MA betreffen Ulm, den Rems-Murr-Kreis, den Landkreis Ludwigsburg, den Stadt- und Landkreis Heilbronn, den Kreis Schwäbisch Hall und die Stadt Stuttgart. Der Bd. 7 für den Hohenlohekreis ist weit gediehen, auch an den Bänden Waldshut und Rottweil wird gearbeitet.

[2] Da die endgültige Seitenzählung dieses Werks noch nicht vorliegt, muss nach Kapiteln zitiert werden.

lerweile unbestritten (Fritz, 2018b), und es gibt auch verschiedene Ansätze, das Thema historisch-didaktisch und unterrichtspraktisch umzusetzen (Fritz, 2010 und 2011). Unverzichtbar ist auch die mittlerweile fast 20 Jahre alte Mühlenbibliografie (Schlottau, Bayerl und Troitzsch, 2003).

Um die Thematik „Historische Wasserkraftnutzung" auch nur halbwegs umfassend darzustellen, wäre eine umfangreiche Monografie erforderlich. Aus Raumgründen ist im Folgenden nur ein kurzer Überblick möglich. Darin werden nach einigen einführenden Überlegungen einige wichtige Mühlentypen vorgestellt und jeweils gefragt, seit wann diese hierzulande vorkommen, was typisch für diese Anlagen ist, und schließlich soll auch ein kurzer Blick in die Entwicklung bis zur Gegenwart geworfen werden. Ganz ausgeklammert wird im Folgenden der umfangreiche und in der Forschung teilweise kontrovers diskutierte Bereich des Mühlenrechts. Hier muss auf die bereits vorhandene Literatur verwiesen werden (Fritz, 2024a, Kap. „Mühlenrecht" sowie künftig Fritz, 2024b; MA S, 2014, S. 64–118).

Für den deutsch-französischen Grenzraum ist es im Übrigen erforderlich, ein weit über die gängigen Wörterbücher und Internet-Übersetzungsdienste hinausgehendes Glossar zu haben. Das Vokabular zur Wasserkraftnutzung, insbesondere zu den Mühlen, ist derart speziell, dass sämtliche normalen Übersetzungshilfen versagen. Für die Zukunft ist hier noch viel Arbeit nötig. Mehr als erste Ansätze liegen noch nicht vor (Siegrist, 2021).

2. Seit wann wird Wasserkraft genutzt?

Seit wann wird im deutschen Südwesten und seinen Nachbargebieten Wasserkraft genutzt? Bis 1970 und manchmal noch darüber hinaus gingen die Historiker davon aus, dass die Nutzung der Wasserkraft zwar bekannt gewesen sei, dass es aber vor dem Jahr 1000 nur sehr wenige Mühlen gegeben habe. Diese Ansicht kann seit geraumer Zeit als überholt gelten. Die Wasserkraftnutzung war schon lange vor 1000 in Südwestdeutschland weit verbreitet.

Bekannt ist, dass bereits die Römer Wasserkraftnutzung und komplexe Mühlenanlagen mit etlichen Wasserrädern betrieben haben (Barbegal bei Arles und Avenches in der Schweiz). Inwieweit das auch in denjenigen Teilen Südwestdeutschlands der Fall war, die vom 1. bis zum 3. bzw. 4. Jahrhundert zum Imperium Romanum gehörten, ist weder durch Schriftquellen noch durch die Archäologie nachgewiesen (dazu Frey, 2020). Anzunehmen ist die Wasserkraftnutzung durch die Römer allerdings schon, denn nach dem endgültigen Abzug der Römer von Rhein und Donau um 406 siedelten sich hier die Alamannen bzw. Schwaben an, im nördlichen Drittel des heutigen Bundeslandes Baden-Württemberg und am nördlichen Rand des Elsass seit etwa 500 auch die Franken. Diese nutzten die Wasserkraft intensiv (Fritz, 2024a, Kap. „Frühe Mühlennennungen").

3. Technisches

3.1 Antrieb

Charakteristisch für die Mühle ist der Antrieb durch ein Wasserrad. Technisch am einfachsten sind Wasserräder mit senkrechter Achse, die direkt, ohne jede Übersetzung und Umleitung um 90 Grad, den über ihr befindlichen Läuferstein treibt, der sich, vom Mühleisen auf minimale

Historische Wasserkraftnutzung im deutschen Südwesten und im Elsass

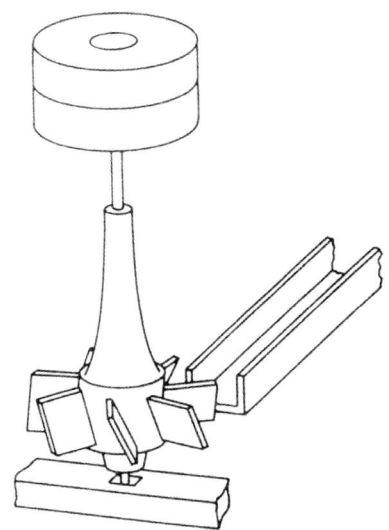

Abb. 1: Stockmühle. Die Achse des rotierenden Wasserrads ist unmittelbar mit dem Läuferstein verbunden. Aus: Jüttemann, 1985, S. 16.

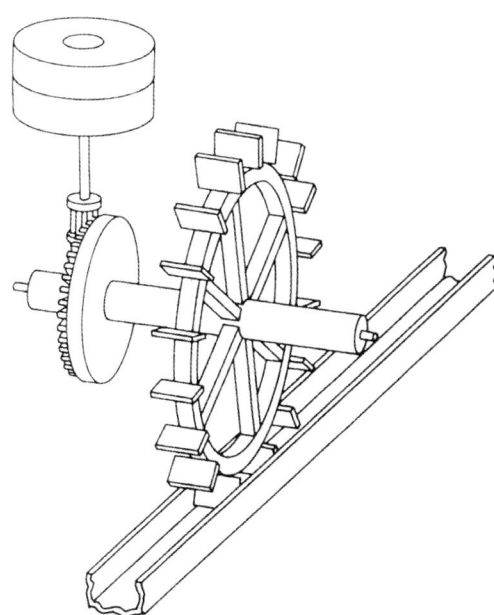

Abb. 2: Unterschlächtiges Wasserrad mit Umlenkung der vom Wellbaum kommenden Energie um 90 Grad durch Zahnräder. Aus: Jüttemann, 1985, S. 16.

Distanz gehalten, über dem unbeweglichen Bodenstein dreht. Das Mühlsteinpaar aus Boden- und Läuferstein wird als Mahlgang bezeichnet. Mühlen mit vertikaler Radachse werden auch als Stockmühlen bezeichnet (Jüttemann, 1989 und 1992).

Solche Wasserräder mit senkrechter Achse brauchen ein hohes Gefälle. Sie sind deshalb insbesondere für Hochgebirge geeignet, allenfalls für Mittelgebirge. Ihr Wirkungsgrad ist gering, die meiste Energie des Wassers und des Gefälles verpufft wirkungslos. Deshalb verdrängte früh das Wasserrad mit horizontaler Achse die archaischen Anlagen mit vertikaler Achse. Wasserräder mit horizontaler Achse sind auch für Gegenden mit geringerem Gefälle geeignet und können deshalb auch im Flachland verwendet werden. Horizontalachsige Wasserräder müssen über ein Zahnrad ihre Bewegungsenergie um 90 Grad auf das vertikal stehende Getriebe umlenken, an dessen oberem Ende das Mühleisen den Läuferstein über dem Bodenstein dreht.

Seit dem frühen 19. Jahrhundert begann die Turbine das Wasserrad allmählich zu verdrängen, sodass im 20. Jahrhundert nur noch eine Minderheit von Anlagen mit dem Wasserrad arbeitete.

Es ist hier nicht der Ort, die verschiedenen Formen des horizontalachsigen Wasserrads im Einzelnen zu diskutieren. Es genügt freilich nicht, bloß auf die Formen des ober-, mittel- und unterschlächtigen Wasserrads hinzuweisen. Vielmehr sollte man sich auch darüber bewusst sein, dass das Wasserrad, egal von woher nun das Wasser ansetzte, eine ständige Entwicklung durchmachte. Das betrifft zum einen die Baumaterialien. Im 19. Jahrhundert löste in vielfacher Weise Metall das Holz ab: Schaufeln, Achsen, Arme wurden aus Metall hergestellt. Zum anderen wurden die Wasserräder immer raffinierter. Ideal geformte Schaufeln erlaubten eine viel bessere Energieausbeute als die alten, gerade geformten Schaufeln. Das Poncelet- oder das Zuppinger-Wasserrad sind auch nach heutigen Maßstäben Energiegewinnungsmaschinen mit optimalem Wirkungsgrad (MA UL, 1994, S. 26–35; MA WN, 1997, Tl. 2, S. 101–107; MA LB, 1999, S. 95–100; MA HN, 2005, Tl. 2, S. 56–60; MA S, 2014, Tl. 2, S. 122 ff.).

Die Turbine entspricht zwar nicht den heute weit verbreiteten Gefühlen der Mühlenromantik, sie hat jedoch gegenüber dem Wasserrad, das im Winter einfrieren kann und dann stillsteht, einige handfeste Vorteile: Da sie stets unter Wasser rotiert, ist sie für Frost weniger anfällig, und ihre Energieausbeute ist normalerweise höher als bei den meisten üblichen Typen von Wasserrädern.

Die Getreide verarbeitenden Mahlmühlen waren ohne Zweifel die häufigste Mühlenart. Es gab kein Dorf, das nicht mindestens eine Mühle gehabt hätte. Im Schwarzwald mit seinen oft einsam gelegenen Höfen hatten viele Höfe ihre eigene, kleine Hofmühle – ein Befund, der für Mittel- und Hochgebirgsgegenden typisch ist, aber beispielsweise für das Schwestergebirge des Schwarzwaldes, die Vogesen, noch nie näher untersucht wurde.

Viele Jahrhunderte konnte man mit einem Wasserrad nur einen einzigen Mahlgang antreiben. Der Betrieb mehrerer Mahlgänge durch ein einziges Wasserrad war noch nicht möglich. Das hatte zur Folge, dass die Mehrzahl der Mühlen über mehrere Wasserräder verfügten, von denen jedes einen einzigen Mahlgang oder Gerbgang antrieb. Man sollte

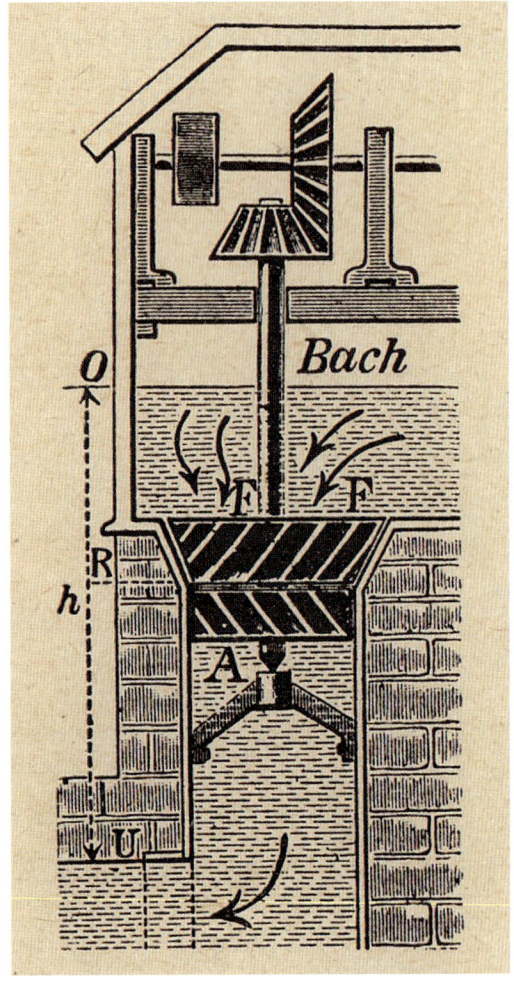

Abb. 3: Vollturbine. Aus: Hopf und Lengerer, 1955, S. 156.

sich ja vor Augen halten, dass dem eigentlichen Mahlen das Gerben vorgeschaltet war, also das Entfernen der Schalen vom Inneren des Getreidekorns. Deshalb waren je Mühle mindestens zwei Wasserräder – je eines für den Gerbgang und den Mahlgang – wohl die Regel. Nicht selten gab es auch Mühlen mit drei Wasserrädern, und es kamen auch Mühlen mit noch wesentlich mehr Wasserrädern vor. Überliefert sind Anlagen mit acht, neun oder zehn Rädern (Fritz, 2024a, Kap. „Technische Ausstattung der Mühlen").

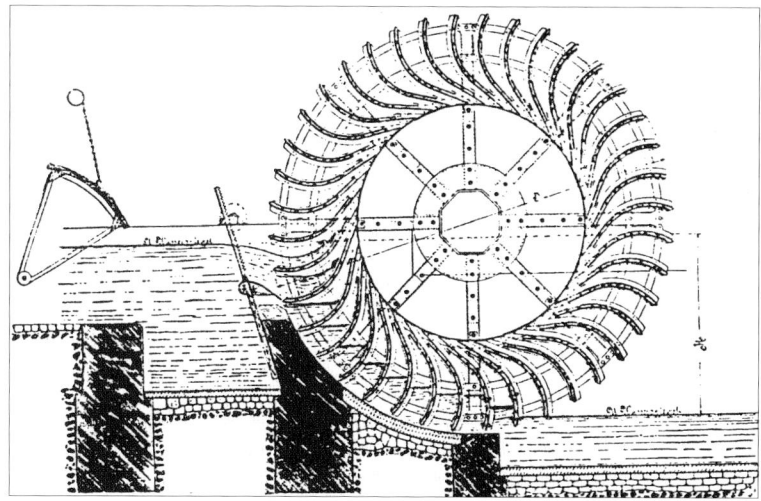

Abb. 4: Zuppinger-Wasserrad mit den typischen gebogenen Schaufeln, die eine optimale Energieausbeute gewährleisten. Aus: Wetzig, 1928.

3.2 Mühlkanäle und Schwellseen

Man sollte sich darüber klar sein, dass die Heranführung von Wasser zum Rad oder zur Turbine eine Wissenschaft für sich ist. In der Regel sind dafür Kanäle erforderlich, die am Ort des Rads oder der Turbine für das erforderliche Gefälle sorgen. Man übersieht nämlich meistens, dass die Wasserräder nicht einfach ins Wasser irgendeines Flusses oder Baches gehängt werden konnten. Es gab zwar an großen Flüssen – neben dem Sonderfall der Schiffmühle, deren Schiff sich mit dem jeweiligen Wasserstand automatisch auf und ab bewegte – auch Ufer- und Brückenmühlen, bei denen man nicht selten die Wasserräder mit aufwendigen Hebewerken in den jeweils höheren oder tieferen Wasserstand hineinsenken konnte; aber die bei Weitem meisten Mühlen lagen an eher kleineren Flüssen oder Bächen. Dort musste vom natürlichen Wasserlauf erst einmal ein Mühlkanal abgezweigt werden, der mit minimalstem Gefälle, auf jeden Fall geringer als das Gefälle des natürlichen Wasserlaufs, an die Mühle herangeführt wurde. An der Mühle konnte dann das so gewonnene Gefälle genutzt werden.

Die Mühlkanäle wurden in der Regel mit einer Wehrkonstruktion vom natürlichen Wasserlauf abgezweigt. Sie konnten, je nach vorhandener Wassermenge und Gefälle, entweder sehr kurz oder sehr lang sein. Mühlkanäle von mehreren Kilometern Länge sind bei geringem Gefälle eines Flusses oder Baches nicht selten. Sie anzulegen, war ein planerisches und arbeitsorganisatorisches Großprojekt. Dabei konnten schon im Hoch-, wenn nicht gar schon im Frühmittelalter beeindruckende Kanalsysteme entstehen, wie beispielsweise der bis heute erhaltene Stille Bach bei Weingarten (Herbst, 1992, passim).

Im Lauf der Jahrhunderte wuchs – parallel zur zunehmenden Bevölkerungszahl – auch die Zahl der Mühlen ständig an. Deshalb nutzte man nach und nach auch das kleinste Gewässer zum Mühlbetrieb aus, und wenn die Wassermenge gar nicht reichen wollte, legte man künstliche Schwellseen an. Wenn man die abließ, konnte die Mühle für einige Stunden oder Tage betrieben werden. Dann musste man abwarten, bis sich die Schwellseen wieder gefüllt hatten. Teilweise legte man mehrere Schwellseen an. Wenn einer leer war und sich langsam wieder füllte, nutzte

Gerhard Fritz

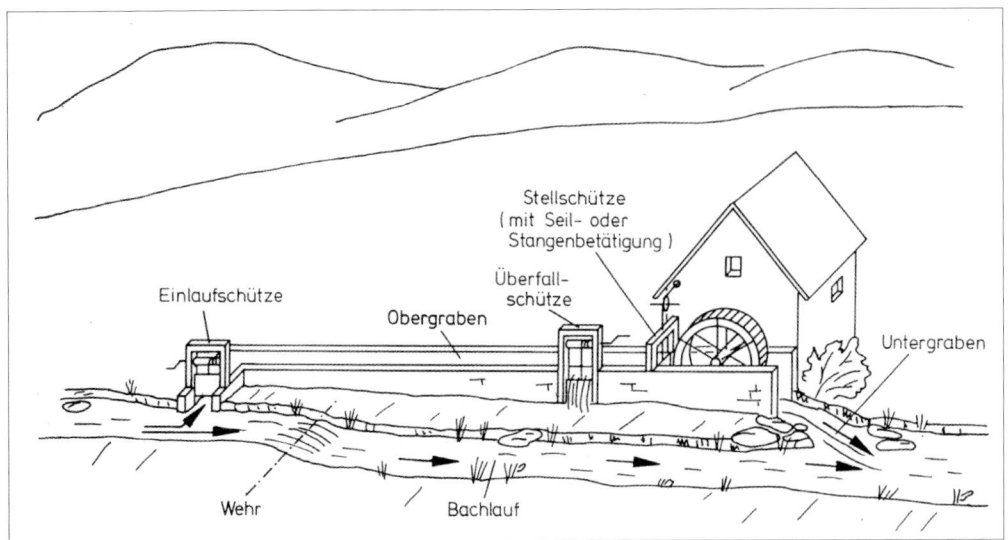

Abb. 5: Wehr, Mühlkanal, Wasserrad und allen weiteren Details der Wasserzuführung. Aus: Jüttemann, 1985, S. 41.

man die anderen (Fritz, 2024a, Kap. „Mühlenzahl, Bevölkerungszahl, Konjunkturwellen" und die exemplarische Zusammenstellung der Länge von Mühlkanälen im Kreis Schwäbisch Hall bei MA SHA, 2011, Tl. 2, S. 219 f.).

Bei Städten, wo es grundsätzlich einen hohen Bedarf an Mühlen jeder Art gab, konnten die Systeme der Wasserkraftnutzung hochkomplex werden. Es wurde ein regelrechtes Netz von Gewerbekanälen angelegt, in denen mit „Scheiden" oder „Gescheiden" – so z. B. in Ulm (MA UL, 1994, S. 19–29) – geregelt wurde, welches Triebwerk wann wie viel Wasser bekam (MA HN, 2005, Tl. 2, S. 20 f., 15 f., 60). Komplex waren auch die Verhältnisse in Waldkirch (Haasis-Berner, 2014). Wenn, wie in der Residenzstadt Stuttgart, der Herzog für seine Wasserspiele selbst viel Wasser entnahm, hatte das gravierende Auswirkungen für die Wassernutzung der Mühlen, die teilweise nicht mehr arbeiten konnten (MA S, 2014, Tl. 2, S. 25 f.). Auf der anderen Seite boten die natürlichen Gegebenheiten in anderen Teilen Stuttgarts auch Vorteile: Das warme Wasser aus dem Untergrund von Stuttgart-Bad Cannstatt verhinderte, dass die Wasserräder im Winter einfroren. Das Thermalwasser war als Triebmittel für Mühlen so begehrt, dass im 19. Jahrhundert das Gelände mit Entnahmestellen durchbohrt war wie ein Schweizer Käse. Das Ganze ging so weit, dass man sich im wahrsten Sinne des Wortes gegenseitig das Wasser abgrub. Neue Vorschriften mussten diese unkontrollierte Wasserentnahme schließlich unterbinden (MA S, 2014, Tl. 2, S. 21 f.).

3.3 Kampf mit den Naturgewalten, mit Flößern und Schiffern und mit den Nachbarn

Die ständige Unterhaltung der Kanäle und Schwellseen, die dauernder Verlandung durch Treibgut (Erde, Sand, Laub, Gehölz) ausgesetzt waren, stellte nicht geringe Anforderungen an die Betreiber der Anlagen. Nicht selten war die ganze Dorfgemeinschaft verpflichtet, beim Unterhalt zu helfen.

Neben dieser allgemeinen Unterhaltung von Kanälen und Seen bildeten Schnee und insbesondere Eis im Winter sowie zu allen Jahreszeiten Hochwässer eine dauernde Bedrohung. Wehre konnten weggerissen, Kanäle beschädigt werden. Immer wieder gibt es auch Berichte über völlig zerstörte Wasserräder. Manchmal wurde sogar die gesamte Mühle weggerissen (MA S, 2014, Tl. 2, S. 97–100; Fritz, 2018a, passim; Fritz, 2024a, Kap. „Kanäle, Wehre, Schutzvorrichtungen"). Wurde Holz geflößt oder wurde ein Fluss für die Schifffahrt genutzt, gab es eine natürliche Konkurrenz zwischen Flößern und Schiffern einerseits und den Triebwerksbetreibern andererseits. Flöße und Schiffe zerstörten immer wieder die Wehre oder sogar die Triebwerke und Mühlgebäude.

Heute sind die Mühlkanäle Anlass für mancherlei Streitigkeiten. Mit der Umsetzung der EG-Wasserrahmenrichtlinie sollen Mühlkanäle und Wehre beseitigt werden, weil sie angeblich die Passage der Fische stören. Dabei wird übersehen, dass Mühlkanäle oft über ein Alter von vielen Jahrhunderten, manchmal weit über ein Jahrtausend verfügen und eingespielte Ökosysteme sind. Als vor ein paar Jahren der damalige Umweltminister Untersteller mit einem Baggerbiss stolz einen alten Mühlkanal beseitigte, lagen am nächsten Tag riesige Mengen toter Fische im trockengefallenen Mühlkanal. Dass alte Mühlkanäle zudem Kulturdenkmäler hohen Ranges sind, war den Bürokraten der EU offenbar nicht bewusst, als sie ihre Verordnung in Kraft setzten (vgl. Fritz, 2021, passim).

Da weder die Wassermenge noch das Gefälle unbegrenzt zur Verfügung standen, gab es schon früh Konkurrenz zwischen den einzelnen Betreibern von Triebwerken. Solche Konflikte sind in der Pfalz bereits für das Hochmittelalter überliefert. Je mehr die Zahl der Triebwerke zunahm, desto häufiger wurden solche Konflikte: Der Unterlieger staute zu hoch, sodass sich die Räder des Oberliegers nicht mehr richtig drehten. Der Oberlieger nutzte das Wasser zu einer für den Unterlieger ungünstigen Tageszeit, sodass das Wasser beim Unterlieger erst mitten in der Nacht ankam, wenn der schlafen wollte. Die Streitigkeiten zwischen Ober- und Unterlieger sind vom Mittelalter bis ins 20. Jahrhundert zu Tausenden überliefert. Sie sind die klassische und häufigste Konfliktart rund um die Wasserkraftnutzung überhaupt (MA S, 2014, Tl. 2, S. 95 f.; Weber, 2020).

Weiterer Streit entstand, wenn Grundstückseigner das Wasser aus den Mühlkanälen abzweigten, um ihre Wiesen und Äcker zu wässern, um so ein höheres Gras- und Getreidewachstum zu erzielen.

4. Getreidemühlen

4.1 Frühe (Getreide-)Mühlen

In der um 730 entstandenen „Lex Alamannorum" ist das Vorhandensein der Mühlen eine Selbstverständlichkeit. Es wird in einem eigenen Kapitel sogar beschrieben, wer das Recht hat, eine Mühle zu bauen (MGH Leges 8, S. 76, Kap. LXXXVI). Auch die anderen Volksrechte wie die „Lex Wisigothorum" oder die „Lex Langobardorum" erwähnen das Vorhandensein von Mühlen. Die im frühen 6. Jahrhundert entstandene „regula Benedicti" sieht das Vorhandensein von Mühlen in den Klöstern als Normalfall an. Zusätzlich beweisen auch dendrochronologisch datierte archäologische Funde, dass Mühlen im 6.–8. Jahrhundert durchaus schon vorhanden waren

(Gimbsheim am Rhein, Großhöbing bei Greding und Dasing in Bayern, Audun-le-Tiche in Lothringen nahe der Luxemburger Grenze). Außerdem hat man aus dem 8. und frühen 9. Jahrhundert eine ganze Reihe von Ortsnamen, die auf das Vorhandensein von Mühlen hinweisen: „Mulinheim" bei Maulbronn, Möckmühl, Mülhausen im Elsass und die verschiedenen Mühlhausen-Orte in Baden-Württemberg und andere.

Wir können also davon ausgehen, dass es auch nach dem Abzug der Römer bzw. nach dem Ende des Imperium Romanum ständig und selbstverständlich Wasserkraftnutzung in Südwestdeutschland und den angrenzenden Gebieten gab. Wir wissen allerdings nicht genau, wofür die Wasserkraft genutzt wurde. Sicher ist, dass die Wasserkraft Mühlsteine antrieb, dass also Getreide zu Mehl gemahlen wurde. Ob darüber hinaus auch andere Gewerbe wassergetrieben waren, darüber schweigen die Quellen fast durchweg: Wir wissen also nicht, ob es in diesen frühen nachrömischen Jahrhunderten schon wassergetriebene Sägen, Stampfen oder Hämmer gab. Möglich ist das durchaus, denn es gibt sichere Nachweise, dass es zu Zeiten der Römer zur Bearbeitung von qualitativ hochwertigen Bausteinen sogar schon Steinsägen gab. Da ist die Vermutung naheliegend, dass auch Holz gesägt wurde. Die Nachweise fehlen für unser Gebiet allerdings. Die Ursache für das Fehlen schriftlicher Nachweise könnte in der Tatsache liegen, dass die wenigen Schreiber, die es damals gab (durchweg Mönche und andere Geistliche), mit den technischen Details einfach überfordert waren und gar nicht formulieren konnten, was da durch Wasserkraft alles in Gang gesetzt wurde. Sie schrieben dann nur, dass es sich um „Mühlen" handelt – aber ob Mahl-, Säg-, Stampf-, Hammer- oder sonstige Mühle, bleibt in den schriftlichen Quellen lange Zeit unklar (vgl. grundsätzlich Fritz, 2024a, Kap. „Frühe Mühlen-Nennungen").

4.2 Entwicklung der Getreidemühlen

Genauso, wie sich die Wasserräder ständig weiterentwickelten, gilt dies auch für die Inneneinrichtung, insbesondere bei den Getreidemühlen: Da tauchen schon im Spätmittelalter sogenannte „Windhäuser" auf, mit denen man Getreide von Spreu und anderen unerwünschten Beimengungen reinigen konnte. Der Plansichter im 19. Jahrhundert ist dann die konsequente Fortentwicklung. Die Erforschung der Mühlsteine hat große Fortschritte gemacht. Im 19. Jahrhundert begannen Walzenstühle die alten Mahlgänge mit ihren Mühlsteinen abzulösen. Walzenstühle zerkleinern das Mahlgut mit geriffelten, horizontal liegenden Hartmetallwalzen. Die Inneneinrichtung der Getreidemühlen genauer darzustellen, wäre ein eigenes Thema.

Eine ganz entscheidende Innovation ist im ersten Drittel des 19. Jahrhunderts die Einführung der sogenannten „amerikanischen" Mühle, die die alte handwerklich betriebene „deutsche" Mühle abzulösen begann. Die „amerikanische" Mühle, die hin und wieder auch als „Kunstmühle" bezeichnet wird, technisierte mit Elevatoren die Arbeitsabläufe. Sie zu bauen, war um ein Vielfaches teurer als der Bau einer „deutschen" Mühle. Deshalb waren auch betriebswirtschaftliche Änderungen mit dem Aufkommen der „amerikanischen" Mühle verbunden. Man findet nun häufig Bankiers und andere Kapitalgeber, die solche „amerikanischen" Mühlen errichten. Müller, die früher alleinige Eigentümer waren, finden sich nach und nach als Angestellte dieser Kapitalinhaber. Dieser Prozess wird in verschiedenen Bänden des MA BW beschrieben (vgl. MA WN, 1997, Tl. 2, S. 39 ff.; MA LB, 1999, S. 56 f.; MA HN, 2005, S. 34 f.; MA S, 2014, Tl. 2, S. 117 f.).

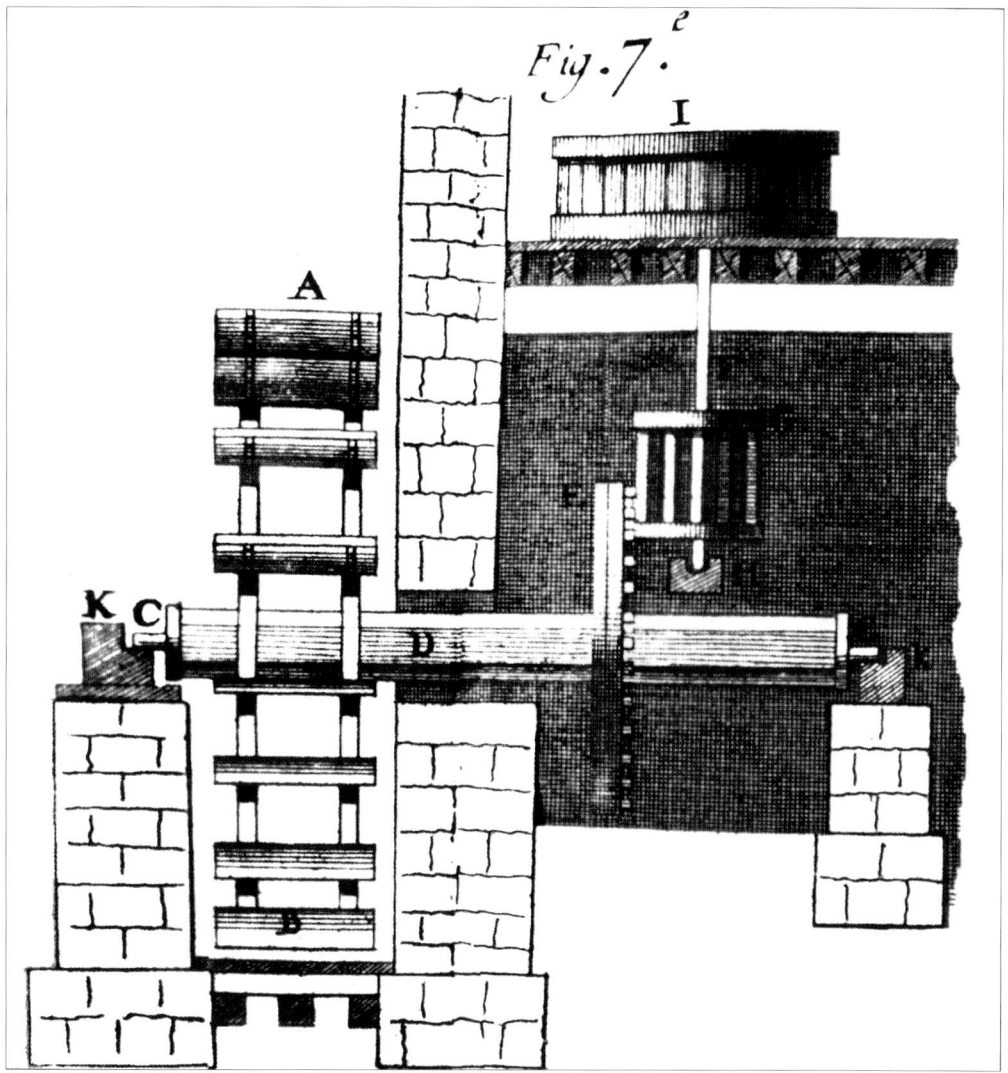

Abb. 6: Wasserrad, Wellbaum, Zahnräder und mit hölzernen Zargen verkleideter Mahlgang. Aus: Bélidor, 1737, Kap. 1, Fig. 7.

Man darf den Blick aber nicht auf die Getreidemühle verengen, auch wenn diese zweifellos der wichtigste und häufigste Mühlentyp war. Die Nutzung der Wasserkraft differenzierte sich früh. Fachleute reden von der Mühlendiversifizierung. Damit ist das Folgende gemeint.

Gerhard Fritz

Abb. 7: „Amerikanische" Mühle. Die Mahlanlage ist in etlichen Stockwerken übereinander angeordnet und hoch mechanisiert. Aus: Album der sächsischen Industrie, 1856, S. 58.

5. Weitere Mühlentypen

5.1 Wassergetriebene Metallhämmer und Schmieden

Konkret schriftlich fassen lassen sich andere Mühltypen als die Getreidemühle in den Quellen erst seit dem 12. Jahrhundert, häufiger dann seit dem 13. Jahrhundert (ausführlich Fritz, 2024a, Kap. „Mühlen nach ihrer Funktion: Spezialmühlen", zu den Hämmern und Schleifen insbesondere Kap. „Hämmer und Schmieden"). In Stuttgart und im Kreis Ludwigsburg fehlten Hämmer offenbar (MA S, 2014; MA LB, 1999), während sie ansonsten in den bisher untersuchten Gegenden meist vorhanden waren (MA UL, 1994, S. 44 f.; MA WN, 1997, Tl. 2, S. 70–75; MA HN, 2005, Tl. 2, S. 44; MA SHA, 2011, Tl. 2, S. 202 f.). Erwähnt werden muss auch die ausführliche Studie zu den Hämmern von Nans-sous-Ste-Anne (Brelot und Mayaud, 1982). Die Hammerschmiede von Nans ist, genau wie die Hammerschmiede von Gröningen (Gemeinde Satteldorf, Kreis Schwäbisch Hall), als Museum eingerichtet. 1149/1152 erscheint bei Herrenalb ein Ort namens „Smitta", was auf einen wassergetriebenen Eisenhammer hinweisen könnte. 1251 wird bei Welzheim eine „Ysinmüln" genannt. Da die schriftliche Buchführung der schreibenden Mönche vermutlich der tatsächlichen technischen Entwicklung hinterherhinkte, ist es

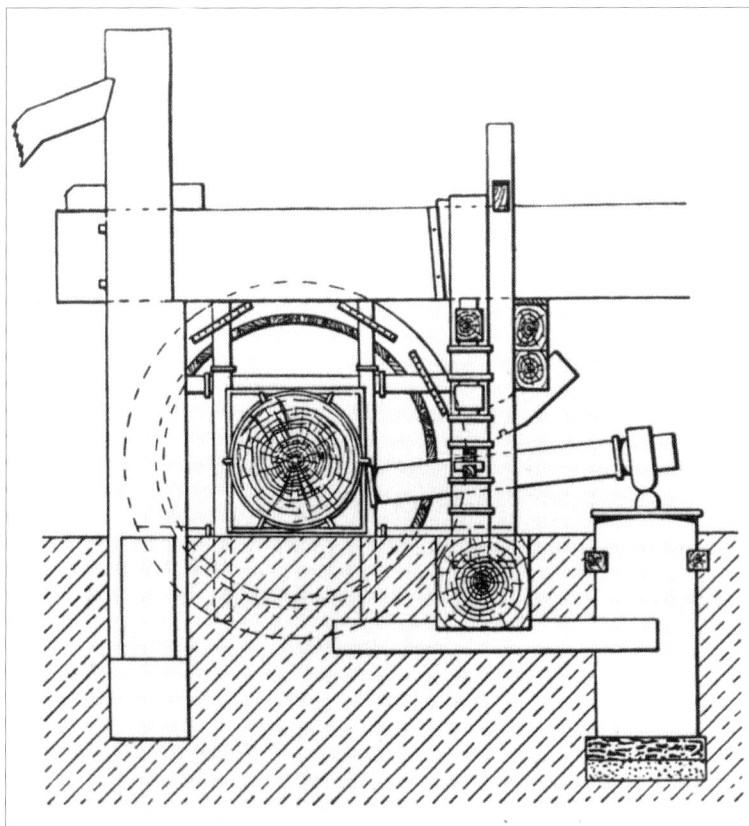

Abb. 8: Wassergetriebener Eisenhammer. Der Hammer wurde von einer Nockenwelle hochgehoben und fiel dann durch sein Eigengewicht auf das zu schmiedende Eisen herab. Aus: Karsten, 1841, S. 67.

aber vorstellbar, dass es solche wassergetriebenen Metallhämmer im Südwesten auch schon lange vor dem 12./13. Jahrhundert gab.

Von der Technik her unterschieden sich die Hämmer von den Getreidemühlen. Während dort Mühlsteine über das Mühleisen bewegt wurden, war für den Betrieb von Hämmern die Nockenwelle entscheidend, die die Hämmer mit jeder Umdrehung hochhob und dann wieder auf das zu schmiedende Metall herabfallen ließ.

Die wassergetriebenen Eisenhämmer waren grundsätzlich kombiniert mit einer Schmiede, deren Feuer mit Hilfe von wassergetriebenen Blasebälgen das Eisen auf die nötige Verarbeitungstemperatur erhitzte. Manchmal wurde das Eisen sogar geschmolzen. Im 14. und 15. Jahrhundert werden solche Eisenschmiedemühlen dann in den südwestdeutschen Quellen häufig genannt. In erzreichen Gebieten bildeten sich regelrechte protoindustrielle Zentren heraus, in denen sich solche Eisenhämmer in großer Zahl fanden. Zu erwähnen wären das Glottertal, der Laufenburger Raum im Fricktal, die Gegend von Aalen-Heidenheim und – außerhalb des Südwestens – die Oberpfalz und die berühmten Metallhämmer der Reichsstadt Nürnberg. Im 16. und dann v. a. im 17. Jahrhundert kamen die Bohnerzvorkommen in der Blumberger Gegend hinzu, wo 1663 eine große Hammerschmiede errichtet wurde. Neben den genannten Gebieten verfügten zumindest die halbwegs nennenswerten Städte fast immer über Metallhämmer. Außer Eisen wurde da und dort auch Kupfer verarbeitet. Eine in den ersten Jahren des Dreißigjährigen Krieges durchgeführ-

Gerhard Fritz

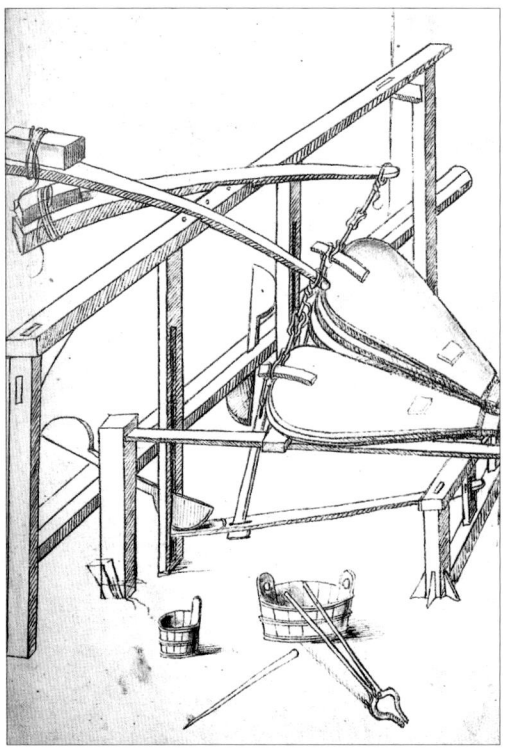

Abb. 9: Mit solchen wassergetriebenen Blasebälgen wurde das Feuer der Eisenhämmer auf die erforderliche Temperatur gebracht. Abbildung aus dem Waldburgischen Hausbuch, um 1480; aus: Das mittelalterliche Hausbuch, 1912, Bild 37a.

te Zählung im Herzogtum Württemberg ergab neun solcher als „Eisen- und Feilenschmieden" bezeichneten Anlagen. Man muss aber bedenken, dass das Herzogtum nur etwa ein Viertel des heutigen Bundeslandes umfasste und dass insbesondere die vielen Reichsstädte des Südwestens nicht zu Württemberg gehörten. Insgesamt muss also die Zahl der Eisenhämmer das Vielfache von neun betragen haben. Bis zum 19. Jahrhundert hatte sich das Netz der Eisenhämmer so verdichtet, dass nirgendwo ein Bauer mit seinem Fuhrwerk länger als eine oder zwei Stunden zu einer solchen Anlage zu fahren hatte.

Das Aufkommen der Eisenbahn seit der ersten Hälfte des 19. Jahrhunderts und damit der Möglichkeit, konkurrenzlos preisgünstige Metallprodukte von der Ruhr und Saar auch in den Südwesten zu bringen, verwandelte die bis dahin blühenden wassergetriebenen Hammerschmieden binnen weniger Jahrzehnte in regelrechte ‚Jammerschmieden'. Eine nach der anderen musste ihre Produktion einstellen, und zu Beginn des 20. Jahrhunderts war ihre Zeit endgültig abgelaufen.

Im Zusammenhang mit den Metallhämmern müssen auch die Schleifmühlen erwähnt werden. Das waren – anders als die Metallhämmer – kleine, auch technisch bescheidene Anlagen. Es musste ja nur ein rotierender Schleifstein irgendwo angehängt werden. Natürlich gab es eigenständige Schleifmühlen, aber oft waren die Schleifmühlen Nebenanlagen der Eisenschmieden, denn das geschmiedete Werkstück musste auch geschärft und geschliffen werden – egal ob es sich um Sensen, Sicheln, Spaten oder Schwerter handelte.

5.2 Tucher- und Gerberwalken

Neben den Metallhämmern spielten die diversen Walken eine herausragend wichtige Rolle. Im Wesentlichen handelte es sich um Tucherwalken und Leder- bzw. Gerberwalken. Auch sie arbeiteten mit einer Nockenwelle und den von ihr getriebenen Hämmern. In Italien lassen sich Walkmühlen schon seit der Zeit um 1000 nachweisen, nördlich der Alpen erst seit dem 13. Jahrhundert. Das will aber – genau wie bei den Metallhämmern – nicht unbedingt etwas heißen, denn auch hier haben die schreibenden Mönche die für sie schwer verständlichen technischen Geräte entweder gar nicht dokumentiert oder aber vielleicht nur ungenau als „Mühle" bezeichnet.

Historische Wasserkraftnutzung im deutschen Südwesten und im Elsass

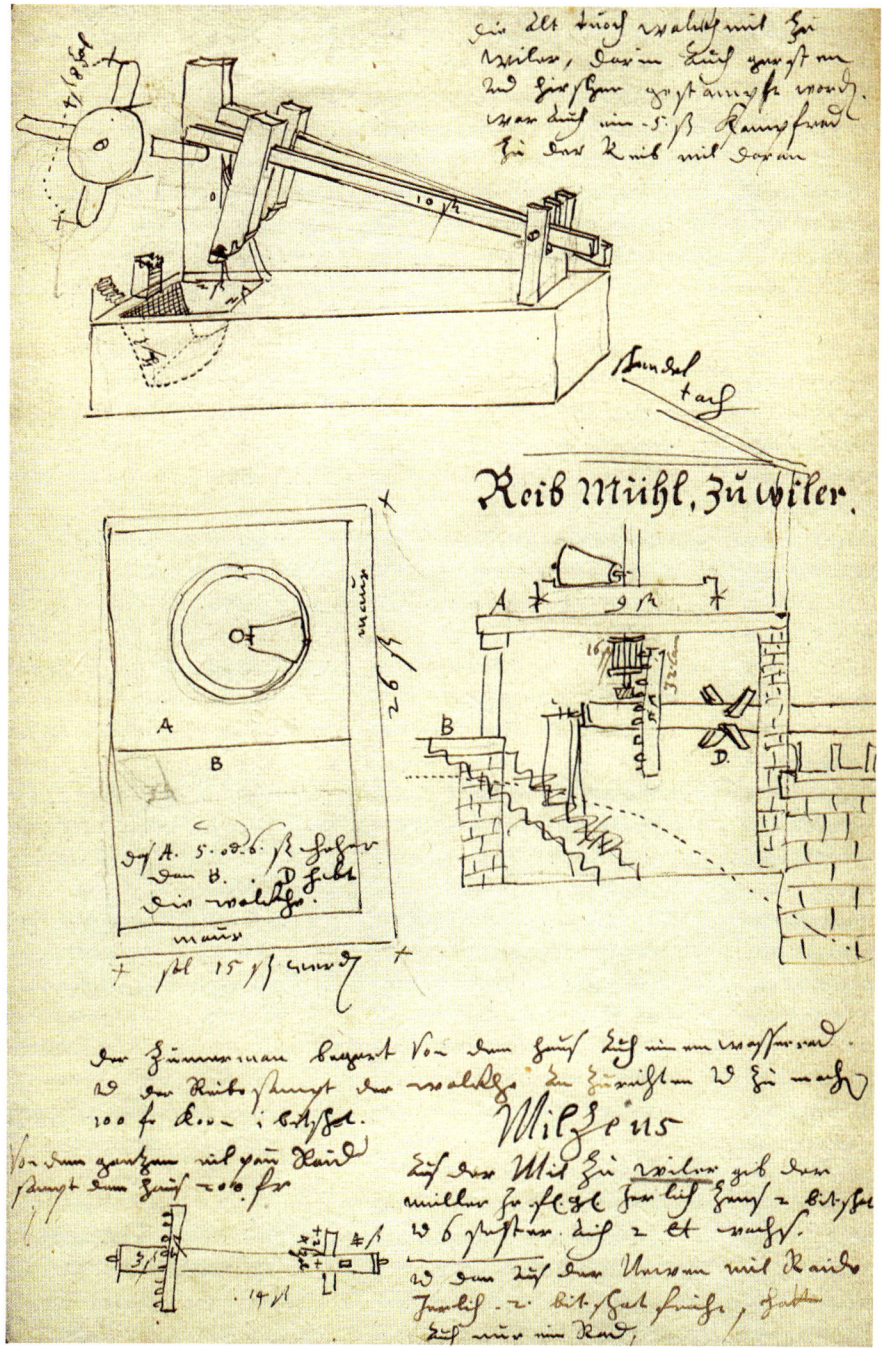

Abb. 10: Tuchwalke und Reibmühle in „Weiler" (= Villars-sous-Dampjoux), Konstruktionszeichnung des württembergischen Landesbaumeisters Heinrich Schickhardt, um 1599. Vorlage und Aufnahme: Hauptstaatsarchiv Stuttgart N 220 T 241.

Jedenfalls ist die Zahl der Belege für Walken seit dem 13. Jahrhundert in Südwestdeutschland und den Nachbargebieten dicht. Man kann, wie bei den Metallhämmern, feststellen, dass so gut wie jede Stadt über eine oder mehrere Walken verfügte. Diese wurden in der Regel von den Zünften der Tucher und Gerber betrieben, manchmal auch von Spezialisten wie den Sammetwalkern. Walken und Hämmer bildeten nicht selten regelrechte Gewerbeviertel bei den Städten. Innerhalb der Städte hatte man die Walken und Hämmer nicht allzu gerne. Die Hämmer verursachten viel Lärm und bei den Walken verbreiteten insbesondere die Gerberwalken auch einen kräftigen Gestank. Deshalb befanden sich diese Gewerbeviertel, also die Walken samt Hämmern, meist außerhalb der Stadtmauern, nach Möglichkeit sogar unterhalb der Stadt, damit das von den Walken verschmutzte Wasser die Stadt nicht weiter störte. Auf dem Land außerhalb der Städte kamen Walken zwar vor, waren aber ziemlich selten.

Betrieben wurden die städtischen Walken meist von den jeweiligen Zünften, also von der Gerberzunft oder der Tuchmacherzunft. Wie bei den Metallhämmern machte auch bei den Walken die Industrialisierung den alten Anlagen nach und nach den Garaus (vgl. Fritz, 2024a, Kap. „Walkmühlen"; MA UL, 1994, S. 53, 58 f.; MA WN, 1997, Tl. 2, S. 59 f.; MA LB, 1999, S. 76–79; MA HN, 2005, Tl. 2, S. 41 f.; MA SHA, 2011, Tl. 2, S. 198 f.; MA S, 2014, Tl. 2, S. 45–49).

5.3 Papiermühlen

Neben nicht näher definierbaren Stampfen, auf die hier nicht weiter eingegangen werden soll, spielten die Papiermühlen eine herausragende Rolle. Während in Spanien und Italien Papiermühlen schon im 13. Jahrhundert vorkamen, ist die erste deutsche Papiermühle bekanntlich erst 1390 in Nürnberg nachgewiesen. Vom Typ her handelte es sich um eine Stampfe, bei der die senkrecht hängenden Stempel durch eine Nockenwelle emporgehoben wurden und in den Stampftrog fielen, in dem sich das Stampfgut befand – beim Papier waren das Lumpen aus Abfalltextilien. Neben diesem Typ gab es auch Papiermühlen mit Kollergängen, d. h. mit senkrecht stehenden und umlaufenden Mühlsteinen.

Die entscheidende Bedeutung der Papiermühlen liegt darin, dass das in ihnen hergestellte Papier die unabdingbare Grundlage für die wenige Jahrzehnte später beginnende Kunst des Buchdrucks war – und damit für die immense Wissensexplosion der Renaissancezeit. Ohne Papier und ohne Papiermühlen wäre die moderne Gesellschaft schlechterdings nicht denkbar. In Südwestdeutschland

Abb. 11: Das mit „Papyrer" bezeichnete Bild stammt aus dem Jahr 1568: Vorne schöpft der Meister den Papierbrei aus der Bütte, hinten sieht man die Stempel, die von einer Nockenwelle getrieben sind und die angelieferten Lumpen zu Brei zerstampfen. Aus: Amman und Sachs, 1568.

lassen sich Papiermühlen fast auf das Jahr genau gleichzeitig nachweisen wie in Nürnberg – seit 1391 in Ravensburg, in den folgenden Jahrzehnten auch in Basel, Lörrach, Reutlingen, Thann im Elsass und dann in zahlreichen anderen Städten des Südwestens (Fritz, 2024a, Kap. „Papiermühlen"; maßstabsetzend: Schmidt, 1994; Frauenknecht, 2015).

5.4 Sägmühlen

Während Metallhämmer, Walken und Papiermühlen insgesamt in wesentlich geringerer Zahl vorkamen als die Getreidemühlen, war die Sägmühle eine ausgesprochen häufige Mühlenart. Ich will hier nicht die verschiedenen Varianten von Sägmühlen näher erläutern, also nicht weiter auf die Klopfsägen, Kurbelsägen und andere Formen eingehen. Wesentlich ist, dass Sägen technisch relativ anspruchslos waren und deshalb als kleine Anlagen ohne großen Aufwand gebaut werden konnten. Selbstverständlich handelte es sich jahrhundertelang um Einblattsägen. Die Sägegatter mit vielen Sägeblättern kamen erst in der zweiten Hälfte des 19. Jahrhunderts auf. Sie waren auch nicht überall einsetzbar, weil der Betrieb eines Sägegatters natürlich mehr Wasserkraft erforderte als der Betrieb eines einzigen Blattes.

Über die erste Nennung der Sägmühlen gibt es eine intensive Forschungsdiskussion. Sicher ist, dass bereits zu Zeiten der Römer Marmor gesägt wurde. Das in der Römerzeit nicht explizit erwähnte Sägen von Holz wäre dann nur logisch.

Unklar ist, ob die Kenntnis, wassergetriebene Sägen zu bauen, im frühen Mittelalter verloren gegangen ist. In der Normandie wird eine solche Säge 1204 erstmals erwähnt, im südwestdeutschen Bereich liegen schriftliche Nachweise seit etwa 1310 vor, was aber nicht unbedingt etwas heißen will. Es könnte solche Sägen schon früher gegeben haben und niemand hat das aufgeschrieben. Weithin bekannt ist die um 1230/1245 entstandene Zeichnung einer Säge des Villard de Honnecourt (Fritz, 2024a, Kap. „Sägmühlen"; Jüttemann, 1984; Gäbeler, 2002).

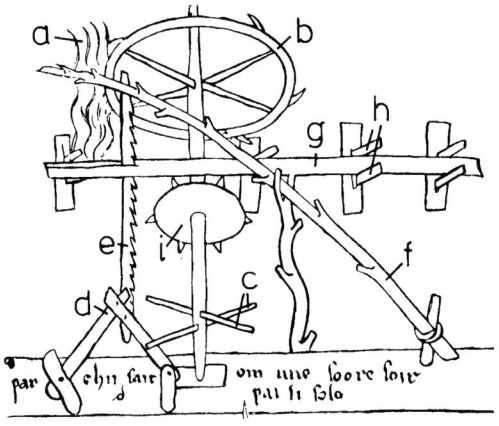

Abb. 12: Villard de Honnecourt, die um 1230/1245 datierte Abbildung ist die früheste detaillierte Konstruktionszeichnung einer Sägmühle. Aus: Hahnloser, 1972, Zeichnung 44.

Wie auch immer: Seit dem 14. Jahrhundert kamen Sägen auch im deutschen Südwesten und seinen Nachbargebieten häufig vor. Entweder handelte es sich um separate Sägmühlen oder aber die Sägen waren Nebenanlagen in Getreidemühlen. Insbesondere die separaten Sägen wurden oft in Form von Eigentümergemeinschaften betrieben. Da schlossen sich mehrere Bauern zusammen, die dann tageweise – je nach ihren Besitzanteilen – sägen durften. Manchmal nahm die Besitzersplitterung abenteuerliche Formen an. Es sind Anteile von 1/64 oder gar 1/128 bekannt. In den bislang untersuchten Kreisen fehlen Sägmühlen nur in Ulm; in den waldreichen Gegenden sind sie, was nicht verwundert, besonders häufig (MA WN, 1997, Tl. 2, S. 41–51; MA LB, 1999, S. 62–66; MA HN, 2005, Tl. 2, S. 35 f.; MA SHA, 2011, Tl. 2, S. 186–194; MA S, 2014, Tl. 2, S. 39 f.).

Gerhard Fritz

Die Häufigkeit der Sägmühlen hatte zur Folge, dass niemand, der etwas sägen lassen wollte, weite Wege zurücklegen musste. Das steht in völligem Kontrast zu den heutigen Verhältnissen, wo die Anfahrt von Langholztransporten zu den seit Langem elektrisch betriebenen großen Sägewerken über große Entfernungen und massenhaft erfolgt. Anders gesagt: Das vorindustrielle, dezentrale System mit vielen kleinen Einzelanlagen, das ja auch schon bei den Metallhämmern zu beobachten war, war viel umweltfreundlicher als das heutige System mit wenigen, oft riesigen Anlagen, die einen gewaltigen Strombedarf haben und bei denen der Antransport des Holzes ökologisch geradezu katastrophal ist. Wenn z. B. Holz aus dem Schwarzwald über Hunderte von Kilometern in das Großsägewerk Oberrot im Schwäbischen Wald transportiert wird, kann man nur den Kopf schütteln.

Man könnte nun jede weitere Mühlenart einzeln ausführlich durchdeklinieren, was wegen der hier zur Verfügung stehenden Seitenzahl aber nicht möglich ist. Nur einige der wichtigsten Mühlentypen können genannt werden.

5.5 Lohmühlen

Lohmühlen verarbeiteten diverse Rindenarten zum säurehaltigen Gerbmittel Lohe. Ihr Vorhandensein ist also immer ein Indikator für das Vorhandensein des Gerbereigewerbes. Technisch waren sie entweder – ähnlich wie die Metallhämmer oder die Walken – als nockenwellengetriebene Stampfe oder als Kollergang eingerichtet. Sie kamen als selbstständige Anlagen, aber auch als Nebenanlagen vor, besonders häufig als Nebenanlagen in Lederwalken. Lohmühlen sind im deutschen Südwesten seit dem 14. Jahrhundert nachgewiesen. Ihr Ende kam im 19. Jahrhundert, als exotische Rinden aus Südamerika über den Atlantik transportiert wurden. Diese Rinden waren viel säurehaltiger als die einheimischen. Als dann im 20. Jahrhundert auch noch die umweltbelastenden Schwermetall-Gerbmittel eingesetzt wurden, war eine neue Stufe von Umweltsünden erreicht. Die heimischen Lohmühlen waren zu diesem Zeitpunkt längst von der Bühne verschwunden (vgl. MA UL, 1994, S. 42 f.; MA WN, 1997, Tl. 2, S. 56–59; MA LB, 1999, S. 72–75; MA HN, 2005, S. 40 f.; MA SHA, 2011, Tl. 2, S. 199 f.; MA S, 2014, Tl. 2, S. 43 f.).

5.6 Schleifmühlen

Im Zusammenhang mit den Metallhämmern kamen oben bereits die häufigen Metallschleifen zur Sprache. Es gab aber auch Schleifmühlen, die anderes schliffen, so etwa Glas, Spiegel oder Edelsteine, Letztere z. B. in Waldkirch. Gelegentlich taucht auch die Bezeichnung Poliermühle auf, die weitgehend bedeutungsgleich zu sein scheint (MA S, 2014, Tl. 2, S. 49).

Manche der Spezialschleifen wurden zu landesfürstlichen Prestigeobjekten, so etwa die Spiegelschleife in Spiegelberg. Dort erhielt der durch Ansiedlung von Arbeitern aus dem ganzen deutschen Sprachraum neu entstandene Ort auch gleich den Namen Spiegelberg. Die von den Herzögen von Württemberg zu Beginn des 18. Jahrhunderts errichtete Anlage schrieb freilich fast nie in ihrer knapp hundertjährigen Geschichte schwarze Zahlen und wurde, nachdem die Spiegelproduktion eingestellt und die Spiegelschleifer arbeitslos geworden waren und nur z. T. in einem Folgeunternehmen (einer Baumwollspinnerei) untergebracht werden konnten, zu einem Zentrum wirtschaftlicher Not (vgl. außer MA WN, 1997, S. 113 insbesondere Theilacker, 2015).

5.7 Pulvermühlen

Pulvermühlen galten, ähnlich wie die Eisenhämmer und noch mehr als diese, als rüstungswichtige Einrichtungen. Sie sind im bisher untersuchten Gebiet nicht allzu häufig anzutreffen. Typisch für sie ist, dass sie möglichst weitab von Städten oder sonstigen Ansiedlungen angelegt wurden. Die Gründe dafür liegen auf der Hand: Pulvermühlen waren explosionsgefährdet, und in der Tat waren Explosionsunglücke nicht ganz selten. Wenn dann, wie 1739 in Metzingen geschehen, gar Räuber die dumme Idee hatten, ausgerechnet eine Pulvermühle als Ziel ihres Beutezuges auszuwählen, und auf die noch dümmere Idee kamen, nächtens mit offenem Licht nachzuschauen, wo sie eigentlich waren, war das Ergebnis abzusehen. Die Pulvermühle explodierte und die schwer verletzten Gauner mussten von den herbeigeeilten Leuten bloß noch eingesammelt werden (vgl. zum Metzinger Fall: Fritz, 2004, S. 119, 412).

Im Stadt- und Landkreis Heilbronn und im Rems-Murr-Kreis sind keine Pulvermühlen nachgewiesen; ansonsten kommen sie in allen untersuchten Kreisen vor (MA UL, 1994, S. 43; MA LB, 1999, S. 201; MA SHA, 2011, S. 201; MA S, 2014, Tl. 2, S. 57 f.).

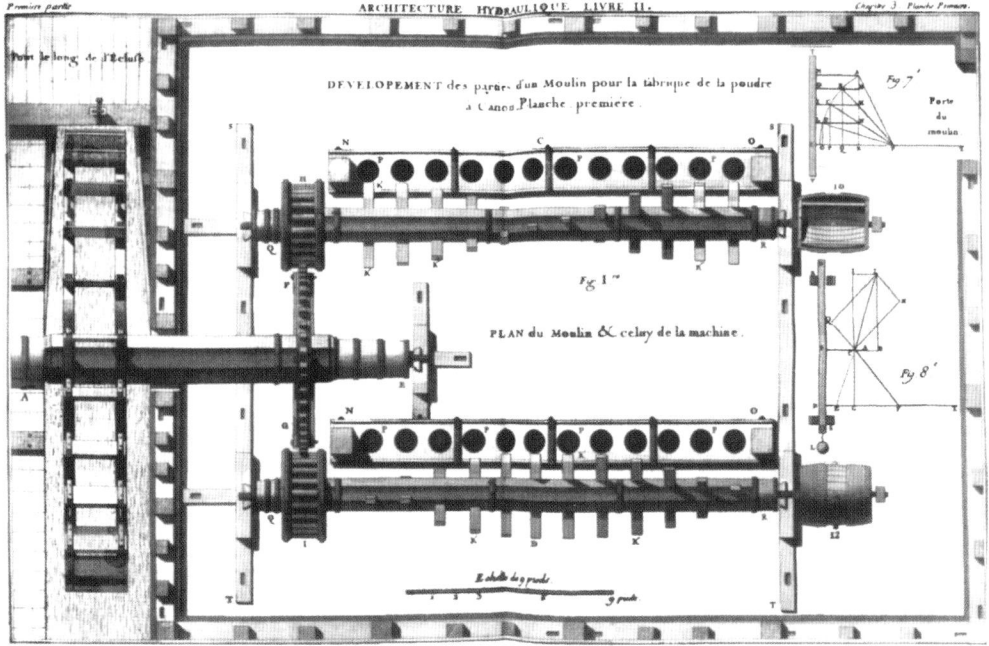

Abb. 13: Pulvermühle von La Fère, eine der im frühen 18. Jahrhundert insgesamt 16 als Rüstungsbetriebe wichtigen derartigen Anlagen in Frankreich. Aus: Bélidor, 1737, Kap. 3, Fig. 1.

5.8 Gipsmühlen

Von ganz anderer Art waren Gipsmühlen. Sie zerkleinerten den da und dort natürlich vorkommenden Gips. Verwendet wurde der Gips als Baugips und im 18. Jahrhundert zunehmend auch als Düngegips. Die Meinung, Gips verbessere die Fruchtbarkeit der Böden, war nicht zuletzt von dem hohenlohischen Pfarrer Mayer, dem sogenannten „Gips-Mayer" (vgl. anlässlich Mayers 300. Geburtsjahr: Bleher, 2020; Werner, 2020; Bühler, 2020) propagiert worden, und in der Tat ist die Zahl der im späten 18. und dann im 19. Jahrhundert vorhandenen Gipsmühlen beinahe unüberschaubar. Typisch für die Gipsmühlen ist, dass es sich meist um kleine Anlagen handelte, die nicht wassergetrieben waren. Als Energiequelle diente meist tierische Muskelkraft. Irgendein alter Ochse, der ständig im Kreis gehen musste, trieb die als Mühlsteine oder Kollergänge gestalteten Anlagen an. Mit dem Aufkommen neuer Düngerarten, insbesondere der Nitratdünger, verloren die Gipsmühlen im Laufe des 19. Jahrhunderts an Bedeutung und verschwanden wieder. Auffällig ist die große Zahl von Hand- oder Tier-Gipsmühlen in den Kreisen Rems-Murr, Ludwigsburg, Schwäbisch Hall und Heilbronn (MA WN, 1997, Tl. 2, S. 67–70; MA LB, 1999, S. 155 f., 209–216; MA SHA, 2011, Tl. 2, S. 204 f.; MA HN, 2005, Tl. 2, S. 44 f.). Lediglich in Ulm entwickelten sich einige Anlagen zu Zementfabriken weiter (MA UL, 1994, S. 46, 61 ff.).

5.9 Ölmühlen

Von ähnlich bescheidenem Zuschnitt und ebenfalls oft nicht wassergetrieben waren Ölmühlen. Mit dem in Ölmühlen erzeugten Öl ist praktisch ausschließlich Speiseöl gemeint. Ölmühlen waren in nachmittelalterlicher Zeit häufig und kamen zumindest in jeder Stadt vor, nicht selten aber auch in Dörfern. Wie die Lohmühlen gab es sie als Stampfen oder als Kollergang-Anlagen. Häufig kamen Ölmühlen als Nebenanlagen in kombinierten Mühlen vor, also z. B. als Mahl- und Ölmühle oder als Öl- und Sägmühle. Sie sind im südwestdeutschen Raum seit dem 14. Jahrhundert nachgewiesen. Die viel früher bezeugten Ölzinsen könnten aber darauf hinweisen, dass es Ölmühlen schon früher gab (Fritz, 2024a, Kap. „Ölmühlen"; MA WN, 1997, Tl. 2, S. 51–55; MA LB, 1999, S. 18 f.; MA HN, 2005, Tl. 2, S. 37–40; MA SHA, 2011, Tl. 2, S. 195–198; MA S, 2014, Tl. 2, S. 41 f.). Besonders erwähnenswert ist die im Mühlenatlas noch nicht erfasste Brandhöfer Öl- und Sägmühle, Gemeinde Gschwend, Ostalbkreis. Es handelt sich offenbar um eine der letzten, wenn nicht überhaupt die letzte komplett erhaltene derartige Kombination von Stampf-Ölmühle und Sägmühle in Deutschland.

5.10 Weitere Mühlentypen

Selbstverständlich gibt bzw. gab es noch weitere Typen von Spezialmühlen. Die bisherigen Mühlenatlas-Bände führen die folgenden weiteren Mühlentypen auf: Furniermühlen, Hanf- und Wergreiben, Schmelz- und Pochwerke, landwirtschaftliche Klein-Wasserkraftanlagen, Tabakmühlen, Malzmühlen, Futterschneiden, Obstmühlen, Mostereien, Antrieb für Dreschmaschinen, Göpelanlagen, Pump- und Brunnenwerke zur Trinkwasser- oder Salzgewinnung oder zur Trockenlegung von Bergwerken, Glasurmühlen, Porzellanmühlen, Tonmühlen, Pudermühlen, Steinmühlen bzw. Steinbrechereien, Sandmühlen, Zuckermühlen, Gewürzmühlen, Senfmühlen, Knochenmühlen, Knochen-Holzkohlemühlen, nicht näher definierte Stampfen, Antrieb für eine Zentrifugen-Molkerei, Antrieb einer Drahtseilbahn, Bleiweiß-, Blau- und Farbholzmühlen, Drahtzüge (vgl. jeweils die Inhaltsverzeichnisse der Bände des MA BW). Es ist zu erwarten, dass künftige Untersuchungen weitere Spezialmühlentypen zutage fördern werden.

6. Vom Übergang zur Industrialisierung bis zur heutigen Lage

Man nimmt an, dass um 1860 die Zahl der von Wasserkraft betriebenen Anlagen ihren Höhepunkt erreicht hatte. Seitdem war die Zahl der wassergetriebenen Mühlen rückläufig. Die Gründe waren vielfältig. Ein erster Grund waren die bereits erwähnten „amerikanischen" Mühlen, die im Vergleich mit den alten handwerklich arbeitenden „deutschen" Mühlen einen hohen Grad an Mechanisierung und eine viel höhere Mahlleistung aufwiesen und damit zu billigen Preisen produzierten. Da konnten viele kleine Müller nicht mehr mithalten.

Ein zweiter Grund war die allgemeine technische und ökonomische Entwicklung. Zum einen hatten die Müller nach und nach die Möglichkeit, auch andere Energiequellen als das Wasser zu nutzen: Seit der ersten Hälfte des 19. Jahrhunderts wurden da und dort Dampfmaschinen, seit dem Ende des 19. Jahrhunderts auch Diesel- und Benzinmaschinen eingesetzt, die immer dann verwendet werden konnten, wenn einmal nicht genug Wasser vorhanden war. Insbesondere größere Mühlen gaben allmählich die Wasserkraftnutzung ganz auf und verließen sich ausschließlich auf Dampf, Diesel und Benzin. Neugebaute Großmühlen verzichteten oft von Anfang an auf die Wasserkraftnutzung.

Dazu kam seit etwa 1890 die Verbreitung der Elektrizität. Das hatte für Mühlen eine doppelte Konsequenz. Zum einen konnten die Triebwerksbesitzer jetzt zusätzlich zur Dampfkraft und zu den Diesel- und Benzinmotoren auch auf die entstehenden Stromnetze zurückgreifen und hatten damit eine weitere Energieart zur Verfügung. Zum andern konnten die Triebwerksbesitzer aber auch selbst Stromproduzenten werden, indem sie ihr Wasserrad oder ihre Turbine an einen Generator hängten. Konkrete Beispiele dafür sind nicht selten (MA LB, 1999, S. 95; MA WN, 1997, Tl. 2, S. 87–95; MA HN, 2005, Tl. 2, S. 55 f.; MA SHA, 2011, Tl. 2, S. 206 f.; MA S, 2014, Tl. 2, S. 62; vgl. auch Bonenschäfer, 2016, passim). Der Triebwerksbesitzer speiste dann den Strom ins Netz ein, und so mancher Müller gab seinen Mahl-, Säge- oder Stampfbetrieb auf und verdiente sein Geld als Stromproduzent. Nicht selten waren die Mühlen, solange die Stromnetze noch nicht das ganze Land erfassten, die einzigen Stromerzeuger überhaupt. Viele Dörfer bezogen in den ersten Jahrzehnten ihren Strom allein von den örtlichen Mühlen. Da man anfangs nur Lichtstrom hatte, für den relativ geringe Strommengen genügten, funktionierte diese Stromversorgung im örtlichen „Inselbetrieb" recht gut.

Der Übergang zur Mechanisierung und Industrialisierung hatte auch zur Folge, dass etliche frühe Industriebetriebe sich am Ort bereits vorhandener Wassertriebwerke – Mühlen, Sägmühlen etc. – ansiedelten. Nicht wenige Mühlen verwandelten sich so zu Keimzellen der Industrialisierung. Erst als in großem Umfang andere Energie – Dampf, Diesel, Benzin, Strom – zur Verfügung stand, ging die Bedeutung der anfänglichen Wasserkraftnutzung zurück. Oft lief die alte Turbine aber noch jahrzehntelang und trug wenigstens einen kleinen Teil zur Energieversorgung der Industriebetriebe bei. Da und dort nutzt noch heute der eine oder andere Industriebetrieb nebenbei seine alte Turbine.

In der Phase der Frühindustrialisierung waren es auffällig oft wassergetriebene Spinnereien und Webereien, die an die Stelle älterer Triebwerke ganz anderer Verwendung traten. In den Mühlenatlasbänden konnten verschiedene konkrete Beispiele zusammengetragen werden (MA UL, 1994, S. 59; MA WN, 1997, Tl. 2, S. 61–65; MA LB, 1999, S. 91; MA HN, 2005, Tl. 2, S. 53). Auch wassergetriebene mechanische Werkstätten waren nicht selten (MA UL, 1994, S. 45 f., 51 f., 61; MA WN, 1997, Tl. 2, S. 77–83; MA LB, 1999, S. 91 f.; MA HN, 2005, Tl. 2, S. 53 f.; MA SHA, 2011, Tl. 2, S. 208; MA S, 2014, Tl. 2, S. 59–62).

Gerhard Fritz

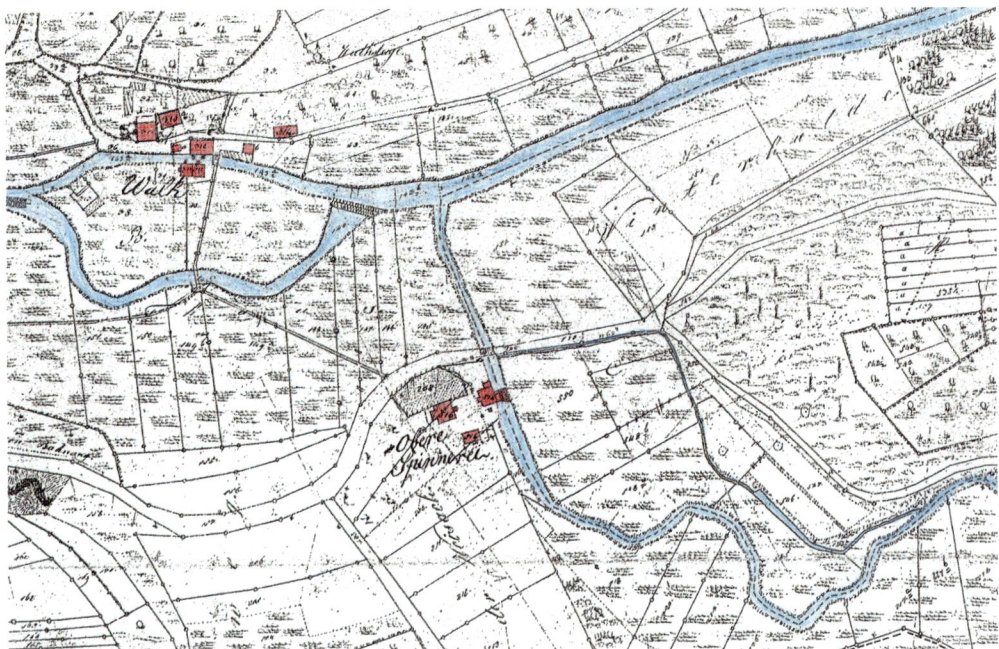

Abb. 14: Obere Walke und obere Spinnerei in Backnang 1832. Die als früher Industriebetrieb um 1830 entstandene Spinnerei entwickelte sich binnen weniger Jahrzehnte zu einem Großbetrieb mit mehreren tausend Beschäftigten. Urkarte der württembergischen Landesvermessung, vom Verfasser nachkoloriert.

Abb. 15: Die obere Spinnerei 1840 am Übergang vom handwerklichen Betrieb zur Fabrik. Quelle: Stadtarchiv Backnang.

Ein dritter Grund für das Verschwinden der Mühlen lag in politischen Vorgaben. Im Mühlenstilllegungsgesetz von 1957 war es das erklärte Ziel, die Zahl der kleinen Wassertriebwerke zu verringern. Offiziell wurde das damit begründet, dass man alten Müllerfamilien, die kaum noch rentabel arbeiteten, den Ausstieg mit allerlei Vergünstigungen versüßen wollte: Für ihren Verzicht auf das Wasserrecht erhielten diese Müller entweder eine gewisse Geldzahlung oder Vergünstigungen unterschiedlichster Art (z. B. Trinkwasserentnahme zum Nulltarif). Tatsächlich steckte auch noch ein anderes Motiv hinter der Stilllegung: Alle Kleintriebwerke, egal ob Wasserräder oder Turbinen, waren potenzielle Konkurrenten der Großkraftwerke, und die Kleintriebwerke galten zudem – da von schwankender Wassermenge abhängig – als unzuverlässige Energielieferanten. In der Zeit der späten 1950er Jahre ging man ganz naiv fortschrittsoptimistisch davon aus, dass die Energieversorgung Deutschlands durch wenige Dutzend Großkraftwerke gesichert werden könne, nicht zuletzt auch

Abb. 16: Die obere Spinnerei hat sich 1870 in eine Fabrik verwandelt. Quelle: Stadtarchiv Backnang.

Abb. 17: Die obere Spinnerei 1880 nach dem Bau der Eisenbahn. Der neue hohe Kamin zeigt, dass längst andere Energiequellen als die Wasserkraft genutzt werden. Quelle: Stadtarchiv Backnang.

durch Atomkraftwerke, deren Bau damals begann. Und da waren potenziell stromerzeugende Klein(st)kraftwerke nur lästig. Tatsächlich hat das Mühlenstilllegungsgesetz dazu geführt, dass in den folgenden Jahrzehnten die meisten Müller und sonstigen Triebwerksbesitzer aufgaben.

Erst im Laufe der 1980er und 1990er Jahre distanzierte man sich allmählich von der auf Großkraftwerke fixierten Mühlenstilllegungspolitik. Da aber in der Zwischenzeit viele Turbinen und erst recht viele Wasserräder verschwunden waren, da man Mühlkanäle zugeschüttet hatte (und im Zuge der erwähnten EU-Richtlinie immer noch zuschüttet und wegbaggert), war und ist die Reaktivierung der Wasserkraftnutzung zum Zwecke ökologischer Energiegewinnung von bescheidenem Umfang. Es bleibt abzuwarten, ob im Zeichen der sich durch die neuesten Entwicklungen (Ukraine-Krieg und seine Folgen) zuspitzenden Energieknappheit ein Wandel einsetzen wird.

Abkürzungen

LGFU	Landesgeschichte in Forschung und Unterricht / Histoire régionale. Recherche et enseignement
MA BW	Mühlenatlas Baden-Württemberg
MA HN	Mühlenatlas Baden-Württemberg, Stadt- und Landkreis Heilbronn: s. Tuffentsammer und Leitlein, 2005
MA LB	Mühlenatlas Baden-Württemberg, Kreis Ludwigsburg: s. Schulz, 1999
MA S	Mühlenatlas Baden-Württemberg, Stadt Stuttgart: s. Bonenschäfer, 2014
MA SHA	Mühlenatlas Baden-Württemberg, Kreis Schwäbisch Hall: s. Die Mühlen im Kreis Schwäbisch Hall, 2011
MA UL	Mühlenatlas Baden-Württemberg, Stadt Ulm: s. Haug, 1994
MA WN	Mühlenatlas Baden-Württemberg, Rems-Murr-Kreis: s. Fritz, Glock und Wannenwetsch, 1997
MA WT	Mühlenatlas Baden-Württemberg, Kreis Waldshut: s. Bonenschäfer [in Arbeit]
WFr	Württembergisch Franken

Literatur

Album der sächsischen Industrie, Bd. 2, hg. von Louis Oeser, Neusalza 1856.

Amman, Jost / Sachs, Hans: Eygentliche Beschreibung aller Stände auff Erden, hoher und nidriger, geistlicher und weltlicher, aller Künsten, Handwercken und Händeln [...], Frankfurt am Main 1568.

Andermann, Kurt / Schenk, Gerrit Jasper: Vorwort, in: Wasser. Ressource – Gefahr – Leben, hg. von dens. (Kraichtaler Kolloquien, Bd. 12), Ostfildern 2020.

Bélidor, Bernard Forest de: Architecture hydaulique [...], Paris 1737.

Bleher, Dietrich: Pfarrer Johann Friedrich Mayer und der Kalenderstreit von Sindringen, in: WFr 104 (2020), S. 201–207.

Bonenschäfer, Achim: Die Mühlen im Stadtkreis Stuttgart (MA BW 6). 2 Tle., Remshalden 2014.

Bonenschäfer, Achim: Stuttgarter Wasserkräfte und die Industrialisierung im Mittleren Neckarraum. Mühlen – Fabriken – Elektrizitätswerke, Ubstadt-Weiher 2016.

Bonenschäfer, Achim: Die Mühlen im Kreis Waldshut (MA BW), 2 Tle., Remshalden [in Arbeit].

Brelot, Claude-Isabelle / Mayaud, Jean-Luc: L'industrie en sabots. La taillanderie de Nans-sous-Ste-Anne (Doubs), Paris 1982.

Bühler, Rudolf: Bauernpfarrer Johann Friedrich Mayer (1719–1798). Ein Wegbereiter für die ländliche Entwicklung Hohenlohes, in: WFr 104 (2020), S. 227–238.

Frauenknecht, Erwin: Papiermühlen in Württemberg. Forschungsansätze am Beispiel der Papiermühlen in Urach und Söflingen, in: Papier im mittelalterlichen Europa. Herstellung und Gebrauch, hg. von Carla Meyer, Berlin u. a. 2015, S. 93–114.

Frey, Martin: Wasser als Energieträger im Römischen Reich, in: Wasser. Ressource – Gefahr – Leben, hg. von Kurt Andermann und Gerrit Jasper Schenk (Kraichtaler Kolloquien, Bd. 12), Ostfildern 2020, S. 11–26.

Fritz, Gerhard / Glock, Helmut / Wannenwetsch, Walter: Die Mühlen im Rems-Murr-Kreis (MA BW 2), 2 Tle., Remshalden 1997.

Fritz, Gerhard: *Eine Rotte von allerhandt rauberischem Gesindt*. Öffentliche Sicherheit in Südwestdeutschland vom Ende des Dreißigjährigen Krieges bis zum Ende des Alten Reiches (Stuttgarter historische Studien zur Landes- und Wirtschaftsgeschichte, Bd. 6), Ostfildern 2004.

Fritz, Gerhard: Wasserkraftnutzung in fachwissenschaftlicher und fachdidaktischer Hinsicht, in: LGFU 6 (2010), S. 9–20.

Fritz, Gerhard: Wasserkraftnutzung als Thema fachübergreifenden Unterrichts, in: Archivnachrichten 43 (2011), S. 46–54.

Fritz, Gerhard: Der Kampf mit den Naturgewalten: Mühlen im Spannungsfeld von Überschwemmungen, Dürre und Energieknappheit, in: Umwelt-, Klima- und Konsumgeschichte. Fallstudien zu Süddeutschland, Österreich und der Schweiz, hg. von Wolfgang Wüst und Gisela Drossbach, Berlin 2018a, S. 211–228.

Fritz, Gerhard: Wasserkraftnutzung und Landesgeschichte, in: Schätze der Welt aus landeshistorischer Perspektive. Festschrift zum 65. Geburtstag von Wolfgang Wüst, St. Ottilien 2018b, S. 349–358.

Fritz, Gerhard: Wasserkraft – Innovation, technischer und sozialer Wandel, Ökologie und Ökonomie, in: LGFU 17 (2021), S. 25–40.

Fritz, Gerhard: Wasserkraftnutzung im Mittelalter in Südwestdeutschland und angrenzenden Gebieten (Veröffentlichungen der Kommission für geschichtliche Landeskunde in Baden-Württemberg, Reihe B, Forschungen, Bd. 216), Stuttgart 2024a.

Fritz, Gerhard: Mühlenrecht – insbesondere im Mittelalter, in: Zeitschrift für Schwäbische und Bayerische Rechtsgeschichte 2024b [enthält die Beiträge zur wasserhistorischen Tagung „Mühlen, Kraftwerke, Wasserbauten" vom 8./9. Juni 2021 in Irsee].

Gäbeler, Jürgen: Ein Beitrag zur Frühgeschichte der Sägemühlen (1300–1600). Neue Erfassungen und kritische Überlegungen zur Entstehung aus der Mühlendiversifikation, Remagen 2002.

Glotz, Marc u. a.: Les Bassins de la Doller et de la Suarcine. Technique du moulin – Synthèses (Les Moulins du Sundgau, Bd. 4), Riedisheim 2000.

Glotz, Marc / Meyer, Guy: Les Bassins de l'Ill et du Thalbach (Les Moulins du Sundgau, Bd. 3), Riedisheim 2000.

Gutknecht, Pierre: Le Bassin de la Largue (Les Moulins du Sundgau, Bd. 2), Riedisheim 1999.

Haasis-Berner, Andreas: Der Gewerbekanal von Waldkirch, Waldkirch 2014.

Hahnloser, Hans R.: Villard de Honnecourt, Kritische Gesamtausgabe des Bauhüttenbuchs [...], Graz ²1972.

Haug, Albert: Die Mühlen der Stadt Ulm (MA BW 1), Remshalden 1994.

Haug, Albert / Schmidt, Uwe: Teichel, Pumpen, Brunnen. Ulmer Trinkwasser im Spiegel von sechs Jahrhunderten, Ulm 1998.

Herbst, Lutz Dietrich: Ausgebaute Fließgewässer des Mittelalters und der Frühen Neuzeit in Oberschwaben als Lernfeld der historischen Geographie (Weingartener Hochschulschriften, Bd. 17), Diss. Weingarten 1992.

Hopf, Leo / Lengerer, Ernst: Grundlagen der Müllerei, Stuttgart 1955.

Jüttemann, Herbert: Alte Bauernsägen im Schwarzwald und in den Alpenländern, Karlsruhe 1984.

Jüttemann, Herbert: Schwarzwaldmühlen, Karlsruhe 1985.

Jüttemann, Herbert: Die Stockmühlen von Kals [Osttirol], in: Der Mühlstein 6, H. 1 (1989), S. 7–10.

Jüttemann, Herbert: Bauernmühlen im Schwarzwald (Industriearchäologie in Baden-Württemberg, Bd. 1), Stuttgart 1990.

Jüttemann, Herbert: Die Stockmühlen von Mallnitz (Kärnten), in: Der Mühlstein 9, H. 6 (1992), S. 64 f.

Karsten, Carl J. B.: Handbuch der Eisenhüttenkunde, Berlin ³1841.

Mensch und Wasser in der Geschichte. Dokumente zu Umwelt, Technik und Alltag vom 16. bis zum 19. Jahrhundert. Ausstellung des Hauptstaatsarchivs Stuttgart vom 28. März bis 8. September 1989, hg. von Jürgen Hagel, Stuttgart 1989.

Das mittelalterliche Hausbuch – nach dem Originale im Besitze des Fürsten von Waldburg-Wolfegg-Waldsee, hg. von Helmuth Theodor Bossert und Willy F. Storck (Jahresgabe des Deutschen Vereins für Kunstwissenschaft 1912), Leipzig 1912.

Monumenta Germaniae Historica (MGH). Legum tomus III. Leges Alamannorum, hg. von Johannes Merkel, Hannover 1863.

Die Mühlen im Kreis Schwäbisch Hall. 2 Tle., hg. von Gerhard Fritz (MA BW 5), Remshalden 2011.

Mühlen und Müller in Franken, hg. von Konrad Bedal (Schriften und Kataloge des Fränkischen Freilandmuseums Bad Windsheim, Bd. 6), Bad Windsheim ²1992.

Munch, Paul Bernard: Le Bassin du Rhin (Les Moulins du Sundgau, Bd. 1), Riedisheim 1999.

Schlottau, Klaus / Bayerl, Günter / Troitzsch, Ulrich: Bibliographie deutschsprachiger Mühlenliteratur (Schriften des Freilichtmuseums am Kiekeberg, Bd. 43), Ehestorf 2003.

Schmidt, Frieder: Von der Mühle zur Fabrik. Die Geschichte der Papierherstellung in der württembergischen und badischen Frühindustrialisierung (Technik und Arbeit, Bd. 6), Ubstadt-Weiher 1994.

Schulz, Thomas: Die Mühlen im Landkreis Ludwigsburg (MA BW 3), Remshalden 1999.

Siegrist, René: Deutsch-französisches Glossar zur Wasserkraftnutzung, in: LGFU 17 (2021), S. 41–44.

Theilacker, Manfred E.: Kulturgut Glas und Spiegel. Wirtschafts- und Sozialgeschichte der Spiegelfabrik Spiegelberg (Württ.), ein Regiebuch des herzoglichen Kirchenrats (Stuttgarter Historische Studien zur Landes- und Wirtschaftsgeschichte, Bd. 24), Ostfildern 2015.

Tuffentsammer, Heinz / Leitlein, Erwin: Die Mühlen im Stadt- und Landkreis Heilbronn (MA BW 4), 2 Tle., Remshalden 2005.

Wasser. Ressource – Gefahr – Leben, hg. von Kurt Andermann und Gerrit Jasper Schenk (Kraichtaler Kolloquien, Bd. 12), Ostfildern 2020.

Weber, Raimund J.: Wassernutzung im Streit. Prozesse vor dem Reichskammergericht um Mühlen, Fischerei, Transport und Bewässerung an Donau, Neckar und Rhein, in: Wasser. Ressource – Gefahr – Leben, hg. von Kurt Andermann und Gerrit Jasper Schenk (Kraichtaler Kolloquien, Bd. 12), Ostfildern 2020, S. 181–222.

Werner, Heiner: Über Pfarrer Johann Friedrich Mayers 300. Geburtstag. Geschichtskultur und historisches Erinnern zu einer überregional bedeutenden Persönlichkeit, in: WFr 104 (2020), S. 209–213.

Wetzig, A.: 50 Jahre Mühlenbau 1878–1928, Magdeburg 1928.

Flussbau und Wasserstraßen

Flussbaugeschichte(n) an der Elz – vom technischen Ausbau zur Revitalisierung[1]

Bernd Walser

1. Ausgangslage

Die Elz entspringt am „Briglirain" auf einer Höhe von 1.089 m im Gebiet Brend/Rohrhardsberg. In einem gestreckten, zunächst nach Norden gerichteten Lauf durchfließt sie das enge, von steilen Berghängen begleitete hintere Prechtal und wendet sich nach etwa 12 km in weitem Bogen in Richtung Südwesten. Ab Elzach weitet sich der Talraum, bei Bleibach mündet die Wilde Gutach in die Elz und kurz unterhalb von Waldkirch tritt sie in die Rheinebene ein. Von hier aus fließt sie in nordwestlicher Richtung bis nach Riegel und in weiten Mäanderbögen als „Alte Elz" in nördlicher Richtung bis zur Mündung in den Rhein bei Nonnenweier.

Sehr hohe Jahresniederschläge von 800–2.000 mm bzw. 800–2.000 l/m³ pro Jahr zusammen mit dem sehr steilen Abfall des Elztals zur Rheinebene und das Zusammentreffen mit der Hochwasserwelle der Wilden Gutach bedingen sehr schnelle Hochwasserabflüsse. Der Höchststand des Hochwassers tritt meist schon innerhalb von 24 Stunden ein, das Hochwasser dauert aber selten länger als zwei bis vier Tage. Dabei liegen die klassischen Hochwasserzeiten im Winter um die Weihnachtszeit („Adventshochwasser"), wenn eine plötzliche Warmfront verbunden mit Starkregen auf gefrorenen Boden und geringe Schneehöhen trifft. „Wenig Schnee gibt große Wasser", sagt man. Aber auch extreme Sommergewitter können starke Hochwasserereignisse verursachen, besonders wenn nach langer Trockenheit die oberen Bodenschichten fest und undurchlässig sind. Die natürlichen Überschwemmungsflächen vor Beginn der flussbaulichen Maßnahmen betrugen im Einzugsgebiet der Elz insgesamt über 3.200 ha (Hydrographie des Grossherzogthums Baden, 1887, S. 45).

Die Elz durchfloss die Gegend um Emmendingen mit mehreren Flussarmen auf einer Breite von bis zu 300 m. Nach größeren Hochwasserereignissen veränderte sich der Lauf durch Ablagerung von Geschiebe und führte zu neuen Verzweigungen.

In einem Ratsprotokoll der Stadt Emmendingen aus dem Jahr 1750 wird diese Situation, die im Gemarkungsplan in Abb. 1 dargestellt ist, wie folgt beschrieben: „Die Elz läuft in unserer Gegend sonderlich sehr schief und über einen kiesichten Boden und wächset bei Schnee- und Regenwetterzeiten gar oft ohnermeßlich an. Das macht, dass die von allen Seiten her zwischen keinen ordentlichen Ufern beständig gehalten werden kann, sondern bald hie bald da sich dem Platz herum ausgießet, der wohl zwei Flintenschuß breit ist."[2]

---

[1] Der vorliegende Aufsatz wurde vom Autor in Teilen bereits im Jahrbuch des Landkreises Emmendingen publiziert: Walser, Bernd: Flussbau im Wandel – am Beispiel der Elz, in: Wald, Feld, Fluss. Naturschutz und Landschaftserhaltung, hg. von Hanno Hurth und Gerhard A. Auer (S Eige Zeige. Jahrbuch des Landkreises Emmendingen für Kultur und Geschichte, Bd. 32), Emmendingen 2018, S. 49–68.

[2] Ratsprotokoll Emmendingen aus dem Jahr 1750, Heimatmuseum der Stadt Emmendingen.

Bernd Walser

Abb. 1: Emmendinger und Nieder-Emmendinger Bann 1765/1766. Original: Generallandesarchiv Karlsruhe, H Emmendingen 2 Bild 1, Schmauß, Kapitän, Permalink: http://www.landesarchiv-bw.de/plink/?f=4-1701271-1.

Flussbaugeschichte(n) an der Elz – vom technischen Ausbau zur Revitalisierung

Abb. 2: Kiesablagerungen an der Doller bei Schweighouse, naturnaher Zufluss der Ill im Elsass. Foto: Bernd Walser.

Vor allem unterhalb von Buchholz beim Eintritt der Elz in die Rheinebene und mit schlagartiger Abnahme des Gefälles lagerte der Fluss gewaltige Geschiebemassen ab, die zur ständigen Verlagerung bei den folgenden Hochwasserereignissen führten. Der Fluss selbst hatte hier mehrere, streckenweise bis zu 300 m weit auseinanderliegende und durch Kies- und Sandfelder getrennte Seitenarme. Einen Eindruck dieser Situation vermittelt die Doller bei Schweighouse im Elsass (vgl. Abb. 2). Auf den flussangrenzenden Flächen war meist nur Wiesen- oder Weidenutzung möglich. Oft waren solche Flächen in gemeinschaftlichem Eigentum der Bürger einer Anrainergemeinde und wurden mit dem mittelalterlichen Rechtsbegriff Allmende bezeichnet (Hydrographie des Grossherzogthums Baden, 1887, S. 49).

2. Die Situation vor 1810

Durch die kleinstaatliche Aufteilung des Breisgaus in verschiedene Hoheitsgebiete war es schwer, ein solch großes Projekt wie eine Flusskorrektion umzusetzen. Im Einzugsgebiet der Elz grenzte oberhalb von Sexau Vorderösterreich an die Markgrafschaft Hachberg.

Flussbauarbeiten mit dem Ziel, die Siedlungen vor Hochwasser zu schützen, gab es zwar schon seit dem Mittelalter, aber es fehlte an einem gemeinsamen Konzept und bei den getroffe-

Bernd Walser

nen Schutzmaßnahmen wurden immer nur die örtlichen Bedürfnisse der jeweiligen Gemeinde berücksichtigt. Ausbaumaßnahmen im Oberlauf schadeten häufig den Unterliegern. Es kam auch vor, dass der Fluss nach dem nächsten Hochwasser seinen Lauf änderte und dadurch die Korrektionsmaßnahmen zerstörte oder an dieser Stelle völlig nutzlos machte (Hydrographie des Grossherzogthums Baden, 1887, S. 49 f.).

Unter dem Eindruck des verheerenden Hochwassers von 1778 wurde in der Markgrafschaft Hachberg etwa um 1780 mit der Korrektion der Elz zwischen Sexau und Köndringen begonnen. Der Fluss sollte möglichst geradegelegt sowie in flachen Bögen geführt und die Ufer sollten mit Weidenfaschinen, dem „Flusshaag", gesichert werden. Die Arbeiten plante und koordinierte damals das Ingenieurdepartement, welches der markgräflichen Rentkammer angegliedert war. Mangelnde Unterhaltung und folgende Hochwasserereignisse zerstörten diese Ausbaumaßnahmen wieder und der Zustand der Elz war bereits um 1800 wieder so wie vor der Korrektion (ebd., S. 49 f.).

3. Das Hochwasserjahrhundert

Einer der Hauptgründe für die deutliche Zunahme der Hochwassergefahr im 19. Jahrhundert war die intensive Waldrodung im Schwarzwald. Überall wurde Holz zum Bauen, Verbrennen, zur Gewinnung von Holzkohle und für die langsam aufkommende Industrie gebraucht. Die Schwarzwaldberge waren zu dieser Zeit weitgehend waldfrei; Weidevieh beanspruchte die verbliebenen Reste der Waldungen zusätzlich.

Abb. 3: Überflutung des Maiwalds an der Rench bei Achern-Wagshurst (ca. 1920). Foto: Bildarchiv Regierungspräsidium Freiburg.

Der Raubbau an der Natur hatte dramatische Folgen. Bei Regen wurde der entblößte Waldboden einfach abgeschwemmt, Hochwasser floss schnell ab und die Tallagen füllten sich nach und nach mit Kies und Geröll. In der Oberrheinebene blieb das Material liegen und behinderte den Abfluss des Wassers, das nach Hochwasser noch wochenlang auf den Wiesen stand (vgl. Abb. 3) und vor sich hin faulte. Stechmückenplagen waren die Folge und Malaria war zu dieser Zeit eine der häufigsten Todesursachen (vgl. Schaible, 1855).

Ärzte zählten deshalb zu den größten Befürwortern von Flusskorrektionen, weil sie der Ansicht waren, dass damit auch viele Krankheiten ausgerottet werden könnten. Durch Hochwasser und die damit verbundene ständige Feuchtigkeit in flussnahen Gebäuden und die schlechte Ernährungssituation kam es häufig zu Seuchen und Krankheiten wie Ruhr, Typhus, Malaria oder Schlammfieber/Leptospirose.

Eine schwere Naturkatastrophe hatte ebenfalls entscheidenden Einfluss auf die Hochwasserentwicklung der folgenden Jahrzehnte: Am 5. April 1815 brach auf einer kleinen Insel im Indischen Ozean der Vulkan Tambora aus. Dieser Ausbruch hatte noch selbst in Mitteleuropa schwerwiegende Folgen. Der Vulkan hatte neben Asche und Staub auch sehr große Mengen an Schwefelverbindungen in die Atmosphäre freigesetzt, die sich um den gesamten Erdball legten. Die Sonne schien wie durch einen Schleier und die deutliche Abkühlung des Weltklimas hielt

Abb. 4: Blick auf die Riegeler Mühle vom Michaelsberg aus während des großen Hochwassers vom 8./9. März 1896. Foto: Bildarchiv Regierungspräsidium Freiburg.

Bernd Walser

Abb. 5: Das Hochwasser von 1896 unterspülte in Waldkirch den Bahndamm. Foto: Bildarchiv Regierungspräsidium Freiburg.

noch weitere vier Jahre bis 1819 an. Wochenlanger Regen und kühle Sommer sorgten vor allem in Süddeutschland und der Schweiz für Hochwasser, Missernten und Hungersnot. In den Alpen haben nach Augenzeugenberichten die Kinder vor lauter Hunger im Gras geweidet wie die Schafe (vgl. Zollikofer, 1818).

Das 19. Jahrhundert stand zudem noch unter dem Einfluss der sogenannten „Kleinen Eiszeit", einer Kaltperiode, die im ausgehenden Mittelalter um 1350 begann und erst in der zweiten Hälfte des 19. Jahrhunderts allmählich endete. Obwohl die mittlere Jahrestemperatur damals nur um ein Grad kälter (Freiburg = 10,4 °C) war, hatte sie gravierende Auswirkungen auf das Wachstum der landwirtschaftlichen Nutzpflanzen. Viele Menschen wollten dieses Elend hinter sich lassen und wanderten in diesen Jahren in Massen von Baden nach Amerika aus. Überall gab es Agenturen, welche die Überfahrten von hier über den Rhein und die großen Seehäfen von Rotterdam oder Le Havre organisierten (vgl. Fies, 2009).

Das 19. Jahrhundert gilt heute als das Hochwasserjahrhundert. Im Einzugsgebiet der Elz und der Dreisam waren in diesem Zeitraum insgesamt 28 bedeutende Hochwasser zu verzeichnen (vgl. Himmelsbach, 2012).

Das größte jemals gemessene Hochwasser war vom 8. bis 9. März 1896 (vgl. Abb. 4 und 5). Hier erreichte der Pegel in Riegel einen Wasserstand von 4,31 m. In Emmendingen brachen die Dämme, in Freiburg wurde die Schwabentorbrücke und bei Zarten mehrere Häuser zerstört. Dabei kamen zwei Menschen ums Leben (vgl. Tein, 1898).

4. Staatlicher Flussbau nach 1806

Bei der Neuordnung Süddeutschlands durch Napoleon entstand schon 1806 am Ende der Koalitionskriege (1792–1815) das Großherzogtum Baden. Im Zuge der vielfältigen Reformen dieses neuen Territorialstaates wurden am 24. Mai 1816 die großen Schwarzwaldflüsse zu einem einheitlichen staatlichen Flussbauverband zusammengefasst und es wurde eine zentrale staatliche Flussbauverwaltung aufgebaut. Frondienste wurden abgeschafft – jetzt übernahm das Land Baden mit finanzieller Beteiligung der Gemeinden Planung, Ausbau und die Unterhaltung der großen Gewässer, zunächst 1817 die Direktion des Wasser- und Straßenbaus und dann ab 1823 die Großherzogliche Oberdirektion des Wasserbaus in Karlsruhe (vgl. Hydrographie des Grossherzogthums Baden, 1887).

Die badische Regierung beauftragte den Oberstleutnant Johann Gottfried Tulla mit den Ausbauplänen für den Rhein und die großen Schwarzwaldflüsse. Durch koordiniertes und planmäßiges Vorgehen und ein Gesamtkonzept sollten die Hochwasserverhältnisse der Oberrheinebene entscheidend verbessert werden.

Tulla berichtete der badischen Regierung von seiner Reise durch Südbaden: „[...] aller Orten sind die Flussbetten zu eng, der Lauf der Flüsse ist zu krumm und der Abzug wird durch die an den Flüssen angelegten Mühlen gehemmt [...]" (Hydrographie des Grossherzogthums Baden, 1887, S. 19).

Die Ziele der Korrektionsmaßnahmen beschreibt Tulla in einer Denkschrift von 1812: „Jeder Fluss oder Strom hat nur ein Bett nothwendig. Man muss desshalb, wenn er mehrere Arme besitzt, auf die Ausbildung eines geschlossenen Laufes hinwirken. Dieser ist so viel als möglich gerade zu strecken, damit dem Hochwasser ein geregelter Abfluss verschafft wird, die Ufer leichter erhalten werden können, der Fluss sich tiefer bette, also der Wasserspiegel sich senke und das Gelände nicht mehr überschwemmt werde. Die alten Flussarme sind zur Verlandung zu bringen, verlandete Flächen sind anzupflanzen. Die flussbaulichen Werke sind so anzulegen, dass durch die Kraft der Strömung selbst der neue Lauf ausgebildet und die alten Arme verlandet werden." (Sayer, 1892, S. 9).

Im Zuge der Baumaßnahmen entstand das für die badischen Flüsse heute so charakteristische Doppeltrapezprofil (vgl. Abb. 6). Der untere, durch Ufersicherungen befestigte Teil dient der Abführung des Niedrig- und Mittelwassers, der obere, durch seitliche Hochwasserdämme begrenzte Teil dient der Abführung des Hochwassers.

Unter der Regentschaft des badischen Großherzogs Leopold I. wurde 1835 im Landtag ein Gesetz zur „Rectification des Dreisam- und Elzflusses" verabschiedet, in dem auch die finanzielle Beteiligung der Gemeinden an den geplanten umfangreichen flussbaulichen Maßnahmen geregelt wurde (Verhandlungen der Stände-Versammlung, 1835).

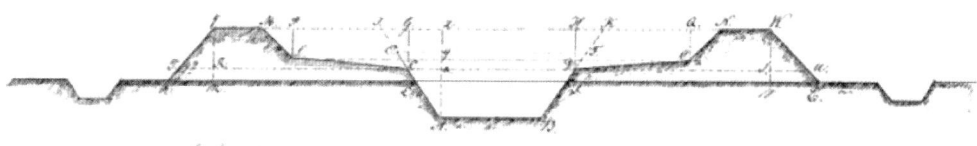

Abb. 6: Das Doppeltrapezprofil nach einer Zeichnung von Tulla. Original: Bildarchiv Regierungspräsidium Freiburg.

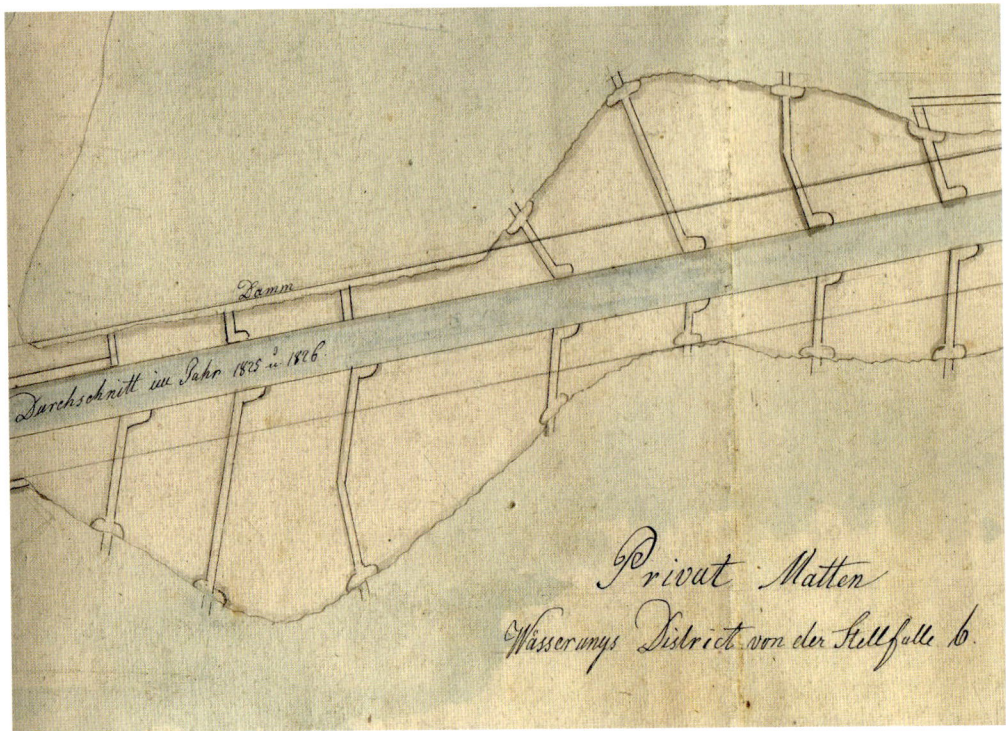

Abb. 7: Durchstich an der Elz bei Kollmarsreute im Jahr 1826. Original: Bildarchiv Regierungspräsidium Freiburg.

Bereits 1821 begann man oberhalb von Emmendingen, mit den ersten Faschinenschutzwerken den überbreiten Lauf der Elz zu bändigen. Der Fortschritt der Arbeiten war anfangs gehemmt durch technische Schwierigkeiten, durch finanzielle Probleme und durch den heftigen Widerstand der Bevölkerung. 1832 war dann dieser erste Flussabschnitt begradigt und mit festen Dammbauten versehen. Anfangs waren die gewählten Ausbauquerschnitte oft zu klein und große Hochwasser wie das von 1851 zerstörten die Uferbauten und spülten die mit einfachsten Mitteln hergestellten Schutzdämme fort. 1885 war dann die Korrektion des Ober- und Mittellaufes von Elz und Dreisam im Wesentlichen fertiggestellt (vgl. Hydrographie des Grossherzogthums Baden, 1887).

Der Ausbau wurde weitgehend in Handarbeit ausgeführt; wo man konnte, nutzte man die Kraft des Wassers. So wurden die Durchstiche der alten Flussschlingen durch das Ausheben eines Leitgrabens initiiert. Die Erweiterung übernahm dann der Fluss beim nächsten Hochwasser selbst. Die neuen Ufer wurden beidseitig mit Faschinen gesichert (vgl. Abb. 8), oder aber Buhnen, sogenannte „Sporen" (vgl. Abb. 7) aus Weidenfaschinen, gefüllt mit Steinen, schützten vor dem weiteren Nachbrechen der Uferlinie. Der Aushub aus den Durchstichen wurde zur Aufschüttung der angrenzenden Schutzdämme verwendet (vgl. Hydrographie des Grossherzogthums Baden, 1887).

Besonders die Gemeinden nördlich von Riegel wurden regelmäßig von verheerenden Hochwassern heimgesucht. Nach dem Hochwasserjahr 1831 mit insgesamt zehn verheerenden Überschwemmungen war die Zeit reif für die Realisierung eines Hochwasserentlastungskanals von Riegel direkt zum Rhein, dem heutigen Leopoldskanal.

Flussbaugeschichte(n) an der Elz – vom technischen Ausbau zur Revitalisierung

Abb. 8: Einbau von Weidenfaschinen zur Ufersicherung beim Ausbau der Rench bei Wagshurst (1928). Foto: Bildarchiv Regierungspräsidium Freiburg.

1837 wurde mit dem Bau dieses „Nothkanals" unterhalb von Riegel an drei verschiedenen Stellen begonnen. Auf einer Länge von 12,4 km wurde das Flussbett in Handarbeit auf eine Breite von 20 m angelegt und die Dämme wurden auf eine Höhe von 6 m über der Sohle aufgeschüttet.

Nach nur fünf Jahren Arbeit und mit Baukosten von 693.000 Gulden war der Kanal fertig und erhielt zu Ehren des Großherzogs den Namen Leopoldskanal. Noch heute erinnert das Denkmal bei Riegel an die damalige Leistung. Die Korrektion der Elz war für die Menschen dieser Zeit ein Segen und befreite sie von der Gefahr, bei den alljährlichen Hochwassern ihr Hab und Gut zu verlieren. Dort, wo früher nur Weidenutzung möglich gewesen war, sorgten nun Ackerbau und Wasserkraft für wirtschaftlichen Aufschwung. In einer Denkschrift wird die flussbauliche Leistung gewürdigt: „In kaum ein halbes Menschenalter drängt sich die Erinnerung an den früheren Nothstand und die Anschauung des gegenwärtigen Wohlstandes zusammen; der Landmann, früher gewohnt in diesen wilden, ungeregelten Flüßen seine gefährlichsten Feinde zu erblicken, kennt sie nur noch als friedliche Nachbarn, welche ihm zur Befruchtung seiner Grundstücke getreuliche Hilfe leisten."[3]

---

[3] Staatsarchiv Freiburg T 1 (Zugang 1977/0008) Nr. 371: Der Binnenflussbau im Großherzogtum Baden. Denkschrift mit 21 Beilagen und Kartenheft, bearb. von der Großherzoglichen Oberdirektion des Wasser- und Straßenbaues, Karlsruhe 1863.

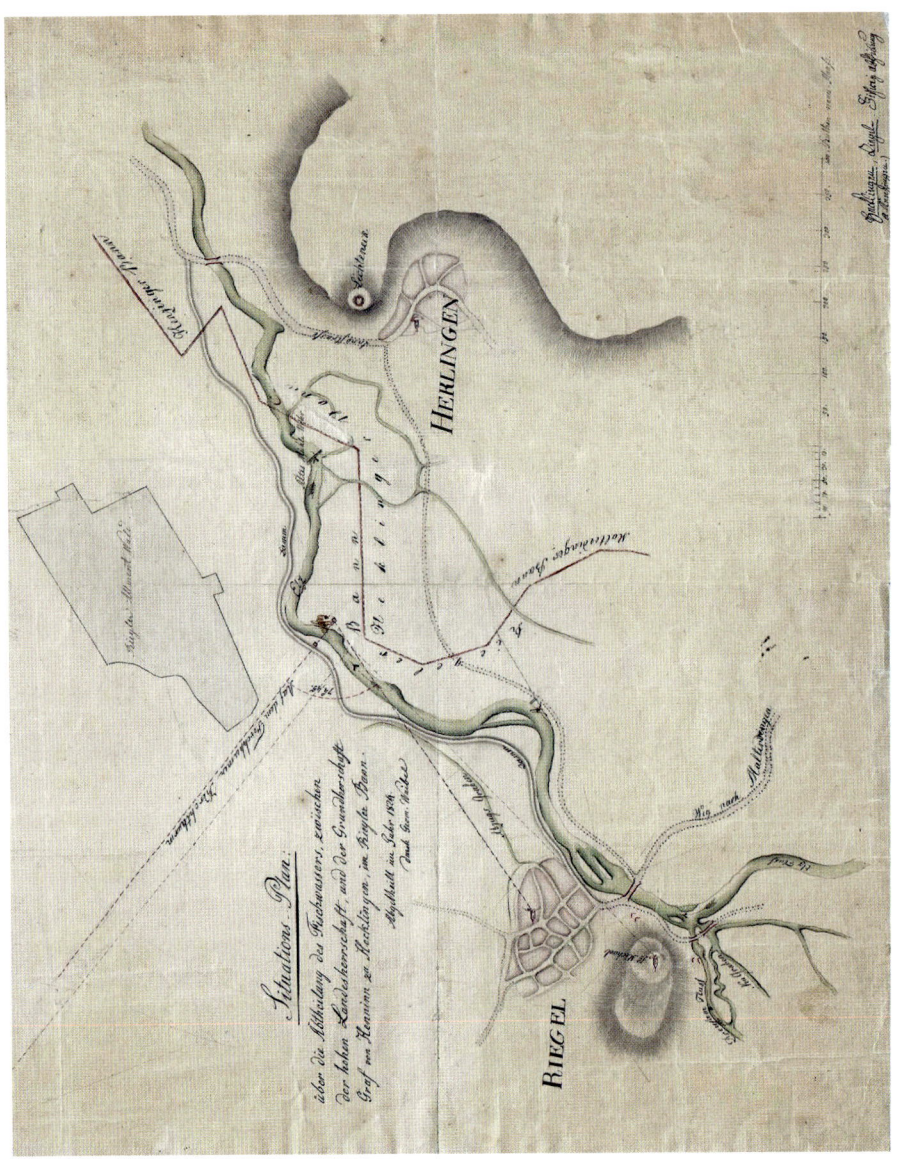

Abb. 9: Der Zusammenfluss bei Riegel 1824 vor Abschluss der Korrektion. Original: Generallandesarchiv Karlsruhe, H Riegel 5 Bild 1, Situations-Plan über die Abtheilung des Fischwassers zwischen der hohen Landesherrschaft und der Grundherrschaft Graf von Henninn zu Hecklingen im Riegler Bann, Waibel 1824, Permalink: http://www.landesarchiv-bw.de/plink/?f=4-1739940-1.

Flussbaugeschichte(n) an der Elz – vom technischen Ausbau zur Revitalisierung

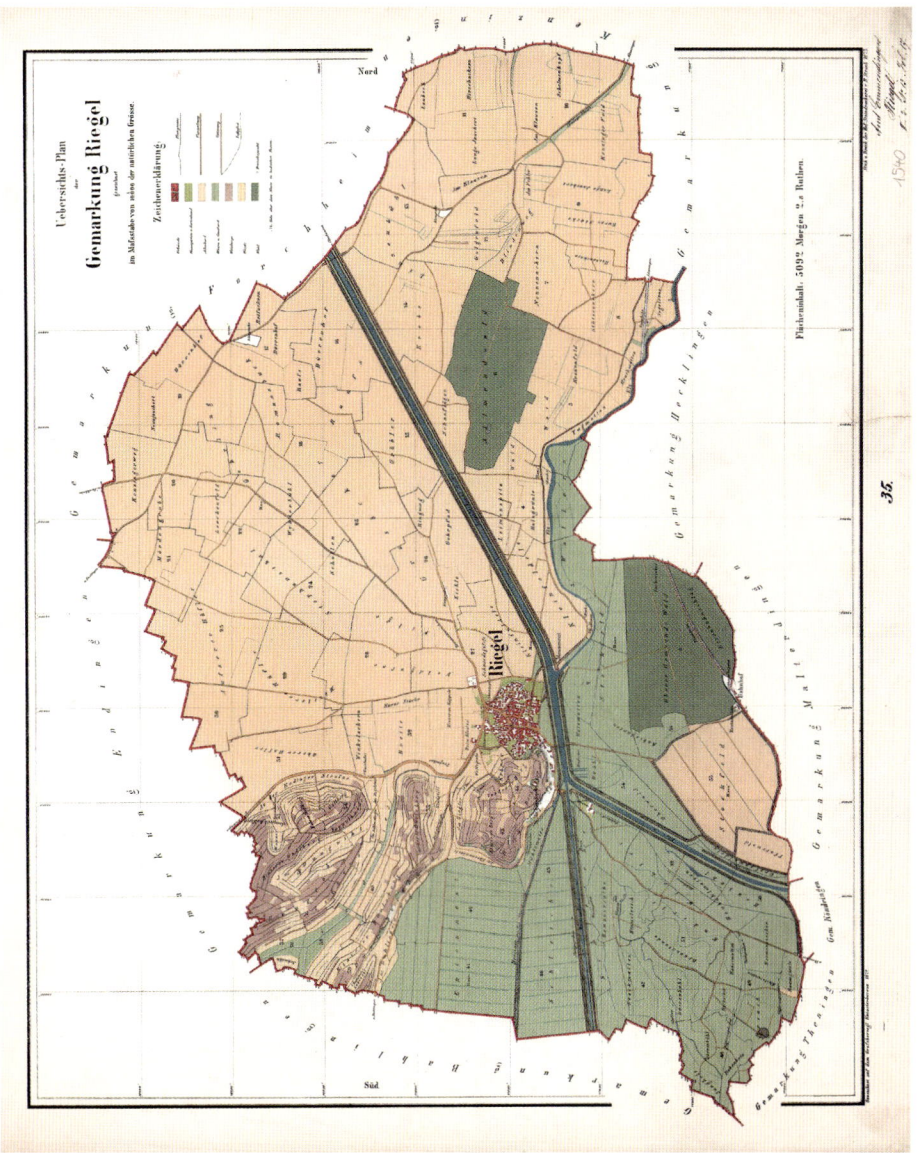

Abb. 10: Der Zusammenfluss bei Riegel 1872 nach Abschluss der Korrektion. Original: Generallandesarchiv Karlsruhe, Gemarkungspläne 1:10.000, H-1 Nr. 1540, Riegel (EM) Bild 1, Permalink: http://www.landesarchiv-bw.de/plink/?f=4-469022-1.

Abb. 11: Instandsetzung von Sohlschwellen an der Elz bei Emmendingen (1963). Foto: Bildarchiv Regierungspräsidium Freiburg.

In den Folgejahren bis zum Ende des 19. Jahrhunderts war man im Wesentlichen damit beschäftigt, die neu geschaffenen Ausbauprofile besonders nach Hochwasser zu reparieren, zu hohe Vorlandflächen tiefer zu legen und der Tiefenerosion der Flussläufe durch den Einbau von Sohlschwellen entgegenzuwirken. Die Schwellen bestanden anfangs noch aus Faschinen oder Holzstämmen, diese wurden später durch massive Steinschwellen ersetzt (vgl. Abb. 11).

5. Die Folgen des Gewässerausbaus

5.1. Wiesenwässerung und Wasserkraft

Durch den Gewässerausbau war die Intensivierung der Landwirtschaft auf den neu hinzugewonnenen Flächen möglich. Feste Wehre und Zuleitungsgräben sorgten für die Bewässerungsmöglichkeit der Wiesen (vgl. Abb. 12). Im Einzugsgebiet der Elz wurden im Jahr 1928 insgesamt über 4.000 Hektar Wiesen regelmäßig bewässert (vgl. Badischer Wasserkraftkataster, Bd. 11, 1928).

Die Wässerung erfolgte vor allem im Frühjahr zu Zeiten der Schneeschmelze, wenn das Wasser viele Nährstoffe mit sich führte. Sie wurde von sogenannten Wässergenossenschaften organisiert und noch bis in die 1970er Jahre durchgeführt.

Abb. 12: Wässerungsbauwerk an der Alten Elz bei Oberhausen. Foto: Bernd Walser.

Auch die Nutzung der Wasserkraft erhielt nach dem Ausbau der Flüsse einen deutlichen Zuwachs. Nach der Flusskorrektion konnte über sichere Wehranlagen die Wasserzufuhr der Mühlbäche dauerhaft gewährleistet werden. Im Einzugsgebiet von Elz, Glotter und Dreisam waren 1928 insgesamt 980 Wasserkraftanlagen im Wasserkraftkataster verzeichnet. Die meisten davon waren Getreide- oder Ölmühlen, die Elektrizitätswerke hatten mit 3,8 % damals zunächst noch einen geringen Anteil. Mühlkanäle wie der Kollmarsreuter Wuhrkanal versorgten die Mühlen und Wasserkraftanlagen (vgl. Badischer Wasserkraftkataster, Bd. 11, 1928).

5.2. Siedlungsentwicklung

Durch den Gewässerausbau war das Hinterland vor Überflutung geschützt, zumindest was Hochwasser angeht, die statistisch gesehen alle hundert Jahre auftreten können (HQ 100). Im Schutz der Hochwasserdämme entstanden in den ehemaligen Überflutungsgebieten der Elz neue Siedlungen wie z. B. das Bürkle-Bleiche-Gebiet in Emmendingen. Auch ehemalige Wässerwiesen wurden spätestens mit Aufgabe dieser Nutzung überbaut.

5.3. Fischerei

Lachse gab es an Elz und Dreisam früher noch sehr viele. Durch die zweite Ausbaustufe des Rheins mit dem Bau des Rheinseitenkanals und der Staustufen und der starken Verschmutzung durch Abwassereinleitungen aus Industrie und Siedlungen ging ihr Bestand nach dem Zweiten Weltkrieg deutlich zurück. Im Winterhalbjahr 1955/56 sind dem Staatlichen Fischereiaufseher noch über 50 gefangene Lachse gemeldet worden. 1958 wurde der letzte kapitale Lachs beim Wassermer Wehr aus der Elz gezogen.[4]

Heute werden in der Elz oberhalb von Sexau und an der Wilden Gutach regelmäßig Junglachse eingesetzt. 2014 wurden 35.000 junge Lachsbrütlinge mit einer Länge von 4–6 cm in der Elz ausgesetzt. Damit sich die rückkehrenden Lachse später wieder selbstständig vermehren können, sind entsprechende Laichplätze in Form von gut durchströmten Kiesbänken und eine gute Gewässerstruktur mit tiefen Kolken zwingende Voraussetzung.

Abb. 13: Letzter Lachsfang in der Elz bei Wasser im Jahr 1958. Foto: Bildarchiv Regierungspräsidium Freiburg.

---

[4] WFBW Wanderfische Baden-Württemberg gemeinnützige GmbH: Programmgewässer Elz-Dreisam, http://www.wfbw.de (Stand: 06.06.2023).

5.4. Die Defizite der ausgebauten Elz

Die ausgebaute Elz ist heute über weite Strecken leider in einem wenig naturnahen Zustand (vgl. Abb. 14). Trotzdem gibt es noch einige herausragende Gewässerabschnitte, wie zum Beispiel im Ortsbereich von Waldkirch oder unterhalb des Suggentaler Wehres bei Buchholz, die wichtige Laich- und Aufwuchshabitate für die Fischfauna darstellen.

Die Wasserqualität hat sich in den letzten Jahren dank der Kläranlagen deutlich verbessert. Defizite für die Lebewesen im Gewässer ergeben sich vor allem durch die Gewässerstruktur. Ungünstige Merkmale sind:
- Geradliniger, kanalartiger Verlauf
- Fehlender seitlicher Entwicklungsraum, fehlende Überflutung der Aue
- Einheitliche Strömungsverhältnisse
- Einheitliche Wassertiefe, keine Kolke, keine Flachwasserbereiche
- Fehlende Geschiebeablagerungen, die als Laichhabitat genutzt werden können
- Keine Beschattung durch Bäume, dadurch starke Erwärmung des Wassers
- Keine Versteckmöglichkeiten für Fische

Abb. 14: Elz unterhalb der Köndringer Brücke vor der Umgestaltung. Foto: Bernd Walser.

Bernd Walser

6. Revitalisierung der Elz

6.1. Das Umdenken setzt ein

In den 1970er Jahren begann in unserer Gesellschaft ein deutlicher Umdenkprozess bezüglich des Umweltschutzes und des Umgangs mit der Natur. Mit Einführung des Wasserbaumerkblattes in Baden-Württemberg 1980 (Schaal und Bürkle, 1993) sollten Gewässer künftig möglichst naturnah unterhalten und ausgebaut werden. Diese Entwicklung beschleunigte sich unter dem Eindruck des schweren Chemieunfalls der Firma Sandoz am Rhein bei Basel im Jahr 1986.

Anfang der 1990er Jahre wurden erste Gewässer „renaturiert" und als Grundlage für weitere Umgestaltungen Gewässerentwicklungspläne aufgestellt, die konkrete Maßnahmen zur naturnäheren Gestaltung enthielten. Auch in der europäischen Gesetzgebung und der des Bundes und der Länder spiegelte sich dieser Paradigmenwechsel wider.

6.2. Neue Ziele für die Gewässer

Mit der Europäischen Wasserrahmenrichtlinie (EG-WRRL) aus dem Jahr 2000 haben sich die europäischen Mitgliedsstaaten verpflichtet, bis spätestens 2027 den guten ökologischen Zustand an allen Gewässern wiederherzustellen. Eine maßgebliche Neuerung der WRRL ist ihr ganzheitlicher Ansatz. Dabei sind der ökologische und chemische Zustand der Oberflächengewässer sowie der chemische und mengenmäßige Zustand des Grundwassers umfassend und flächendeckend zu untersuchen und zu bewerten. Auf Grundlage der erhobenen Daten werden in den Gewässern Defizite und deren Ursachen identifiziert und basierend darauf effiziente Maßnahmen zur Verbesserung des Gewässerzustands abgeleitet und schrittweise umgesetzt.

Dazu sind u. a. folgende Maßnahmen notwendig:
- Verbesserung der Durchgängigkeit durch Umbau der Wehre
- Verbesserung der Gewässerstruktur
- Bereitstellung einer ausreichenden Wassermenge
- Verbesserung der Wasserqualität

Ein weiteres wichtiges Ziel ist die Wiederansiedlung von Wanderfischen wie Lachs, Meerforelle oder Meerneunauge an den großen Schwarzwaldgewässern. Zur Umsetzung dieses Ziels hat die Internationale Kommission zum Schutz des Rheins das Programm Lachs 2020 initiiert. Elz und Dreisam sind hier „Programmgewässer". Mit geeigneten Maßnahmen zur Herstellung der Durchgängigkeit und Verbesserung der Gewässerstruktur soll die Wiederansiedlung dieser Fischarten gefördert werden.[5]

---

[5] WFBW (wie Anm. 4).

6.3. Anpassung der Gewässerunterhaltung

Eine ökologisch orientierte Gewässerunterhaltung kann dabei helfen, eine möglichst große Vielfalt von Substraten, Strukturen und Standorten und damit Lebensräumen am Gewässer zu erhalten und zu entwickeln. Es gilt, bei der Gewässerunterhaltung die vorhandenen Handlungsspielräume zu nutzen, ohne den Hochwasserschutz zu gefährden. Dabei kann auch das Landschaftsbild und die Qualität des Gewässers für die Naherholung verbessert werden.

Abb. 15 und 16: Teilräumung von Kiesanlandungen am Wassermer Wehr. Fotos: Bernd Walser.

So wird heute z. B. bei der Mahd der Vorländer und Hochwasserdämme Rücksicht genommen auf den Entwicklungszyklus geschützter Schmetterlinge wie den Wiesenknopf-Ameisenbläuling, eine europäisch streng geschützte Art. Durch eine relativ frühe Mahd Ende Mai und eine späte zweite Mahd im September kann der Große Wiesenknopf, die Futterpflanze des Schmetterlings, zur Blüte kommen und so die Vermehrung dieser seltenen Art gefördert werden.

Vor allem in den Aufweitungsbereichen unterhalb der großen Wehranlagen wie am Wassermer Wehr bilden sich Kiesablagerungen, die von Zeit zu Zeit zur Sicherstellung des Hochwasserabflusses geräumt werden müssen. Solche Eingriffe werden heute als halbseitige Teilräumung (vgl. Abb. 15 und 16) durchgeführt, dabei wird auch darauf geachtet, dass vorhandene Sohlstrukturen wie z. B. Kiesbänke erhalten bleiben.

Regelmäßige Sedimentablagerungen von bis zu 6 cm pro Jahr machen etwa alle zehn Jahre eine Räumung des aufgelandeten Vorlandes bis auf den ursprünglichen Ausbauquerschnitt notwendig. Zum Erhalt der artenreichen Wiesenflächen werden die abgetragenen Vorländer im sogenannten Heudruschverfahren mit einheimischem Saatgut, das vorher mit dem Mähdrescher an der Elz geerntet wurde, wieder angesät. Die abgetragenen Rasensoden werden seitlich gelagert und mit der Kreiselegge eingearbeitet.

Das Verfahren wird auch bei allen größeren Baumaßnahmen wie z. B. für Dammsanierungen eingesetzt. So ist sichergestellt, dass der Artenreichtum der Wiesenvegetation entlang der Elz mit ihren Halbtrocken- und Trockenrasen auch langfristig erhalten bleibt.

6.4. Herstellung der Durchgängigkeit

Zwischen 1995 und 2013 wurden alle an Leopoldskanal und Elz vorhandenen Querbauwerke zwischen der Rheinmündung und Kollnau, die die Durchgängigkeit für Fische und Gewässerorganismen verhindert hatten, mit Fischwanderhilfen umgestaltet; somit wurde die Durchgängigkeit an den alten Wehranlagen wiederhergestellt (vgl. Abb. 17).

Abb. 17: Fischaufstieg am Leopoldskanal bei Rheinhausen. Foto: Bernd Walser.

6.5. Verbesserung der Gewässerstruktur

Im Jahr 2002 wurden von der Gewässerdirektion Südlicher Oberrhein Maßnahmenvorschläge für das sogenannte „Grünkonzept Deutsche Bahn"[6] ausgearbeitet. Mit den Maßnahmen sollten Eingriffe in den Naturhaushalt durch den Ausbau der Rheintalbahn zwischen Offenburg und Basel ausgeglichen werden. Im Landkreis Emmendingen wurden an Elz und Dreisam insgesamt zehn solcher Maßnahmen-Bausteine zur Verbesserung der Gewässerstruktur und Wiederherstellung der Durchgängigkeit vorgeschlagen. Mit einem Kooperationsvertrag wurde 2012 zwischen dem Regierungspräsidium Freiburg und der DB Netz AG die vorgezogene Durchführung verschiedener Ausgleichsmaßnahmen vereinbart.

Zwischen 2015 und 2016 wurden drei Einzelprojekte zur Revitalisierung der Elz zwischen Riegel und Köndringen umgesetzt. Der auf etwa 3,5 km Länge umgestaltete Abschnitt der Elz ist eine der größten Gewässerrevitalisierungen in Baden-Württemberg.

Dammrückverlegung und Strukturverbesserung der Elz bei Riegel (Maßnahme E2)

Oberhalb der Kreisstraßenbrücke bei Riegel wurden das bestehende Vorland umgestaltet und Strukturelemente eingebaut. Die alte Blocksteinsicherung des Mittelwasserbettes wurde dabei abschnittsweise entfernt bzw. als „schlafende" Sicherung an den Dammfuß zurückverlegt und die dahinterliegenden Vorlandbereiche flach abgegraben (vgl. Abb. 18 und 19). Dadurch sind große Wasserwechselzonen entstanden, die den Gewässerorganismen, aber auch Wasservögeln bessere Lebensbedingungen bieten. Weiterhin wurden zahlreiche Strömungslenker in Form von Steinbuhnen und Fischunterstände eingebracht.

Kernstück der Maßnahme ist aber die Rückverlegung des linksseitigen Elzdammes um ca. 250 m in südliche Richtung. Ziel ist hier die Wiederanbindung eines ehemaligen Auenwalds an das Hochwassergeschehen der Elz. Das Hochwasser fließt über drei Dammbreschen in den Wald, wo dann bis zu 100.000 m³ Wasser zurückgehalten werden können.

Gewässerentwicklung im Doppeltrapezprofil der Elz bei Köndringen (Maßnahme E3)

In dem etwa 850 m langen Gewässerabschnitt oberhalb der Autobahnbrücke zwischen dem Köndringer Baggersee und der Kläranlage konnte wegen fehlender Fläche keine Rückverlegung des Dammes erfolgen. Um dennoch eine größtmögliche ökologische Aufwertung zu realisieren, wurde die linke Blocksteinsicherung des Mittelwasserbettes entfernt und das dahinterliegende Vorland unregelmäßig in einer Höhe von 0,5 bis 1,5 m abgetragen. Diese nun häufiger überschwemmte Wasserwechselzone verbessert die Lebensraumbedingungen für Kleinlebewesen und zahlreiche Wasservogelarten. Die Sicherung des Hochwasserdammes übernimmt nun auch hier eine etwa um 9 m Richtung Dammfuß zurückverlegte und mit Erde überdeckte Steinschüttung. Weiterhin wurden zahlreiche Buhnen aus bis zu drei Tonnen schweren Flussbausteinen in die Elz eingebaut. Sie nehmen bis zu zwei Drittel der Gewässerbreite ein, bewirken so einen leicht geschwungenen Flussverlauf und sorgen für die lokale Bildung von Kolken und die Ablagerung von Sediment in Form von Kiesbänken (vgl. Abb. 20 und 21).

---

[6] Deutsche Bahn: Ausgleichs- und Ersatzmaßnahmen Ausbau- und Neubaustrecke Karlsruhe-Basel, https://www.karlsruhe-basel.de/ausgleichs-und-ersatzmassnahmen.html (Stand: 06.06.2023).

Bernd Walser

Abb. 18 und 19: Vorlandumgestaltung an der Elz bei Riegel vor (oben) und nach der Aufweitung (unten).
Fotos: Bernd Walser.

Flussbaugeschichte(n) an der Elz — vom technischen Ausbau zur Revitalisierung

Abb. 20 und 21: Vorlandumgestaltung an der Elz bei Köndringen vor (oben) und nach der Aufweitung (unten). Fotos: Bernd Walser.

Bernd Walser

Dammrückverlegung und Revitalisierung der Elz bei Köndringen (Maßnahme E4)

Der bestehende linke Elzdamm unterhalb der Köndringer Elzbrücke wurde auf einer Länge von rund 1.350 m bis zu 200 m in südliche Richtung zurückverlegt (vgl. Abb. 22). Innerhalb der dadurch neu hinzugewonnenen Überflutungsflächen wurde das Gewässer komplett umgestaltet. Mit dem Bagger wurden drei neue Elzbögen als Pioniergerinne mit senkrechten Prallufern und flachen Gleitufern hergestellt. Zusätzlich eingebaute Wurzelstöcke und Buhnen aus Fichtenwipfeln sollten direkt nach dem Bau das Gewässer strukturieren und als Unterstand für die Fische dienen.

Mehrere kleinere und mittlere Hochwasserereignisse sorgten mittlerweile für die Gestaltung naturnaher Gewässerprofile mit tiefen Kolken und Kiesrauschen (vgl. Abb. 23 und 24). Mit der Dammrückverlegung wurde hier ein zusätzliches Retentionsvolumen von rund 280.000 m³ geschaffen.

Diese drei Projekte wurden vom Landesbetrieb Gewässer des Regierungspräsidiums Freiburg in Zusammenarbeit mit der Deutschen Bahn als vorgezogene Ausgleichsmaßnahmen E2–E4 im Planfeststellungsabschnitt 8.1 zum Ausbau der Rheintalbahn realisiert. Die Baukosten in Höhe von rund 6,8 Millionen Euro (brutto) wurden von der Deutschen Bahn getragen. Gleichzeitig investierte das Land ca. 4,8 Millionen Euro in die Verbesserung des Hochwasserschutzes durch Sanierung der Hochwasserdämme.

Abb. 22: Blick über die Dammrückverlegung bei Köndringen mit den beiden oberen Elzbögen im Februar 2021. Foto: Dieter Ruf.

Flussbaugeschichte(n) an der Elz – vom technischen Ausbau zur Revitalisierung

Abb. 23 und 24: Mittlerer Elzbogen mit steilem Prallhang und kiesig ausgebildetem Gleitufer. Fotos: Dieter Ruf/Bernd Walser.

6.6. Erste Erfahrungen

Bereits im ersten Jahr nach der Fertigstellung haben sich deutliche Veränderungen ergeben. So bildeten sich im Fluss- und Uferbereich Kiesinseln und Prallhänge. Flache, langsam fließende Stellen wechseln sich ab mit tieferen, schnell fließenden Abschnitten. Es entstehen neue, wichtige Lebensräume für Fische, Libellen, Amphibien und Vögel. Neben den Fischen hat vor allem die Vogelwelt vom umgestalteten neuen Elzlauf profitiert. Bei uns selten gewordene Vogelarten wie der Flussregenpfeifer brüten mit mehreren Brutpaaren regelmäßig auf den Kiesbänken.

Nach Kartierungen des Naturschutzbundes haben seit 2017 über 120 Vogelarten, zahlreiche davon auf der Roten Liste, die neu gestaltete Elz erkundet. Verschiedene dieser Arten sind aber störungsempfindlich und benötigen ungestörte Rast- und Brutgebiete im Fluss und am Ufer.

Hier zeichnet sich ein Konflikt ab, da der umgestaltete Elzabschnitt nicht nur für die Tier- und Pflanzenwelt interessant geworden ist. Auch die Bevölkerung hat die Flächen als Naherholungsgebiet direkt vor der Haustüre für sich entdeckt. Kinder plantschen und bauen im Wasser, Mountainbiker und Spaziergänger mit und ohne Hunde nutzen das neue Gebiet für Radtouren und ausgedehnte Spaziergänge. Dies führte beispielsweise dazu, dass während der Brut- und Aufzuchtzeit des Flussregenpfeifers die unteren beiden Elzbögen mit Weidezäunen abgesperrt und mit Hinweistafeln versehen werden mussten. Leider halten sich nicht alle Zeitgenossen an solche Absperrungen. Im Rahmen einer Erfolgskontrolle sollen deshalb auch mögliche Maßnahmen der Besucherlenkung thematisiert werden.

6.7. Ausblick

Zur Zielerreichung und Wiederherstellung des „guten Zustandes" nach der EU-Wasserrahmenrichtlinie werden an der Elz auch noch weitere Gewässerentwicklungsmaßnahmen notwendig sein.

In Zusammenarbeit mit den Gemeinden Emmendingen und Denzlingen wird eine weitere Dammrückverlegung bei Kollmarsreute geplant. Die Umsetzung des Projektes ist in den Jahren 2024 bis 2027 vorgesehen.

Literatur

Badischer Wasserkraftkataster, Bd. 11: Elz, Dreisam, Glotter, hg. von der Wasser- und Straßenbaudirektion Karlsruhe, Karlsruhe 1928.
Fies, Alexandra: Badische Auswanderungsagenten im 19. Jahrhundert, in: Badische Heimat 89, H. 2 (2009), S. 228–232.
Himmelsbach, Iso: Erfahrung – Mentalität – Management. Hochwasser und Hochwasserschutz an den nicht-schiffbaren Flüssen im Ober-Elsass und am Oberrhein (1480–2007) (Freiburger geographische Hefte, Bd. 73), Freiburg 2012.
Hydrographie des Grossherzogthums Baden, hg. vom Centralbureau für Meteorologie und Hydrographie, Fünftes Heft, Karlsruhe 1887.
Sayer, Cosmas: Über die Entwicklung des Flussbaus mit besonderer Rücksicht auf das Grossherzogthum Baden, Karlsruhe 1892.
Schaal, Hans / Bürkle, Fritz: Vom Wasser- und Kulturbau zur Wasserwirtschaftsverwaltung in Baden-Württemberg – 200 Jahre Wasserwirtschaft im Südwesten Deutschlands, Stuttgart 1993.
Schaible, Josef: Geschichte des badischen Hanauerlandes nebst einer medizinisch-statistischen Topographie des großherzoglich badischen Amtsbezirkes Kork, Karlsruhe 1855.
Tein, Maximilian von: Ergebnisse der Untersuchung der Hochwasserverhältnisse im Deutschen Rheingebiet, Auftreten und Verlauf der Hochwasser vom März 1896, Fünftes Heft, Berlin 1898.
Verhandlungen der Stände-Versammlung des Großherzogthums Baden im Jahr 1835, 8. Protokollheft, Karlsruhe 1835.
Zollikofer, Ruprecht: Das Hungerjahr 1817, St. Gallen 1818.

Wasserstraßenplanung im Südwesten (1826–1970)

Standortpolitik und technischer Fortschritt

Wolf-Ingo Seidelmann

I. Planungen für Schleusenkanäle im frühen 19. Jahrhundert

1. Schwierige technische und wirtschaftliche Rahmenbedingungen

Die globalisierte Welt und deren Wohlstand hängen von den Transportmärkten ab. Der technische Fortschritt auf dem Verkehrssektor hat zu hohen Transportkapazitäten und niedrigen Mobilitätskosten geführt. Die moderne Gesellschaft transportiert dermaßen viel, dass ihr als Erstes die Nachteile des Verkehrs einfallen und sie über Maßnahmen zu dessen Reduktion nachsinnt. In früheren Jahrhunderten war dies anders: Die Regierungen bemühten sich sehr darum, den lukrativen Transitverkehr vom Gebiet des Nachbarstaats ab- und auf das eigene Territorium hinzulenken. Es ging um staatliche Steuer- und Zolleinnahmen – und um den Umsatz für die lokale Wirtschaft. Wo Küsten oder Flüsse verliefen, war es möglich, mit mäßigem Aufwand eine attraktive Infrastruktur für den Verkehr zu schaffen. Wo dagegen das Wasser fehlte, mussten Straßen gebaut und unterhalten werden – ein teures Unterfangen von geringer Effizienz: Das Pferd als Zugtier limitierte den Warenstrom und machte ihn teuer und langsam – mit teils dramatischen Folgen: Regionale Hungersnöte konnten nicht bekämpft werden, weil ein leistungsfähiges Transportsystem in die Überschussregionen fehlte.

Schon früh versuchten die Regierungen, schiffbare Flüsse durch Kanäle zu verbinden. Erst der Absolutismus und die Gründung von Zentralstaaten im 16. Jahrhundert schufen die nötigen finanziellen Voraussetzungen für massive Investitionen in die Verkehrsinfrastruktur. Ein herausragendes Beispiel ist der 1681 im Südwesten Frankreichs fertiggestellte Canal du Midi. Die 240 km lange Wasserstraße verbindet den Atlantischen Ozean mit dem Mittelmeer und erschloss den lokalen Produzenten überregionale Absatzmärkte. England errichtete im 18. Jahrhundert zahlreiche Kanäle und legte auf diese Weise den Grundstein für die industrielle Revolution. 1821/1822 zog Frankreich nach und verkündete den Bau von mehr als 2.200 km Kanalstrecke (Großkreutz, 1977, S. 32 f. u. 62 ff.). Im Rahmen dieser Planungen entstand ab 1839 der etwa 300 km lange Rhein-Marne-Kanal, der in Straßburg sein östliches Ende fand.

Im politisch zersplitterten Deutschland herrschten zunächst schlechte Bedingungen für teure Investitionen in die Verkehrsinfrastruktur. Die Finanzkraft der kleinen Territorialherren wäre überfordert gewesen. Erst nach dem Wiener Kongress von 1815 bildeten sich leistungsfähige Staaten in Süddeutschland heraus. Dennoch rechneten sich aufwendige Verkehrsprojekte nur selten: Bis 1834 der deutsche Zollverein in Kraft trat, war das Handelsvolumen viel zu gering dafür; zudem wären für Kanalbauten in den Mittelgebirgen extreme Kosten durch die hohe Zahl an Schleusen entstanden; auch die Wasserbeschaffung stellte ein erhebliches Problem dar.

Wolf-Ingo Seidelmann

Abb. 1: Die Kammerschleuse: Mit einer maximalen Hubhöhe von knapp 3 m war sie der entscheidende Engpass für Kanalplanungen im Mittelgebirge. Im Bild die Doppelschleuse „Écluse de Fresquel" am Canal du Midi bei Carcassonne. Foto: Wolf-Ingo Seidelmann.

Dennoch beschäftigten sich die Regierungen in Karlsruhe, Stuttgart und München mit solchen Planungen, da bis Ende der 1830er Jahre als durchaus offen galt, ob das innovative, ab 1825 von George Stephenson im englischen Flachland realisierte Transportsystem einer Dampfeisenbahn auch für die steilen Mittelgebirgsstrecken in Süddeutschland geeignet war.

2. Privatwirtschaftliche Ost-West-Projekte zur Fortsetzung des Rhein-Marne-Kanals

Im Oktober 1826 erschienen zwei Herren im Stuttgarter Innenministerium. Francois Albert und Jean George Constantin la Flèche Baron de Keudelstein behaupteten, vom französischen Staat beauftragt worden zu sein, einen Kanal von der Marne bis zum Rhein zu bauen. Von Straßburg aus wolle man den Kanal über den Schwarzwald nach Osten fortführen, um eine kontinentale Wasserstraße allerersten Ranges zu erhalten, die Indien, das Kaspische und das Schwarze Meer mit Frankreich und dem Atlantik verbinde. Die Trasse dieses Wunderwerks solle durch die Täler von Kinzig und Schiltach bis nach Schramberg führen, um hinter St. Georgen in die Brigach und dann in die Donau einzumünden. Das Gesamtgefälle der Strecke war gewaltig: Von Kehl bis zur Scheitelhaltung waren 750 m Anstieg zu überwinden; anschließend ging es 420 m hinab bis nach Ulm. Bei der damals üblichen Hubhöhe einer Schleuse von rund 2,80 m hätte man auf der 200 km

Wasserstraßenplanung im Südwesten (1826–1970)

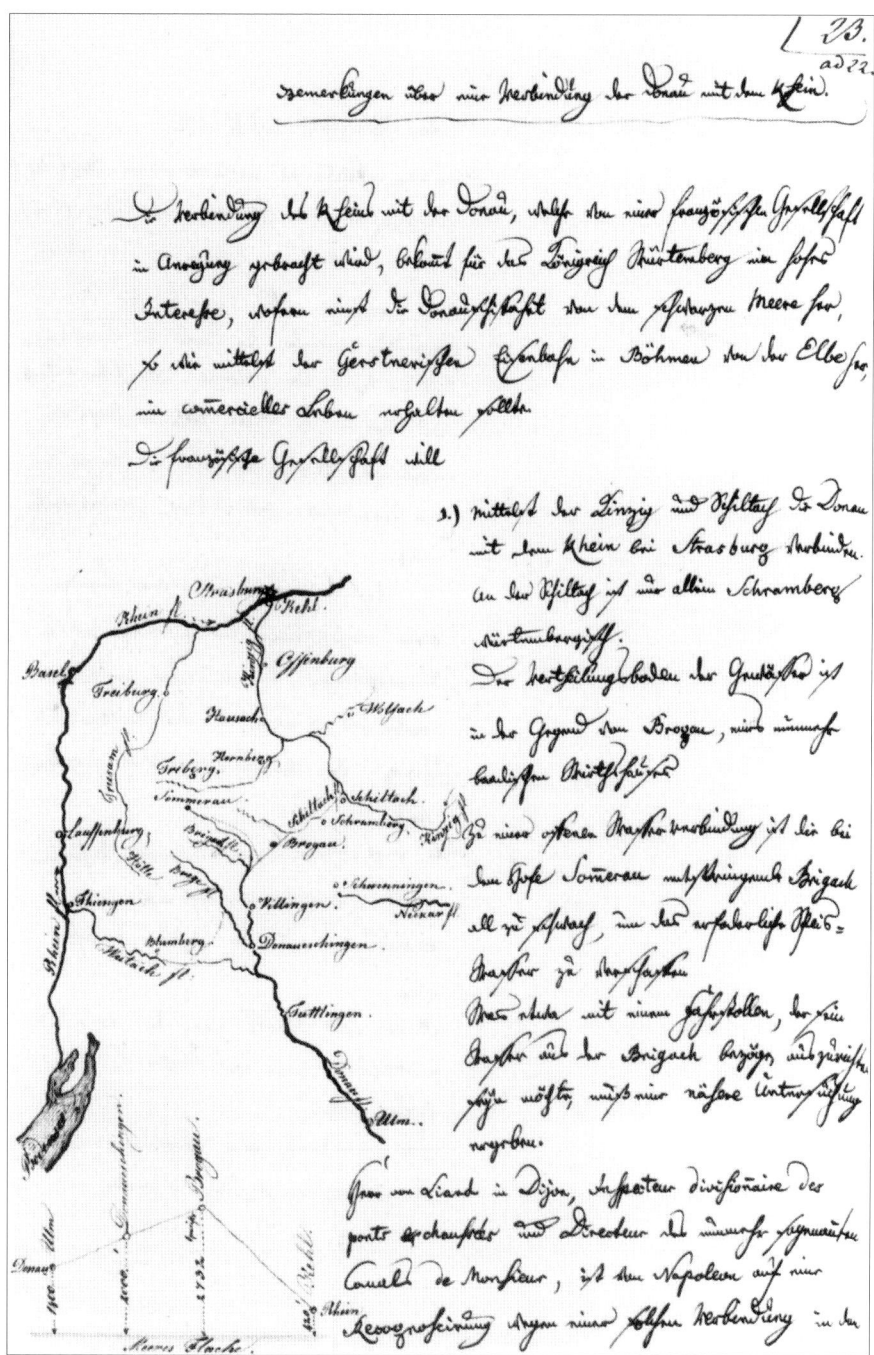

Abb. 2: Gutachten des württembergischen Staatstechnikers Oberst Karl Friedrich Duttenhofer zum Projekt eines Kinzig-Donau-Kanals mit einer Scheitelhaltung bei Brogau (1826). Quelle: Hauptstaatsarchiv Stuttgart (HStAS) E 10 Bü 115.

langen Strecke 450 Schleusen bauen müssen – alle 450 m eine. Mit einer Sohlenbreite von 10 m, einer Wasserspiegelbreite von 15 m und einer Tiefe von 1,66 m sollte der Kanalquerschnitt auch für die größten Rheinkähne ausreichen.

Das Projekt sollte elf Mio. Gulden kosten; das war erheblich mehr als das gesamte Volumen des württembergischen Staatshaushalts von 1822/1823 (9,5 Mio. Gulden laut Württembergische Jahrbücher, 1823, S. 501 ff.). Die Petenten erklärten, sich das nötige Geld auf dem Kapitalmarkt beschaffen zu wollen; vom Staat erbitte man sich nur eine Baukonzession. Im Innenministerium blieb man skeptisch. Der Stuttgarter Verleger Johann Friedrich Cotta hielt die technischen Probleme des Kanalbaus für unüberwindbar und empfahl König Wilhelm, seinen Blick besser auf die in England gebaute Eisenbahn zu richten. In schwierigen, von langen Pausen unterbrochenen Gesprächen erreichten die Petenten 1829, dass ihnen die Stuttgarter Regierung die Erteilung einer Baukonzession schriftlich in Aussicht stellte. Auch in Karlsruhe herrschte Skepsis. So berichtete 1827 der württembergische Gesandte am dortigen Hof, der badische Geheimrat Karl Friedrich Nebenius bekämpfe das Projekt: „Dieser Mann ist [...] als solcher bekannt, der von dem Grundsatz ausgeht, Baden lebe besser von der Freibeuterei als von einem ernstlichen Verkehr mit seinen Nachbarn" (Seidelmann, 1990, S. 339). Das war zwar übertrieben, doch musste auf badischen Wunsch hin die ursprünglich über das württembergische Schramberg führende Trasse zugunsten einer Linienführung über das badische Triberg ersetzt werden. Das Speisewasser für den Kanal gedachte man dem Triberger Wasserfall zu entnehmen.

Die Unternehmer waren unseriös. Schon 1827 hatte der württembergische Gesandte in Paris, Graf Mülinen, nach Stuttgart berichtet, dass Albert & La Flèche der Planungsauftrag für den Rhein-Marne-Kanal bereits 1825 wegen finanzieller Unzuverlässigkeit entzogen worden sei. An diesem Projekt arbeite jetzt Bonvie & Caffin. Die Gesellschaft übergab Mülinen 1827 ein Memorandum, in dem sie einen eigenen Entwurf zur Fortsetzung des Rhein-Marne-Kanals zur Donau vorstellte. Der nur grob skizzierte Plan verzichtete auf eine Linienführung durch das Kinzigtal. Stattdessen sollte der Hochrhein bis Waldshut schiffbar gemacht und von dort aus ein Kanal durch das Wutachtal bis nach Blumberg gebaut werden. Ein 5 km langer Tunnel schuf die Verbindung zum Einzugsgebiet der Donau. In Bayern fühlte man sich von dem Vorhaben düpiert. Dort verfolgte Oberbaurat Heinrich von Pechmann ein eigenes Projekt, den Ludwig-Donau-Main-Kanal. Dessen Bau erschien nur sinnvoll, wenn im Südwesten keine Ost-West-Verbindung entstand, die kürzer war als die bayerische. Der Münchner Staatsminister Joseph von Armansperg gab daher die Order aus: „Es dürfte demnach alles aufgebothen werden, diesen Kanal von Basel [...] durch die Wuttach, welcher Württemberg sehr begünstigen wird, zu verhindern" (Seidelmann, 1990, S. 337).

Alle Projekte fußten auf völlig realitätsfernen Rentabilitätsberechnungen. Die Herren Albert und Keudelstein glaubten ein Gütervolumen von 120.000 t von West nach Ost transportieren zu können. Der württembergische Transitverkehr betrug 1826 und 1827 aber lediglich 13.000 t – und zwar hauptsächlich von Nord nach Süd (Württembergische Jahrbücher, 1829, S. 385). Investoren fanden sich unter diesen Umständen keine. Die französischen Unternehmer legten denn auch niemals konkrete Baupläne vor. So verdichtete sich ab 1830 der Verdacht der Regierungen in Stuttgart und Karlsruhe zur Gewissheit, dass die Projekte ein ausgemachter Schwindel seien, die in erster Linie den Zweck verfolgten, potenzielle Geldgeber um ihr Kapital zu betrügen.

Wasserstraßenplanung im Südwesten (1826–1970)

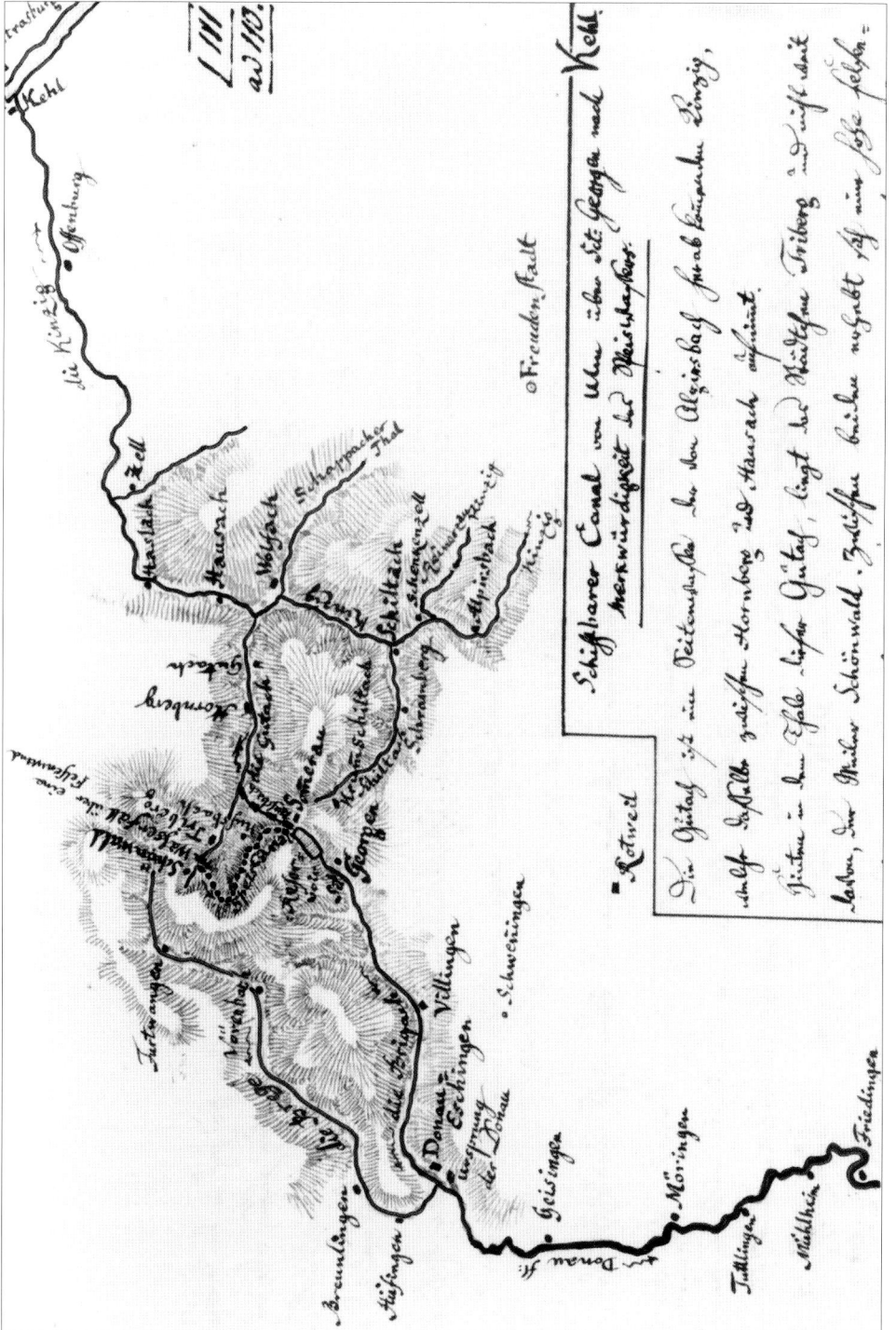

Abb. 3: Bericht Duttenhofers über seine Untersuchungen zu einem Kinzig-Donau-Kanal über Triberg (1836). Quelle: HStAS E 10 Bü. 115.

Wolf-Ingo Seidelmann

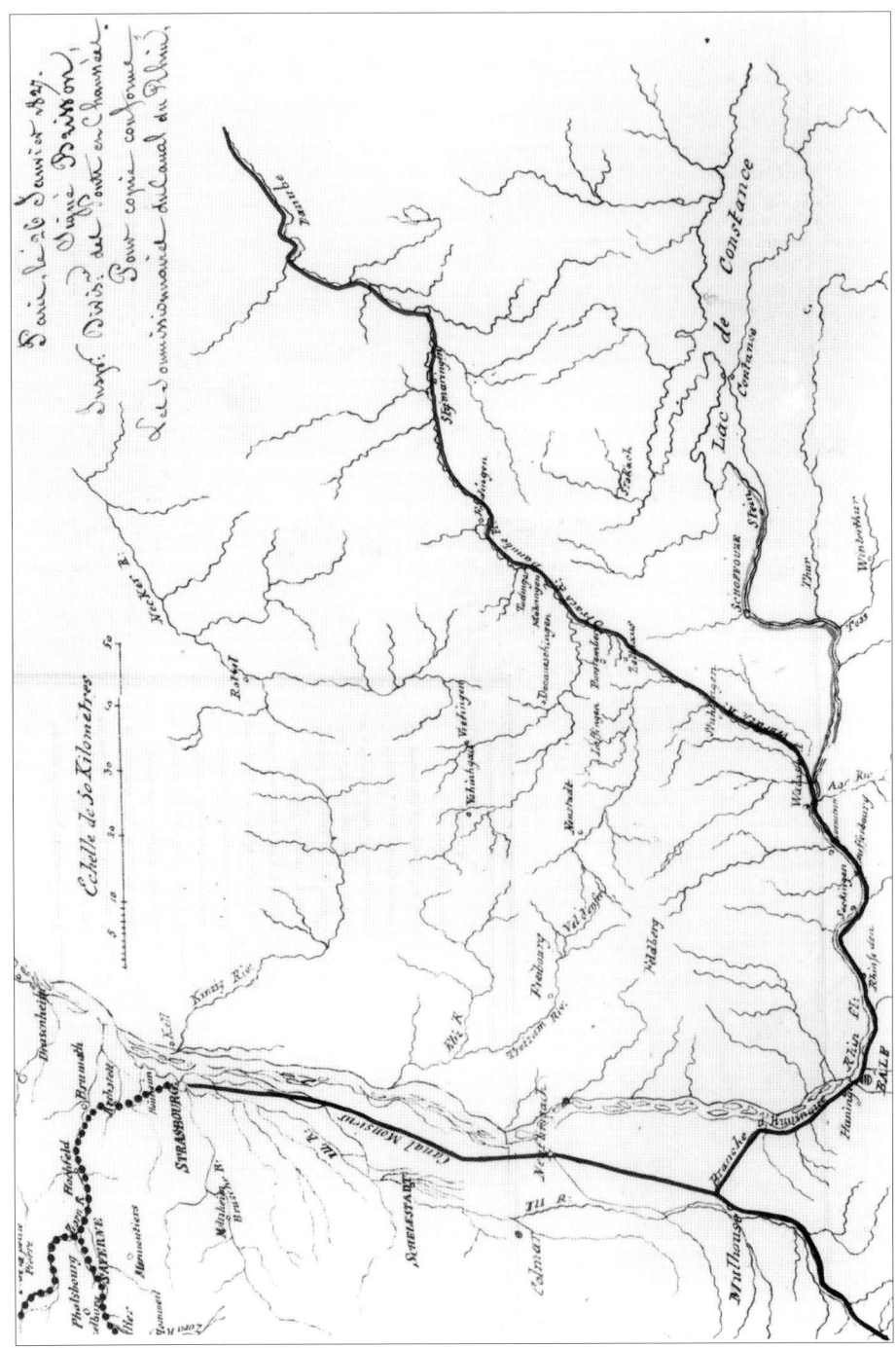

Abb. 4: Die Trasse des 1826 von Bonvie & Caffin vorgelegten Rhein-Donau-Projekts führte zwischen Straßburg und Mülhausen über den seit 1784 im Bau begriffenen Rhein-Rhone-Kanal und verlief dann entlang des Hochrheins bis nach Waldshut. Über die Wutach erreichte sie dann den Einzugsbereich der Donau. Quelle: HStAS E 46 Bü. 1243.

3. Vom Kanal zur Eisenbahn – staatliche Nord-Süd-Streckenplanungen in Württemberg

Im Zuge der Mediatisierung und Säkularisierung wuchs das württembergische Staatsgebiet Anfang des 19. Jahrhunderts stark an. Mit der Annexion Heilbronns beseitigte die Stuttgarter Regierung 1802 das Haupthindernis für eine durchgehende Schifffahrt auf dem Neckar. Ab 1806 bestimmten weitere, zwischen Donau und Bodensee liegende Gebietszuwächse die Prioritäten der württembergischen Verkehrspolitik: Ein wichtiges Ziel der Regierung war es, das durch die Schwäbische Alb vom altwürttembergischen Kernland topografisch abgetrennte Oberschwaben zu erschließen. Damit beabsichtigte man auch, den lukrativen Transitverkehr von den Nordseehäfen zur Schweiz, nach Österreich und nach Oberitalien von den badischen und bayerischen Konkurrenzstrecken ab- und auf das eigene Staatsgebiet hinzulenken. Die Regierung investierte daher massiv in die Verkehrsinfrastruktur: Mit Straßenneubauten, Begradigungen der Albaufstiege, Korrekturen des Neckarfahrwassers und dem Bau des Wilhelmkanals in Heilbronn hoffte man die eigene Transitroute attraktiver zu machen. 1802 bereisten zwei Techniker die Gegend bei Königsbronn, um Pläne für eine Kanalverbindung zwischen Neckar und Donau zu skizzieren, die ihren Weg durch die Täler von Kocher, Rems und Brenz nehmen sollte (Schwäbische Kronik, Nr. 383 v. 18.08.1904; Seidelmann, 1988, S. 55–59). Weil man die Wasserversorgung der staatlichen Eisenwerke in Königsbronn für gefährdet hielt, aber auch, weil die napoleonischen Kriege ausbrachen, hatte das Projekt trotz lokaler Fürsprecher in den Jahren 1807 und 1817 keinerlei Realisierungschancen.

Eine andere Initiative kam 1819 aus Ulm, das seit 1810 zu Württemberg gehörte und am Kreuzungspunkt von sieben wichtigen internationalen Fernstraßen lag. Außerdem besaß die Stadt um 1820 den größten Getreidemarkt in ganz Oberschwaben, der auch die Schweiz und Vorarlberg belieferte. Dieses Verkehrsaufkommen hatte der Ulmer Baurat Schlumberger im Sinn, als er der Kreisregierung 1819 vorschlug, mit einem Aufwand von 40.000 Gulden einen Kanal von der Donau zum Bodensee zu bauen. Für den Verlauf der ca. 100 km langen Trasse kamen nur die Täler von Riß und Schussen in Betracht, wo mit Biberach, Ravensburg und Friedrichshafen fast alle Wirtschaftszentren des württembergischen Oberschwabens lagen. Die Gesamtsteigung des Kanals von rund 300 m hätte jedoch mindestens 95 Schleusen erfordert. Nachprüfungen des Stuttgarter Innenministeriums führten zu der realitätsnahen Kostensumme von vier Mio. Gulden, die sich bei dem zu erwartenden Frachtaufkommen nicht rentiert hätten. 1821 ordnete man daher die Einstellung aller Vorarbeiten an (Seidelmann, 1989a, S. 60).

Die Stuttgarter Regierung blieb auch weiterhin am Ausbau ihrer Transitstrecken interessiert, scheiterte jedoch an der ungünstigen Topografie: So lieferte 1824 der Nachwuchstechniker A. Duttenhofer[1] ein Neckar-Donau-Bodensee-Kanal-Projekt ab, das allein schon wegen seiner Trassenführung Widerstand hervorrief. Pikiert urteilte das Innenministerium, es könne „nicht leicht ein KanalisationsPlan stärkeren Bedenken unterliegen als derjenige einer Kanalführung vom Erms- über den Albrücken in das LauterThal" (Seidelmann, 1988, S. 28). Gleiches galt für die technischen Lösungen: Hebewerke mit 143 m Hub oder Tunnel mit über 9 km Länge wären mit den damals verfügbaren Mitteln kaum zu realisieren gewesen. Die Regierung sandte Duttenhofer daher 1825 nach England, damit er dort die „Eisenbahnen kennenlerne" (Seidelmann, 1988, S. 69). Der Techniker, der über seine Reise 1835 ein Buch veröffentlichte, besichtigte nicht nur die englische Verkehrsinfrastruktur, sondern auch Wasserstraßenbauten in Nordamerika. Offenbar zog er die richtigen Lehren daraus.

---

[1] Sohn des Obersten, Mathematikers und Technikers Karl August Friedrich von Duttenhofer (1758–1836).

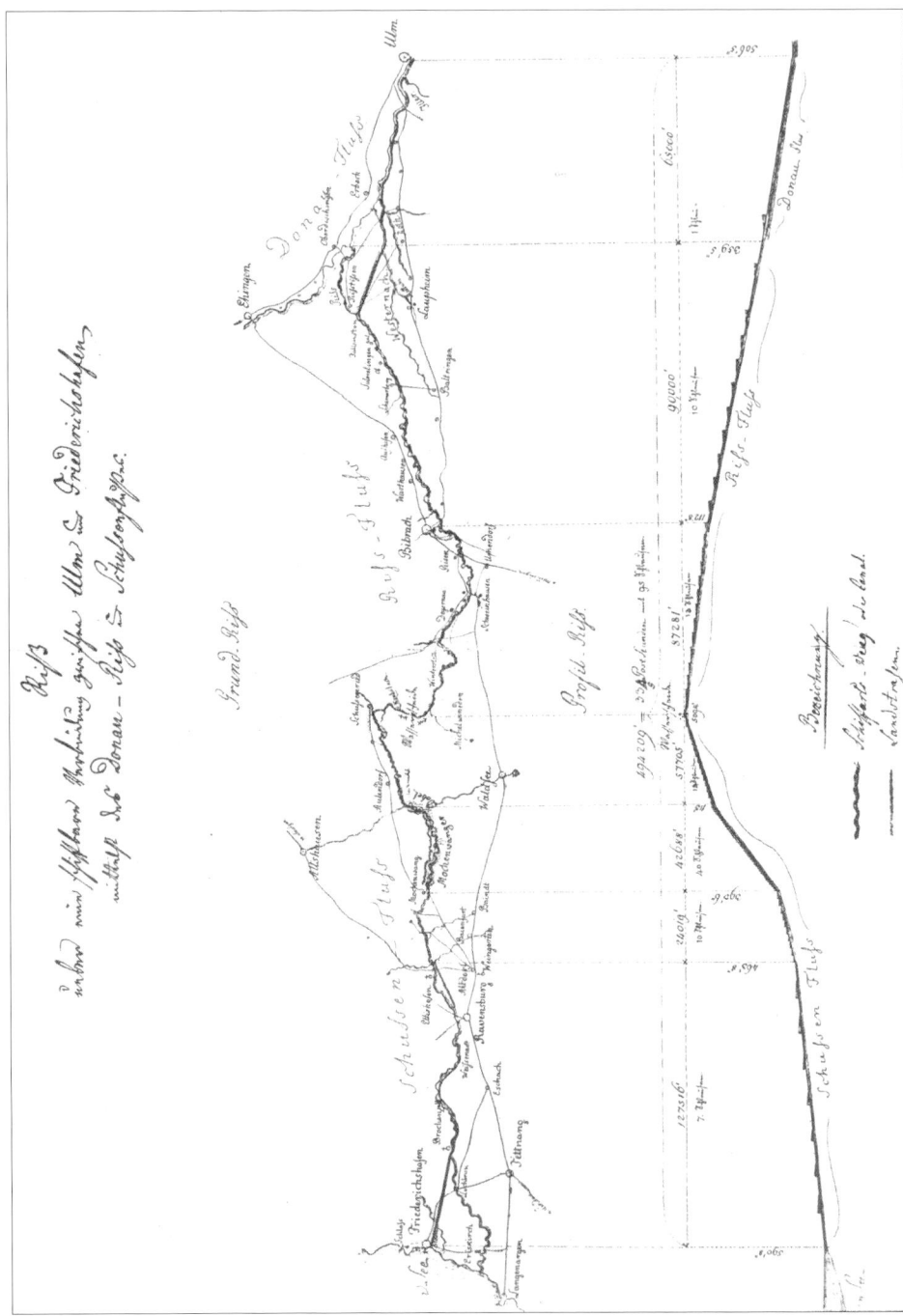

Abb. 5: Skizze des württembergischen Staatstechnikers Oberst Karl Friedrich Duttenhofer zum Projekt eines Donau-Bodensee-Kanals (1821).
Quelle: HStAS E 221 Bü. 4243.

Abb. 6: Skizze zum Trassenverlauf des von Oberleutnant A. Duttenhofer 1828 vorgelegten Neckar-Erms-Lauter-Donau-Kanzach-Schussen-Bodensee-Projekts. Quelle: HStAS E 46 Bü. 1243.

1828 mit Vorarbeiten für den Bau eines Kanals durch die Täler von Rems, Kocher und Brenz beauftragt, erklärte er das Projekt für illusorisch. Mit einer Ortsbesichtigung überzeugte sich auch König Wilhelm I. davon: Auf seine Anordnung hin begann 1830 eine Kommission mit der Prüfung von Schienenverbindungen zwischen Neckar und Donau, da die „Anlegung von Canälen wegen der erforderlichen vielen Schleußen nicht wohl ausführbar erscheint und Wir es für zweckmäßig halten, dieselben durch Eisenbahnen zu ersetzen" (Seidelmann, 1988, S. 49).

Es ging allerdings nur gemächlich voran. Erst 1836 begannen staatliche Techniker mit den Projektierungsarbeiten für die Bahnstrecke Heilbronn-Stuttgart-Ulm-Friedrichshafen. Der für den Südabschnitt zuständige Baurat Georg von Bühler stieß bei Mochenwangen auf eine unvermutete Schwierigkeit: Hier hätte er der Trasse ein stärkeres Gefälle geben müssen, als die Dampflokomotiven seiner Ansicht nach bewältigen konnten. Bühler ließ sich daher von Wilhelm I. 1838 damit beauftragen, nochmals einen Kanal zwischen Donau und Bodensee zu planen. Sein Projekt wurde für das 120 t-Schiff[2] ausgelegt, wies 95 Schleusen auf und sollte mit 7,5 Mio. Gulden rund eine Mio. Gulden weniger kosten als eine zweigleisige Eisenbahn. Schon 1839 entschied sich die württembergische Regierung für die Einstellung des Projekts. Ausschlaggebend war der richtige Einwand, dass ein Kanal mit derart vielen Schleusen auch bei Einführung der Dampfschifffahrt nicht mit der viel schnelleren Eisenbahn konkurrieren konnte. Der erfahrene österreichische Eisenbahn-Ingenieur Alois Negrelli räumte zudem bald alle herrschenden Bedenken gegen stärkere Steigungen bis 1:90 aus (Supper, 1895, S. 7).

II. Schiffshebewerke als Mittel zur Überwindung der Schwäbischen Alb

1. Revierferne als Standortproblem der südwestdeutschen Industrie

Ab Mitte des 19. Jahrhunderts wurde ein engmaschiges Eisenbahnnetz in Europa realisiert. Für die Binnenschifffahrt und den Wasserstraßenbau waren es Jahrzehnte der Stagnation und des Niedergangs. Erst mit dem Massengutverkehr erlebten sie eine unvermutete Renaissance: Eiserne Rheinschiffe von enorm gewachsener Tragfähigkeit eröffneten ab den 1880er Jahren auch der süddeutschen Wirtschaft die Möglichkeit, Kohle und Stahl aus dem Ruhrgebiet zu günstigen Tarifen zu beziehen. Unter den deutschen Wirtschaftsregionen setzte nun ein harter Standortwettbewerb um die niedrigsten Produktionskosten ein. Was heutzutage der Ölpreis ist, war damals der Preis für den Kubikmeter Dampf. Im Zuge dieser Rivalitäten wurden bald auch die Nebenflüsse des Rheins zu Großschifffahrtsstraßen ausgebaut. 1883 begann Preußen mit der Kanalisierung des Mains von Mainz bis Frankfurt. In Süddeutschland löste das Ängste aus, der eigene Standort könne ins Hintertreffen geraten. Die Kohleversorgung war für den revierfernen Wirtschaftsraum am mittleren Neckar ein großes Problem, trieb doch allein die weite Entfernung zu den Gruben an Saar und Ruhr die Beförderungskosten in enorme Höhen. Erschwerend kam hinzu, dass man sich eines teuren Transportmittels bediente: Saarkohle wurde auf der Schiene bezogen, und Ruhrkohle musste in Mannheim vom kostengünstigen Rheinschiff auf die Bahn verladen werden. Diese hielt die Güterwagen knapp und die Tarife hoch. Die seit 1878 auf dem Neckar betriebene Kettenschleppschifffahrt bot leider keine Alternative, weil sie in Lauffen endete und durch Niederwasserstände oft behindert wurde.

Betroffene Städte und Unternehmen am mittleren Neckar gründeten 1897 das „Comité zur Hebung der Neckarschifffahrt". Energisch drang es darauf, den Fluss von Mannheim bis nach Esslingen zu kanalisieren. Die Mitglieder waren getrieben von der Furcht, die industrielle Stärke Preußens könne sich zu Lasten Süddeutschlands weiter verstärken. So konstatierten die württembergischen Handels- und Gewerbekammern im Jahre 1903: „Wir stehen mitten in einem Prozeß,

---

[2] Wasserspiegelbreite: 14,9 m; Sohlenbreite: 9,15 m; Wassertiefe: 1,43 m.

Wasserstraßenplanung im Südwesten (1826–1970)

Abb. 7: Kanallobby auf der Plan- und Modellausstellung des Südwestdeutschen Kanalvereins am 12.12.1919 in Mannheim. Von rechts: Robert Bosch, der Heilbronner Silberwarenfabrikant und Landtagsabgeordnete Peter Bruckmann (Vorsitzender des Südwestdeutschen Kanalvereins 1920–1933), der Stuttgarter Fabrikant Julius von Jobst (Präsident der Handelskammer Stuttgart 1879–1896 und Vorsitzender des Neckar-Donau-Kanal-Komitees 1904–1917), Emil Engelhard (Präsident der Handelskammer Mannheim 1911–1920), der Stuttgarter Baudirektor Emil Maier und Theodor Kutzer (Oberbürgermeister von Mannheim 1914–1928). Quelle: Archiv Seidelmann.

in welchem sich eine Konzentration des Großbetriebes um die vom Verkehr bevorzugten Verkehrsplätze vollzieht. Immer mehr gruppiert sich dabei die neue Werte schaffende Industrie um die großen Ströme, die zu einer Art ‚Industriestraße' werden" (Jahresberichte, 1903, S. 111). Mit ihren Plänen erwarb sich die Kanallobby allerdings wenig Sympathie bei der eigenen Regierung, war diese doch Eigentümerin der Staatsbahn, die den lukrativen Kohletransport betrieb. Gleiches galt für das Großherzogtum Baden, auf dessen Territorium der süddeutsche Hauptumschlagshafen Mannheim lag. Als dann 1901 die beiden Regierungen eher widerstrebend Konsultationen über die Neckarkanalisierung aufnahmen, war man in Mannheim alarmiert. Da zur gleichen Zeit fränkische Industrielle für den Bau eines Main-Donau-Kanals warben, fürchtete man in Mannheim, bald in eine unerquickliche Randlage zu geraten. Die Stadt nahm Gespräche mit der Stuttgarter Wasserstraßenlobby auf und verzeichnete 1904 einen Durchbruch: Das württembergische Komitee gab sich den programmatischen Namen „Neckar-Donau-Kanal-Komitee" und nahm badische Vertreter mit auf. Mannheim hatte durch die neue Zielsetzung viel gewonnen: Gelang der Bau des Kanals über die Schwäbische Alb, würde man wohl auch vom Verkehrszuwachs profitieren, den eine Wasserstraße hervorriefe, die bis hinunter zum Balkan führte. Scheiterte dagegen das Projekt, dann stand zu hoffen, dass auch die ungeliebte Neckarkanalisierung davon betroffen wäre. Auch die Interessenten am mittleren Neckar zogen großen Nutzen aus dem Kompromiss, da Mannheim als Opponent gegen die Schiffbarmachung des Neckars nunmehr wegfiel.

2. Eine Wasserstraße über die topografisch günstigere Ostalb (1908)

Die technischen Voraussetzungen für den Bau eines Kanals über die Schwäbische Alb hatten sich gegenüber den früheren Planungen deutlich verbessert: Seit 1875 waren leistungsfähige Schiffshebewerke entwickelt und in England (Anderton), Nordfrankreich (Les Fontinettes), Belgien (Canal du Centre) und Deutschland (Henrichenburg) gebaut worden. Ab 1885 fanden regelmäßig Binnenschifffahrtskongresse in Europa statt, die sich der Überwindung großer Höhen und der Schaffung eines Wasserstraßennetzes auf dem Kontinent widmeten (Stoy, 1894). 1903 war die 6. Tagung des Deutsch-Ungarisch-Österreichischen Verbands für Binnenschifffahrt nach Mannheim einberufen worden, was die dortigen Kanalfantasien stark beflügelt hatte. Der 1896 auf Initiative des Geschäftsführers des Bayerischen Kanalvereins, Gottfried Zöpfl, gegründete Verband diente dem satzungsgemäßen „Zweck, die Herstellung leistungsfähiger Wasserstraßen zwischen Deutschland und Österreich-Ungarn, insbesondere die Kanalprojekte, welche Verbindungen der Donau mit der Oder, der Moldau, der Elbe und dem Main bzw. Rhein erstreben, zu fördern" (Verbandsschriften, 1897, S. 37). Damals herrschte Euphorie bei den Planern, da der technische Fortschritt die Machbarkeitsgrenzen beim Wasserstraßenbau aufzuheben schien: Kühne Ingenieure beschäftigten sich gar mit dem Projekt einer alpenquerenden Schifffahrtsstraße vom Bodensee nach Genua (Isendahl, 1908).

Abb. 8: Das 1888 fertiggestellte Schiffshebewerk am Canal de Neuffossé (Frankreich) beflügelte die Kanalfantasien in ganz Europa. Foto: Wolf-Ingo Seidelmann.

Zusammenstellung der Längen- und Höhenverhältnisse der einzelnen Haltungen des Neckar-Donau-Kanals.

Haltung Nr.	Bezeichnung der Haltung	von km	bis km	Länge km	Höhenlage über NN m	Stufe Nr.	Höhe der Stufen Aufstieg m	Höhe der Stufen Abstieg m	Mittel zur Überwindung des Höhenunterschieds
41	Neckarrems (Neckarhaltung)	0	1,0	1,0	203,0	1	15,0	—	Kuppelschleuse mit je 7,5 m Gefäll und je 1 Sparbecken von 1,5facher Kammergrundfläche
1	Waiblingen	1,0	6,9	5,9	218,0	2	8,2	—	Schleuse m. 3 Sparbecken von je 1,5facher Kammergrndfl.
2	Endersbach	6,9	11,8	4,9	226,2	3	7,8	—	„ „ 3 „ „ „ 1 „
3	Grunbach	11,8	15,8	4,0	234,0	4	6,4	—	„ „ 3 „ „ „ 1 „
4	Hebsack	15,8	18,2	2,4	240,4	5	7,6	—	„ „ 3 „ „ „ 1,5 „
5	Schorndorf I	18,2	23,2	5,0	248,0	6	5,0	—	„ „ 3 „ „ „ 1 „
6	Schorndorf II	23,2	26,2	3,0 / 0,5	253,0	7	25,5	—	Hebewerk Längsbahn
7	Waldhausen	26,7	36,9	10,2 / 0,6	278,5	8	32,5	—	„
8	Gmünd I	37,5	43,5	6,0 / 0,6	311,0	9	32,5	—	„
9	Gmünd II	44,1	46,2	2,1	343,5	10	91,0	—	„ Querbahn doppelspurig
10	Bargau	46,2	60,9	14,7 / 0,8	434,5	11	25,5	—	„ Längsbahn
11	Aalen	61,7	71,4	9,7	460,0	12	20,0	—	„ Querbahn
12	Unterkochen	71,4	73,7	2,3	480,0	13	16,0	—	„ senkrechtes
13	Oberkochen-Königsbronn	73,7	82,6	8,9	496,0	14	—	3,0	Schleuse ohne Sparbecken
14	Itzelberg	82,6	84,9	2,3	493,0	15	—	3,0	„ „ „
15	Schnaitheim	84,9	90,6	5,7	490,0	16	—	4,0	„ mit 1 Sparbecken
16	Heidenheim	90,6	91,5	0,9	486,0	17	—	4,0	„ „ 1 „
17	Mergelstetten	91,5	92,4	0,9	482,0	18	—	5,0	„ „ 2 „
18	Bolheim	92,4	96,8	4,4	477,0	19	—	15,0	Hebewerk, senkrechtes
19	Herbrechtingen	96,8	99,3	2,5	462,0	20	—	2,5	Schleuse ohne Sparbecken
20	Giengen I	99,3	102,3	3,0	459,5	21	—	4,5	„ mit 1 Sparbecken
21	Giengen II	102,3	105,5	3,2	455,0	22	—	8,0	„ „ 2 „
22	Hermaringen	105,5	108,2	2,7	447,0	23	—	3,0	„ ohne „
23	Brenz (Donau-Kanal-Haltg.)	108,2	112,7	4,5	444,0		293,0	52,0	zusammen 345,0 m.

Abb. 9: Das 1908 von Eberhardt und Gugenhan vorgelegte Neckar-Donau-Kanal-Projekt über die Ostalb wies ein Sammelsurium unterschiedlichster Hebewerke auf. Quelle: Gugenhan und Eberhardt, 1908, S. 33.

Die württembergische Regierung hielt große Distanz zu den Neckar-Donau-Kanalplänen der Wirtschaft und lehnte es ab, die Entwurfserstellung zu finanzieren. Das Stuttgarter Komitee blieb daher auf Spenden von interessierten Unternehmen und Kommunen angewiesen. Mit Regierungsbaumeister Wilhelm Eberhardt stellte das Innenministerium immerhin einen versierten Staatstechniker zur Planbearbeitung ab. Dessen fachliche Unterstützung übernahm Baurat Max Gugenhan. 1908 publizierte das Komitee den fertigen Plan. Er sah den Bau eines 113 km langen Kanals über die Ostalb vor. Aus Kosten- und wasserwirtschaftlichen Gründen war er allerdings nur für das 600 t-Schiff ausgelegt. Der Stand der Technik bestimmte den Trassenverlauf: Statt die großen Industriezentren um Stuttgart und Esslingen zu erschließen, bog der Kanal schon vorher vom Neckar zur Ostalb ab. Nur dort, im Bereich von Oberkochen, konnte die Scheitelhaltungshöhe auf erträgliche 496 m begrenzt werden. Die wirtschaftlich viel sinnvollere Alternative, eine Trassenführung durch das Filstal über Geislingen nach Ulm, hätte zu Problemen bei der Wasserbeschaffung und zu einer höheren Scheitelhaltung geführt. Das Projekt wies eine Kostensumme von 112 Mio. Mark und 23 Aufstiegsbauwerke auf: 15 Kammerschleusen und acht Schiffshebewerke mit unterschiedlichen, teils noch unerprobten Hubarten. Daran entzündete sich später fachkundige Kritik. Die Regierungen in Karlsruhe und Stuttgart nahmen von den Entwürfen der beiden Staatstechniker, die auch einen Donau-Bodensee-Kanal von Ulm nach Friedrichshafen untersucht hatten, leider kaum Notiz.

Wolf-Ingo Seidelmann

3. Kriegsbedingte Transport- und Energieengpässe ab 1916

Kohlemangel und Engpässe bei den Eisenbahnen verhalfen der Binnenschifffahrt und dem Ausbau der Wasserkräfte nach Ausbruch des Ersten Weltkriegs zu großer Popularität. 1916 kapitulierte Rumänien vor den Mittelmächten, die bis 1918 den Balkan beherrschten. Die Bildung eines südosteuropäischen Großwirtschaftsraums unter deutscher Führung schien damit sichergestellt. Daraufhin setzte sich der bayerische Zentrumsabgeordnete Heinrich Held erfolgreich für die Realisierung eines Main-Donau-Kanals ein: Der Reichstag steuerte zwei Mio. Mark für einen Bauplan bei, dessen Erstellung der Ende 1917 gegründete Main-Donau-Stromverband übernahm. Um den bayerischen Plänen Paroli bieten zu können, schritten südwestdeutsche Industrielle und Kommunalpolitiker im Dezember 1916 zur Gründung des Südwestdeutschen Kanalvereins mit Sitz in Stuttgart. Dessen Vorsitzender, der Heilbronner Fabrikant und Landtagsabgeordnete Peter Bruckmann, setzte die zögerliche Landesregierung mit großen Kanaldebatten regelmäßig unter Druck. 1917 warnte der Verein davor, dass „wir im deutschen Südwesten unsere wirtschaftlichen Daseinsmöglichkeiten einbüßen und zusehen müssen, wie sich Bayern nach wenigen Jahrzehnten zu gewaltiger Höhe der Industrialisierung emporgehoben und uns in der Niederung zurückgelassen hat" (Seidelmann, 1988, S. 2). Die Vereinsaktivitäten erbrachten nur einen Achtungserfolg: Der Reichstag stellte 1917 lediglich 100.000 Mark für das Neckar-Donau-Projekt ein; vom württembergischen Staat erhielt der Kanalverein erst in den 1920er Jahren nennenswerte Beträge (Seidelmann, 1988, S. 159, 170).

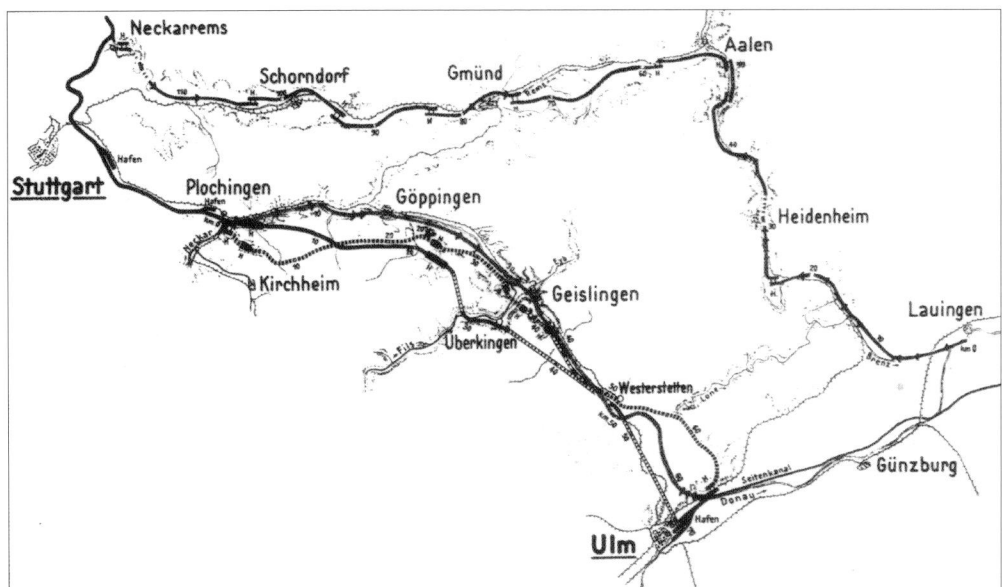

Abb. 10: Linienführungen der Neckar-Donau-Verbindung. Oben die topografisch günstigere Rems-Kocher-Brenz-Trasse über Aalen und Heidenheim, unten die drei Filstaltrassen aus den Jahren 1921 (Grün & Bilfinger), 1925 (Konz) und 1940 (Konz). Quelle: Süddeutsche Wasserstraßen, 1941, S. 60.

4. Grün & Bilfingers Tauchschleusenprojekt über die Hochflächen der Alb (1920)

1917 beauftragte der Kanalverein das Bauunternehmen Grün & Bilfinger mit einem neuen Entwurf für das 1.200 t-Schiff. 1921 lieferten die Ingenieure ihren Plan für einen Kanal ab, dessen Trasse nun der Linie Plochingen-Geislingen-Ulm folgte und die Wirtschaftsregion um Stuttgart nicht mehr außer Acht ließ. Die extreme Wasserarmut der Scheitelstrecke ließ den Bau von Kammerschleusen allerdings nicht ratsam erscheinen. Zwar hätte aus der Donau hochgepumptes Speisewasser einen Schifffahrtsbetrieb wohl erlaubt, sich aber ungünstig auf die Wirtschaftlichkeit ausgewirkt. Da nach dem Urteil des Direktors von Grün & Bilfinger, Baurat Böhmler, mechanische Hebewerke wegen technischer Unzuverlässigkeit nicht infrage kamen, griff er auf den alten Gedanken der „Tauchschleuse" zurück. Diese Konstruktion verbraucht kein Wasser, da die Schiffe in einem wassergefüllten Trog gehoben und gesenkt werden. Dem Gewicht des Trogs wirken luftgefüllte Tauchkörper entgegen, die in einem Brunnenschacht auf- und niedertauchen (Böhmler, 1918/19). Der neue Entwurf wies einen beachtlichen Vorteil auf: Die Überlandstrecke war mit rund 64 km nur noch halb so lang wie bei dem Projekt von 1908. Dafür lag die Scheitelhaltung mit 567 m nun um 71 m höher als bei der damals gewählten Trasse über Oberkochen (496 m). Die damit verbundenen Probleme in wasserwirtschaftlicher und fahrtzeitökonomischer Hinsicht hoffte Böhmler durch die vergleichsweise geringe Zahl von 20 wassersparenden Aufstiegsbauwerken gelöst zu haben.

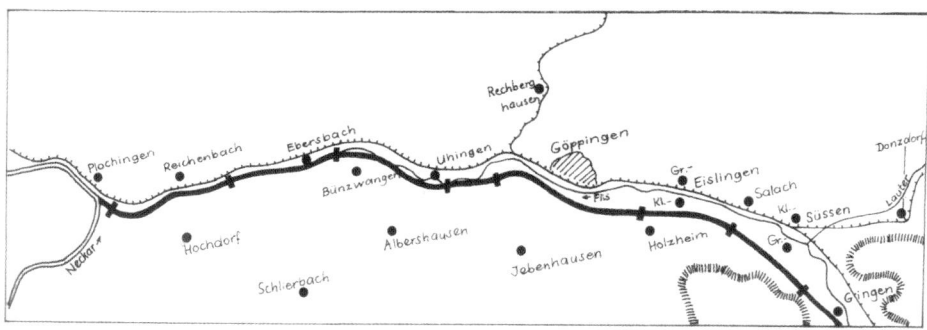

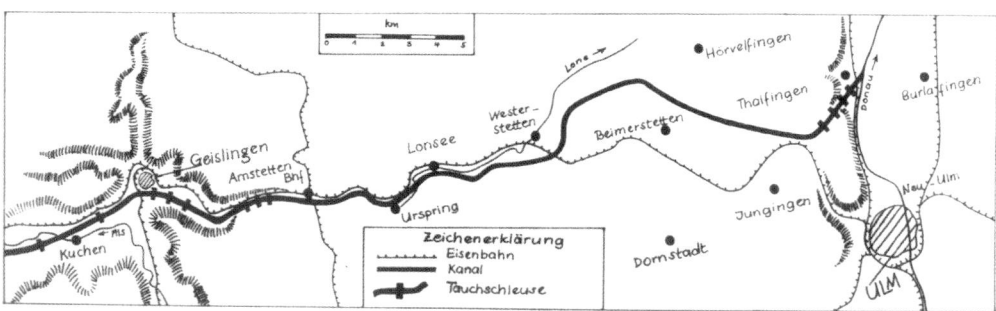

Abb. 11: Trassenverlauf des Neckar-Donau-Kanalprojekts von Grün & Bilfinger (1921).

Abb. 12: So idyllisch stellte Prof. Paul Bonatz die 1921 in Geislingen geplanten Hebewerke dar. Die Wirklichkeit wäre weitaus weniger schön gewesen. Quelle: Bauzeitung, Stuttgart.

Leider führten die topografischen Verhältnisse im engen Filstal zu extrem unpopulären Lösungen für die betroffenen Gemeinden. So beschwerte sich der Geislinger Schultheiß, die künftige Entwicklung seiner Stadt werde durch das Kanalprojekt vollständig gehemmt und unterbunden. Tatsächlich hätte die Verlegung des Kanals mitten durch die Innenstadt, teils sogar über deren Hausdächer hinweg, den Abriss zahlreicher Gebäude erfordert. Da man die „vollständige Verschandelung des Stadt- und Landschaftsbildes" durch drei riesige Tauchschleusen sowie eine 260 m lange und 20 m hohe Kanalbrücke nicht akzeptieren wollte, bat das verstörte Stadtschultheißenamt den Stuttgarter Kanalverein um mehr Rücksichtnahme. Dieser lehnte die Bitte zwar rundweg ab, versuchte aber Trost zu spenden. Einfühlsam schrieb er zurück, das Stadtbild werde durch die geplante Kanalbrücke keineswegs an Attraktivität verlieren, „sondern durch diesen monumentalen Bau eine starke und doch nicht zu kräftige Bereicherung erfahren (siehe römische Aquädukte). Die Brücke kann als Ausgleich für den an der alten Stelle eingehenden Stadtpark angesehen werden" (Seidelmann, 1992a, S. 202). Die Hyperinflation von 1923 verhinderte die geplante Landschafts- und Kulturschändung.

Wasserstraßenplanung im Südwesten (1826–1970)

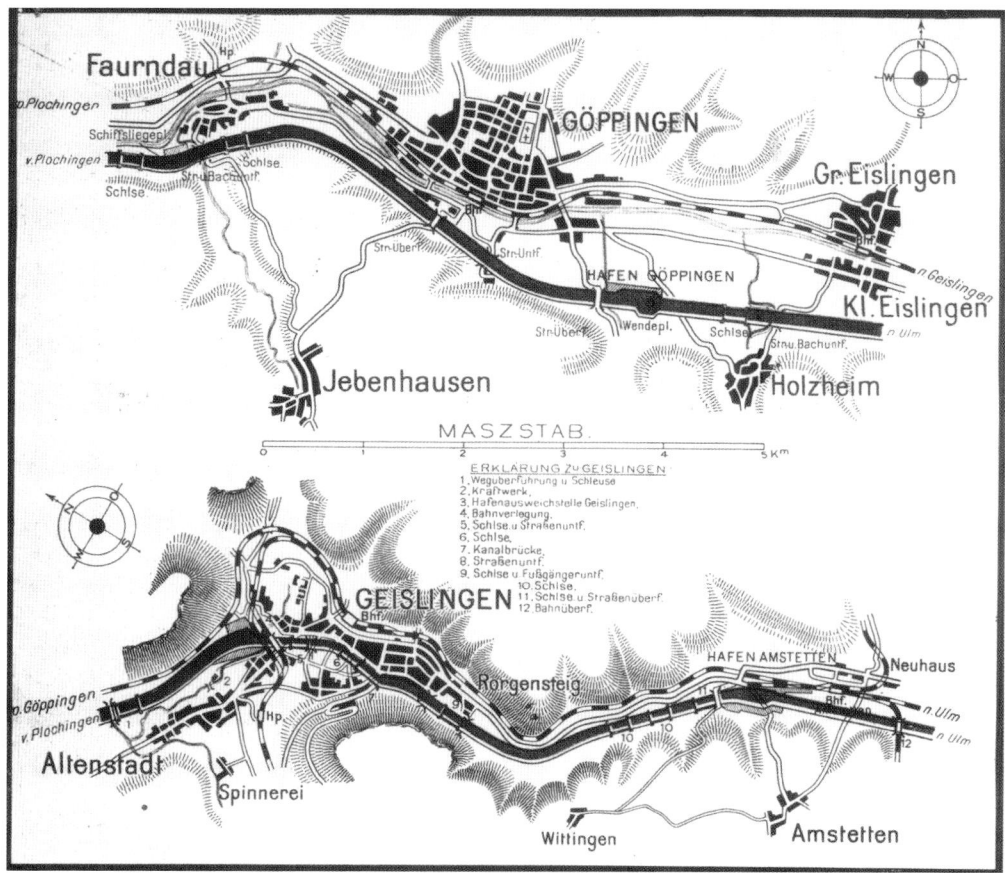

Abb. 13: Die Trassenführung des Neckar-Donau-Kanalprojekts von Grün & Bilfinger (1921) nahm auf die Filstalgemeinden kaum Rücksicht. In Geislingen führte der Kanal mitten durch die Innenstadt. Quelle: Bauzeitung, Stuttgart, 1920er Jahre.

5. Überarbeitung des Tauchschleusenprojekts durch Otto Konz (1925)

Da die Proteste anhielten, sah sich der Verein 1925 genötigt, einen neuen Entwurf bei Otto Konz, dem „Vater der Neckarkanalisierung" (Seidelmann, 2022), in Auftrag zu geben. Das Vorstandsmitglied der Neckar AG sah sich vor die Frage gestellt: Sollte man einen langen Tunnel durch die Schwäbische Alb bohren, um der Schifffahrt die vielen zeitraubenden Schleusen und Hebewerke zu ersparen? Zwar drohten hohe Kosten, doch winkten auch große Vorteile: Durch den Tunnel konnte Wasser von der Donau zu dem oft an Niederwasser leidenden Neckar fließen. Bessere Schifffahrtsverhältnisse und zusätzliche Wasserkräfte wären die lukrativen Konsequenzen. Es war der junge Konz gewesen, der diese Idee in einem anonym erschienenen Zeitungsartikel 1917 erstmals öffentlich geäußert hatte. 1925 befand er jedoch, „die Schiffer wollten nicht lange im Tunnel fahren, weshalb ein Alb-Basis-Tunnel z. Zt. an den Kosten und am Widerstand der Schiffer scheitere" (Seidelmann, 1992a, S. 204).

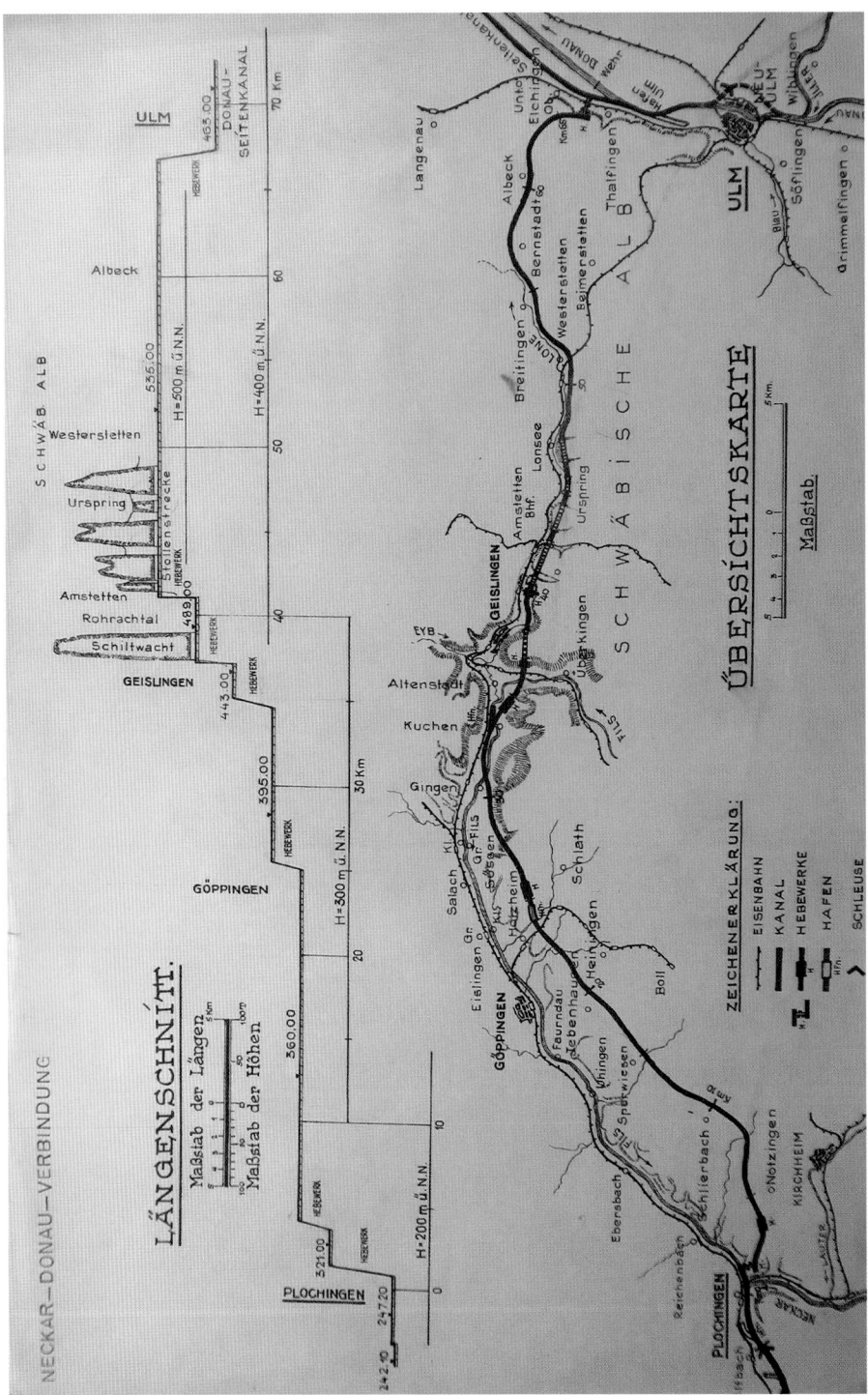

Abb. 14: Trassenführung des Neckar-Donau-Kanal-Projekts von Otto Konz (1925). Mit einem Tunnel durch eine Bergnase namens Schiltwacht umging Konz die Geislinger Innenstadt. Quelle: Archiv Seidelmann.

Wasserstraßenplanung im Südwesten (1826–1970)

Abb. 15 und 16: Konz' Neckar-Donau-Projekt von 1925 sah die Verwendung von schiefen Ebenen mit Querbeförderung vor. Eine derartige Anlage wurde 1968 bei Arzweiler am Rhein-Marne-Kanal realisiert. Quelle: Archiv Seidelmann.

In seinem Entwurf von 1925 bemühte sich Konz, die Nachteile des Projekts von Grün & Bilfinger zu korrigieren: Die Scheitelstrecke sollte tiefer gelegt und den einzelnen Haltungen eine größere Länge gegeben werden. Hinzu kam das Ziel, den wertvollen Boden des engen Filstals, der ohnehin zahlreiche geologische Probleme aufwies, möglichst zu schonen. Konz löste diese Fragen, indem er die Kanaltrasse bei Plochingen aus dem Filstal heraus- und in die Vorhöhen der Alb hineinführte. Ab Gingen verlief die Schifffahrtsstraße dann zwar wieder im Tal, den topografischen Problemen in Geislingen wurde jedoch durch einen 1,5 km langen Umgehungsstollen Rechnung getragen. Längere Haltungen konnte Konz erzielen, indem er auf jene Mittel zurückgriff, die Gugenhan und Eberhardt schon 20 Jahre zuvor genutzt hatten: Sieben Hebewerke unterschiedlicher Bauart mit Hubhöhen zwischen 35 m und 73,8 m sollten Schiffe mit einer maximalen Kapazität von 1.200 t heben oder senken. Die Anlage von sechs Stollen mit einer Gesamtlänge von 7,5 km hatte zwei Zwecken zu dienen: Zum einen konnte die Scheitelhaltung um 32 m tiefer gegenüber dem Projekt von 1921 gelegt werden, wies aber immer noch eine stolze Höhe von 535 m auf. Zum anderen hoffte Konz, die Tunnel würden ergiebige Karstwasserquellen anschneiden, die das Betriebswasser für die Schifffahrt liefern konnten. Andernfalls musste die fehlende Menge aus der Donau hochgepumpt werden, was das Projekt aber verteuern würde. Die Kosten der 69 km langen Kanalstrecke von Plochingen nach Thalfingen lagen mit 300 Mio. RM um 28 % über dem Anschlag des Projekts von 1921.

III. Die Staatsverträge von 1921/1922 und ihre Wirkung

1. Ein süddeutsches Wasserstraßennetz unter Vorrang des Main-Donau-Projekts

Die Entwürfe des Kanalvereins entstanden im Kontext staatlicher Pläne. Da die Weimarer Verfassung den Übergang der Wasserstraßen auf das Reich vorsah, die Wasserkräfte aber den Ländern beließ, hatten sich diese ab 1919 mit Berlin abzustimmen. Um die Wasserkräfte des Neckars auszubeuten, schlossen das Reich und die Anrainerländer Baden, Württemberg und Hessen am 1. Juni 1921 den Neckar-Donau-Staatsvertrag. Darin verpflichtete man sich, eine Schifffahrts- und Kraftwasserstraße von Mannheim über Plochingen und Geislingen bis nach Ulm zu bauen. Als Bauträger wurde die Neckar AG gegründet, deren satzungsgemäße Aufgabe sich allerdings auf den Wasserstraßenabschnitt Mannheim-Plochingen beschränkte. Nur hier waren nennenswerte Wasserkräfte zu gewinnen. Eine Verbindung zwischen Rhein und Donau kam für das Reich in erster Linie auf dem topografisch leichteren Weg über den Main infrage. Zudem wies das bayerische Projekt deutlich mehr Wasserkräfte auf als die württembergische Konkurrenz.[3] Daher schloss das Deutsche Reich am 13. Juni 1921 mit Bayern den Main-Donau-Staatsvertrag, in dem das bayerische Projekt deutlich bevorzugt wurde. Für erregte Kritik in Stuttgart sorgte

---

[3] Zeitgenössischen Berechnungen zufolge fielen auf der Flussstrecke Mannheim-Plochingen Wasserkräfte in Höhe von 55.000 PS an; auf der Strecke Aschaffenburg-Bamberg waren es 45.000 PS. Mit dem Lechzubringer wollte Bayern zusätzliches Wasser vom Lech zum Main überleiten, was dessen Kraftwerken eine zusätzliche Leistung von 200.000 PS beschert hätte. Zudem setzte Bayern in den Verhandlungen mit dem Reich die auf seinem Staatsgebiet nutzbaren Donauwasserkräfte zur Durchsetzung seiner Pläne ein (Seidelmann, 1988, S. 200 f.).

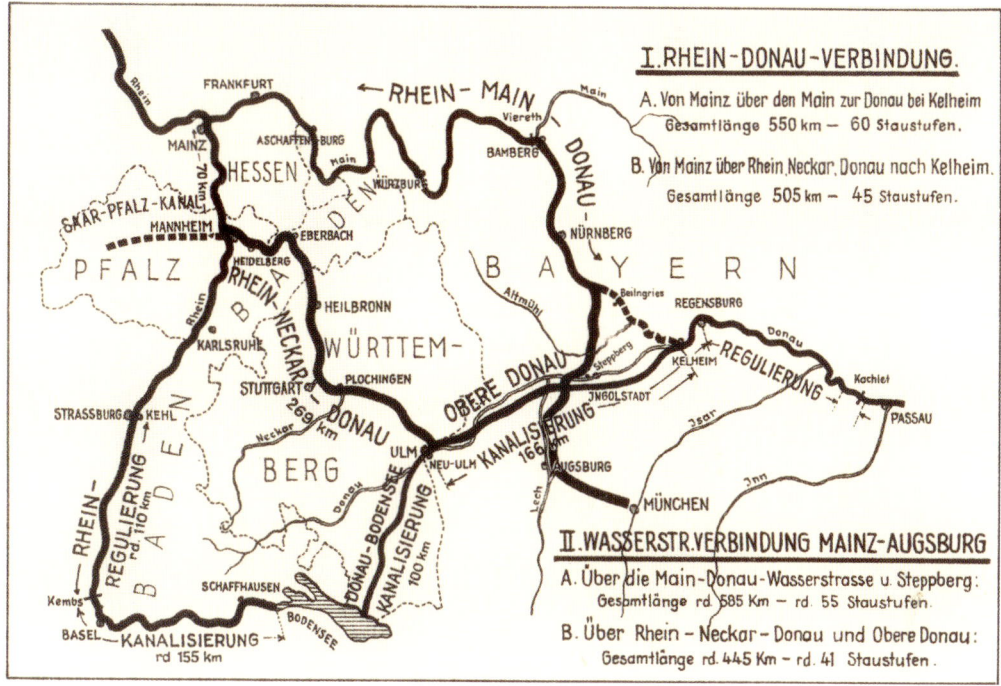

Abb. 17: Süddeutsche Wasserstraßenplanungen Mitte der 1920er Jahre. Quelle: Archiv Seidelmann.

ein Passus, wonach mit dem Ausbau der Oberen Donau zwischen Kelheim und Ulm erst dann begonnen werden durfte, wenn mit dem Wasserstraßenabschnitt Aschaffenburg-Nürnberg der größte Teil des Main-Donau-Kanals vollendet war. In München stellte man befriedigt fest: „Der große Wert dieser Bestimmung […] liegt darin, dass Bayern dadurch die Verfügung über den Zeitpunkt der Ausführung der Neckar-Donau-Verbindung praktisch vollständig in der Hand hat, weil diese Verbindung ohne den Ausbau der oberen Donau von Ulm bis Kelheim nur ein Torso bleibt" (Seidelmann, 1988, S. 213). Die daraus zwangsläufig resultierenden Differenzen legten die süddeutschen Länder erst im Ditzenbacher Vertrag vom 3. März 1922 bei. Darin einigte man sich auf eine verkürzte Sperrfrist für den Ausbau der Oberen Donau. Zudem gab Bayern die für Württemberg wichtige Zusicherung ab, gegen die Entnahme von Donauwasser zur Speisung der Scheitelhaltung eines Neckar-Donau-Kanals später keinen Widerspruch einlegen zu wollen. Ein Blankoscheck zur Überleitung größerer Wassermengen zum Neckar war dies jedoch nicht.

2. Ulm im Verkehrsschatten der bayerischen Wasserstraßenpolitik

Die Staatsverträge riefen ein lebhaftes Echo in Ulm hervor. Die ehemalige Reichsstadt hatte von 1803 bis 1810 noch eine zentrale Rolle als Hauptstadt der bayerischen Provinz Schwaben ausgeübt, war dann aber infolge ihrer Angliederung an Württemberg in eine unerquickliche Randlage geraten. Die Grenzziehung zwischen den beiden Staaten zerriss das Gebiet der zur Beute ihrer Nachbarn gewordenen Stadt und isolierte sie von großen Teilen ihres früheren Hinterlands.

Einer intensiveren wirtschaftlichen Verflechtung mit dem württembergischen Kernland standen im 19. Jahrhundert die topografischen Hindernisse der Schwäbischen Alb entgegen. Aus Ulm gelangten daher wiederholt Anfragen und Initiativen nach Stuttgart, die auf eine Verbesserung der bestehenden Verkehrsverhältnisse drangen. Der gescheiterte Plan des Ulmer Baurats Schlumberger für einen Donau-Bodensee-Kanal aus dem Jahre 1819 ist ja bereits oben behandelt worden. 70 Jahre später verursachten die „Bestrebungen in Bayern, den Donauverkehr unter Umgehung der Stadt Ulm mit dem Main und Rhein zu verbinden" (Seidelmann, 1988, S. 97), derart große Bedenken bei der örtlichen Handelskammer, dass sie die württembergische Regierung – vergeblich – um den Bau eines Neckar-Donau-Kanals bat. Die Befürchtungen der Stadt besaßen eine lange Tradition: Schon 1842 hatte Bayern den Ulmer Plänen für eine Dampfschifffahrt auf der Oberen Donau derart große Hemmnisse in den Weg gelegt, dass der Stuttgarter Innenminister Johannes von Schlayer der Münchner Regierung ein „feindseliges System" vorwarf, „das bis zu dem Versuch des Zuwiderhandelns gegen völkerrechtliche Bestimmungen sich ausdehnen zu wollen scheint" (Seidelmann, 1988, S. 42). Die bayerische Verkehrspolitik ließ sich davon nicht beeindrucken: 1881 kam ein in Ulm gegründetes Komitee zur Einführung der Kettenschifffahrt auf der Oberen Donau bis zum Jahre 1893 mit seinen Plänen nicht einen Schritt voran, weil, wie dessen Vorsitzender Conrad Wilhelm Magirus klagte, die Münchner Regierung in dem Vorhaben eine schädliche Konkurrenz für ihre Eisenbahnstrecken Simbach-Ulm und Passau-Regensburg erblicke.

3. Das Donau-Bodensee-Projekt des Ulmer Stadtbaurats Göller (1921)

Im Sinne ihrer Zielsetzungen und um Verbündete zu gewinnen, beteiligte sich die Stadt an den Gründungen des Neckar-Donau-Kanal-Komitees und des Südwestdeutschen Kanalvereins. In deren Gremien wirkten Ulmer Industrielle und die jeweiligen Oberbürgermeister engagiert mit. Ergänzend zu den Planungen der Firma Grün & Bilfinger für einen Neckar-Donau-Kanal erstellte Stadtbaumeister Göller ab 1917 einen Entwurf für den Donau-Bodensee-Kanal. Der 1921 publizierte Plan benutzte, ebenso wie alle früheren, die Täler von Riß und Schussen für den Trassenverlauf. Göller setzte allerdings ausschließlich auf Kammerschleusen; auf den Einsatz mechanischer Hebewerke verzichtete er aus technischen Bedenken heraus. Anstelle der 1908 von Gugenhan und Eberhardt bei Mochenwangen projektierten schiefen Ebene sah er dort eine zehnstufige Schleusentreppe mit 99 m Hub vor. Außer im Rißtal, wo der moorige Grund die Aufschüttung hoher Dämme verbot, wies der Entwurf lange Haltungen auf: So durchzog die Scheitelhaltung zwischen Rißegg und Aulendorf eine Strecke von 25 km. Die geringe Zahl von 23 Schleusen musste allerdings mit dem kostenintensiven Nachteil tiefer Geländeeinschnitte und hoher Dammstrecken erkauft werden. Da die Schleusen viel mehr Wasser verbrauchten als die früher vorgesehenen Hebewerke, hätte ab einem Jahresverkehr von drei Mio. t das Wasser für die Scheitelstrecke aus den unteren Haltungen hochgepumpt werden müssen. Dennoch kam Göller zu einer positiven Ertragsberechnung: Die Verzinsung der auf insgesamt 91,4 Mio. Mark geschätzten Baukosten wurde seiner Ansicht nach durch Schifffahrtsabgaben und Wasserkrafterträge gedeckt. Die Berechnung beruhte allerdings auf dem fatalen Irrtum, dass ein Stromverkaufspreis von 4,8 Pfennigen pro kWh noch wettbewerbsfähig sei. 1924 lag er bei 1,8 Pfennigen (Seidelmann, 1988, S. 175 ff.).

Wasserstraßenplanung im Südwesten (1826–1970)

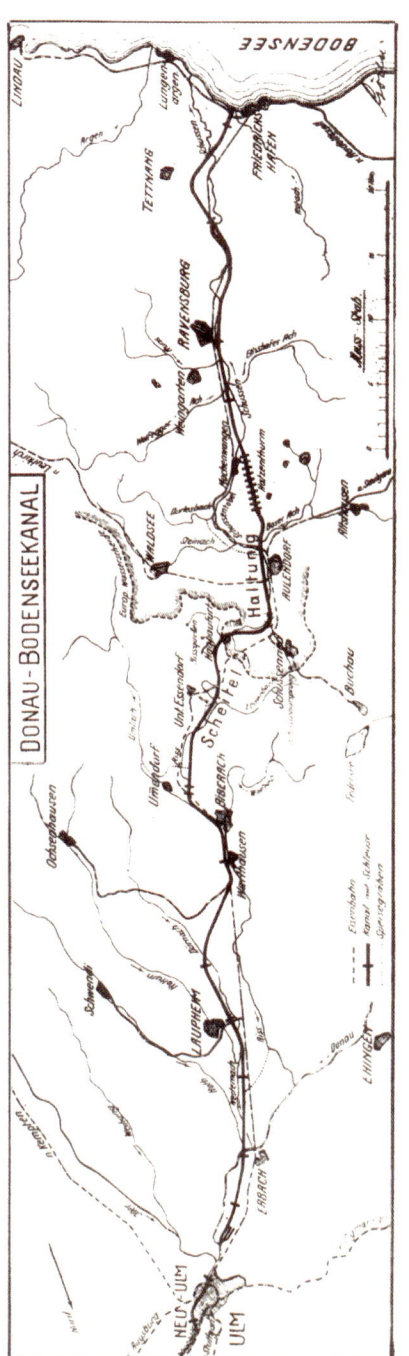
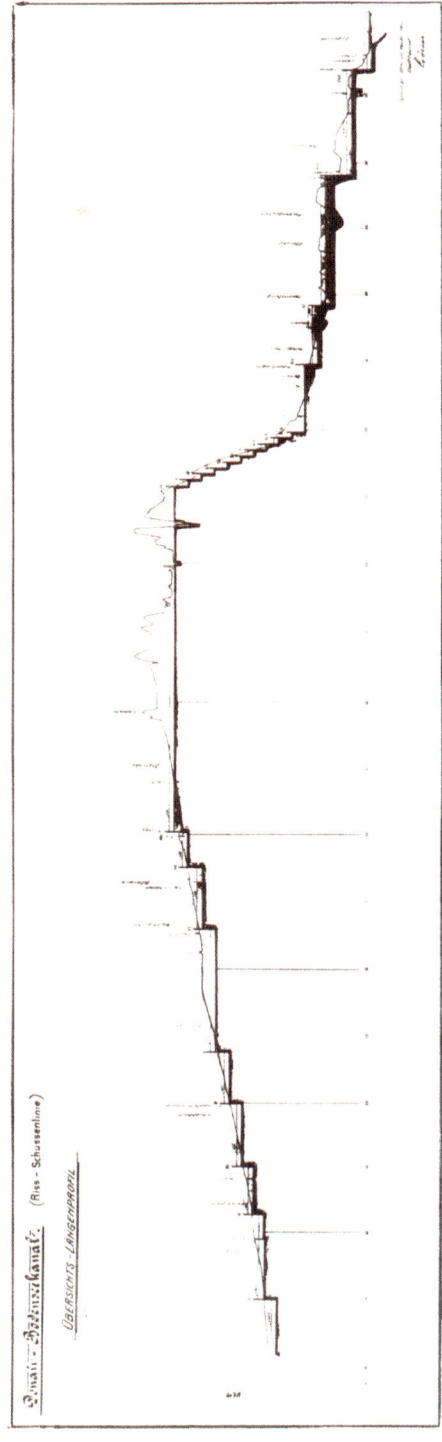

Abb. 18: Das Donau-Bodensee-Kanal-Projekt des Ulmer Stadtbaumeisters Göller (1921) war ein reines Schleusenprojekt. Quelle: Feuchtinger, 1926, S. 333.

Wolf-Ingo Seidelmann

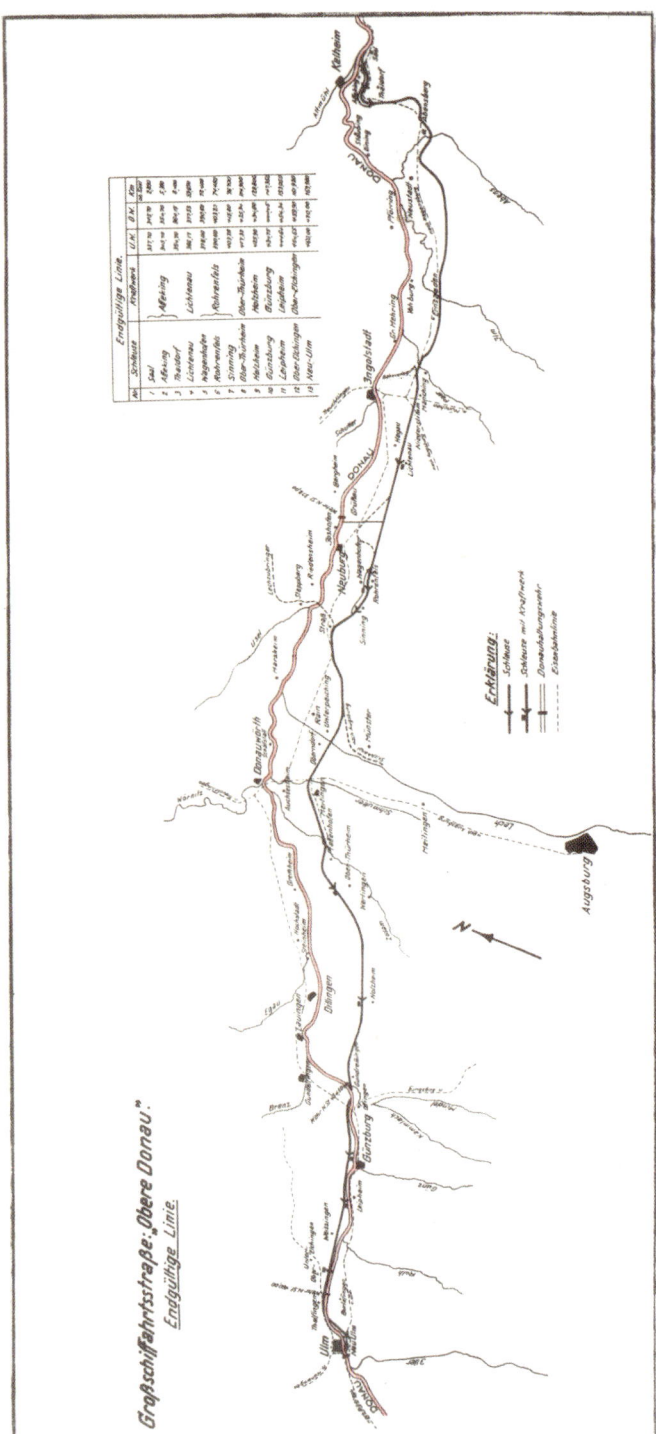

Abb. 19: Die von der Arbeitsgemeinschaft Obere Donau 1928 erarbeitete „endgültige Linie" für den Bau eines Donau-Seitenkanals zwischen Kelheim und Ulm. Quelle: Werbeschrift des Verbands Obere Donau.

Wasserstraßenplanung im Südwesten (1826–1970)

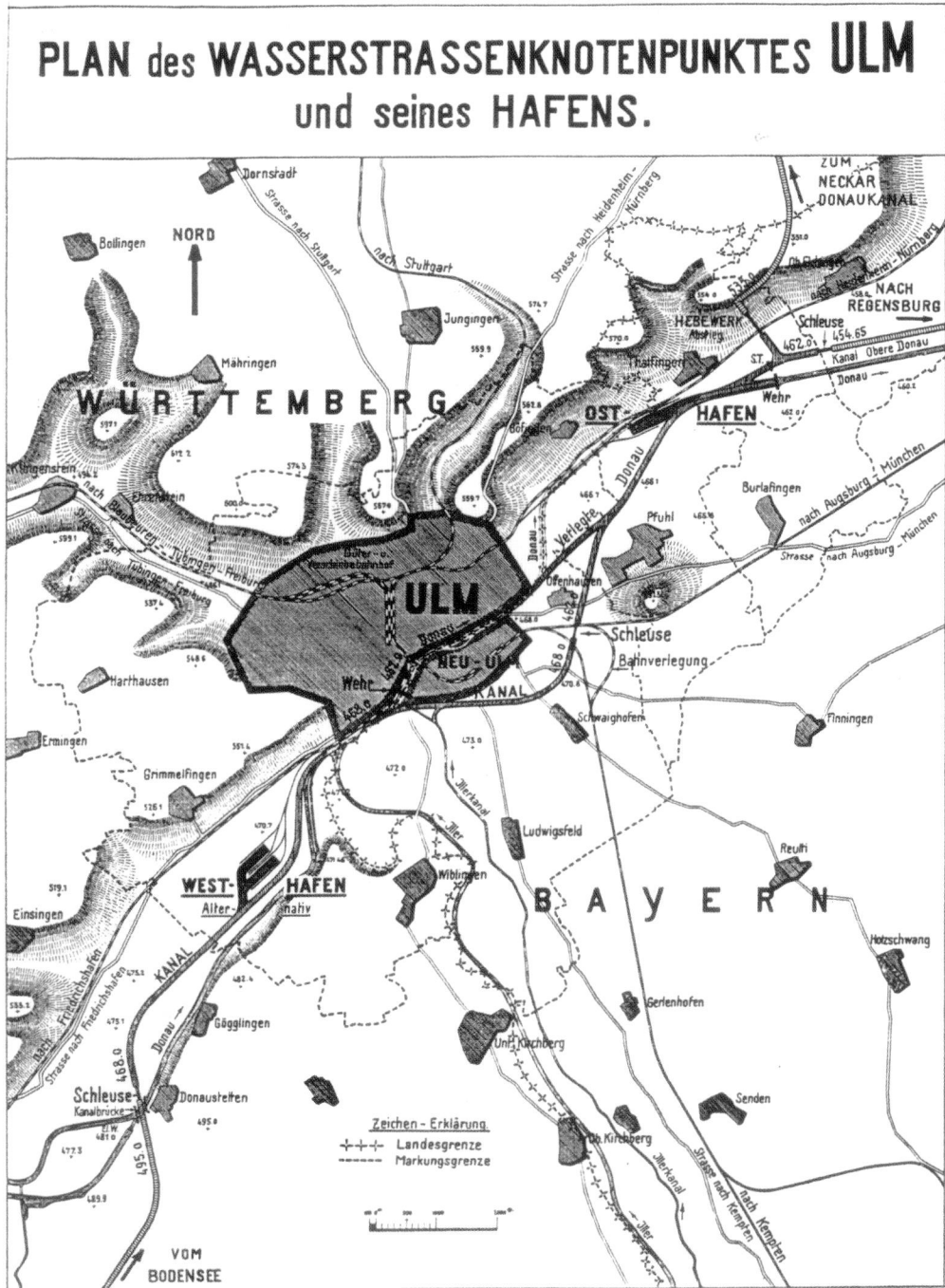

Abb. 20: Planung für den Wasserstraßenknotenpunkt Ulm (um 1932). Quelle: Zeitschrift für Binnenschifffahrt 66 (1934), S. 57.

4. Wasserstraßenplanung an der Oberen Donau (1922–1928)

Parallel dazu erstellte die 1921 gegründete „Arbeitsgemeinschaft Obere Donau" Vorentwürfe für den Ausbau der Oberen Donau zwischen Kelheim und Ulm. Das Gremium setzte sich paritätisch zusammen aus Mitgliedern des bayerischen Main-Donau-Stromverbands, des Südwestdeutschen Kanalvereins und des Verbands Obere Donau. In Letzterem hatte sich 1920 eine größere Zahl südwestbayerischer Kommunen zusammengeschlossen, um den Ausbau „ihres" Flussabschnitts voranzutreiben und auf diese Weise der Gefahr zu begegnen, in den Verkehrsschatten der weiter östlich gelegenen Main-Donau-Wasserstraße zu geraten. Die Arbeitsgemeinschaft stellte im Oktober 1928 einen allseits akzeptierten Plan für den Ausbau der Oberen Donau vor: Die in Seitenkanälen geführte Wasserstraße verlief von Kelheim bis Offingen südlich der Donau und wechselte dann für die restliche Strecke auf die Nordseite des Tals über. Insgesamt 13 Staustufen sollten eine jährliche Kraftgewinnung von 838 Mio. kWh ermöglichen und dem Kanal eine Fahrwassertiefe verschaffen, die den Verkehr von Kähnen und Schiffen mit 1.200 t Ladekapazität erlaubte (Seidelmann, 1988, S. 232–237).

5. Wasserstraßenknotenpunkt Ulm (1930)

Was lange als Fantasterei gegolten hatte, schien nun in greifbare Nähe gerückt zu sein: Ulm als Knotenpunkt dreier Wasserstraßen mit internationaler Bedeutung. Was fehlte, war ein städtischer Hafen. Bis zu 700.000 t Umschlag bescheinigte ihm der Stuttgarter Bauingenieur Prof. Carl Pirath. Also begann man in Ulm mit der Hafenplanung. Dies war insofern keine leichte Aufgabe, als die Schwäbische Alb den verfügbaren Platz erheblich einschränkte. Die Stadtväter fanden eine Lösung, die den Charme aufwies, Gebietszuwächse zu Lasten Neu-Ulms einfordern zu können. Um das Gelände für einen leistungsfähigen Industriehafen zu gewinnen, wollte man die Donau östlich der Stadt um 1.000 m südwärts auf bayerisches Gebiet verlegen. Die Stuttgarter Regierung hielt vorsichtig Abstand zu dem Plan: Schon 1922 hatte sie eine ähnliche Initiative aus Ulm unterstützt und sich den Vorwurf aus Neu-Ulm eingehandelt, sie betreibe die „‚Ausschaltung und Vernichtung der verhaßten Schwesterstadt' und damit auch Beiseiteschiebung aller Entwicklungsmöglichkeiten auf dem bayerischen Ufer und aller Vorteile aus der Schiffbarmachung der Donau für den bayerischen Staat. Württemberg über alles und vor allem lautet der Generalmarsch" (Seidelmann, 1988, S. 239).

IV. Schifffahrtsstraßen als Rüstungsprojekte im „Dritten Reich"

1. Das Main-Donau-Gesetz von 1938

Die Hoffnungen der Kanallobby waren rasch gedämpft. Schon ab 1924 hatte sich der scheinbar so lukrative Ausbau der Wasserkräfte in ein Zuschussgeschäft verwandelt. Überkapazitäten auf dem Verkehrssektor und staatliche Finanznöte verkehrten die Euphorie für den Neckarausbau bald in ihr Gegenteil. Wenn trotz mehrerer Streckungen des Bauprogramms schon 1935 der 113 km lange Abschnitt Mannheim-Heilbronn eingeweiht werden konnte, so war das in erster

Wasserstraßenplanung im Südwesten (1826–1970)

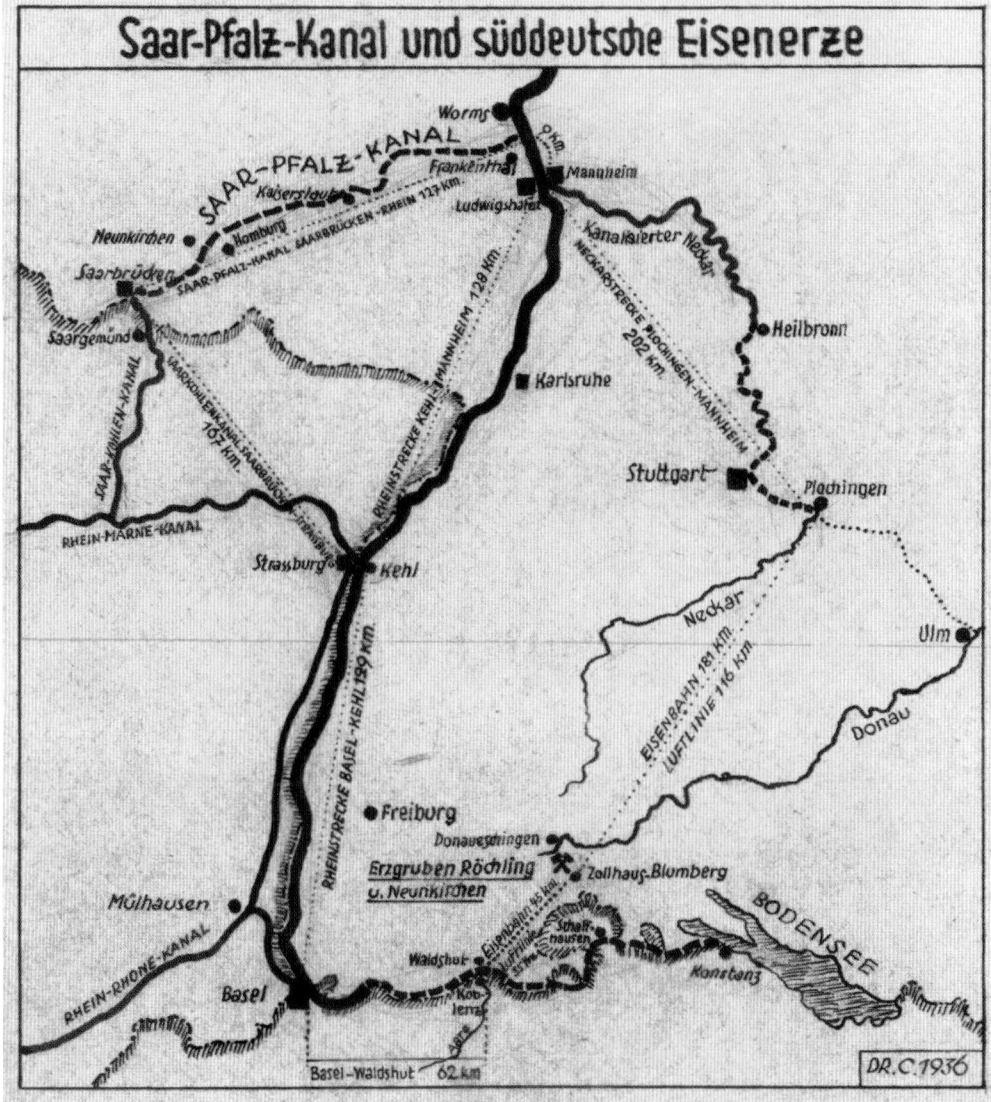

Abb. 21: Der nationalsozialistische Vierjahresplan schuf einen engen Zusammenhang zwischen der schwerindustriellen Aufrüstung und den süddeutschen Wasserstraßenplanungen. Quelle: Archiv Seidelmann.

Linie der Hartnäckigkeit von Strombaudirektor Konz zu verdanken. Die Fortsetzung bis nach Stuttgart geriet jedoch 1933 in Gefahr, weil die nationalsozialistische Verkehrspolitik dem Straßenbau Priorität einräumte. Der Vorsitzende des Südwestdeutschen Kanalvereins und Stuttgarter Oberbürgermeister Karl Strölin kreierte daher zusammen mit Schwerindustriellen aus dem 1935 angegliederten Saargebiet, das billige Transportwege ins Reich einforderte, eine werbewirksame Idee zur Fortsetzung der Neckarkanalisierung: Im „Süddeutschen Mittellandkanal" fasste man die bislang getrennt verfolgten Wasserstraßenpläne Saar-Pfalz-Rhein und Neckar-Donau zu einem einprägsamen Begriff zusammen. Als Folge gewann die alte Konkurrenz mit Bayern bald wieder an Schärfe. In der Sache obsiegte Bayern: Adolf Hitler ließ sich trotz intensiver Bemühungen des saarländischen Gauleiters Josef Bürckel nicht für den „Süddeutschen Mittellandkanal" gewinnen. Der Anschluss Österreichs führte 1938 die Entscheidung Hermann Görings herbei, zur Verhüttung der steirischen Erze ein großes Werk in Linz zu errichten. Dessen Versorgung mit der Ruhrkohle musste gesichert werden. Also verkündete das Deutsche Reich am 11. Mai 1938 per Gesetz, der Main-Donau-Kanal werde bis 1945 vollendet sein. Daraus ist kriegsbedingt nichts geworden.

2. Fortsetzung der Neckarkanalisierung über Heilbronn hinaus

Karl Strölin hatte dennoch Erfolg mit seinen Plänen: Die Neckarkanalisierung wurde nicht in Heilbronn beendet, weil Reich, Landesregierung und Stadt Stuttgart 1938 deren Fortsetzung vereinbarten. Die Verfechter des Neckar-Donau-Kanals bekamen mehrere Trostpflaster: So verkündete Adolf Hitler bei seinem Besuch am 1. April 1938 in Stuttgart, die Wasserstraße werde bestimmt bis nach Geislingen fortgesetzt werden, und wenn dies gelungen sei, könne man aufgrund erwartbarer Fortschritte bei der Hebewerkstechnik auch die Albüberquerung in Angriff nehmen (Seidelmann, 1988, S. 288). Mit der bei Geislingen gelegenen Eisenerzgrube Karl, deren Förderung einen Beitrag zur NS-Autarkiepolitik leisten sollte, gab es tatsächlich einen rationalen Grund, die Kanalarbeiten über Stuttgart hinaus weiterzutreiben. Demgemäß wurde der Bau des Neckar-Donau-Kanals 1938 in die Satzung der Neckar AG aufgenommen und dessen soeben aus rassistischen Gründen in den Ruhestand versetztes Vorstandsmitglied Otto Konz vom Reichsverkehrsministerium mit dem Auftrag versehen, einen neuen Entwurf für das umstrittene Vorhaben auszuarbeiten.

3. Tunnellösung zur Überführung von Donauwasser zum Neckar (1940)

1940 lieferte Konz ein Projekt ab, das vielfältigen Anforderungen gerecht zu werden hatte:
- Die Schifffahrt sollte durch lange Haltungen, eine geringe Zahl von Stufen und die Vermeidung verlorener Steigung eine leistungsfähige Wasserstraße erhalten.
- Um die Entwicklung der Filstal-Gemeinden nicht zu stören, musste die Kanaltrasse möglichst abseits des dichtbesiedelten Talgrunds verlaufen.
- Zur Wasserkraftgewinnung und zur Verbesserung der Schifffahrtsverhältnisse auf dem Neckar sollte dessen Wasserführung deutlich verstärkt werden.
- Der Überlandkanal war so kurz wie möglich zu gestalten und dessen Versorgung mit Betriebswasser ohne aufwendige technische Mittel zuverlässig sicherzustellen.

Otto Konz löste die Aufgabe dadurch, dass er – wie 1925 – die Filstaltrasse wählte, aber statt einer Albüberquerung nun den Bau eines 25 km langen, einschiffigen Tunnels zwischen Bad Überkingen und Ulm vorsah. Die mit einer Ausweiche in der Mitte versehene Röhre sollte nicht nur der Schifffahrt dienen, sondern auch dem Neckar beständig 20 m^3/sek. Donauwasser zuführen. Da der Tunnel auf gleicher Meereshöhe (463 m) verlief wie die Donau bei Ulm, konnte die

Wasserstraßenplanung im Südwesten (1826–1970)

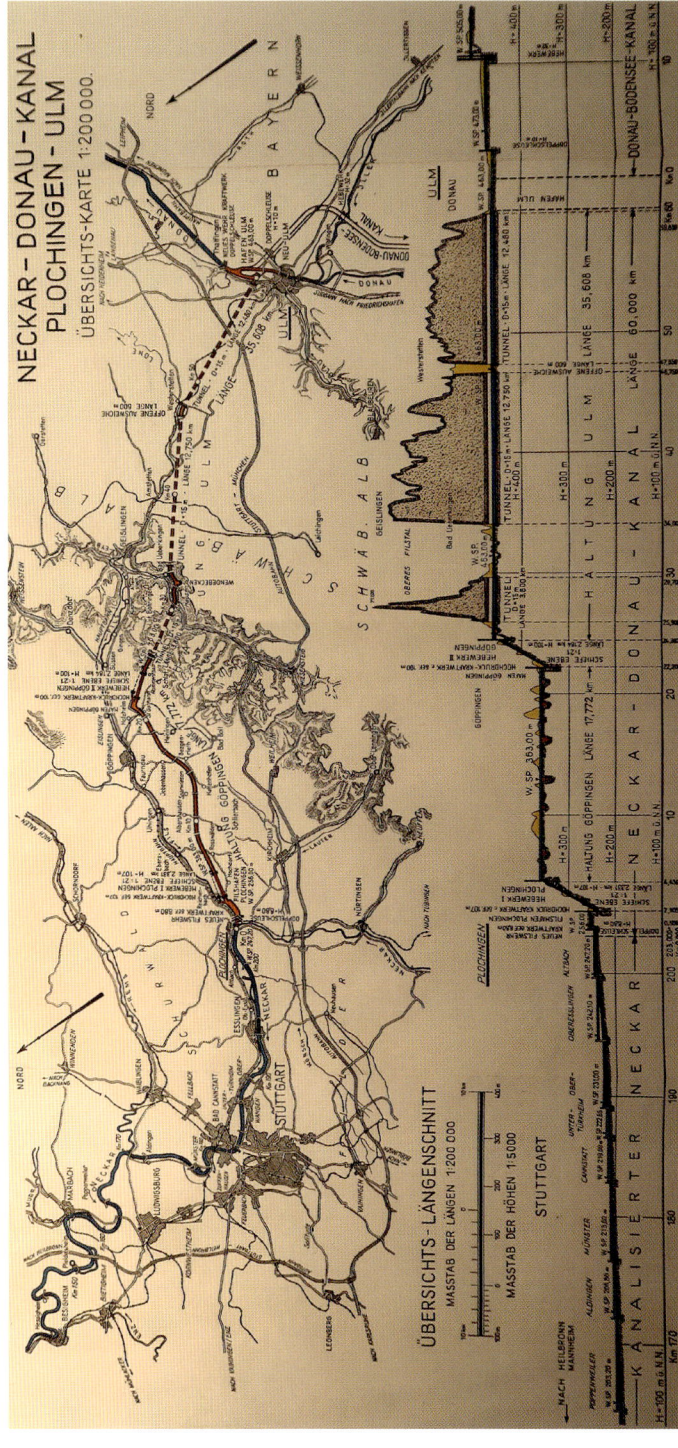

Abb. 22: Das Neckar-Donau-Kanalprojekt Konz von 1940. Quelle: Neckar-Donau-Kanal Plochingen-Ulm, bearbeitet von Dr. e.h. Otto Konz, hg. vom Südwestdeutschen Kanalverein [...], Stuttgart o. J.

Gesamtsteigung des Kanals auf ein Mindestmaß von 216 m reduziert werden. Als Aufstiegsbauwerke waren eine Doppelschleuse und zwei längsgeneigte schiefe Ebenen mit einem Hub von 107 bzw. 100 m vorgesehen. In den Anlagen sollten je zwei wassergefüllte Tröge verkehren, die Schiffe oder Kähne mit einer maximalen Tragfähigkeit von 1.200 t fassen konnten. Die gesamte, etwa 60 km lange Strecke bestand lediglich aus drei Haltungen, was für eine hohe Reisegeschwindigkeit sorgte. Auch die Trassenführung war geschickt gewählt: Hinter dem ersten Hebewerk bei Reichenbach verließ der Kanal das Filstal und blieb auf den südlich des Tals gelegenen Vorhöhen der Alb. Ein 3,8 km langer Tunnel zwischen Rommenthal und Hausen machte es möglich, den topografisch problematischen Abschnitt bei Geislingen zu umgehen. Otto Konz rechnete damit, dass die einschiffigen Tunnel einen Jahresverkehr von maximal 4 Mio. t bewältigen konn-

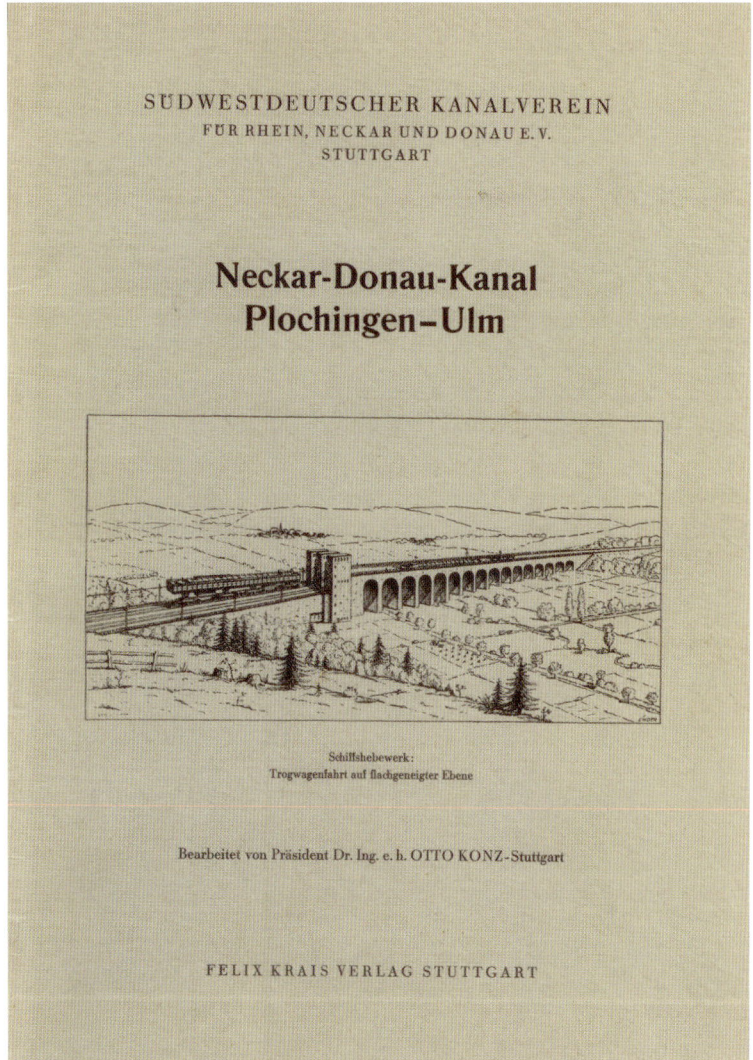

Abb. 23: Titelblatt der Veröffentlichung von Konz' Neckar-Donau-Kanal-Projekt aus den 1950er Jahren.

Wasserstraßenplanung im Südwesten (1826–1970)

Abb. 24: Das 1968 in Belgien vollendete Schiffshebewerk bei Ronquières entspricht in vielen Details dem Entwurf von Otto Konz. Foto: Wolf-Ingo Seidelmann.

ten und dass durch das übergeleitete Donauwasser auf der Strecke Geislingen-Plochingen rund 275 Mio. kWh an Strom zu gewinnen waren. Die auf 330 Mio. RM geschätzten Baukosten hätten daher zu einem Teil aus den Wasserkrafterträgen verzinst und getilgt werden können.

Konz' Entwurf stellte einen großen Fortschritt gegenüber allen früheren Planungen dar. Die Scheitelhaltung lag deutlich niedriger und wies nur noch 57 m Höhendifferenz zugunsten des konkurrierenden Main-Donau-Projekts auf. Auch die bislang unzureichend gelöste Frage der Speisewasserbeschaffung hatte eine befriedigende Antwort gefunden. Mit der Verwendung schiefer Ebenen leistete Otto Konz zugleich einen wertvollen ingenieurtechnischen Beitrag zur Weiterentwicklung dieses Typs von Schiffshebewerken, deren Funktionsfähigkeit durch den späteren Bau einer solchen Anlage im belgischen Ronquières nachgewiesen wurde. Ohne Zweifel war Konz' Konzept, wenngleich technisch ambitioniert, damals durchaus realisierbar. Heute aber stehen ihm betriebswirtschaftliche und politische Bedenken gegenüber: Bayern hatte bereits 1922 erklärt, der Überleitung größerer Mengen Donauwasser zum Neckar nicht zustimmen zu wollen. 1940 wäre das wohl kein ernsthaftes Problem gewesen: Der totalitäre Maßnahmenstaat nationalsozialistischer Prägung hätte sich durch „Ländereogismen" oder von Einwänden kaum beeindrucken lassen, die auf eine mangelnde ökonomische Effizienz des Projekts abzielten. Der nach 1945 wieder installierte föderalistische Rechtsstaat kann diese Bedenken dagegen nicht ignorieren. Für Otto Konz blieb die Überleitung von Donauwasser zum Neckar weiterhin derart wichtig, dass er sie noch kurz vor seinem Tod gleichsam zu seinem Vermächtnis erhob und die Stuttgarter Regierung öffentlich zur Aufnahme von Verhandlungen mit Bayern drängte (Konz, 1967).

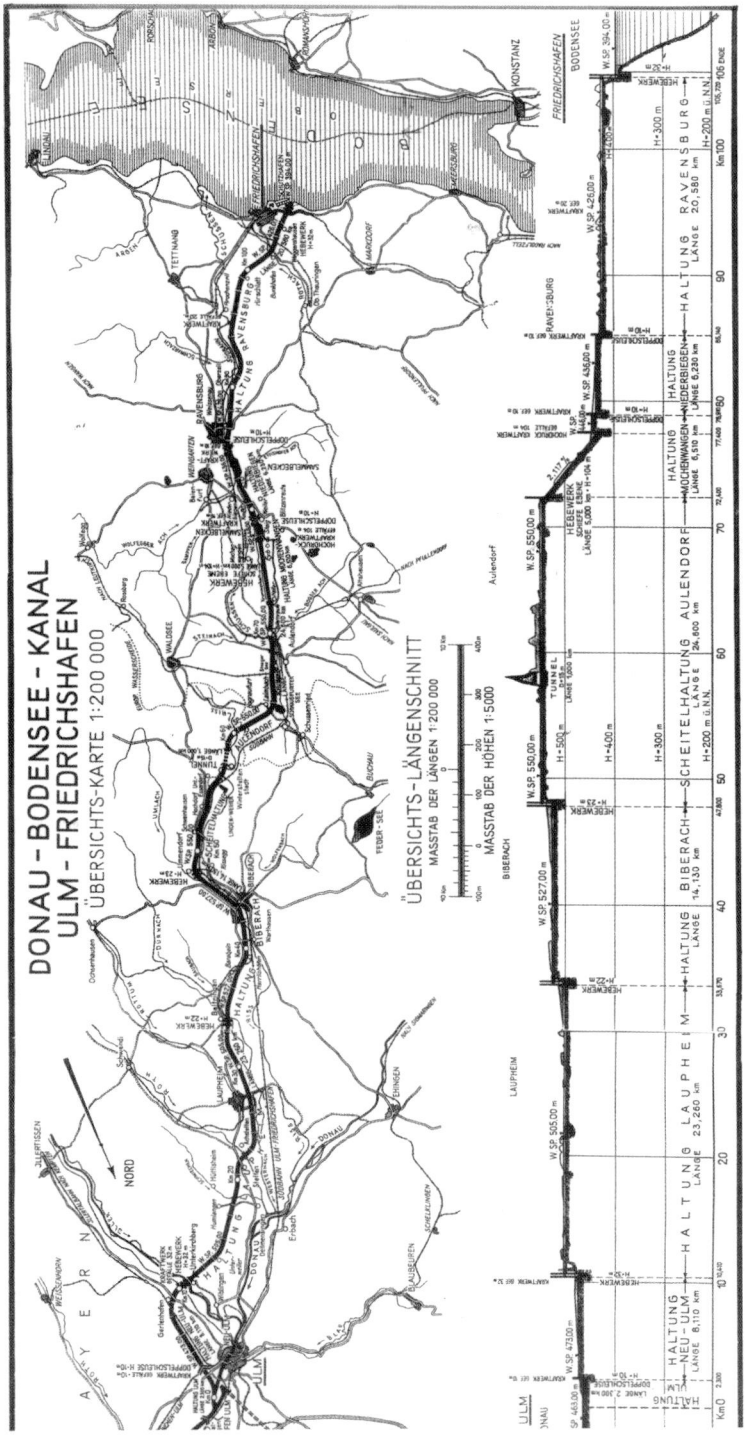

Abb. 25: Das Donau-Bodensee-Kanal-Projekt Konz von 1942. Quelle: Donau-Bodensee-Kanal Ulm-Friedrichshafen, bearbeitet von Dr. e.h. Otto Konz, hg. vom Südwestdeutschen Kanalverein [...], Stuttgart o. J.

4. Das Donau-Bodensee-Kanalprojekt von Otto Konz (1942)

Ende 1940 erhielt Konz vom Südwestdeutschen Kanalverein den Auftrag, den 20 Jahre alten, technisch überholten Plan des Ulmer Baurats Göller für einen Donau-Bodensee-Kanal zu modernisieren. Es entstand ein völlig neuer Entwurf für das 1.200 t-Schiff, der in zahlreichen technischen Details Konz' Neckar-Donau-Projekt ähnelte. So wies die 106 km lange Strecke ebenfalls einen Scheiteltunnel (von 1 km Länge bei Winterstetten) auf. Anders als Göller, der ein reines Schleusenprojekt vorgelegt hatte, griff Konz wieder auf Hebewerke zurück: Eine schiefe Ebene von 104 m Hub ersetzte die 1921 von Göller bei Mochenwangen vorgesehene Schleusentreppe. Vier weitere Hebewerke mit senkrechtem Hub und drei Doppelschleusen reduzierten die Zahl der Haltungen von 22 auf sieben. Den Engpass bildete die schiefe Ebene, deren Kapazität bei zwölfstündigem Betrieb auf 4,8 Mio. t pro Jahr berechnet wurde. Da die Prognose des Verkehrsaufkommens bei 4 Mio. t lag, schien dies hinnehmbar. Zur Rentabilität des auf 202 Mio. RM veranschlagten Kanalprojekts sollten sechs Wasserkraftwerke mit einer Jahresleistung von 37,6 Mio. kWh beitragen. Der Südwestdeutsche Kanalverein publizierte die beiden Wasserstraßenprojekte von Otto Konz in den 1950er Jahren.

V. Projektaufgabe nach 1945

Klare Zielpriorität beim bundesdeutschen Binnenwasserstraßenbau hatte die Sicherung der Konkurrenzfähigkeit der deutschen Seehäfen (Verkehrspolitik, 1961, S. 151). Daneben behandelte die Bonner Regierung solche Projekte mit Vorrang, die das Deutsche Reich in früheren Staatsverträgen festgeschrieben hatte. In Süddeutschland betraf dies den Main und den Neckar, deren Ausbau im Rahmen zweier Vierjahresprogramme bis Plochingen (1968) bzw. Bamberg (1962) realisiert wurde. An einer Weiterführung der Wasserstraßen bis zur Donau bestand zunächst wenig Bedarf, da die Teilung Europas den freien Verkehr auf der Donau in den 1950er Jahren stark gedrosselt hatte. Erst 1966 vereinbarten die Bundesrepublik Deutschland und Bayern im Duisburger Vertrag, die Strecke Nürnberg-Regensburg durch die Rhein-Main-Donau AG vollenden zu wollen. Am Bau des Neckar-Donau-Kanals mit seinen aufwendigen technischen Lösungen waren dagegen weder der Bundesverkehrsminister noch das Land Baden-Württemberg interessiert. Als werteschaffende „Industriestraßen", an denen sich Großunternehmen ansiedeln würden, betrachtete man die Schifffahrtswege kaum mehr. Nichts beleuchtet diesen Meinungswandel besser als die Notiz eines Stuttgarter Beamten aus dem Jahre 1969, Überlandkanäle seien „ein neuer Störfaktor" (Seidelmann, 1988, S. 358), der die bestehenden Verkehrsverbindungen unterbreche. Für das Neckar-Donau-Projekt von Otto Konz galt das in besonderem Maß. So elegant der Entwurf auch war, er hätte heutzutage keine Realisierungschancen mehr: Tunnel und Hebewerke sind teure und anfällige Engpässe für eine ungehinderte Schifffahrt; 30 m hohe Dämme und fast ebenso tiefe Geländeeinschnitte würde derzeit kein verantwortungsvoller Landschaftsplaner mehr akzeptieren. Hinzu kommen geologische Probleme: 1966 stellte die Wasser- und Schifffahrtsdirektion Stuttgart ernüchtert fest, das bei Plochingen geplante Hebewerk I führe durch den zu Rutschungen neigenden Knollenmergel und im Hafen Göppingen werde der gefährliche Opalinuston angeschnitten.

Aus diesen Gründen setzte sich die Regierung von Baden-Württemberg nicht mehr für den Neckar-Donau-Kanal ein. Mit seiner Wirtschaftsstruktur ist das Land keineswegs auf einen Trans-

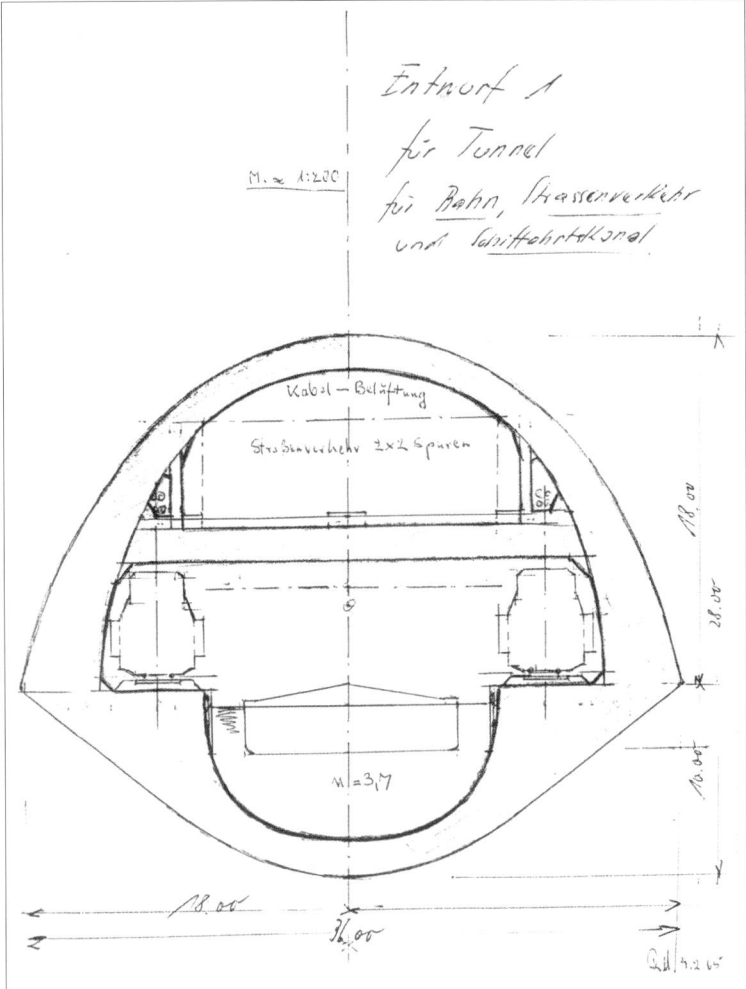

Abb. 26: Die Pläne der Bundesbahn für einen Albdurchstich regten 1968 die Fantasie von Beamten im Stuttgarter Innenministerium an. Dort entstanden zwei Querschnittsskizzen eines Albbasistunnels für Straße, Schiene und Wasserstraße. Quelle: Registratur des Innenministeriums Baden-Württemberg.

portweg angewiesen, der Massengüter über die Schwäbische Alb bringt. Mit der Kohle ließ sich um 1970 herum kaum noch ein Wasserstraßenbau begründen. Sicherlich blieb die Binnenschifffahrt für die Kohlenbezüge der Stuttgarter Wirtschaft bis in die Mitte der 1960er Jahre hinein ein wichtiger Verkehrsträger; dann aber wurde das „Schwarze Gold" vom Erdöl verdrängt. Auf dem Neckar gingen die ehemals dominierenden Kohletransporte stark zurück, ohne dass Mineralölprodukte deren Platz einnahmen. Das seit Industrialisierungsbeginn von der Kanallobby stets vorgebrachte Argument, die billige Energiezufuhr auf dem Wasserweg erbringe Standortvorteile für die gesamte Wirtschaft, verlor damit an Schlagkraft. Besonders galt dies für die Region am mittleren Neckar, in deren „Industriezweigen diejenigen Gruppen am stärksten vertreten sind, bei denen Rohstoffe, Brennstoff und Transportkosten am Endpreis einen geringen Anteil haben" (Maushardt, 1966, S. 54). 1970 verzichtete die Regierung von Baden-Württemberg gegen den erbitterten Widerstand regionaler Interessenten aus dem Filstal und aus Oberschwaben darauf, die Freihaltung der Kanaltrassen planungsrechtlich sicherzustellen. Seitdem werden sie überbaut.

Literatur

Albtunnel: Zukunftsmusik auf Schienen. Die Bundesbahn stellte jetzt schon die Weichen für das Jahr 2000, in: Stuttgarter Nachrichten vom 20.01.1968.

Böhmler: Die Tauchschleuse, eine neue Schleuse ohne Wasserverbrauch, in: Zeitschrift des Vereins Deutscher Ingenieure 62 (1918), S. 108 ff. und 63 (1919), S. 735 ff.

Böhmler: Der Rhein-Neckar-Donau-Kanal und die Neckarwasserkräfte, in: Der Schwäbische Bund 2 (1920), S. 42–61.

Donau-Bodensee-Kanal Ulm-Friedrichshafen, bearbeitet von [...] Otto Konz, hg. vom Südwestdeutschen Kanalverein [...], Stuttgart o. J.

Duttenhofer, Karl August Friedrich von: Bereisung der vereinigten Staaten von Nordamerika. Mit Besonderer Hinsicht Auf den Erie-Canal, Stuttgart 1835.

Feuchtinger, Max: Der Donau-Bodensee-Kanal. Seine innerdeutsche und internationale Bedeutung, in: Rhein-Donau-Verkehrsbuch. Ein verkehrswirtschaftliches und wasserbautechnisches Handbuch über den Ausbau der Rhein-Donau-Wasserstrasse von der Nordsee bis zum Schwarzen Meer, hg. von Julius Luebeck, Berlin 1926, S. 332–335.

Freytag, L.: Schiffahrtsschleusen und Schiffshebewerke, in: Zeitschrift des Vereines deutscher Ingenieure 38 (1894), S. 1333 ff.

Göller: Großschiffahrtsweg Ulm-Bodensee, in: Wasserstraßenjahrbuch 1921, hg. von Reinhold Zeitler, München o. J., S. 117 ff.

Großkreutz, Helmut: Privatkapital und Kanalbau in Frankreich: 1818–1848 (Schriften zur Wirtschafts- und Sozialgeschichte, Bd. 28), Berlin 1977.

Gugenhan, Max / Eberhardt, Wilhelm: Die württembergischen Großschiffahrtspläne, hg. vom Neckar-Donau-Kanal-Komitee, Stuttgart 1908.

Held, Heinrich / Brüschwien, Joseph: Rhein-Main-Donau. Die Geschichte einer Wasserstraße, Regensburg 1929.

Isendahl, Walther: Der projektierte Kanal von Genua nach dem Bodensee über die Alpen, in: Die Welt der Technik 70 (1908), S. 181 ff.

Jahresberichte der Handels- und Gewerbekammern in Württemberg, Stuttgart 1898 ff.

Jobst, Julius von: Die Kanalisierung des Neckars und eine Verbindung von Rhein und Donau durch Württemberg (Verbands-Schriften / Deutsch-Oesterreichisch-Ungarischer Verband für Binnenschiffahrt, N. F. Nr. 31), Berlin 1904.

Konz, Otto: Zum Rhein-Neckar-Donaukanal. Ein Albtunnel zwischen Ulm und Geislingen, anonym erschienen in: Schwäbische Kronik vom 01.05.1917 (Morgenblatt).

Konz, Otto: Lebenserinnerungen, Stuttgart 1967.

Marquard, Alfred: Der wirtschaftliche Wert von Wasserstrassen in Württemberg, Stuttgart 1909.

Maushardt, Volker: Die Neckarkanalisierung und ihre raumwirtschaftlichen Auswirkungen (Buchreihe des Instituts für Verkehrswissenschaft an der Universität zu Köln, Nr. 20), Düsseldorf 1966.

Müller, K. H.: Der Ausbau des Charleroi-Kanals, in: Bau und Bauindustrie 44 (1964), S. 131 ff.

Neckar AG: Geschäftsberichte, Stuttgart 1922 ff.

Neckar-Donau-Kanal Plochingen-Ulm, bearbeitet von [...] Otto Konz, hg. vom Südwestdeutschen Kanalverein [...], Stuttgart o. J.

Neuffer, Wilhelm von: Der Rhein-Neckar-Donau-Kanal, in: Die Bauzeitung 19, Nr. 11/12 (1922), S. 85 ff.

Pirath, Carl: Die volkswirtschaftliche Bedeutung des Ausbaus und Neubaus der Wasserstraße Rhein-Neckar-Donau-Bodensee, in: Zeitschrift für Verkehrswissenschaft 22 (1951), S. 73 ff.

Röhnisch, Artur: Studie zum Donau-Bodensee-Kanal, hg. vom Verband Obere Donau, o. O. 1969.

Rothmund, Leopold: Die Rothmundsche Tauchschleuse, ein neues Gleichgewichtshebewerk für hohe und niedere Schiffahrtsstufen, in: Die Bautechnik 32, Heft 2 (1955), S. 56 ff.

Schiffahrts- und Kraftwasserstraße Obere Donau, Werbeschrift des Verbandes Obere Donau Sitz Günzburg, Günzburg 1921.

Seidelmann, Wolf-Ingo: Neckar-Donau. Die 200jährige Planungsgeschichte eines Gebirgskanals, in: Zeitschrift für Binnenschifffahrt 114 (1987), S. 30–36.

Seidelmann, Wolf-Ingo: Der Neckar-Donau-Kanal (Beiträge zur deutschen Wirtschafts- und Sozialgeschichte, Bd. 6), St. Katharinen 1988.

Seidelmann, Wolf-Ingo: Wasserstraßenknotenpunkt Ulm. 150 Jahre Planung für den Donau-Bodensee-Kanal, in: Zeitschrift für Binnenschifffahrt 116 (1989a), S. 60–63.

Seidelmann, Wolf-Ingo: „Schiffe über den Dächern von Geislingen", in: Beiträge zur Landeskunde. Regelmäßige Beilage zum Staatsanzeiger für Baden-Württemberg, Heft 5 (1989b), S. 1–8.

Seidelmann, Wolf-Ingo: Das Kinzig-Donau-Projekt. Ein zweifelhaftes Unternehmen als Problem südwestdeutscher Verkehrs- und Gewerbepolitik (1826–1836), in: Zeitschrift für die Geschichte des Oberrheins 138 (1990), S 329–363.

Seidelmann, Wolf-Ingo: Was dem Filstal erspart geblieben ist, in: Geislinger Zeitung vom 30.12.1991, S. 13; vom 31.12.1991, S. 11 und vom 03.01.1992, S. 11.

Seidelmann, Wolf-Ingo: Stuttgart und der Zentraleuropäische Suezkanal, in: Magazin Wirtschaft 12 (1991), S. 31–32.

Seidelmann, Wolf-Ingo: Der Süddeutsche Mittellandkanal kam nicht bis Heidenheim, in: Jahrbuch des Heimat- und Altertumsvereins Heidenheim an der Brenz 4 (1991/1992), S. 207–227.

Seidelmann, Wolf-Ingo: Mit dem Binnenschiff über die Schwäbische Alb. Kanalpläne durch das Filstal, in: Hohenstaufen – Helfenstein. Historisches Jahrbuch für den Kreis Göppingen 2 (1992a), S. 188–217.

Seidelmann, Wolf-Ingo: „Baden lebe besser von der Freibeuterei", in: Beiträge zur Landeskunde. Regelmäßige Beilage zum Staatsanzeiger für Baden-Württemberg, Heft 3 (1992b), S. 1–8.

Seidelmann, Wolf-Ingo: Neckarkanalisierung als Erfolg der IHK-Standortpolitik, in: Magazin Wirtschaft 9 (1992c), S. 13–14.

Seidelmann, Wolf-Ingo: Für Containerschiffahrt auf dem Neckar wird es höchste Zeit, in: Magazin Wirtschaft 10 (1993), S. 16–17.

Seidelmann, Wolf-Ingo: Der geplante Neckar-Donau-Kanal und der Traum der Alb-Überquerung, in: Schwäbische Heimat 3 (2000), S. 280–286.

Seidelmann, Wolf-Ingo: Kanalpläne zur Verbindung von Neckar, Donau und Bodensee (1784–1970), in: Beiträge zur Wasser- und Kulturgeschichte in Oberschwaben und am Bodensee, hg. von Werner Konold und Silke Doerk (Culterra, Bd. 36), Freiburg 2004, S. 99–117.

Seidelmann, Wolf-Ingo: Otto Konz, in: Baden-Württembergische Biographien 8, hg. im Auftrag der Kommission für geschichtliche Landeskunde in Baden-Württemberg, Ostfildern 2022, S. 210–213.

Stoy, Gustav: Die volkswirtschaftliche Bedeutung der Binnenwasserstraßen, Dissertation, Leipzig 1894.

Süddeutsche Wasserstraßen, hg. vom Südwestdeutschen Kanalverein für Rhein, Donau und Neckar e. V., Stuttgart 1936 ff.

Südwest-Deutschland, hg. vom Südwestdeutschen Kanalverein für Rhein, Donau und Neckar e. V., Stuttgart 1925 ff.

Supper, Otto: Die Entwicklung des Eisenbahnwesens im Königreich Württemberg, Stuttgart 1895.

Verbandsschriften No. 1, Begründung des Verbandes, hg. vom Deutsch-Österreichisch-Ungarischen Verband für Binnenschiffahrt, Berlin 1897.

Die Verbindung des Rheins mit der Donau durch Württemberg, hg. vom Komitee für Hebung der Neckarschiffahrt, Stuttgart 1903.

Vereinsmitteilungen des Südwestdeutschen Kanalvereins für Rhein, Donau und Neckar, Stuttgart 1917 ff.

Die Verkehrspolitik in der Bundesrepublik Deutschland 1949–1961 (Schriftenreihe des Bundesministers für Verkehr, Bd. 22), Bonn 1961.

Waldenmaier, Josef: 160 Jahre Projekt Saar-Pfalz-Rhein-Kanal, in: Zeitschrift für Binnenschiffahrt 85 (1958), S. 446 ff.

Württembergische Jahrbücher für vaterländische Geschichte, Geographie, Statistik und Topographie, hg. von J. D. G. Memminger, Stuttgart/Tübingen 1823 und 1829.

Autoren und Herausgeber

Prof. Dr. Gerhard Fritz. Studium der Geschichte, Germanistik, Geografie und Politik in Stuttgart. Promotion 1983 über die Grafen von Löwenstein-Habsburg im Spätmittelalter, Habilitation 2002 über Kriminalität und öffentliche Sicherheit zwischen ca. 1650 und 1810. 1980–2002 Studienrat an einem Gymnasium, 2000–2002 Lehrtätigkeit an der Uni Stuttgart, 2002–2020 Professur für Geschichte und ihre Didaktik an der PH Schwäbisch Gmünd. Veröffentlichungen zu unterschiedlichsten Themen des Mittelalters, der frühen Neuzeit und der Neuzeit, z. B. zur Geschichte der Wasserkraftnutzung, des Adels und des Klerus, des Militärs und des Krieges, der Seuchen und Krisen, der Kriminalität, der Sexualität.

Dr. Wolfgang Fritzsche. Studium der Fächer Kulturanthropologie/Deutsche Volkskunde, Kulturgeografie und Ethnologie an der Johannes-Gutenberg-Universität Mainz. Nach Abschluss des Studiums 1996 Geschäftsführer des Kultur-Büro AHB, Büro für kulturwissenschaftliche Dienstleistungen. Seit Mai 2021 Mitarbeiter des Projektes Denkmal.Kulturlandschaft.Digital am Landesamt für Denkmalpflege Hessen. Forschungsschwerpunkte: Jüdische Geschichte im 19. und 20. Jahrhundert, denkmalpflegerische Fachgutachten, Kulturlandschaftsforschung.

Dr. Andreas Haasis-Berner. Studium der Fächer Vor- und Frühgeschichte, Mittelalterarchäologie, provinzialrömische Archäologie und mittelalterliche Geschichte in Freiburg. Seit 2006 tätig am Landesamt für Denkmalpflege in Freiburg als Inventarisator und seit 2015 zusätzlich als Gebietsreferent für mittelalterliche und neuzeitliche Archäologie. Forschungsschwerpunkte: Bergbau, Burgen, neuzeitliche Befestigungen, Sachkultur.

Dr. Hans Harter. Studium der Fächer Geschichte, Wissenschaftliche Politik und Französisch in Freiburg und Lyon. Staatsexamen und Lehrer an Gymnasien in Rastatt, Hausach und Freiburg, 2007 Pensionierung als Oberstudienrat. 1992 Dissertation „Adel und Burgen im Mittleren Schwarzwald". Lokal- und regionalgeschichtliche Forschungen zu Klöstern, Städten, Burgen, mittelhochdeutschen Dichtern, Holztransport, Weimarer Republik, Nationalsozialismus, Kultur- und Kleindenkmalen.

Prof. Dr. Werner Konold. Studium der Allgemeinen Agrarwissenschaften an der Universität Hohenheim. Von 1997 bis 2016 Professor für Landespflege an der Universität Freiburg, seit April 2014 Vorsitzender des Alemannischen Instituts Freiburg i. Br. e. V., außerdem Sprecher des Deutschen Rates für Landespflege, Mitglied im Nationalkomitee für die UNESCO-Geoparke und Vorsitzender der Naturforschenden Gesellschaft zu Freiburg i. Br. Forschungsschwerpunkte: Geschichte und Ökologie der Kulturlandschaft und ihrer Elemente, Gewässerentwicklung und Wasserbaugeschichte, Integrierte Konzeptionen für Landschaften, Naturschutz.

Autoren und Herausgeber

Dr. R. Johanna Regnath. Studium der Fächer Geschichte, Deutsch und Italienisch in Würzburg, Tübingen und Pisa. Von 1996 bis 2006 freiberuflich tätig, unter anderem für die Akademie der Diözese Rottenburg-Stuttgart und das Landesarchiv Baden-Württemberg, seit 2006 Geschäftsführerin des Alemannischen Instituts Freiburg i. Br. e. V. Forschungsschwerpunkte: Landesgeschichte, Frauen- und Geschlechtergeschichte sowie Agrar- und Wirtschaftsgeschichte.

Dr. Wolf-Ingo Seidelmann. Studium der Altorientalistik, der Volkswirtschaft und der Wirtschaftsgeschichte in Tübingen. 1981–1986 Assistent am Lehrstuhl für Wirtschafts-, Agrar- und Sozialgeschichte in Hohenheim, dort 1985 Promotion, ab 1986 langjährige Führungstätigkeit in der Wirtschaft, zuletzt Hauptgeschäftsführer einer Industrie- und Handelskammer. Zahlreiche Veröffentlichungen zur baden-württembergischen Wirtschafts- und Sozialgeschichte auf den Gebieten Binnenwasserstraßenpolitik, Autarkie- und Rüstungspolitik der Montanindustrie im „Dritten Reich" sowie NS-Täterforschung.

Dipl.-Ing. Bernd Walser. Studium der Landespflege an der FH Nürtingen. Als Flussmeister für das Flussgebiet Elz-Dreisam beim Landesbetrieb Gewässer des Regierungspräsidiums Freiburg tätig.

Dipl.-Ing. Matthias Zizelmann. Studium am Institut für Mikrosystemtechnik (iMST) an der FH Furtwangen (Halbleitertechnologie, Messtechnik, Forschungsschwerpunkte: Kontaktlose Energieübertragung, statische Beschleunigungssensoren mit Kraftkompensation). 1997–2000 Elektronikentwicklung und Programmierung von Automatisierungs-und Abrechnungstechnik in der Gastronomie. Seit 2000 in einem großen Maschinenbauunternehmen in der Entwicklung von Prüfvorrichtungen für Baugruppen tätig. Seit 30 Jahren im Fledermausschutz aktiv (Erschließung und Pflege von Winterquartieren, Monitoring).